Jaron Lanier

Wenn Träume erwachsen werden

Ein Blick auf das digitale Zeitalter

Essays und Interviews 1984–2014

Aus dem amerikanischen Englisch
von Friedrich Pflüger, Heike Schlatterer,
Sigrid Schmid, Violeta Topalova

Hoffmann und Campe

1. Auflage 2015
Copyright © 2015 by
Hoffmann und Campe Verlag, Hamburg
· www.hoca.de
Satz: pagina GmbH, Tübingen
Gesetzt aus der Minion Pro und der Avant Garde
Druck und Bindung: GGP Media GmbH, Pößneck
Printed in Germany
ISBN 978-3-455-50359-3

Ein Unternehmen der
GANSKE VERLAGSGRUPPE

Inhalt

TEIL 2

Denken im Wandel

TEIL 3

Jenseits der Ideologie

* Jaron Laniers erstes Buch *Gadget: Warum die Zukunft uns noch braucht*
    erschien 2010.
** Sein zweites Buch erschien 2013 (dt. 2014).

Mit meinem Buch will ich nachzeichnen, wie sich die Meinung eines Menschen ändern kann. Ein Meinungswechsel ist ein wunderbares Phänomen, das viel zu selten dokumentiert wird. In diesem Buch sind Essays und Interviews gesammelt, die zeigen, wie es zu einem Meinungsumschwung kommt, und zwar bei mir. Vielleicht nützt das auch anderen.

Mein Sinneswandel war ziemlich drastisch und verstörend, denn gerade als ich anfing umzudenken, wandte sich plötzlich die ganze Welt einer Denkweise zu, die ich einst mit formuliert und populär gemacht hatte. Vielleicht ist das gar nicht so überraschend. Ich habe im Leben schon oft festgestellt, dass sich das Erwünschte nach einer langen Auseinandersetzung genau in dem Moment einstellt, in dem man seine alten Wünsche hinter sich gelassen hat. Vielleicht soll es ja so sein.

Wie bin ich hier gelandet?

In jüngster Zeit werde ich manchmal als »radikaler« Autor zum Thema Internet und technologieverwandter Fragen bezeichnet, obwohl ich mich selbst als gemäßigt und pragmatisch betrachte.

Wenn die alten Ideen funktioniert hätten, würde ich sie immer noch unterstützen. Aber stattdessen musste ich feststellen, dass das Leben heute viel anstrengender und zugleich absurder ist als früher. Ich mache mir Sorgen, dass mit der zunehmenden Digitalisierung immer mehr Menschen in eine düstere wirtschaftliche Zukunft blicken. Und deshalb gehe ich nun einfach wieder zurück ans Zeichenbrett und belebe Optionen neu, die wir Digitalfans damals in unserer anfänglichen Begeisterung nicht in Betracht gezogen haben. Ist es »radikal«, wenn man die Wahrheit erkennt, wenn man sieht, was funktioniert und was nicht? Heute findet man beispielsweise die weitverbreitete Ansicht, dass viele Leute gut von der »Sharing Economy« leben, aber wenn man genauer hinschaut, wird man feststellen, dass nur ein winziger Bruchteil tatsächlich dauerhaft Geld verdient. Warum soll man die Wahrheit nicht aussprechen? Das ist zwar nie einfach, sollte aber auch nicht als radikal gelten, auch wenn es vielleicht bequemer ist, zu lügen.

Ich habe nicht den Wunsch, zu schockieren. Allerdings bin ich in einer ungewöhnlichen Position und sage Dinge, die all diejenigen aufschrecken, die in einem Klima aufgewachsen sind, in dem die Digitalisierung als der Trend schlechthin gilt.

Nach meinen Vorträgen kommen manchmal technikbegeisterte junge Leute auf mich zu und sagen: »Sie äußern immer Ihre Meinung, ohne sich darum zu kümmern, was die Leute sagen werden. Wie schaffen Sie das?« Solche Fragen sind ein bisschen traurig und besorgniserregend. Ich bin keinen gewalttätigen Drohungen ausgesetzt wie manch andere Autoren. Aber der soziale Druck kann dennoch gewaltig sein.

Der digitale Diskurs bewegt sich fast immer in einem bestimmten Rahmen, der mir jedoch langweilig und hoffnungslos erscheint. Der Grund dafür ist nicht in Unterdrückung zu suchen, sondern in einer neuen Form der allgemeinen Konformität.

Ich schreibe natürlich auch, um meine Leserinnen und Leser von etwas zu überzeugen, aber ich mache mir wenig Gedanken darüber, ob sie mir tatsächlich zustimmen. Viel wichtiger ist mir, dass sie selbstständig denken.

Mein Buch dient hoffentlich noch anderen Zwecken. Es war die Idee meines deutschen Verlags, ein Buch mit meinen Essays zu veröffentlichen, nachdem mir der Friedenspreis des Deutschen Buchhandels verliehen worden war. Dieser Preis ist in der deutschsprachigen Welt eine ziemlich große Sache. Viele Leute waren schockiert, dass ein Preis, den man mit früheren Preisträgern wie Albert Schweitzer oder Martin Buber in Verbindung bringt, jemandem wie mir verliehen wurde, einem Vertreter der Technologie-Kultur.

Das Buch soll also auch einen Eindruck vermitteln, wer dieser Autor ist, der Träger eines Preises, der normalerweise Personen verliehen wird, die sich auf ganz anderen Wegen für die Würde des Menschen einsetzen.

In jüngster Zeit bin ich in gewissen Kreisen eher als »Kritiker« oder sogar Nestbeschmutzer bekannt geworden, doch über viele Jahre hinweg war ich ein begeisterter Erfinder, Impulsgeber und Förderer der Technologie. Bevor die Überwachungswirtschaft Fuß fasste und ich anfing, sie zu kritisieren, wurde ich recht häufig als »Prophet« der Technologie beschrieben. Ein peinlicher Begriff, den ich selbst nie verwenden würde.

Gemeint war damit vermutlich, dass ich begeistert von etwas schwärmte, was damals noch völlig neu war – die virtuelle Realität. Wenn ich darüber sprach, hatte das einen mythischen und spirituellen Unterton. Heute bin ich älter und sehe die Sache nüchterner, doch meinen anfänglichen Enthusiasmus spüre ich nach wie vor. Ich liebe die Technologie noch immer. Ich habe immer noch große Freude daran, vor allem an der virtuellen Realität.

Daher finden sich im Buch Essays und Interviews aus den frühen Jahren, aber auch aus allerjüngster Zeit, denn in letzter Zeit ist das Interesse an der virtuellen Realität noch einmal enorm gestiegen. Ich hoffe, dass Leser, die sich für virtuelle Realität interessieren, Vergnügen an den Schnappschüssen aus ihrer Entstehungszeit haben.

Mit meiner Essaysammlung möchte ich aber auch vermitteln, wie die Informatik einen positiven, kreativen Zugang zur Welt und zum Leben bieten kann. Dafür wurden einige meiner ungewöhnlicheren Essays in die Sammlung aufgenommen, satirische Texte wie der Vorschlag, Zeitungsarchive in die DNA von Küchenschaben einzupflanzen oder Sterne zu verlegen und künstliche Sternbilder zu erschaffen, um den Kontakt zu Außerirdischen zu erleichtern.

11

Ich kann mir nichts Absurderes vorstellen als den Kampf um eine bessere Welt, wenn man dabei den Spaß vergisst. Deshalb übe ich nicht nur Kritik und äußere meine Befürchtungen, sondern schreibe auch über das, was mir Freude macht.

Aber zuerst kommt meine Rede anlässlich der Verleihung des Friedenspreises des deutschen Buchhandels.

Jaron Lanier, im Dezember 2014

Der »Hightech-Frieden«
braucht eine neue Art von Humanismus

Dankesrede zur Verleihung
des Friedenspreises des Deutschen
Buchhandels

Dieser geschichtsträchtige Preis darf nicht mir allein gelten. Ich kann ihn nur im Namen der Weltgemeinschaft der digitalen Aktivisten und Idealisten annehmen, auch wenn viele von uns nicht einer Meinung sind.

Ich nehme diesen Preis auch zu Ehren des Lebens von Frank Schirrmacher entgegen, der in unserer Zeit eine Quelle des Lichts gewesen ist. Er wird uns schrecklich fehlen.

Gern würde ich hier eine Rede halten, die zum großen Teil positiv und inspirierend ist, aber als Realist bin ich gezwungen, manchmal etwas dunkler zu werden. Wenn man dem Realismus genug Vertrauen schenkt, kann man sich durch die Ausläufer der Dunkelheit hindurchbrennen. Denn oft stellt sich heraus, dass auf der anderen Seite das Licht wartet.

Wir leben in einer verwirrenden Zeit. In der entwickelten Welt haben wir so lange Überfluss genossen, dass wir ihn kaum noch zu schätzen wissen. Wir lieben besonders unsere Gadgets, denen wir immer noch Neues abgewinnen können, aber vieles deutet darauf hin, dass wir, wenn wir die Augen weiter öffnen würden, über den Rand eines Abgrunds blickten.

Es tut mir weh, die bekannte Liste der aktuellen Gefahren anzustimmen: zuallererst der Klimawandel; die Spiralen von Bevölkerungswachstum und Abwanderung, die unseren Gesellschaften völlig zuwiderlaufen; unsere Unfähigkeit, für das Versiegen der billigen fossilen Brennstoffe vorzusorgen; die scheinbar unausweichlichen Wellen von Sparmaßnahmen; die unaufhaltbaren Trends von Reichtumskonzentration; der Aufstieg gewalttätiger Extremisten in vielerlei Formen an vielerlei Orten ... und natürlich sind all diese Prozesse miteinander verwoben.

Angesichts dessen ist es für viele von uns (und für mich am meisten) natürlich eine Überraschung, dass der diesjährige Friedenspreis des Deutschen Buchhandels ausgerechnet an eine Figur wie mich verliehen wird, die mit dem Aufstieg der digitalen Technologien assoziiert wird. Sind digitale Spielzeuge nicht mehr als der flüchtige Schaum auf den großen, dunklen Wellen?

Digitale Errungenschaften haben auf jeden Fall geräuschvolle Veränderungen in unsere Kultur und Politik gebracht.

Fangen wir mit den guten Nachrichten an. Wir haben einen ersten Blick darauf erhascht, was eine digital effiziente Gesellschaft sein könnte, und trotz der Absurdität der Überwachungswirtschaft, für die wir uns scheinbar bisher entschieden haben, dürfen wir nicht vergessen, dass es auch viel Positives gibt.

Wie sich zeigt, kann Abfall systematisch reduziert werden, genau in dem Moment, da wir den Klimawandel noch wirksamer bekämpfen müssen. Wir haben festgestellt, dass sich Sonnenenergie viel effektiver nutzen lässt, als viele für möglich gehalten hätten, indem sie an ein intelligentes Netz gekoppelt wird, um zuverlässig zur Verfügung zu stehen. Das ist genau die Art von positiven Optionen, die meine Kollegen und ich uns von einer digitalen Vernetzung erhofft hatten.

Doch die praktischen Hoffnungen für digitale Netzwerke werden von einem symbolischen, fast metaphysischen Projekt begleitet. Die digitale Technik wird in unserer Zeit als maßgeblicher Kanal des Optimismus überfrachtet. Und das, nachdem vor ihr so viele Götter versagt haben. Was für ein sonderbares Schicksal für ein Phänomen, das als sterile Ecke der Mathematik begonnen hatte.

Trotzdem ist digitaler Kulturoptimismus nicht verrückt. Wir haben neue Muster der Kreativität gesehen und vielleicht sogar ein paar neue Fühler der Empathie gefunden, die sich über frühere Barrieren wie Entfernung und kulturelle Fremdheit hinausstrecken. Diese freudigen Ereignisse wurden inzwischen erschöpfend gefeiert, aber sie bleiben eine Tatsache. Um ein triviales persönliches Beispiel zu geben: Wie herrlich, dass ich heute mit Oud-Spielern* auf der ganzen Welt in Verbindung stehe, mit denen ich über das Internet für Konzerte proben kann. Es macht einen Riesenspaß.

Ich habe ein paar der guten Dinge erwähnt, doch wenn wir unser digitales Spielzeug verwenden, unterwerfen wir uns bekanntermaßen der billigen und beiläufigen Massenspionage und Massenmanipulation. Damit haben wir eine neue Klasse ultra-elitärer, extrem reicher und unberührbarer Technologen erschaffen, und allzu oft geben wir uns mit dem Rausch eines digital effizienten Hyper-Narzissmus zufrieden.

Ich habe immer noch größere Freude an Technologie, als ich ausdrücken kann. Die virtuelle Realität kann Spaß machen und wunderschön sein. Trotzdem stehe ich hier als Kritiker. Denn Widersprüche und Mehrdeutigkeiten zu vermeiden heißt, die Realität zu vermeiden.

Können wir zurücktreten und Bilanz ziehen? Gibt es derzeit mehr digitales Licht oder mehr Dunkelheit?

Dies ist eine Frage, über die Online-Kommentatoren täglich viele tausend Mal nachdenken. Eine Meinung über die Internetkultur abzugeben ist wie ein Tropfen aus einer Pipette auf einen Bürgersteig bei Sturzregen. Jeder, der im Netz das Wort ergreift, weiß, wie es heutzutage ist. Entweder du schließt dich mit denen zusammen, die deine Meinung teilen, oder deine Meinung wird sofort von gewaltigen Klingen in den großen grauen Brei püriert.

In der Online-Welt führen These und Antithese, eine Hand und die andere, nicht mehr zu einer höheren Synthese. Hegel wurde enthauptet. Stattdessen gibt es nur statistische Datenwellen, die unaufhörlich zu erstaunlichen Vermögen zusammengerührt wer-

---

* Oud: arabische Laute (Anm. d. Übers.).

15

den von denen, die sie benutzen, um ihren wirtschaftlichen Vorteil auszurechnen.

Der Friedenspreis des Deutschen Buchhandels hat mit Büchern zu tun, also müssen wir uns in der Ära der digitalen Übernahme fragen:»Was ist ein Buch?«

Im Internet gibt es ebenso viele Kommentare über das Internet wie Pornografie und Katzenfotos, aber in Wirklichkeit können nur Medien außerhalb des Internets – insbesondere Bücher – Perspektiven und Synthesen aufzeigen. Das ist einer der Gründe, warum das Internet nicht zur einzigen Plattform der Kommunikation werden darf. Wir haben am meisten davon, wenn es nicht gleichzeitig Subjekt und Objekt ist.

Aus diesem Grund schreibt ein Geschöpf der digitalen Kultur wie ich Bücher, wenn es Zeit ist, einen Blick auf das große Ganze zu werfen. Denn es besteht die Chance, dass ein Leser ein ganzes Buch liest. Zumindest gibt es einen ausgedehnten Moment, den ich mit dem Leser teile.

Wäre ein Buch nicht mehr als ein Erzeugnis aus Papier, könnten wir es nur auf die Art feiern, wie wir Klarinetten oder Bier feiern. Wir lieben diese Dinge, aber es sind eben nur bestimmte Erfindungen, aus denen sich Produkte entwickelt haben, mit ihren jeweiligen Fachmessen und Subkulturen.

Doch ein Buch greift viel tiefer. Es ist die Feststellung eines bestimmten Verhältnisses zwischen einem Individuum und der menschlichen Kontinuität. Jedes Buch hat einen Autor, eine Person, die ein Risiko auf sich genommen hat und eine Verpflichtung eingegangen ist, indem sie sagt:»Ich habe einen wesentlichen Teil meines kurzen Lebens damit verbracht, eine bestimmte Geschichte und einen bestimmten Standpunkt wiederzugeben, und ich bitte euch, dasselbe zu tun, indem ihr mein Buch lest: Darf ich so viel Engagement von euch verlangen?«Ein Buch ist ein Bahnhof, nicht die Gleise.

Bücher sind ein Spiel mit hohem Einsatz, vielleicht nicht in Bezug auf Geld (im Vergleich mit anderen Branchen), doch in Bezug auf Aufwand, Engagement, Aufmerksamkeit, der Bereitstellung unseres kurzen Menschenlebens und unseres Potenzials, positiven Einfluss auf die Zukunft zu nehmen. Autor zu sein zwingt uns zu einer vermenschlichenden Form der Verwundbarkeit. Das Buch ist ein Bauwerk menschlicher Würde.

Das Wesen des Buchs ist Beweis dafür, dass individuelle Erfahrung existenziell für die Bedeutungsebene ist, denn jedes Buch ist anders. Bücher aus Papier sind naturgemäß nicht zu einem kollektiven universalen Buch verquirlt. Seltsamerweise ist für uns der Gedanke normal geworden, es gäbe nur einen Wikipedia-Eintrag für ein humanistisches Thema, für das es absolut nicht die eine optimierte Darstellung geben kann. Die meisten Themen sind keine mathematischen Sätze.

Im Zeitalter des Buchdrucks gab es viele verschiedene Enzyklopädien, von denen jede einen Blickwinkel vertreten hat – und im digitalen Zeitalter gibt es nur eine. Wieso muss das so sein? Es ist keine technische Zwangsläufigkeit, trotz »Netzwerkeffekten«. Es ist eine Entscheidung, die auf dem unbestrittenen, aber falschen Dogma beruht, Ideen selbst sollten mit Netzwerkeffekten gekoppelt werden. (Manche sagen, Wikipedia werde zum Gedächtnis einer globalen künstlichen Intelligenz.)

Bücher verändern sich. Einige der Metamorphosen sind kreativ und faszinierend. Ich bin entzückt von der Vorstellung, eines Tages könnte es Bücher geben, die sich mit virtuellen Welten synchronisieren, und von anderen seltsamen Ideen.

Aber zu viele der Metamorphosen sind unheimlich. Plötzlich müssen wir uns gefallen lassen, überwacht zu werden, um ein E-Book zu lesen! Auf was für einen eigentümlichen Handel haben wir uns da eingelassen! In der Vergangenheit kämpften wir, um Bücher vor den Flammen zu retten, doch heute gehen Bücher mit der Pflicht einher, Zeugnis über unser Leseverhalten abzulegen, und zwar einem undurchsichtigen Netzwerk von Hightech-Büros, von denen wir analysiert und manipuliert werden. Was ist besser für ein Buch: ein Spionagegerät zu sein oder Asche?

Bücher haben uns immer geholfen, die Probleme zu lösen, die wir uns aufgehalst haben. Jetzt müssen wir uns selbst retten, indem wir die Probleme erkennen, die wir den Büchern aufhalsen.

Abgesehen von Büchern geht es bei einem »Friedenspreis« offensichtlich um Frieden, aber was meinen wir mit Frieden? Ganz sicher muss Frieden bedeuten, dass keine Gewalt und kein Terror benutzt werden, um Macht oder Einfluss zu gewinnen. Aber dem Frieden müssen außerdem schöpferische Eigenschaften innewohnen.

Die meisten von uns wollen keine statische oder stumpfsinnige Existenz akzeptieren, selbst wenn sie frei von jeder Gewalt wäre. Wir wollen nicht die friedliche Ordnung akzeptieren, die uns autoritäre oder aufgezwungene Lösungen vermeintlich bieten, seien sie digital oder altmodisch. Genauso wenig dürfen wir erwarten, dass zukünftige Generationen für immer unsere Version einer nachhaltigen Gesellschaft akzeptieren, ganz gleich wie klug wir sind und wie gut unsere Intentionen.

Frieden ist also ein Puzzle. Wie können wir frei sein, ohne die Freiheit zu missbrauchen? Wie kann Frieden gleichzeitig abwechslungsreich und stabil sein?

Die Kompromisse zwischen Freiheit und Stabilität, die wir erlebt haben, neigen dazu, auf Bestechung zu beruhen – durch stetig wachsenden Konsum. Aber das scheint auch keine langfristige Lösung zu sein.

Vielleicht ließe sich die Gesellschaft durch digitale Boni stabilisieren, das ist zumindest eine Idee, die man im Silicon Valley häufiger hört. Bringt die Leute dazu, ihren CO_2-Fußabdruck zu verringern, indem ihr sie mit virtuellen Vergütungen in Videospielen umgarnt. Am Anfang mag es funktionieren, aber dieser Ansatz hat etwas Verlogenes, Gönnerhaftes an sich.

Ich glaube, wir wissen heute einfach noch nicht genug, um Lösungen für das langfristige Puzzle Frieden zu finden. Das mag negativ klingen, aber eigentlich ist es eine ganz klar optimistische Aussage, denn ich glaube, dass wir immer mehr über den Frieden lernen.

Die dunkelste meiner digitalen Ängste betrifft das, was ich

den »Rudelschalter« nenne. Es ist die These von einem hartnä-
ckigen Zug des menschlichen Charakters, der sich dem Frieden
widersetzt.

Nach dieser Theorie sind die Menschen Wölfe. Wir gehören
zu einer Spezies, die als Individuum oder als Rudel funktionieren
kann. In uns ist ein Schalter. Und wir neigen dazu, uns immer
wieder plötzlich in Rudel zu verwandeln, ohne dass wir es selbst
bemerken.

Wenn es eines gibt, was mich am Internet ängstigt, dann dies:
Es ist ein Medium, das »Flashmobs« auslösen kann und regelmäßig schlagartig »virale« Trends schafft. Zwar haben diese Effekte bisher noch keinen größeren Schaden angerichtet, aber was
haben wir im Gegenzug, um sie zu verhindern? Wenn Generationen heranwachsen, die sich großenteils über globale korporative
Cyber-Strukturen wie geschützte soziale Netzwerke organisieren
und austauschen, woher wissen wir, wer die Kontrolle über diese
Strukturen erbt?

Die traditionelle Definition von »Frieden« bezieht sich auf den
Frieden zwischen Rudeln oder Clans, und so ist das »Clangefühl«
vielleicht die gefährlichste unserer Sünden. Es zersetzt uns tief im
Wesen.

Trotzdem wird Schwarmidentität fast überall als Tugend angesehen. Das Buch der Sprüche im Alten Testament enthält eine
Liste von Sünden, darunter Lügen, Mord, Hochmut, aber auch
»Hader zwischen Brüdern säen«. Ähnliche Gebote gibt es in allen
Kulturen, allen politischen Systemen, allen Religionen, die ich
studiert habe. Ich will damit nicht sagen, dass alle Kulturen und
Glaubensbekenntnisse gleich sind, sondern dass es eine Gefahr
gibt, die uns gemein ist, weil sie in unserer Natur liegt, und die wir
abzuwehren lernen müssen. Die Loyalität gegenüber dem Rudel
wird immer wieder mit Tugend verwechselt, obwohl – besonders
wenn! – Menschen sich selbst als Rebellen sehen. Es tritt immer
Rudel gegen Rudel an.

Dies gilt für die Anhänger bestimmter Pop-Richtungen oder
Stile digitaler Politik wie für traditionelle Volkszugehörigkeiten,

Nationalitäten und Religionen. In der digitalen Kultur zum Beispiel wird schnell diffamiert, wer sich nicht streng genug zum Dogma der »offenen« Netzgemeinde bekennt.

Immer wieder brechen krude »Sünden« wie Habgier oder Rudel-Mentalität hässlich, aber verstohlen durch unsere sorgsam kultivierten Muster des perfekten Denkens – ausgerechnet dann, wenn wir uns einbilden, wir wären nahe an der technischen Perfektion.

Die großartige Idee der Menschenrechte wird in unserer algorithmischen Ära durch Kumpanei zunichtegemacht. Nach Generationen von Denkern und Aktivisten, die für die Menschenrechte kämpften, was ist passiert? Konzerne sind Personen geworden – das hat zumindest das Oberste Gericht der Vereinigten Staaten entschieden! Ein Menschenrecht ist ein uneingeschränkter Vorteil, also verschwören sich gewiefte Spieler, um für sich und ihre Rudel-Kumpane das Vielfache dieses Vorteils zu errechnen. Was können wir in Amerika noch mit der Idee der Menschenrechte anfangen? Sie wurde ad absurdum geführt.

Ein anderes Beispiel: Ausgerechnet wenn digitale Unternehmen glauben, sie täten das Bestmögliche, um die Welt zu optimieren, stellen sie plötzlich fest, dass sie ein gewaltiges Imperium der Spionage und Verhaltensmanipulation leiten. Man denke an Facebook, das erste große öffentliche Unternehmen dieser Art, das von einem einzigen sterblichen Individuum kontrolliert wird. Facebook steuert heute zum großen Teil die Muster sozialer Verbindungen in der ganzen Welt. Doch wer wird seine Macht erben? Steckt in diesem Dilemma nicht eine neue Art von Gefahr?

In Deutschland hat dieses Thema natürlich ein besonderes Echo. Gern würde ich etwas Tiefgründiges dazu sagen, aber offen gestanden verstehe ich einfach nicht, was passiert ist. Meine Mutter kam aus Wien, und viele ihrer Verwandten fielen dem Bösen und der hochglänzenden Mega-Gewalt des Nazi-Regimes zum Opfer. Als junges Mädchen hat sie schreckliches Leid erlebt und wäre fast selbst gestorben. Wenn mir diese Ereignisse nicht so nahe wären, wenn ich ihre Wirkung gedämpfter zu spüren bekommen hätte, fiele es mir jetzt vielleicht leichter, so zu tun, als würde ich verstehen, was passiert ist, wie es so viele Gelehrte behaupten.

Auch wenn ich viel darüber gelesen habe, finde ich es immer noch unglaublich schwer, die Nazi-Zeit zu verstehen. Auf jeden Fall haben die Nazis bewiesen, dass eine moderne, hochtechnisierte Sensibilität kein Schutz gegen das Böse ist. In dieser Hinsicht verstärkt die Nazi-Zeit meine Sorge, dass das Internet als überlegene Plattform für plötzliche Massengewaltausbrüche von Rudeln oder Clans dienen könnte.

Doch ich glaube auch nicht, dass die strikte Ablehnung von Rudel- oder Clan-Identitäten der beste Weg wäre, die damit verknüpfte Gewalt zu vermeiden. Anscheinend brauchen die Menschen sie. Länder wehren sich in den meisten Fällen dagegen, ihre Identität zugunsten größerer Konföderationen aufzugeben. Nur sehr wenige Menschen sind bereit, als Weltbürger zu leben, von jeder nationalen Bindung losgelöst. Es ist etwas Unwirkliches, Abstraktes an einem solchen Versuch, den menschlichen Charakter zu perfektionieren.

Das Beste wäre vielleicht, wenn jedes Individuum vielen verschiedenen Gruppen angehörte, sodass kaum klare Clans erkennbar wären, die gegeneinander antreten könnten. Während der digitalen Anfänge vor ein paar Jahrzehnten war genau das meine Hoffnung für digitale Netzwerke. Wenn sich in einer besser verbundenen Welt jeder Mensch zu einer verwirrenden Vielfalt von »Teams« zugehörig fühlte, wären die Loyalitäten vielleicht zu komplex, als dass traditionelle Rivalitäten eskalieren könnten.

Das ist auch der Grund, warum mir der Trend sozialer Netzwerke Sorgen bereitet, die Leute in Gruppen zusammenzutreiben, um sie zu besseren Zielscheiben für das zu machen, was sich heute Werbung nennt, in Wirklichkeit wohl eher das Mikromanagement der billigsten Option, der Verlinkung.

Die Welt kommt mir jedes Mal vor wie ein besserer Ort, wenn mir jemand begegnet, der sich mehreren Sportmannschaften verbunden fühlt und sich bei einem Spiel nicht entscheiden kann, zu wem er hält. Dieser Mensch ist begeistert, aber er ist auch verwirrt, plötzlich ist er ein Individuum und kein Teil eines Rudels mehr. Der Schalter wird zurückgesetzt.

Diese Art von Rücksetzung ist interessant, weil es die äußeren Umstände sind, nicht der Ausdruck von Ideen, die die Veränderung des Blicks bewirken, denn genau das passiert in der Technologie ständig.

In der Vergangenheit konnte eine Idee in einem Buch überzeugend oder verführerisch sein, oder sie konnte den Menschen mit Gewehren und Schwertern aufgezwungen werden. Heute aber sind die Ideen in dem Computercode versteckt, mit dem wir unser Leben führen. Datenschutz ist ein Beispiel dafür. Ganz gleich, was man über Datenschutz *denkt*, es ist der Code, der in fernen Cloud-Computern läuft, der bestimmt, welche Konzepte von Datenschutz gelten.

Die Idee von Datenschutz hat viele Facetten, breit gefächert und stets schwer zu definieren, doch der Code, der Datenschutz schafft oder verhindert, ist auf banale Weise konkret und allgegenwärtig. Datenschutz ist längst keine persönliche Entscheidung mehr, und damit nicht einmal mehr ein Thema, über das wir im alten Sinn nachdenken können. Nur fanatische Scholastiker verschwenden ihre Zeit mit irrelevanten Fragen.

Das einzig sinnvolle Nachdenken über Datenschutz wäre ein Nachdenken, dass zu Veränderungen im Code führt. Doch wir haben unsere Politik zum großen Teil an ferne Konzerne »outgesourct«, womit es oft keinen klaren Kanal zwischen dem Denken und dem Kodieren gibt, also zwischen dem Denken und der gesellschaftlichen Realität. Programmierer haben eine Kultur geschaffen, in der sie den Regulatoren davonlaufen können.

Wir verlangen von den Regierungen, sich mit größter Vorsicht in die bizarren Prozesse zu begeben, um zu regulieren, wie die Cloud-basierten Konzerne unsere Kommunikation und unsere koordinierten Interaktionen kanalisieren. Doch manchmal unterwandern Programmierer das, wozu die Unternehmen gezwungen wurden, und führen die Regierungseingriffe ad absurdum. Dieses Muster hat sich beim Urheberrecht gezeigt und auf andere Art bei Themen wie dem Recht auf Vergessenwerden und gewissen Bereichen des Datenschutzes, insbesondere der Privatsphäre von Frauen online. (Die derzeitige Praxis privilegiert anonyme Schikanierer gegenüber den Frauen, die schikaniert werden.)

In jedem Fall wollen viele der kreativsten und gutmütigsten Aktivisten nicht, dass Menschen die Möglichkeit haben, sich gegen die »Offenheit« des Netzes zu wehren. Gleichzeitig aber haben viele digitale Aktivisten eine scheinbar unendliche Toleranz gegenüber der gigantischen Ungleichheit, wer von dem allsehenden Auge profitiert.

Big Data schürt die algorithmische Konzentration von Reichtum. Zuerst ist es in der Musik- und Finanzbranche passiert, doch der Trend greift auf jeden zweiten Schauplatz menschlicher Aktivität über. Algorithmen erzeugen keine Garantien, doch sie zwingen nach und nach die breite Gesellschaft dazu, Risiken zu übernehmen, von denen nur einige wenige profitieren. Dies wiederum führt zu Austerität, rigorosen Sparmaßnahmen seitens der Politik. Da Austerität mit einer Sharing Economy gekoppelt ist (denn Sharing liefert die Daten, mit denen die Maschine läuft), erlebt jeder Einzelne, bis auf die winzige Minderheit ganz oben auf den Rechnerwolken, einen graduellen Verlust von Sicherheit.

Diese Entwicklung ist in meinen Augen die bisher größte negative Konsequenz der Netzwerktechnologie. Womit ich ein anderes Problem nicht ignorieren will, das viel mehr Aufmerksamkeit erhalten hat, weil es spektakulärer ist. Denn eine der Nebenwirkungen der algorithmischen Überwachungswirtschaft ist das zwangsläufige Durchsickern der gesammelten Daten in die Computer nationaler Geheimdienste. Das meiste, was wir heute darüber wissen, verdanken wir Edward Snowdens Enthüllungen.

Staatlicher Überwachung entgegenzuwirken ist grundlegend für die Zukunft der Demokratie, aber Aktivisten dürfen nicht vergessen, dass wir es im Moment mit einer Situation zu tun haben, in der durch Mechanismen von ungleicher Wohlstandsverteilung und Austerität die Regierungen zugunsten der Unternehmen geschwächt werden, die die Daten überhaupt einsammeln. Das gilt natürlich nur für Demokratien. Nicht-demokratische Regimes übernehmen die Kontrolle über ihre eigenen Clouds, so wie wir es zum Beispiel in China sehen.

Manchmal frage ich mich, ob wir unsere Demokratien an Technologiefirmen outgesourct haben, damit wir nicht selbst zur Rechenschaft gezogen werden können. Wir geben unsere Macht und unsere Verantwortung einfach ab.

Bevor es zu Missverständnissen kommt, möchte ich Folgendes klarstellen. Ich bin kein Gegner großer Konzerne. Ich mag große Konzerne, vor allem große Technologiekonzerne. Meine Freunde und ich haben ein Startup-Unternehmen an Google verkauft, und ich habe eine Stelle bei Microsoft Research. Wir dürfen einander keiner Reinheitsprüfung unterziehen, als wären wir Cloud-Algorithmen, die sich gegenseitig für gezielte Werbung analysieren.

Die verschiedenen Institutionen, die von Menschen erfunden werden, müssen sich nicht gegenseitig auslöschen, sondern können sich gegenseitig ins Gleichgewicht bringen. Wir können lernen, »loyale Opposition« innerhalb der Institutionen zu sein, die wir unterstützen oder zumindest tolerieren, seien es Regierungen, Unternehmen, Religionen und so weiter. Wir müssen nicht immer zerstören, um etwas zu erschaffen. Wir können und sollten in einem Knäuel von Loyalitäten leben. So könnten wir den Rudel-Schalter vermeiden.

Zu lernen, über den Standpunkt der Opposition hinauszudenken, kann Klarheit bringen. Ich widerspreche zum Beispiel sowohl denen, die für eine flache Verteilung wirtschaftlicher Vorteile sind, als auch denen, die das Starsystem nach dem Prinzip »The winner takes it all« favorisieren, das sich in der Hightech-Wirtschaft der letzten Jahre abzeichnet. Die Wirtschaft muss weder ein Turm sein, der über einem Meer törichter Anwärter aufragt, noch ein Salzsee, in dem alle von einer Kontrollinstanz zur Gleichheit gezwungen werden.

Ich spreche mich für eine Wirtschaft mit einer breiten Mitte aus. Alles, was in der Wirklichkeit vermessen wird, sollte eine Glockenkurve ergeben. Lassen sich die Erträge einer Wirtschaft als Glockenkurve darstellen, ist diese Wirtschaft nicht nur ehrlich, sondern auch stabil und demokratisch, denn die Macht ist breit verteilt. Wer wirtschaftliche Gerechtigkeit zum Ziel hat, sollte nicht aus Prinzip die Reichen verdammen, sondern stattdessen die Delle in der Mitte der Verteilung.

Der Konflikt zwischen der Linken und der Rechten ist schon so lange akut, dass wir nicht einmal über ein ehrliches Vokabular verfügen, um die ehrliche Mathematik der Glockenkurve zu beschreiben. Wir können nicht von einer »Mittelklasse« sprechen, denn der Begriff ist zu belastet. Und doch ist diese schwer zu artikulierende Mitte das Herz der Mediation, wo wir den Frieden suchen müssen.

So langweilig es zunächst klingen mag, tatsächlich ist die Mediation zwischen den Fronten sowohl der spannendste als auch der vielversprechendste Weg nach vorn. Ständig werden wir mit den Gegensätzen von Alt und Neu konfrontiert, ständig müssen wir uns entscheiden. Sollen wir altmodische Taxis mit ihren altmodischen Rechten für die Fahrer unterstützen oder neue Arten von Services wie Uber, die digitale Effizienz bieten?

Doch diese Entscheidungen sind falsche Entscheidungen! Die einzig ethische Option ist die Synthese aus dem Besten der prädigitalen und der digitalen Systeme.

Eine Schwierigkeit dabei ist, dass wir Technologen oft in alten Fantasien des Übernatürlichen gefangen sind, die uns daran hindern, ehrlich über unsere Arbeit zu reden. Einst träumten Wissenschaftler davon, Maschinen mit magischen Formeln zum Leben zu erwecken, sodass sie autark würden. Später sollten Algorithmen künstlicher Intelligenz Bücher schreiben, Treibstoffe abbauen, technische Geräte herstellen, Kranke pflegen und Lastwagen fahren. Auch wenn diese Entwicklung zu hoher Arbeitslosigkeit führen würde, würde sich die Gesellschaft allmählich anpassen, vielleicht mit einer Wende zum Sozialismus oder zum bedingungslosen Grundeinkommen.

Aber der Plan hat nie funktioniert. Stattdessen wird, was wie Automatisierung aussieht, in Wirklichkeit von Big Data angetrieben. Die größten Computer der Welt ernten Daten von dem, was echte Menschen tun – Schriftsteller zum Beispiel. Sie verhalten sich wie die flächendeckendsten Spionagedienste der Weltgeschichte, und diese Daten werden dann aufbereitet, um die Maschinen zu betreiben.

Wie sich zeigt, bedarf die »Automatisierung« also immer noch riesiger Massen von Menschen! Doch dem Traum einer maschinenzentrierten Zukunft zuliebe müssen diese echten Menschen anonymisiert und vergessen werden. Dieser Trend lässt die Bedeutung von Urheberschaft schrumpfen, doch über kurz oder lang schrumpft auch die Wirtschaft im Ganzen, während die Entwicklung nur die reich macht, denen die größten Spionagecomputer gehören.

Um scheinbar automatische Übersetzungsprogramme zu erschaffen, muss täglich die Arbeit von Millionen von echten Übersetzern gescannt werden (um Aktualität zu gewährleisten). Und dieses Arrangement ist ein ganz typisches Beispiel.

In der Regel verschleiert jede *scheinbare* Automatisierung die Entrechtung der Menschen, die hinter dem Vorhang die Arbeit leisten, was wiederum zu Austerität führt, die wiederum Sozialismus, Grundeinkommen und Ähnliches als Kompensation für die bühnenwirksam simulierte Arbeitslosigkeit ausschließt. Dieser Zyklus ist ein kolossales Beispiel dafür, wie sich schlaue Leute dumm verhalten.

»Disrupt« – zerstören – ist vielleicht das häufigste Wort in der digitalen Kultur und Geschäftswelt. Wir tun so, als wäre es schwer, »kreative Zerstörung« – ein besonders beliebter Tropus in der modernen Wirtschaftsrhetorik – im Unterschied zu reiner Zerstörung zu sehen.

Aber so schwer ist es gar nicht. Sehen Sie sich um, ob Menschen nicht ihre Sicherheit und Sozialleistungen verlieren, obwohl das, was sie tun, immer noch gebraucht wird. Die Peitsche ist überflüssig geworden, doch die Dienstleistungen, die in jüngster Zeit durch digitale Services effizienter gemacht wurden, sind meistens nur umformatiert, nicht abgelöst worden.

Jedes Mal, wenn jemand einen Cloud-Service einführt, um einen Aspekt des Lebens leichter zu machen – sei es der Zugang zu Musik, Mitfahrgelegenheiten, Verabredungen, Krediten und so weiter –, wird in Kauf genommen, dass die Menschen zuvor einen gewissen Schutz genossen haben, der nun in Vergleich zu früheren Regelungen seinen Wert verliert.

Künstler, die vom Urheberrecht profitierten, werden im neuen System ihr Recht verlieren. Arbeiter, die in einer Gewerkschaft organisiert waren, werden es nicht mehr sein. Fahrer, die bestimmte Lizenzen und Verträge hatten, müssen ohne sie auskommen. Und auch ganz normale Bürger, die ein Recht auf Datenschutz hatten, müssen sich der neuen Ordnung anpassen.

Der Anspruch, dass alte Vorrechte über Bord geworfen werden müssen – etwa Datenschutz oder die Errungenschaften der Arbeiterbewegung –, um neuer technologischer Effizienz Platz zu machen, ist grotesk. Technologie-Idealisten betonen häufig, dass die alten Vorrechte unvollkommen, unfair und korrupt waren – was in vielen Fällen stimmt –, aber sie geben selten zu, dass die neue Situation eklatant weniger Rechte und ein erheblich höheres Maß an Ungerechtigkeit bietet.

Allen Technologieschaffenden gebe ich zu bedenken: Wenn eine neue Effizienz von digitalem Networking auf der Zerstörung von Würde beruht, seid ihr nicht gut in eurem Fach. *Ihr schummelt.* Gute technologische Neuerungen müssen sowohl die Leistung als auch die Würde der Erbringer verbessern.

Wir Menschen sind Genies darin, uns durch den Gebrauch von Computern verwirren zu lassen. Das wichtigste Beispiel dafür ist, dass Computer so tun, als wäre Statistik eine adäquate Beschreibung der Realität. Dies mag klingen wie ein nebensächliches technisches Problem, aber in Wirklichkeit liegt genau hier der Kern der wirtschaftlichen und sozialen Herausforderungen unserer Zeit.

Es gibt eine exponentiell ansteigende Zahl von Hinweisen darauf, wie gigantisch »Big Data« heutzutage ist. Die Massen von Sensoren, die sich in unserer Umwelt verbergen, die immer größer werdenden Rechenzentren für Clouds an geheimen Orten, wo sie ihren Wärmeüberschuss verzweifelt an wilde Flüsse abgeben.

Was passiert mit all diesen Daten? Sie werden von statistischen Algorithmen analysiert!

Wenn Sie bitte einmal die Fingerspitze heben und langsam durch die Luft bewegen. Bei der Menge der Kameras, die es in der heutigen Welt gibt, ist wahrscheinlich irgendeine Kamera gerade auf Ihren Finger gerichtet, und wahrscheinlich sagt gerade irgendwo irgendein Algorithmus automatisch vorher, wo sich Ihr Finger im nächsten Augenblick befinden wird. Vielleicht wurde dieser Algorithmus von einer Geheimdienstorganisation, einer Bank, einer kriminellen Vereinigung oder einer Firma aus dem Silicon Valley entwickelt, wer weiß das schon? Die Entwicklung von Algorithmen wird immer billiger, und jeder, der kann, tut es auch.

Und dieser Algorithmus wird wahrscheinlich für kurze Zeit recht behalten. Das ist so, weil Statistik ein gültiger Zweig der Mathematik ist.

Außerdem ist die spezielle Wirklichkeit, in der wir leben, Statistik-freundlich angelegt. Das ist eine Facette unserer Realität. Unsere Welt, jedenfalls auf der Ebene, auf der Menschen funktionieren, hat eine luftige, geräumige Eigenschaft. Das heißt, dass die meisten Dinge ausreichend Platz zur Verfügung haben, um weiter das zu tun, was sie gerade tun. Newtons Gesetze (ein Körper in Bewegung behält seine Bewegung bei) würden zum Beispiel nicht in einem gewöhnlichen Schiebepuzzle gelten, in dem jede Bewegung so beschränkt und verzwickt ist.

Doch trotz der scheinbaren Luftigkeit täglicher Ereignisse funktioniert unsere Welt im Grunde doch wie ein Schiebepuzzle. Es ist eine Welt der Struktur, geregelt von Prinzipien der Konservierung und Ausschließung. Was das heißt, ist einfach: Mein Finger wird wahrscheinlich seine Bewegung fortsetzen, aber nicht für immer, denn irgendwann ist er am Ende der Spannweite meines Arms, oder er trifft auf eine Wand oder ein anderes Hindernis.

Das ist das besondere, schmackhafte Wesen unserer Welt: Es gibt eine allgemeine statistische Vorhersehbarkeit, aber sie gilt nur für begrenzte Zeitabschnitte, und ihre Beschränkungen lassen sich nicht universell vorhersagen. Cloud-basierte Statistiken funktionieren also oft am Anfang, und dann scheitern sie.

Zuerst glauben wir, wir könnten mit unseren Computern in die Zukunft sehen, doch dann plötzlich versagen unsere Systeme. (Gute Wissenschaftler, die mit *Theorien* arbeiten, nicht nur mit Statistiken, verstehen dieses Problem und bilden in ihren Modellen auch die Wand ab, die die Bewegung des Fingers stoppt. Doch so viel Mühe macht man sich im Cloud-Geschäft selten, da auch ohne sie Milliarden von Dollar gescheffelt werden können.)

Das ist ein allgemeines und verführerisches Muster des intellektuellen Scheiterns in unserer Zeit. Warum lassen wir uns so leicht verführen? Es ist schwer zu beschreiben, wie intensiv die Verlockung ist, wenn man sie nicht selbst erlebt hat.

Wenn zum Beispiel ein Kapitalgeber Cloud-statistische Algorithmen laufen lässt, fühlt er sich zunächst wie König Midas. Er lehnt sich zurück und sieht zu, wie sein Vermögen wächst. Doch dann passiert etwas. Vielleicht gehen ihm die Leute aus, denen er hohle Kredite anbieten kann, oder die Konkurrenz beginnt, ähnliche Algorithmen einzusetzen, oder so etwas in der Art.

Irgendeine strukturelle Grenze unterbricht den unglaublichen Lauf des vollkommenen Glücks, und jedes Mal bist du schockiert, schockiert, *schockiert*, auch wenn es nicht das erste Mal ist, weil die verführerische Macht der frühen Phase einfach so unwiderstehlich ist. (Eine Baseball-Mannschaft bei uns in Kalifornien war in dem Buch und dem Film *Moneyball* gefeiert worden, weil sie dank Statistiken an die Spitze kam, und doch gehört sie heute wieder zu den Verlierern. Das ist absolut typisch.)

Dahinter steckt auch ein gewaltiger Power-Trip. Denn man kann Muster in der Art, wie User sich ausdrücken oder handeln, nicht nur vorhersehen, man kann sie auch erzwingen.

Es ist heute eine gängige Methode, dass digitale Firmen einige User zu einem Service überreden, der eine neue Effizienz durch Algorithmen und Cloud-Konnektivität bietet. So werden Bücher auf Tablets vertrieben, Mitfahrgelegenheiten, Unterkünfte oder Kredite vermittelt, der Kontakt zu Familienmitgliedern und Freunden hergestellt oder Partner für Sex und Liebe verteilt.

Egal worum es geht, bald tritt ein Phänomen namens »Netzwerkeffekt« in Kraft, und schon leben die Nutzer nicht mehr in einer Welt der freien Entscheidung, sondern sehen sich zum großen Teil gezwungen, jeweils den Service zu benutzen, der die anderen übertrumpft. Eine neue Art von Monopol entsteht, häufig in Form einer in Kalifornien ansässigen Firma.

Typischerweise haben die Nutzer das Gefühl, sie machen ein unglaublich gutes Geschäft. Musik umsonst! Sie scheinen unfähig zu sein, die Verbindung zum Schrumpfen ihrer eigenen Möglichkeiten zu ziehen. Stattdessen sind sie dankbar. Wenn man ihnen durch die Anwendung von Algorithmen vorschreibt, mit wem sie ausgehen sollen oder wie sie sich ihrer Familie zeigen sollen, werden sie es tun.

Wer immer eine dieser Operationen betreibt, die ich »Sirenenserver« nenne, kann die Normen der Gesellschaft festlegen, zum Beispiel beim Datenschutz. Es ist, als wäre er König.

Das ist ein grober ökonomischer Schnappschuss, der viele Aspekte unserer Gesellschaft in den letzten Jahren beschreibt. Vor einiger Zeit ging es um Musik. Bald wird es um Produktionsverfahren (mit 3D-Druckern und der Automatisierung in Fabriken), das Gesundheitswesen (mit Pflegerobotern) und jeden anderen Zweig der Wirtschaft gehen.

Und natürlich hat diese Entwicklung in den USA längst die Idee der Wahlen erreicht, wo computerisierte Manipulationen der Wahlkreisgrenzen und gezielte Werbung Wahlen zu Wettbewerben zwischen großen Computern gemacht haben anstatt zwischen Kandidaten. (Bitte lassen Sie nicht zu, dass so etwas auch in Europa passiert.)

Es funktioniert immer wieder, doch es scheitert auch immer wieder an anderer Stelle. Die Musikindustrie kollabiert, doch dasselbe Regelwerk wird auf Bücher angewandt. Mit jedem Zyklus werden von den größten Computern Milliarden gescheffelt. Die egoistische Illusion der Unfehlbarkeit taucht immer wieder auf – der größte Serienschwindler unserer Zeit – und macht die intelligentesten, wohlmeinendsten technologischen Köpfe zum Teil des Problems statt zum Teil der Lösung. Wir machen Milliarden, bevor wir den Karren an die Wand fahren.

Wenn dieses Muster unabwendbar ist, spielt Politik keine Rolle. In diesem Fall könnte Politik höchstens für einen Aufschub der vorgezeichneten Auflösung sorgen.

Aber was ist, wenn Politik doch eine Rolle spielen könnte? In diesem Fall ist es traurig, dass die derzeitige digitale Politik oft so unsinnig ist. Der Mainstream der digitalen Politik, die immer noch als jung und »radikal« angesehen wird, pflügt immer noch mit einer Reihe von Ideen über Offenheit voran, die über drei Jahrzehnte alt sind, selbst wenn die spezielle Formulierung offensichtlich gescheitert ist.

Als meine Freunde und ich die sogenannte Twitter- oder Facebook-Revolution auf dem Tahrir-Platz beobachteten, von unserem bequemen Posten im Silicon Valley aus, habe ich gesagt: »Twitter wird diesen tapferen, klugen jungen Ägyptern keine Arbeit geben, also kann die Bewegung nicht glücken.« Freiheit, losgelöst von Wirtschaft (im weitesten Sinn), ist bedeutungslos.

Es ist schwer, darüber zu sprechen, weil man so viele Einwände einkalkulieren muss. So könnte man sagen, dass traditionelle gesellschaftliche Konstrukte wie »Jobs« oder »Geld« durch digitale Netzwerke überflüssig gemacht werden könnten und sollten, aber: Jede Erfindung, die sie ablösen sollte, müsste mindestens einige derselben Sicherheiten bieten, an die junge Leute häufig weniger gerne denken. Man kann sich nicht nur auf einen Teil vom Kreislauf des Lebens beziehen.

Dieses schwierige Thema verdient eine vorsichtige Erklärung. Die Sharing Economy bietet nur die Echtzeit-Vorteile von informellen oder Schattenwirtschaften, wie man sie bisher nur in Entwicklungsländern, vor allem in Slums, vorgefunden hat. Jetzt haben wir sie in die entwickelte Welt importiert, und junge Menschen lieben sie, weil das Gefühl des Teilens so sympathisch ist.

Doch die Menschen bleiben nicht für immer jung. Manche

werden krank, oder sie müssen für ihre Kinder, Partner oder Eltern sorgen. Wir können nicht bei jeder Mahlzeit »für unser Essen singen«. Weil die Realität anders aussieht, muss die Sharing Economy letztendlich als Täuschungsritual der Todesverleugnung verstanden werden. Biologischer Realismus ist der Hauptgrund, weshalb regulierte Wirtschaften sich überhaupt herausgebildet haben. Wenn wir mit der Sharing Economy einerseits den Schutz, den Gewerkschaften bieten, aushebeln, und Regierungen in langfristige Muster von Austerität oder Sparpolitik und Schuldenkrisen zwingen, wer wird sich dann um die Bedürftigen kümmern?

Manchmal frage ich mich, ob die jüngeren Leute in der entwickelten Welt angesichts des unvermeidlichen Ansturms der demografischen Alterung nicht die Verlagerung zur digitalen Technologie unbewusst benutzen, um den erdrückenden Verpflichtungen gegenüber der wachsenden Zahl der Alten zu entkommen. Die meisten Länder der entwickelten Welt müssen sich in den kommenden Jahrzehnten mit diesem demografischen Wandel auseinandersetzen. Vielleicht haben die Jungen recht, wenn sie sich zu retten versuchen, aber es bleibt das Problem, dass auch sie eines Tages alt und bedürftig sein werden, denn so ist die Conditio humana.

Innerhalb der winzigen Elite der Milliardäre, die die Cloud-Computer betreiben, herrscht der laute, zuversichtliche Glaube, dass die Technologie sie eines Tages unsterblich machen wird. Google zum Beispiel finanziert eine große Organisation mit dem Ziel, »den Tod zu überwinden«. Und es gibt viele Beispiele mehr.

Ich kenne einige der Hauptbeteiligten der Anti-Tod- oder posthumanen Bewegung, die im Herzen der Silicon-Valley-Kultur sitzt, und ich bin der Ansicht, die meisten von ihnen leben in einer Traumwelt, die weit weg von jeder rationalen Wissenschaft ist. (Es sind auch ein paar gute Wissenschaftler dabei, einfach nur wegen der Finanzierung. Geld kommt in der Wissenschaft heute oft von merkwürdig motivierten Quellen, und ich würde es ihnen nie zum Vorwurf machen.)

Die Arithmetik ist klar. Falls die Unsterblichkeits-Technologie, oder auch nur eine Technologie der drastischen Lebensverlängerung, zu funktionieren beginnt, müsste sie entweder auf die kleinste Elite beschränkt bleiben, oder wir müssten aufhören, Kinder in die Welt zu setzen, und in eine unendlich fade Gerontokratie übergehen. Dies sage ich, um hervorzuheben, dass in der digitalen Technologie häufig das, was radikal scheint – was auf den ersten Blick wie kreative Zerstörung wirkt –, sich in Wirklichkeit, wenn es tatsächlich umgesetzt würde, als hyperkonservativ und unendlich fade und langweilig herausstellt.

Eine weitere populäre Idee ist, unser Gehirn in die virtuelle Realität »upzuloaden«, damit wir für immer in einer Softwareform weiterleben könnten. Und das trotz der Tatsache, dass wir noch nicht einmal wissen, wie das Gehirn funktioniert. Wir wissen nicht, wie Vorstellungen durch Neuronen repräsentiert werden. Wir stellen Milliarden von Dollar bereit, um das Gehirn zu simulieren, dabei kennen wir jetzt noch nicht einmal die grundlegenden Prinzipien, nach denen es funktioniert. Wir behandeln Hoffnungen und Glaube, als wären sie etablierte Wissenschaft. Wir behandeln Computer wie religiöse Objekte.

Wir müssen uns überlegen, ob Fantasien von maschineller Gnade lohnenswert sind. Denn wenn wir den Fantasien von künstlicher Intelligenz widerstehen, können wir zur neuen Formulierung einer alten Idee kommen, die in der Vergangenheit viele Formen hatte: »Humanismus«.

Der neue Humanismus ist, wie früher, der Glaube an den Menschen, doch speziell in der Form einer Ablehnung von künstlicher Intelligenz. Das hieße nicht, irgendeinen Algorithmus oder roboterhaften Mechanismus zu verwerfen. Jeder einzelne vermeintlich künstlich intelligente Algorithmus kann genauso gut als nicht-autonome Funktion verstanden werden, die dem Menschen als Werkzeug dient.

Diese Ablehnung gründet nicht auf dem irrelevanten Argument, das häufig vorgeschoben wird, nämlich dem der Grenzen der Möglichkeiten, sondern vielmehr darauf, dass es immer Menschen geben muss, um einen Computer wahrzunehmen, damit er überhaupt existiert. Ja, ein Algorithmus kann mit den Daten aus einer Cloud, die von Millionen und Abermillionen von Menschen erhoben wurden, eine Aufgabe verrichten. Man sieht die Flachheit von Computern auf praktischer Ebene an ihrer Abhängigkeit von einer verborgenen Masse anonymer Menschen, oder auch an einer tieferen, erkenntniskritischen Abhängigkeit: Ohne Menschen sind Computer Raumwärmer, die Muster erzeugen.

Wir müssen uns nicht darüber einigen, ob im Menschen ein göttliches Element vorhanden ist oder nicht, noch müssen wir entscheiden, ob gewisse »Grenzfälle« wie die Bonobos als Menschen betrachtet werden sollten. Auch müssen wir nicht *absolute* Urteile über die letztendliche Natur von Menschen oder Computern abgeben. Doch wir müssen Computer zumindest so *behandeln*, als wären sie weniger-als-menschlich.

Wenn man spezifische Auswege aus unseren dummen digitalen Wirtschaftsmustern anspricht, begibt man sich auf ein schwieriges Feld. Ich habe hauptsächlich einen Ansatz erforscht und vertreten, nämlich das ursprüngliche Konzept digitaler Medienarchitektur wiederzubeleben, das auf Ted Nelsons Arbeit in den Sechzigern zurückgeht. Ted schlug ein universales Mikro-Zahlungssystem für digitale Beiträge von Menschen vor. Um es noch einmal zu betonen, dies war keine radikale Reaktion, sondern der historische Ausgangspunkt aller Überlegungen zu digitalen Medien.

Ich habe versucht, Teds Idee auszuweiten auf die Art, wie das Leben der Menschen heute in riesige Big-Data-Sammlungen eingelesen wird. Wie schon erwähnt stützen sich kostenfreie Übersetzungsprogramme zum Beispiel auf das Scannen der Arbeit von Millionen echter menschlicher Übersetzer am Tag. Warum können wir diese Leute nicht bezahlen? Das wäre nur ehrlich und fair.

Wenn wir nur zugeben würden, dass immer noch Menschen gebraucht werden, um die Big Data herzustellen, und wenn wir willens wären, unsere Fantasien von künstlicher Intelligenz zu zügeln, dann könnten wir vielleicht ein neues Wirtschaftsmuster erschaffen, in dem auch in den Ergebnissen der digitalen Wirtschaft die Glockenkurve statt des Starsystems auftaucht. Daraus könnten tragfähige Gesellschaften entstehen, die nicht der Austerität zum Opfer fallen, ganz gleich wie gut oder scheinbar »automatisiert« die Technologie ist.

Diese Idee ist, um das Mindeste zu sagen, kontrovers, und ich kann sie in dieser kurzen Rede nicht vollständig erläutern. Es ist nur eine Idee, die wenigstens ausprobiert werden müsste und die sich dann vielleicht als haltlos herausstellt.

Doch der springende Punkt, die grundlegende Position, von der wir nicht abweichen dürfen, ist: Wir müssen anerkennen, dass es Raum für Alternativen gibt. Das Muster, das wir heute sehen, ist nicht das einzig mögliche Muster, es ist nicht unabwendbar. Unabwendbarkeit ist eine Täuschung, die die Freiheit aushöhlt.

Je fortschrittlicher die Technologie ist, desto schwieriger wird es, zwischen Algorithmen und Konzernen zu unterscheiden. Was ist Google heute, oder Facebook? In diesen Fällen ist die Unterscheidung bereits esoterisch, und das wird sie bald auch für viele andere Konzerne sein. Wenn Algorithmen Personen sein können, dann sind es auch Konzerne, wie es in den USA schon jetzt der Fall ist. Was ich heute hier sage, ist, dass weder ein Algorithmus noch ein Konzern eine Person sein sollte!

Der neue Humanismus behauptet, es sei richtig, zu glauben, dass Menschen etwas Besonderes sind, nämlich dass Menschen mehr sind als Maschinen und Algorithmen. Es ist eine Behauptung, die in Tech-Kreisen zu rüdem Spott führen kann, und es gibt auch keinen Beweis, dass sie stimmt.

Wir glauben an uns selbst und aneinander, aber es ist eben nur Glaube. Es ist ein pragmatischerer Glaube als der traditionelle Glaube an Gott. Er führt zum Beispiel zu einer faireren und nachhaltigeren Wirtschaft und zu besseren, zurechnungsfähigeren Technologien. (Außerdem ist der Glaube an den Menschen kompatibel mit jedem Glauben oder fehlenden Glauben an Gott.)

Für manche Techies mag der Glaube an die Besonderheit des Menschen sentimental oder religiös klingen, und so etwas können sie nicht leiden. Aber wenn wir nicht an die menschliche Besonderheit glauben würden, wie könnten wir dann nach einer humanistischen Gesellschaft streben?

Darf ich vorschlagen, dass die Technologen wenigstens versuchen, so zu tun, als würden sie an die menschliche Besonderheit glauben, nur um zu sehen, wie es sich anfühlt?

Zum Schluss möchte ich diese Rede meinem Vater widmen, der, während ich diese Worte geschrieben habe, gestorben ist.

Ich war von Trauer überwältigt. Ich bin ein Einzelkind, und jetzt ist keiner meiner Eltern mehr am Leben. All das Leid, das meine Eltern ertragen haben. Die Familie meines Vaters hatte so viele Tode unter den Pogromen zu beklagen. Eine seiner Tanten war ihr Leben lang stumm, nachdem sie als kleines Mädchen nur überlebt hatte, weil sie vollkommen still unter einem Bett ausharrte, während ihre ältere Schwester vor ihr durch ein Schwert getötet wurde. Von der Familie meiner Mutter in Wien sind viele, viele in den Konzentrationslagern umgekommen. Und nach alldem bin nur noch ich übrig.

Doch dann überkam mich schnell eine noch größere Dankbarkeit. Mein Vater ist über neunzig geworden, und er hat meine Tochter noch erlebt. Die beiden kannten sich und hatten sich lieb. Sie haben einander glücklich gemacht.

Tod und Verlust sind unabwendbar, ganz gleich, was meine Freunde mit ihren digitalen Überlegenheitsfantasien und Unsterblichkeitslaboratorien denken und gleichzeitig ihre Liebe zur kreativen Zerstörung bekunden. Ganz gleich, wie tief uns das Leid darüber schmerzt, am Ende sind Tod und Verlust langweilig, weil sie einfach unabwendbar sind.

Es sind die Wunder, die wir errichten – die Freundschaften, die Familien, die Bedeutung –, die staunenswert, interessant, glorreich und berauschend sind.

Love creation.

(2014)

Teil 1

Freude

Von den späten siebziger bis zu den frühen neunziger Jahren gehörte ich zum Kreis der IT-Pioniere und Technologie-Philosophen, die die Grundlagen der Digitalisierung und ihre gesellschaftlichen Auswirkungen formulierten. Ich hatte Kontakt zu Ted Nelson, Richard Stallman, den ersten Silicon-Valley-Unternehmern, und vielen anderen, die dazu beitrugen, das Quellgebiet der politischen Ströme zu definieren, die seitdem die Welt überfluten.

Allerdings schrieb ich damals nicht viel über Politik oder Wirtschaft. Ich befasste mich mehr mit den ästhetischen, spirituellen, praktischen, wissenschaftlichen und mathematischen Aspekten der Informatik – eigentlich mit allem außer den damit verbundenen politischen und gesellschaftlichen Auswirkungen. Ich glaubte damals, ja ich hatte das intuitive Gefühl, dass sich der gesellschaftliche Aspekt schon in die richtige Richtung entwickeln würde.

In jener Zeit bestand für mich das wichtigste gesellschaftspolitische Vorhaben darin, Computer weniger furchteinflößend zu gestalten, das Programmieren für ganz normale Menschen zugänglich zu machen und der Informationstechnologie das Elitäre zu nehmen.

Ich arbeitete deshalb viel an der Entwicklung grafischer Programmiersprachen. Eine davon wurde 1984 auf dem Cover der Zeitschrift *Scientific American* vorgestellt.

1986 wurde ein Buch mit Interviews mit Programmierern veröffentlicht. Das Buch fängt die Stimmung in der Frühzeit des Silicon Valley ein. Ich fand das Gespräch damals sehr schwierig, denn es war fast unmöglich, die Ideen zu vermitteln, für die ich mich interessierte. Das zeigte sich etwa darin, wie mühsam man die virtuelle Realität erklären musste.

Zu der Zeit war das ein gängiges Problem. Innerhalb der kleinen Welt der Informatik, die beinahe einem Kult glich, sprachen wir bereits über die Themen, die heute erst ins allgemeine Bewusstsein gerückt sind, etwa darüber, wie die Kontrolle über Informationen die Grundlage für Macht und Einfluss bildet und wie wir dadurch das gesellschaftliche Zusammenleben verändern. Doch mit Nichteingeweihten über solche Dinge zu sprechen war extrem schwierig.

Zumindest schien es so. Vielleicht dachten wir auch zu sehr an uns selbst und ließen das Thema technisch komplizierter und fremdartiger wirken, als es tatsächlich war.

Auf jeden Fall bemühte ich mich, Nichteingeweihten Ideen wie die virtuelle Realität zu vermitteln.

Das Interview über virtuelle Realität, das 1989 in der Zeitschrift *Whole Earth Review* erschien, sorgte für einiges Aufsehen und machte viele zum ersten Mal mit der Idee vertraut. Oft liest und hört man, das Interview habe 1989 stattgefunden und sei von Kevin Kelly geführt worden, ich möchte jedoch darauf hinweisen, dass es bereits 1987 geführt wurde, und zwar von Adam Heilbrun, Kevin Kelly schrieb nur die Einleitung dazu.

Der Essay »Es war einmal« zeigt wiederum eine ganz andere Seite von mir in jenen Jahren. Damals hielt ich Vorträge über Spiritualität und Technologie. Mein Ton ist wohl teilweise Alan Watts geschuldet. Der Essay ist ein kleines Beispiel für die Art von Parabeln, die ich in jener Zeit erzählte.

KAPITEL 1

Die Freuden der virtuellen Realität damals und heute

Virtuelle Realität – Ein Gespräch mit Adam Heilbrun

Eingeleitet von Kevin Kelly

Jaron Lanier ist einer der wichtigsten Visionäre des Cyberspace oder, wie er lieber sagt, der »virtuellen Realität«. Vor kurzem besuchte ich ihn abends in seinem Büro in Redwood City, Kalifornien, weil ich Illustrationen für das anstehende Interview mit ihm abholen wollte. Es wurde ein historischer Abend. Direkt vor meinen Augen baute Jaron Lanier eine künstliche Realität auf und stieg hinein. Und ich folgte ihm.

Derzeit gibt es etwa zwanzig Gruppen (überwiegend in den Vereinigten Staaten), die an virtuellen Realitäten arbeiten oder sie aufbauen. In der letzten Ausgabe berichteten wir von den Fortschritten einer Gruppe bei der NASA, die ein System aus Helm, Handschuh und einer einfarbigen dreidimensionalen Realität entwickelt hat. Eine Gruppe in North Carolina hat bereits fortgeschrittene Modelle in Farbe vorgestellt.

Jaron Lanier ist der Mann, der den von der NASA verwendeten Datenhandschuh konstruiert hat. Der Datenhandschuh reproduziert eine echte Hand mithilfe von Lichtwellenleitern als virtuelle Hand. Dazu steckt man die reale Hand in einen Handschuh, an dem Glasfaserkabel angebracht sind. Man deutet mit der Hand auf etwas, und entsprechend deutet die virtuelle Hand in der virtuellen Realität. Das ist sehr elegant. Laniers Firma VPL Research will das Konzept des Handschuhs auf einen Ganzkörperanzug übertragen. Dieser Anzug ist allerdings noch alles andere als elegant. Durch die sperrigen Kabel, die von den

Gliedmaßen und dem Rücken wegführen, ist er ziemlich unförmig.

VPL hat auch den Prototypen einer Brille für die virtuelle Realität konstruiert, die die Firma »Eye-Phones« nennt. Bei meinem Besuch probierten die Mitarbeiter gerade die erste aus ihrer kleinen Produktionsserie aus (sie können eine Brille pro Tag fertigen). Die Brille ist noch alles andere als leicht handhabbar. Bevor ein neuer Anwender die Brille nutzen kann, muss man eine ganze Zeit daran herumfummeln. Meine Augen stellen sich auch unter normalen, realen Bedingungen nicht schnell ein, deshalb konnten sie die vertikale Anordnung der Stereobilder nicht richtig abgleichen. Ich musste mich anstrengen, damit die 3D-Bilder funktionierten (auch bei stereoskopen Bildern habe ich oft Probleme). Die Brille ist außerdem schwer und hinterlässt Abdrücke auf der Stirn, wenn man sie wieder absetzt.

Bisher hatte ich die Drahtgittermodell-Welten der NASA für den neuesten Stand der Technik gehalten und nicht erwartet, dass sich der Bereich so schnell weiterentwickeln würde. Die virtuellen Welten, die VPL geschaffen hat, sind komplett in Farbe und haben schattierte, konturierte Oberflächen! Sie haben natürlich bei weitem nicht die Qualität von Fotos, wirken aber dennoch vollständig. Sie erscheinen real, so »real«, wie etwa ein Zeichentrickfilm von Disney real wirkt. (»Real« wird in Zukunft wohl einer der relativsten Begriffe überhaupt werden.) Insgesamt kommt man sich vor wie eine Zeichentrickfigur in einer Zeichentrickwelt. Die visuelle Qualität der Welt, die man auf den Außenmonitoren sieht, ist attraktiv – und hat etwa die Auflösung einer ganz normalen Computeranimation. Was man mit der Brille vor Augen hat, ist nicht ganz so gut, das Gesehene ist ein bisschen unscharf, außerdem fehlt die farbliche Tiefe des Bildschirms. Die Bilder erinnerten mich an einen kleinen Farbfernseher, der seine besten Zeiten hinter sich hat. Die Bilder in der virtuellen Realität werden von zwei Computern des Herstellers Silicon Graphics erzeugt, die etwa die Größe von übergroßen Gepäckstücken haben – und man benötigt einen Computer pro Auge.

Als ich an jenem Abend ins Büro kam, arbeitete Lanier gerade an seiner »Realität für zwei« und nahm letzte Veränderungen für eine anstehende Vorstellung bei der Telefongesellschaft Pacific Bell vor. In dieser virtuellen Welt tragen zwei Personen Anzüge mit Datenhandschuhen, Brillen und Kopfhörern. Sie befinden sich in einem dreieckigen virtuellen Raum, in der einen Ecke schwebt das Logo von Pacific Bell in Posterformat. Durch den Raum schwirren kleine bunte Dreiecke, wie man es von Tinker Bell kennt, die im Vergleich zu der Fee allerdings ziemlich hyperaktiv wirken. Man kann die Hand ausstrecken, ein Dreieck greifen und irgendwohin schieben, dann lässt man das Dreieck wie einen Vogel frei. Auch die andere Person kann das, und man selbst kann sie dabei in der virtuellen Welt beobachten. Die andere Person ist eine am Computer generierte Figur, eine Frau namens Joan, die aber jede andere Gestalt annehmen könnte, wie Jaron im Interview erklärt. (Ich sah leider nicht, wer ich in der virtuellen Welt war oder wie ich aussah. Aber in Zukunft wird es sicher auch virtuelle Spiegel geben.)

So beeindruckend diese Demonstration auch war, die Magie, auf die Jaron setzt, erschloss sich mir erst, als er für mich aus dem Stegreif eine eigene virtuelle Welt entwarf. Als ich um halb neun Uhr abends in sein Büro kam, sagte Jaron, er wolle eine Welt für mich erschaffen, eine verrückte, imaginäre Welt. Er behauptete, seit er und seine Kollegen das System in den letzten Wochen zum Laufen gebracht hätten, sei er so damit beschäftigt gewesen, Hardware zu konstruieren und Software zu entwickeln, dass er keine Zeit gehabt habe, ein bisschen herumzuspinnen und Welten zu erschaffen. Und so setzte er sich jetzt an seinen Computer und betätigte sich als Schöpfer.

Dazu benutzte er ein ganz normales, im Handel erhältliches Grafikprogramm namens Swivel 3D (S 400: 415/543-3848), entwickelt von VPL, mit dem er einen Grundriss seiner Welt in Farbe zeichnete. Ein wilder, fantastisch gemusterter Boden – mit großen grünen, braunen und weinroten Vielecken und sternförmigen Fliesen. Darauf stellte er kreidefarbene obeliskartige Pfeiler, verziert mit riesigen rubinroten Edelsteinen, aus denen züngelnde orangefarbene Flammen aufstiegen. In der Mitte waren mehrere grüne Wedel, die bei genauerem Hinsehen eher wie Bandwürmer aussahen, oberflächlich betrachtet aber ganz brauchbare Farnwedel abgaben. Das alles zeichnete er mithilfe der üblichen Mac-Mal-Tools, während ich damit beschäftigt war, die Hardware und anderes zu fotografieren. Nach etwa zwei Stunden war die selbstgeschaffene neue Welt fertig. Die Diskette brachte Jaron schnell zu Chuck von Silicon Graphics, der jetzt den Inhalt in die virtuelle Realität hochlud.

Jaron setzte seinen Helm auf und stieg in die neu erschaffene Welt. Schon bald lag er ausgestreckt und mit offenem Mund auf dem wild gemusterten Fliesenboden und drehte sich langsam in eine neue Position, um die Geheimnisse seines winzigen, soeben entstandenen und noch namenlosen Universums zu erkunden. Er fand heraus, dass er die Fliesen auf dem Boden beiseiteschieben und zwischen den weinroten Sternen und den grünen und braunen Vielecken herumschweben konnte. Er robbte über den Boden auf der Suche nach ungewöhnlichen Perspektiven und gab Freudenschreie von sich, wenn er einen kuriosen Blickwinkel fand, den er nicht erwartet hatte. Wir anderen standen um den Monitor herum und schauten uns an, was er sah. Einer nach dem anderen setzten wir die magische Brille auf. Jeder bewegte sich dann ganz langsam, ging vorsichtig wie auf dünnem Eis oder wie in Zeitlupe, bis wir schließlich auf dem Boden lagen oder in einer Ecke kauerten, weil uns die echten Wände des Büros daran hinderten, die virtuelle Welt weiter zu erkunden. Jarons Freundin, die von einer vorherigen Demonstration immer noch einen blauen Ganzkörperanzug trug, stieß einen leisen erstaunten Schrei aus, als sie entdeckte, dass die kreidefarbenen Pfeiler hohl waren und man hineinkriechen und die Unterseite der Rubine sehen konnte! »Das ist der Weltrekord für die bisher verrückteste virtuelle Welt!«, rief Jaron. Immerhin wurde bislang der Großteil der Forschung ausschließlich vom Militär durchgeführt.

Mittlerweile war es halb zwölf Uhr nachts. Jarons Freundin in ihrem blauen Anzug drehte sich auf dem Boden, versuchte »die richtige Stelle« zu finden, wobei sie einer seltsamen eigenen Logik folgte. Auch Jaron lag auf dem Boden und warf seine dicke Rastamähne hin und her. Man hätte meinen können, wir hätten irgendwelche psychedelischen Drogen eingeworfen. »Tja, ich bin auf jeden Fall angefixt«, sagte ich nach meinem Besuch in seiner winzigen Traumlandschaft.

»Bitte verwende das Wort nicht in dem Zusammenhang«, bat Jaron sanft. »Denk dran, was mit den Pilzen passiert ist.« Im darauf folgenden Gespräch erzählte er, dass einige alte Freunde, darunter auch seine Freundin, wissenschaftliche Untersuchungen zum Konsum psychoaktiver Substanzen durchgeführt hatten, allerdings war ihre wissenschaftliche Karriere jäh ins Stocken geraten, als die Substanzen neu bewertet und als illegal eingestuft wurden. Es amüsierte ihn sehr, dass einige, die mit den Substanzen experimentiert hatten, etwa Terence McKenna, in derselben Ausgabe zu Wort kommen würden, in der auch dieses Interview erscheinen sollte. »Ich mache mir echt Sorgen, dass virtuelle Realitäten für illegal erklärt werden könnten«, seufzte Jaron.

Ich könnte mir tatsächlich vorstellen, dass virtuelle Realitäten eine so enorme Wirkung haben könnten. Ich gebe das Interview in voller Länge wieder, weil die machtvolle Wirkung noch nie so akkurat und leidenschaftlich beschrieben wurde.

Wo sind die Visionäre der nächsten Generation? Hier ist einer von ihnen. Jaron Lanier ist neunundzwanzig Jahre alt, hat keinen Highschool-Abschluss, obwohl er mit seiner Forschung selbst namhaften Universitäten weit voraus ist, und er ist ein begeisterter Musiker, der Gitarre spielen wollte, ohne eine echte Gitarre in der Hand zu haben. Das Interview führten Adam Heilbrun, technischer Redakteur und Übersetzer für Portugiesisch, Französisch und Persisch, sowie Barbara Stacks.

Adam Heilbrun Das Wort »virtuell« ist Informatiker-Jargon. Könnten Sie es für diejenigen erklären, die mit dem Begriff nicht vertraut sind?

Jaron Lanier Ich weiß. Mir gefällt es auch nicht: Es ist eher etwas für Computerfreaks, aber bisher ist mir nichts Besseres eingefallen. »Virtuell« bedeutet, dass etwas nur als elektronische Abbildung existiert, dass es also keine andere konkrete Form der Existenz gibt. Als ob etwas da wäre, obwohl es gar nicht da ist. Das ist nicht unbedingt der richtige Begriff. Aber er gefällt mir besser als »artifiziell«. Und besser als »synthetisch«. »Geteilter Traum«, »Telerealität« – ich weiß nicht. Das trifft es auch nicht. Manche reden vom »Cyberspace«, frei nach William Gibson, aber das finde ich furchtbar. Und sehr einschränkend und noch viel computersprachlicher.

Die virtuelle Realität ist kein Computer. Wir sprechen über eine Technologie, die computerisierte Kleidung verwendet, um eine gemeinsame Realität herzustellen. Sie erschafft unsere Beziehung zur realen Welt neu, stellt sie auf eine neue Ebene, nicht mehr und nicht weniger. Sie wirkt sich nicht auf die subjektive Welt aus, sie hat keine direkten Auswirkungen auf das, was in unserem Gehirn vorgeht. Sie hat nur etwas damit zu tun, was unsere Sinnesorgane wahrnehmen. Die »physische« Welt, also das, was sich auf der anderen Seite unserer Sinnesorgane befindet, wird durch fünf »Löcher« wahrgenommen, über die Augen, die Ohren, die Nase, den Mund und die Haut. Natürlich sind das keine richtigen Löcher, und es gibt noch viel mehr Sinne als diese fünf, aber das ist das althergebrachte Modell, deshalb bleiben wir fürs Erste dabei.

Bevor man in die virtuelle Realität eintritt, muss man eine bestimmte Ausrüstung anlegen, damit man diese andere Welt wahrnehmen kann. Die Ausrüstung besteht hauptsächlich aus einer Brille und einem Paar Handschuhe. Wie diese Ausrüstung einmal genau aussehen wird, kann man heute noch nicht sagen. Es gibt viele mögliche Varianten, es ist wirklich noch zu früh, zu sagen, was sich einmal durchsetzen wird. Ein Outfit für die virtuelle Realität sollte aber auf jeden Fall aus einer Brille und einem Handschuh bestehen.

Mithilfe der Brille nimmt der Anwender die visuelle Welt als virtuelle Realität wahr. Sie hat keine transparenten Linsen, sondern Displays, also gewissermaßen kleine, dreidimensionale Bildschirme. Sie sind natürlich technisch viel komplizierter als 3D-Fernseher. Sie müssen eine dreidimensionale Welt abbilden, die den Anwender überzeugt, dafür braucht man schon ziemlich viel Technologie, aber die Brille ist eine gute Metapher. Wenn man sie aufsetzt, hat man plötzlich eine Welt um sich herum – man sieht die virtuelle Welt. Sie ist komplett dreidimensional und umgibt den Anwender vollständig. Wenn man den Kopf dreht und sich umsieht, bewegen sich die Bilder in der Brille so, dass die Illusion von Bewegung erzeugt wird – man bewegt sich, während die virtuelle Welt stillsteht.

Die Bilder stammen von einem speziellen leistungsstarken Computer, den ich »Home Reality Engine« nenne. Er steht bei einem im Zimmer und wählt sich über die Telefonsteckdose ein. Ich sage gleich noch mehr über die Home Reality Engine, aber bleiben wir erst mal bei der Brille.

Am Ende der Brillenstege befinden sich kleine Lautsprecher, über die man Geräusche aus der virtuellen Welt hört. Es sind im Grunde ganz normale Walkman-Kopfhörer. Was man allerdings hört, kann durchaus ungewohnt sein, denn der Sound wird bearbeitet, damit er dreidimensional klingt: Die Geräusche kommen also aus unterschiedlichen Richtungen.

Die Brille kann noch mehr. Sie hat Sensoren für die Gesichtsmuskulatur. Das ist sehr wichtig, denn der Träger der Brille ist Teil der virtuellen Realität. Die Ausrüstung, die man trägt, muss so viel wie möglich über den Körper in Erfahrung bringen. Die Informationen werden zur Steuerung der virtuellen Version des Körpers verwendet, denn man selbst nimmt ja diesen Körper in der virtuellen Realität wahr, und die anderen Beteiligten sehen ihn auch.

Man könnte sich zum Beispiel dafür entscheiden, in der virtuellen Realität die Gestalt einer Katze anzunehmen. Oder irgendetwas anderes. Als Katze wäre man dann gut verkabelt, damit man, wenn man in der realen Welt lächelt, auch als Katze in der virtuellen Welt lächelt. Wenn die Augen hin und her huschen und sich umschauen, bewegen sich auch die Augen der Katze. Deshalb hat die Brille Sensoren fürs Gesicht.

Wir nennen die Brille manchmal auch Eye-Phones. Man darf nicht vergessen, dass wir die Entstehung einer neuen Kultur erleben, deshalb sind viele Begriffe noch nicht richtig festgelegt. Ich denke, wir müssen den Leuten, die an der virtuellen Realität arbeiten, eine Chance geben, die verschiedenen Möglichkeiten auszuprobieren, bevor wir endgültig entscheiden, wie die Dinge heißen sollen und was sie genau können. Aber was ich beschreibe, ist ein sehr plausibler Aufbau.

An den Händen trägt man Handschuhe. Damit kann man Dinge anfassen und fühlen, die gar nicht wirklich da sind. Im Innern der Handschuhe befinden sich Stimulatoren für den Tastsinn, damit man, wenn die Home Reality Engine sagt, dass die Hand ein virtuelles Objekt anfasst (auch wenn gar kein Objekt da ist), dieses Objekt auch tatsächlich spürt.

Die Handschuhe haben aber noch eine zweite Funktion: Sie ermöglichen eine echte Interaktion mit den Objekten. Man kann einen Gegenstand greifen und etwas damit machen, genau so, wie man es auch mit einem realen Gegenstand tun würde. Man kann einen virtuellen Baseball in die Hand nehmen und werfen. Man kann damit also in der virtuellen Welt etwas bewegen.

Die Handschuhe können noch mehr, sie messen, wie sich die Hand bewegt. Das ist sehr wichtig, damit man in der virtuellen Welt eine Version der eigenen Hand und deren Bewegungen sehen kann. Man muss Kleidung tragen, die nicht nur Empfindungen vermittelt, sondern auch misst, was der Körper tut. Der Computer, der die virtuelle Realität erzeugt, nutzt die Körperbewegungen in der realen Welt, um den Körper zu steuern, den man sich in der virtuellen Realität aussucht, das kann ein Mensch sein oder etwas ganz anderes. Man könnte auch ein Gebirgszug sein oder eine Galaxie oder ein Kieselstein auf dem Boden. Oder ein Klavier … Ich habe mir überlegt, ein Klavier zu sein. Ich interessiere mich sehr dafür, wie es wäre, ein Musikinstrument zu sein. Musikinstrumente könnten die Realität in allen möglichen Formen spielen, nicht nur als Klang in der virtuellen Realität. Das ist eine andere Art, zufällige Physik zu beschreiben. Mit einem Saxofon könnte man Städte und tanzende Lichter spielen oder das Zusammentreiben von Büffeln, die aus Kristall bestehen, oder man könnte auf seinem eigenen Körper spielen und sich verwandeln, wenn man Saxophon spielt. Man könnte zu einem Kometen am Himmel werden und sich dann allmählich in eine Spinne verwandeln, die größer als der Planet ist und von hoch oben auf ihre Freunde hinunterschaut.

Und dann ist da natürlich noch die Home Reality Engine, ein Computer, der, gemessen an heutigen Standards, sehr leistungsstark ist, in der Zukunft aber ein ganz normaler Computer sein wird. Er hat viele verschiedene Aufgaben. Er muss die Grafiken erstellen, die unsere Augen sehen, und die Geräusche berechnen, die unsere Ohren hören, und die Strukturen, die unsere Haut spürt, und das alles immer ausreichend schnell, damit die virtuelle Welt realistisch wirkt. Das ist eine enorme Rechenleistung. Der Computer muss mit Home Reality Engines kommunizieren, die in den Häusern anderer Leute stehen, weil die virtuelle Realität mit anderen geteilt werden soll, auch das ist eine enorme Rechenleistung. Sie erfordert einen speziellen Computer, daneben wirkt ein Macintosh wie ein kleiner Toaster.

AH Wenn man zum ersten Mal diese Ausrüstung anlegt und die Home Reality Engine wahrnimmt, hat man dann etwas Vergleichbares vor sich wie den Desktop eines Macintosh, also eine Benutzeroberfläche mit Tools?

JL Wahrscheinlich wird es so sein, dass die Home Reality Engine in der Lage ist, den Raum zu erfassen, in dem man sich befindet, und bei der Brille wird das auch so sein. Das Erste, was man sieht, wenn man zum ersten Mal die Ausrüstung anlegt, wird einfach eine alternative Version des realen Raumes sein, in dem man sich befindet. Wenn Sie also beispielsweise im Wohnzimmer sind und die Ausrüstung anlegen – nehmen wir an, Ihr Wohnzimmer hat eine Couch, mehrere Regale, ein Fenster und zwei Türen, einen

Sessel, eben all diese Dinge, und natürlich bestimmte Dimensionen (Wände und die Decke) –, wenn Sie also die Brille aufsetzen, sehen Sie zuerst eine Version Ihres Wohnzimmers mit denselben Dimensionen. Wo im Wohnzimmer etwas steht, da steht es auch in der virtuellen Welt. Wenn in Ihrem Wohnzimmer ein Sessel steht, wird in der virtuellen Welt auch etwas stehen. Wahrscheinlich wird es kein Sessel sein – es könnte aber durchaus auch ein Sessel sein. Die Home Reality Engine wird einfach einen Austausch vornehmen. Das soll verhindern, dass Sie über irgendetwas stolpern.

Die Sache ist die: In der virtuellen Realität muss man sich nicht mit einer einzelnen Metapher begnügen wie bei der Gestaltung der Schreibtischoberfläche bei einem Computer. Im realen Leben sind wir daran gewöhnt, einfach das Umfeld zu wechseln. Es ist normal, dass man sich in seinem Wohnzimmer auf eine bestimmte Art verhält und bestimmte Dinge tut und dann beispielsweise bei der Arbeit etwas ganz anderes macht. Man geht an den Strand und ist in einer völlig anderen Stimmung, danach besucht man einen Tempel und ist wieder in einer ganz anderen Gemütsverfassung. Das sind alles ganz unterschiedliche Orte, an denen man unterschiedliche Lebensweisen vorfindet, die aber alle zusammen unsere Umwelt darstellen. Es gibt einfach keinen Bedarf für ein einheitliches Paradigma, um die reale Welt zu erfahren, und in der virtuellen Realität gibt es das auch nicht. Die virtuelle Realität ist nicht die nächste Stufe der Computerentwicklung, sie ist viel weiter gefasst als die Idee eines Computers. Ein Computer ist ein bestimmtes Werkzeug. Die virtuelle Realität ist eine alternative Realität, daher sollte man auf die virtuelle Realität nicht die Einschränkungen übertragen, die man für einen Computer braucht, damit er überhaupt funktioniert. Das wäre absurd. Denn was wir hier künstlich erzeugen, ist die Realität an sich, nicht nur eine bestimmte isolierte Maschine. Es gibt viel mehr Möglichkeiten als mit dem Macintosh.

Die virtuelle Realität wird eine Entsprechung zu den Ordnern im Computer haben, aber sie werden natürlich nicht wie Ordner aussehen. Man könnte gigantische Gitter nehmen, die sich über

Millionen Kilometer erstrecken, aber ganz leicht sind. Man könnte sich durch sie hindurchbewegen, und sie könnten alle möglichen Objekte in sich tragen, die man erkunden kann. Vielleicht werden Sie so ein Gitter haben, das bei Ihnen in Ihrem Zimmer entsteht. Es könnte gut sein, dass Sie eine ganze Reihe kleiner Eimer haben, und wenn Sie sich einen dieser Eimer über den Kopf stülpen, befinden Sie sich in einer anderen Welt, einem anderen Universum. Solche Sachen wird es geben.

AH Hat man diese Eimerwelten dann selbst geschaffen, oder gibt es sie als Software-Paket?

JL Es wird Einsteigerpakete geben. Sie werden im Lauf der Zeit gemeinsam von einer Gruppe von Anwendern geschaffen. Von einem von uns vielleicht. Nach einer Weile kreiert man natürlich seine eigene Welt.
Man darf jedoch nicht vergessen, dass die virtuelle Realität ein viel umfassenderes Konzept ist als beispielsweise der Macintosh. Sie soll die Kommunikation mit anderen Menschen ermöglichen und ist weniger dazu gedacht, dass man damit irgendwelche Arbeiten erledigt. Der Macintosh wurde dafür konstruiert, Büroarbeiten zu automatisieren, deshalb wurde auch die Metapher des Schreibtischs verwendet. Sehr passend und eindeutig sehr erfolgreich, sie entsprach perfekt den kulturellen Gegebenheiten.
Die virtuelle Realität ist als Erweiterung der Realität gedacht. Man stellt den Menschen unzählige alternative Realitäten zur Verfügung, in denen sie Erfahrungen austauschen können, deshalb sind damit auch andere Metaphern verbunden, etwa Autos, Reisen, andere Länder, unterschiedliche Kulturen. So könnte man zum Beispiel gut ein virtuelles Auto haben, mit dem man durch die Gegend fährt, obwohl man sich in der realen Welt nicht von der Stelle bewegt. Man würde damit in der virtuellen Realität durch verschiedene Regionen fahren – oder man hätte vielleicht Transportkabinen. Dann hätte man also geografische Metaphern. Es könnte sich auch durchaus eine neue Geografie entwickeln – ein

fiktiver Planet mit neuen Kontinenten zum Beispiel, die man bereisen könnte und die neue Realitäten bieten würden.

In den frühen Versionen wird man die virtuelle Realität nur sehen können, wenn man sich darin befindet. Später wird es raffiniertere Versionen geben, bei denen man virtuelle und reale Objekte miteinander verbinden kann. Man könnte dann eine Zeit lang in einer gemischten Realität leben und würde seine reale Umgebung wahrnehmen, als ob man eine Sonnenbrille tragen würde, hätte aber auch virtuelle Elemente, die in die reale Welt hineingemischt würden. Das wird aber erst in einer späteren Phase kommen. Wir entwickeln dazu bereits die Technologie, aber das ist sehr komplex und bewegt sich in einer ganz anderen Größenordnung.

In der virtuellen Realität ist jedes Werkzeug möglich, es wird wundervolle Werkzeuge geben. Man kann sein Gedächtnis in die virtuelle Realität verlegen. Weil die Erfahrungen vom Computer erzeugt werden, kann man sie einfach speichern und seine alte Erfahrung, wann immer man will, aus eigener Perspektive abspielen. Davon ausgehend kann man seine Erfahrung organisieren und nutzen, also das ausgelagerte Gedächtnis an sich nutzen, ähnlich wie man beim Macintosh den Finder nutzt. Aber es wäre auch etwas ganz Neues. Man hätte ganze Universen in der Tasche oder hinterm Ohr und könnte sie jederzeit hervorholen und betrachten.

AH Wie würde das technisch aussehen, wenn man quasi in seinem Gedächtnis zurückspult?

JL Was würde man machen? Also, das ist auch eine sehr persönliche Entscheidung. Man muss sich vorstellen, dass jeder Mensch in der virtuellen Realität sehr persönliche spezifische Tools hätte, die andere womöglich gar nicht sehen können, aber ausschlaggebend ist, wie man durch den Gebrauch dieser Tools die gemeinsame Realität beeinflusst. Das ist das Wichtigste. Und es ist auch schön, wenn man die Werkzeuge der anderen sieht. Das ist zwar sehr privat, macht aber auch Spaß. Wie würde ich meine Erinnerungen speichern? Ich glaube, ich würde sie hinter dem Ohr aufbewahren. Ich stelle mir vor, dass ich mir hinters Ohr fasse und sie hervorhole, vor meine Augen ziehe, und dann habe ich auf einmal eine Art Bifokal-Brille auf, obwohl ich vorher keine hatte. Im unteren Teil der Gläser sehe ich die gemeinsame virtuelle Welt, die alle haben, und im oberen Teil blicke ich in meine Erinnerungen aus der Vergangenheit. Natürlich ist das keine richtige Bifokal-Brille. Wenn ich hier über irgendetwas spreche, meine ich virtuelle Dinge, keine realen. Vielleicht gibt es einmal ein Gerät, das aussieht wie beim Optiker und bei dem man verschiedene Linsen ausprobiert. Es wird also dieses Gerät geben, das wird vor mir schweben, und jede Linse, die ich wähle, filtert für mich verschiedene Aspekte meiner Geschichte heraus. Die eine hat die Funktion: »Blende alles aus, was sich nicht in diesem Raum befindet.« Die andere: »Blende alles aus, was nichts mit dieser Person zu tun hat«, oder: »Blende alles aus, was nichts mit Musik zu tun hat«, und so weiter. Wenn ich all diese Filter einsetze, wird der Blick auf meine eigene Geschichte immer enger, ich sehe also immer weniger davon. Ein anderer Filter, den ich verwenden könnte, würde meine Erinnerungen anders anordnen. Ich könnte chronologisch vorgehen, wie ich die Dinge erlebt habe, oder könnte meine Rückschau geografisch sortieren, etwa nach der geografischen Entfernung im virtuellen geografischen Raum.

Außerdem habe ich eine kleine Funktion, einen Knopf, den ich drehen kann, wenn ich in meinen Erinnerungen vor- oder zurückgehen und gleichzeitig die Filter nutzen will. Die Filter könnten sich auch auf das Erscheinungsbild des Gesehenen auswirken. Ein Filter könnte zum Beispiel bestimmte Gegenstände größer erscheinen oder aufleuchten lassen. Wenn ich etwa in meiner Vergangenheit nur nach Musikinstrumenten suchen will, kann ich in meiner Geschichte vor- und zurückspringen und die Instrumente besonders leicht erkennen, weil sie größer und heller scheinen, aber immer noch in ihrem jeweiligen Kontext zu sehen sind, ich kann mich also weiter auf mein internes Gedächtnis verlassen, das sich Dinge immer im Kontext merkt.

Natürlich vereinfache ich ein bisschen, weil ich mich nur auf die visuelle Metapher beziehe. Das alles gilt auch für taktile und akustische Erinnerungen. Wenn ich etwas sehe, das ich in die gegenwärtige Realität bringen möchte, oder wenn ich eine alte Erinnerung sehe, die ich auf andere Weise mit den Leuten neu erleben will, mit denen ich gerade zusammen bin, dann können wir entweder was daraus herausziehen (einfach in die Erinnerung greifen und sie in das aktuelle Umfeld ziehen), oder wir können alle in diese Erinnerung hineinsteigen. Beides wäre möglich.

AH Und wie kamen all diese Erinnerungen aus Ihrem Kopf in die virtuelle Realität?

JL Sie waren nie in meinem Kopf. Das sind Erinnerungen aus einer externen Realität. Nehmen wir an, Sie erleben ein paar Augenblicke in der virtuellen Realität, vielleicht sitzen Sie auf einem Ring des Saturn – was immer Ihnen gefällt. Damit Sie wahrnehmen, was Sie wahrgenommen haben, damit Sie wahrnehmen, wie Sie in die Weite des Alls geblickt haben, wie hinter Ihnen dieser riesige Planet war und so weiter, damit Sie das alles wahrnahmen, hat die Home Reality Engine diese Eindrücke erzeugt. Sie hat die Bilder geschaffen, die Sie in Ihrer Brille sahen. Sie hat die Geräusche gemacht, die Sie in Ihren Kopfhörern hörten. Sie hat die Struktur kreiert, die Sie im Innern des Handschuhs spürten. Das alles kann die Engine speichern, wie jeder andere Computer Informationen speichert. Dort sind dann diese Eindrücke. Sie können genau das abspielen, was Sie erfahren haben. Erfahrung wird zu etwas, was Sie in einer Computerdatei speichern können.

Ich weiß, das klingt ziemlich kalt. Ich sehe es durchaus kritisch, wenn menschliche Erfahrung durch Information ersetzt wird, das ist schrecklich. Information an sich ist meiner Meinung nach ein schreckliches Konzept, das uns die Fülle des Lebens raubt. Es nimmt uns die Freude am Moment und das Staunen über das, was als Nächstes kommt. Aber es ist nun einmal so. Nicht die interne

Erfahrung, wohl aber die externe Erfahrung der virtuellen Realität ist eine Computerdatei. So einfach ist das.

Der Grund, warum die ganze Sache funktioniert, ist der, dass unser Gehirn auch sonst ständig darum bemüht ist, uns glauben zu machen, dass wir in einer kohärenten Realität leben. Was wir von der realen Welt wahrnehmen können, ist ziemlich bruchstückhaft. Unser Nervensystem betreibt einen großen Aufwand, um die Lücken in unserer Wahrnehmung zu überbrücken. Diese natürliche Tendenz des Gehirns arbeitet uns in der virtuellen Realität sozusagen zu. Solange es eine deutliche Trennlinie gibt, überlegt das Gehirn, ob man sich in der realen oder der virtuellen Welt befindet. Aber sobald das Gehirn glaubt, die virtuelle Welt sei die Realität, in der man sich befindet, ist es ganz plötzlich so, als ob die Technologie besser funktionieren würde. Alle möglichen Täuschungen der Wahrnehmung kommen da ins Spiel und überdecken die Schwächen der Technologie. Mit einem Mal wirkt die virtuelle Welt viel lebendiger und anschaulicher, als sie eigentlich ist. Man nimmt Dinge wahr, die gar nicht da sind. Man spürt den Widerstand von Objekten, wenn man dagegendrückt, obwohl sie eigentlich gar keine Masse haben, und so weiter.

AH Sollte es nicht auch möglich sein, dass man mit seiner Umgebung spricht? Allerdings ist die derzeitige Spracherkennungstechnologie noch nicht sonderlich überzeugend.

JL Es sollte möglich sein, und es wäre schön, aber es ist nicht von zentraler Bedeutung. Es ist sogar ziemlich überflüssig, zumindest bei meiner Vorstellung von virtueller Realität. Ich bin mir ziemlich sicher, dass Sprache sich als nicht sonderlich wichtig erweisen wird. Das zu erklären ist nicht ganz einfach, aber ich denke, ich sollte es trotzdem versuchen.

Bei der virtuellen Realität gibt es einige Besonderheiten, die man im Gedächtnis behalten sollte, Besonderheiten, die die virtuelle Realität so wichtig machen. Zum Beispiel handelt es sich um eine Realität, in der alles möglich ist, vorausgesetzt, es ist Teil der externen Welt. Das ist eine Welt ohne Einschränkung, eine Welt, so grenzenlos wie unsere Träume. Außerdem ist es eine Welt, die geteilt wird, wie die physische Welt. Sie wird geteilt und ist so objektiv real wie die Welt, in der wir uns sonst bewegen, nicht mehr und nicht weniger. Wie genau geteilt und wie real das ist, lässt sich diskutieren, aber was immer die physische Welt hat, hat auch die virtuelle Realität. Das Außergewöhnliche und Schöne an der virtuellen Realität ist für mich, dass man die Realität in der virtuellen Welt erschaffen und mit anderen teilen kann. Das ist ähnlich wie ein gemeinsam erlebter Traum. Als ob man gemeinsam halluzinieren würde, mit dem Unterschied, dass man diese Halluzinationen wie Kunstwerke komponieren kann, man kann die externe Welt beliebig als einen Akt der Kommunikation komponieren.

Die Frage ist nun: Wenn man also eine Welt hat, die man beliebig verändern kann, wie verändert man sie? Redet man einfach mit ihr, und sie wird dann so, wie man sie haben will? Oder macht man etwas anderes? Nun, es gibt Grenzen, inwieweit man die Welt nur durch Reden verändern kann. Stellen Sie sich zum Beispiel vor, Sie versuchen, einem Roboter beizubringen, wie man den Motor eines Autos repariert. Sie sagen dem Roboter: »Also gut, verbinde diesen Teil mit jenem Teil, dreh diese Schraube«, und so weiter. Das kann man bis zu einem gewissen Grad natürlich machen, aber mit einem Menschen kann man das nicht machen. Man muss es ihm *zeigen*. Man kann die Welt nicht allein mit Sprache am Laufen halten. Sprache ist sehr beschränkt. Sprache ist ein sehr enger Strom durch die Ebene der Realität. Sie lässt vieles aus. Oder eigentlich lässt sie gar nichts aus, aber sie ist ein Strom aus kleinen, eigenständigen Symbolen, und die Welt besteht aus Kontinuität und Gesten. Sprache kann Dinge über die Welt andeuten, aber kein Gemälde ließe sich je nur mit Worten beschreiben, und so verhält es sich auch mit der Realität.

Es gibt aber eine Möglichkeit, der Realität auf den Grund zu gehen, und zwar mit einer besonderen Art von Physik, die nur in der virtuellen Realität existiert. Ich bezeichne sie als »absolute

Physik«. Ich arbeite schon seit einiger Zeit an einer Software, mit der die absolute Physik in der virtuellen Realität funktioniert.

Aber kommen wir noch einmal auf die reale Welt zurück: Es gibt nur sehr wenige Dinge in der realen Welt, die man so schnell ändern kann, dass sie sich als Kommunikationsformen eignen. In erster Linie ist das unsere Zunge, in geringerem Maße auch der restliche Körper. Unser Körper ist im Grunde der Bereich in der realen Welt, mit dem man in Echtzeit kommunizieren kann, mit ihm kann man so schnell kommunizieren, wie man denkt. So ist der Körper beschaffen. Auch darüber hinaus kann man die reale Welt verändern, allerdings braucht man dazu Werkzeug. Man kann ein dunkles Zimmer von einem Moment auf den anderen in Helligkeit tauchen, indem man ganz einfach den Lichtschalter betätigt, denn der Lichtschalter ist da. In der realen Welt hat die Technologie überwiegend die Aufgabe, die Möglichkeiten des menschlichen Körpers auf die eine oder andere Art zu erweitern, wir nutzen sie, um unseren Handlungsspielraum zu vergrößern.

Das Problem ist nur, dass die Anzahl unserer Werkzeuge sehr begrenzt ist. Wir haben keinen Lichtschalter, der den Tag zur Nacht macht, und es gibt auch keinen Knopf, mit dessen Hilfe man einen Raum plötzlich schrumpfen lassen oder größer machen kann. Wir haben »Werkzeug«, mit dem wir unser Gesicht bemalen, aber keine Mittel, um uns in eine andere Spezies zu verwandeln. Im Grunde ist die »absolute Physik« eine Physik, die jede Form von Kausalität besitzt, weshalb man all diese Werkzeuge haben kann. Und wenn man die Werkzeuge hat, kann man in der virtuellen Realität jeden Körper verwenden, den man sich aussucht, und mithilfe der Werkzeuge die Welt auf alle möglichen Arten sehr schnell verändern. Und dann gibt es da noch die Idee, dass man die Realität aus dem Stegreif schaffen kann. Das finde ich am aufregendsten von allem.

AH Wie sieht die Schnittstelle aus? Wenn ich diese Tasse gern grün färben wollte, was müsste ich machen?

JL Also, das läuft so: Es gibt nicht nur die eine Möglichkeit. Es wird eine Million Möglichkeiten geben, die Tasse grün zu färben. Man könnte eine neue Tasse machen oder die Tasse da drüben verändern. Die Werkzeuge, die man zur Veränderung der virtuellen Realität verwendet, sind in gewisser Weise auch Privatsache, verstehen Sie? Das Gemeinschaftliche daran ist das Ergebnis dieser Veränderung. Die Leute werden das auf ihre ganz eigene Weise machen.

Die Grünfärbung Ihrer Tasse würde wahrscheinlich mithilfe eines Tools zum Einfärben erfolgen. Ich stelle mir da so eine Art Zauberstab vor, ein kleines Prisma, das ich in die Hand nehme. Ich drehe es, und es reflektiert sämtliche Farben des Regenbogens. Ich drehe so lange, bis mir die Farbe gefällt, dann drücke ich das Prisma, und der Gegenstand, auf den ich das Prisma gerichtet habe, nimmt diese Farbe an. Das wäre mein persönliches Werkzeug; Sie hätten vielleicht etwas ganz anderes.

AH Wir erleben derzeit in der externen Welt einen Zusammenbruch der Konsensrealität – mit ziemlich erschreckenden politischen Folgen, da große Teile der Gesellschaft keine gemeinsame Basis mehr haben, keine gemeinsamen Vorstellungen von der Realität. Wird die virtuelle Realität diese Konsensrealität nicht noch weiter untergraben?

JL Das ist eine komplizierte Frage, die sehr viele Aspekte umfasst. Auf ein paar davon möchte ich kurz eingehen. Man muss wissen, dass die Vorstellungen von einer Konsensrealität etwas ganz anderes sind als die virtuelle Realität. Die Konsensrealität umfasst eine Reihe subjektiver Realitäten, die virtuelle Realität dagegen betrifft nur die objektive Realität, die außerhalb der Sinne stattfindet. Allerdings gibt es auf vielen Ebenen einen Austausch zwischen den beiden.

Ich vertrete nun den idealistischen Standpunkt, dass die virtuelle Realität für viele Menschen in der westlichen Gesellschaft eine angenehme Erfahrung mit multiplen Realitäten bietet, obwohl diese Erfahrung bei uns normalerweise abgelehnt wird. Die meisten

Gesellschaften haben eine Methode, durch die der Mensch das Leben mittels radikal anderer Realitäten zu verschiedenen Zeiten erfahren kann, durch kultische Rituale zum Beispiel. Die westliche Kultur neigt dazu, diese Wege abzulehnen, aber ich glaube, die virtuelle Realität wird nicht abgelehnt werden, weil sie ein Gadget ist, eine technische Spielerei. In vielerlei Hinsicht ist sie sogar das Nonplusultra der Gadgets. Ich glaube, damit kehrt in die westliche Erfahrung etwas zurück, das verloren war. Warum das so ist, ist nicht einfach zu sagen.

Jedenfalls kehrt dadurch ein Gespür für den mystisch veränderten Realitätssinn zurück, der in praktisch jeder anderen Zivilisation und Kultur vor den patriarchalen Systemen große Bedeutung hatte. Ich hoffe, dass dieses Gespür auch zu mehr Toleranz und Verständnis führt. Aber es steckt noch mehr dahinter. Ich mache mir oft Gedanken darüber, was eine gute oder eine schlechte Technologie ist. Dafür habe ich meinen eigenen kleinen Maßstab. Wenn eine Technologie die Macht der Menschen oder ihre Intelligenz erhöht und das ihr einziger Effekt ist, dann ist das meiner Meinung nach eine schlechte Technologie. Wir sind bereits mächtig und intelligent, wir können schon ziemlich viel. All unsere derzeitigen Probleme haben wir selbst verursacht. Wenn die Technologie dagegen die Tendenz hat, die Kommunikation der Menschen untereinander zu verbessern, wenn sie die Möglichkeit zum Austausch bietet, dann ist die Technologie als solche gut, selbst wenn es viele Möglichkeiten gibt, sie zu missbrauchen. Als typische Beispiele nenne ich immer das Fernsehen für eine schlechte und das Telefon für eine gute Technologie. Darüber könnte ich ewig reden. Ich hoffe wirklich, dass die virtuelle Realität mehr Möglichkeiten zur Begegnung bietet. Sie hat das Potenzial, Empathie zu fördern und die Gewaltbereitschaft zu reduzieren, auch wenn sie sicher kein Allheilmittel ist. Die Menschen müssen einfach erwachsen werden, aber das kann lange dauern. Vielleicht wird es *zu* lange dauern.

Es gibt noch andere Ebenen der Interaktion. Anfänglich ist die virtuelle Realität im Grunde nichts anderes als ein Medium, wie das Fernsehen oder der Computer oder die Schrift, aber wenn sie erst einmal in einem bestimmten Maß verwendet wird, ist sie kein Medium mehr, sondern wird einfach eine andere Realität, die wir bewohnen können. Wenn sie diese Grenze überschritten hat, wird sie zu dieser anderen Realität. Ich stelle mir das wie bei einem Schwamm vor, der die menschliche Aktivität aus der Ebene der realen Welt aufsaugt und in die Ebenen der virtuellen Realität abgibt. Bis schließlich eine sehr positive Asymmetrie entsteht. Wenn die virtuelle Realität gute Energie von der realen Ebene aufsaugt, dann bekommt man dafür in der virtuellen Realität schöne Kunst, schöne Tänze, schöne Kreativität, schöne gemeinsame Träume, schöne Abenteuer. Wenn die virtuelle Realität negative Energie von der realen Ebene aufsaugt, führt das zu einem Rückgang, so gering er auch sein mag, bei der Gewalt und beim Leid auf der realen Ebene. Dafür gibt es dann auf der virtuellen Ebene hässliche Vorkommnisse, die jedoch keine Konsequenzen haben, weil sie ja nur virtuell sind.

Barbara Stacks Es sei denn, die virtuelle Realität wäre komplett vorproduziert, aber in dem Fall wäre sie erzieherische Propaganda. Aber hat sie nicht doch Konsequenzen, etwa indem sie die Beteiligten gegenüber Brutalität abstumpfen lässt?

JL Tja, die Tragik der realen Welt ist, dass man sich ihr nicht auf Dauer entziehen kann. Die virtuelle Realität läuft über mehrere Kanäle. Man kann die gewünschte Ebene der virtuellen Realität auswählen und zwischen den Ebenen hin und her wechseln. Man kann die Ausrüstung ablegen, wenn man die virtuelle Realität verlassen will. Wir sind es gewohnt, die reale Welt als selbstverständlich hinzunehmen, und tendieren dazu, zu vergessen, dass wir uns in ihr befinden. (Eine ziemlich verrückte Sache, wenn man es recht bedenkt.) Dass man sich in der virtuellen Realität befindet, vergisst man nicht so leicht, deshalb ist man auch nicht bereit, sie zu ertragen, wenn sie einem nicht gefällt. Man kann einfach die Ausrüstung ablegen.

AH Ich muss oft daran denken, wie wir als Kinder stundenlang Zeichentrickfilme wie *Tom und Jerry* gesehen haben, wo eine Figur in einer alternativen Realität von einer Dampfwalze platt gemacht wurde und im nächsten Moment dann wieder unversehrt aufsprang. Ich glaube, dass wir abstumpfen, wenn wir zu viele Filme dieser Art sehen. Wir sind zu einer Generation herangewachsen, die die Schmerzen der anderen nicht mehr wahrnimmt.

JL Die virtuelle Realität ist etwas ganz anderes als Film oder Fernsehen. Ich werde gleich noch einmal darauf zurückkommen, aber im Grunde läuft es genau auf den Punkt hinaus, den Sie erwähnten. Film und Fernsehen sind Sendemedien, das heißt, dass es eine zentrale Einrichtung gibt, die das uns gezeigte Material produziert. Die Produktion ist sehr aufwendig und teuer, deswegen sind nur wenige Leute dazu in der Lage. Dadurch wiederum ist das Material uns oft sehr fern und wirkt sehr allgemein. Es lässt die Menschen abstumpfen und verringert die Fähigkeit zur Empathie. Das Fernsehen mindert die Empathie, weil die Zuschauer in eine Welt eintauchen, in der sie nicht agieren können, keine Verantwortung übernehmen müssen und keinen Kontakt zu anderen haben. Die schockierenden Zahlen, wie viele Stunden die Amerikaner täglich vor dem Fernseher verbringen, erklären meiner Meinung nach nur allzu gut unser Handeln in der Welt und unseren Mangel an Empathie. Wenn sich jemand dafür entscheidet, so viel Zeit mit Fernsehen zu verbringen, ist er in Hinblick auf die Gesellschaft so gut wie tot. In der Zeit, in der jemand einfach nur Medien konsumiert, ist er kein funktionsfähiges, verantwortliches Mitglied unserer Gesellschaft mehr.

Die virtuelle Realität ist aber das genaue Gegenteil. Zum einen ist sie ein Netzwerk wie das Telefonnetz, es gibt keinen zentralen Punkt, von dem die Informationen ausgehen. Aber noch viel wichtiger ist, dass nichts aus physikalischer Materie besteht. Da sich alles aus Informationen im Computer zusammensetzt, ist niemand im Vorteil, alle haben dieselben Möglichkeiten, in der virtuellen Welt etwas zu erschaffen. Man braucht kein Studio.

Vielleicht manchmal, wenn jemand einen größeren Computer hat, mit dem man bestimmte Effekte erzeugen kann, oder wenn Leute mit einem bestimmten Talent oder einer bestimmten Bekanntheit zusammenkommen. Aber normalerweise gibt es diesen von vornherein festgelegten Unterschied nicht, wenn es darum geht, etwas zu erschaffen.

Dadurch existieren alle möglichen verschiedenen Formen. Auch Filmstudios werden sich an der Schaffung virtueller Realitäten beteiligen, aber ich denke, wenn überhaupt, werden es eher kleine Unternehmer sein, die wie einstmals kleine Wanderbühnen in der virtuellen Realität herumziehen und Realitäten »vorführen«. Es wird eine derartige Formenvielfalt geben, dass »Dinge« günstig sind. Im Grunde ist in der virtuellen Realität alles in unbegrenztem Maße vorhanden, nur die eine mysteriöse Sache nicht, die Kreativität. Und natürlich Zeit und Gesundheit und alles andere, was sich direkt im Körper abspielt. Aber was das Externe angeht, das ist alles unendlich und wunderbar und in Fülle und allen Varianten vorhanden und hat denselben Wert, weil es so einfach erschaffen werden kann.

Was in der virtuellen Realität wirklich wertvoll ist, was im Vordergrund steht und heraussticht, wird etwas ganz anderes sein als in der realen Welt. In der realen Welt sticht oft etwas hervor, weil es selten oder neu ist. Ein Tausend-Dollar-Schein sticht in der realen Welt hervor. In der virtuellen Welt gibt es keinerlei Unterschied zwischen einem Tausend-Dollar-Schein und einem Ein-Dollar-Schein: Sie haben einfach zwei unterschiedliche grafische Muster, beide sind reichlich vorhanden, weil man sie einfach erschaffen kann.

So richtig Leben kommt in die virtuelle Realität natürlich durch die anderen Beteiligten. Sie sind das Einzigartige, sie beleben die virtuelle Realität und machen sie überraschend, unvorhersehbar und erstaunlich. Da Äußerlichkeiten nichts kosten, kommt es auf die Persönlichkeit an. Die äußere Form ist günstig zu haben, daher wird die Persönlichkeit betont.

Ein gutes Experiment dazu wäre, jemanden dabei zu beobachten, wie er fernsieht. Er wirkt wie ein Zombie. Schauen wir uns danach jemanden beim Telefonieren an – er macht einen lebhaften Eindruck. Der Unterschied besteht darin, dass das Telefon ein soziales Medium ist und das Fernsehen lediglich ein sendendes Medium ist. In einem sozialen Medium interagiert man mit anderen Menschen. Das ist auch bei der virtuellen Realität der Fall, sogar noch mehr als bei jedem anderen Medium zuvor, meiner Meinung nach einschließlich der gesprochenen Sprache. Deshalb sind die Menschen in der virtuellen Realität aktiv und wirken lebendig. Weil die Menschen in Kontakt zueinander treten, vor allem in einem Kontext, der in einem gewissen Sinne, sagen wir mal, »erleuchtend« ist. Die virtuelle Realität ist völlig frei von Klassen- und Rassenunterschieden oder anderen äußerlichen Unterscheidungsmerkmalen, weil alle Formen variabel sind. Wenn sich die Persönlichkeiten der Menschen auf der virtuellen Ebene direkt begegnen, frei von allen Äußerlichkeiten, werden sich meiner Meinung nach außergewöhnliche Möglichkeiten zur Kommunikation und einer verstärkten Empathie bieten. In der Hinsicht könnte die virtuelle Realität auch positive Auswirkungen auf unser gesellschaftliches Miteinander haben.

Man kann eigentlich nicht fragen, was der konkrete Sinn der virtuellen Realität ist. Nur was klein und überschaubar ist, kann einen solchen Sinn haben. Manche Dinge sind so groß, dass sie zum Kontext werden. Oder sie werden zum Problem.

AH Das meinen wir dann mit einem Paradigmenwechsel.

JL Ich denke, dass sich die virtuelle Realität auf unsere Kultur auswirken, sie fördern und in gewisser Weise vervollständigen wird. Meiner Ansicht nach ist unsere Kultur durch die Technologie ungeheuer verzerrt worden, weil sie in der Frühzeit der Technologie so stark davon geprägt wurde. Ich meine, das Fernsehen ist doch eine seltsame Anomalie, an die man sich als eine bizarre Technologie des 20. Jahrhunderts erinnern wird, und Ronald Reagan konnte es nur dank des Fernsehens geben. Wir müssen bedenken, dass wir in einer ganz speziellen Blase leben. Mit der virtuellen Realität schließt sich dieser Kreis, weil wir eine Technologie schaffen, die so allgemein ist, dass sie eher der Realität in der Zeit vor der Technologie ähneln wird. Ich glaube, es gibt alle möglichen Gründe, die für die virtuelle Realität sprechen. Unterhaltung, Bildung, künstlerischer Ausdruck oder auch die reine Arbeit oder Therapie – das ist ein weites Feld. All die Dinge, die man auch in der Sprache oder der realen Welt oder einem anderen großen menschlichen Bestreben findet.

AH Könnten Sie uns eine Vorstellung von den derzeitigen Prototypen geben und davon, wie lange es noch dauert, bis ich mir meine eigene virtuelle Realität bei mir zu Hause erschaffen kann?

JL Wir sind noch in einem sehr frühen Stadium. Das lässt sich mit den allerersten Anfängen der Informatik vergleichen. Mit der virtuellen Realität befinden wir uns derzeit etwa dort, wo sich die Informatik 1958 oder vielleicht 1960 befand. Die Systeme, die damals gebaut wurden, waren ziemlich groß und für spezielle Zwecke gedacht. Nur große Einrichtungen konnten sie sich leisten. Aber das wird sich ändern, und es wird sich viel schneller ändern als damals bei den Computern. Das erste Headset mit Brille wurde 1969 von Ivan Sutherland erfunden, der auch der Gründer von Computer Graphics war. Marvin Minsky, der den Begriff der »künstlichen Intelligenz« prägte, hat sogar schon 1965 eine Brille konstruiert. Aber so richtig ins Rollen kam die Sache erst durch Ivan Sutherland. Der Handschuh wurde ursprünglich von Tom Zimmerman erfunden. Young Harvill hat den derzeitigen Handschuh konstruiert. Beide arbeiten bei VPL.

Die grundlegenden Komponenten, die ich beschrieben habe, sind derzeit also vorhanden, allerdings allenfalls in Rohform. Das Rechnersystem insgesamt funktioniert, jedoch ebenfalls in ziemlich simpler Form. Die besten Rechnersysteme finden sich hinter verschlossenen Türen bei Firmen, die für die Rüstungsindustrie arbeiten. Die leisten aber wohl keinen ernstzunehmenden Beitrag zu der Diskussion um das Thema. Am meisten Spaß macht ein Rechnersystem, das sich im Ames-Forschungscenter der NASA befindet. Es nennt sich »View Lab«. Es wurde von Mike McGreevy und Scott Fisher entwickelt. VPL hat noch ein paar wunderbare Überraschungen auf Lager, aber die verraten wir noch nicht – das ist ja die Idee von Überraschungen.

Die virtuelle Realität wird man schon in ein paar Jahren erleben können. An Universitäten wird es VR-Räume geben, wo Studenten Projekte durchführen können. Ich glaube, die virtuelle Realität wird es auch als Attraktion in Vergnügungsparks geben, aber sie wird da wohl eher kitschige Formen annehmen. Ich spiele mit dem Gedanken, eine Einrichtung für virtuelle Realität zu eröffnen, die etwas anspruchsvoller wäre. Das wäre wie so eine Art kultureller Salon, wo man sich über virtuelle Realität unterhalten und wilde Erfahrungen machen könnte, aber diese Erfahrungen wären gemeinschaftlich. Anders als in einem Freizeitpark, wo die stupiden Attraktionen eher dazu gedacht sind, dass man einen bestimmten Softdrink konsumiert, einen Film sieht und sich T-Shirts kauft. Eben ein virtueller Salon. Das wäre sicher sehr schön. Vielleicht wird es etwas in der Art in ein paar Jahren geben. Ich hoffe es.

»In ein paar Jahren« ist ein bisschen vage, aber genauer kann ich es nicht sagen, weil es noch so viele Unbekannte gibt. Aber sagen wir mal, in drei bis fünf Jahren wird es diese Dinge geben. Sie werden noch sehr teuer sein, man kann sie sich noch nicht für zu Hause leisten, aber in Unternehmen und öffentlichen Einrichtungen wird man dann die virtuelle Realität ausprobieren können. Andererseits hat Mattel eine Lizenz für den Datenhandschuh von VPL gekauft und bringt eine günstige Version für Nintendo heraus.

Dass man die Ausrüstung für die virtuelle Realität wirklich daheim hat, wird wahrscheinlich erst so um die Jahrtausendwende der Fall sein, dann wird es anfangen. Das wird dann nicht so ablaufen, dass man sich die Ausrüstung kauft, sondern sie wird einem von der Telefongesellschaft zur Verfügung gestellt. Der Telefongesellschaft gehört die Ausrüstung oder zumindest ein Teil davon, die anderen Komponenten kauft man sich dann vielleicht selbst.

Zurzeit ist das alles noch sehr teuer, aber bis zur Jahrtausendwende wird es günstiger sein. Man zahlt dann für die Ausrüstung, wenn man sie nutzt, ähnlich wie früher bei der Einführung des Telefons. Was das Geschäftliche betrifft, sehe ich das Telefon als ganz ähnliche Technologie. Heute sind Telefone so billig, dass man sich, ohne groß nachzudenken, einfach eins kauft. Ursprünglich gehörte der Apparat der Telefongesellschaft, Geld verdient wurde mit seiner Nutzung.

In einigen Jahren wird es medizinische virtuelle Realitäten geben, in denen Körperbehinderte die Interaktion mit anderen bei voller Beweglichkeit erfahren können, wo etwa Menschen mit Bewegungseinschränkungen oder Lähmungen einen funktionsfähigen Körper erleben können.

Eine weitere medizinische Verwendung wären chirurgische Simulatoren, bei denen Chirurgen Operationen trainieren könnten, ähnlich wie Piloten im Flugsimulator. Natürlich können Chirurgen an Leichen üben, aber das ist nicht dasselbe. Eine Leiche reagiert nicht wie ein lebender Körper, der zum Beispiel richtig blutet. Bei einer Leiche kann man eigentlich nichts falsch machen. An solchen Simulationen wird schon gearbeitet. Da wären etwa Dr. Joe Rosen in Stanford und Dr. Robert Chase, die sich mit unterschiedlichen Aspekten dieses Problems befassen. Joe Rosen ist einigen vielleicht auch bekannt als der Erfinder des neuronalen Chips, aber das ist eine andere Geschichte.

Ein weiteres Gebiet wären Miniaturroboter, die in den menschlichen Körper eindringen können. Sie wären mit Mikrokameras und winzigen Händen ausgestattet. Man könnte die Bewegungen des Arztes auf den Roboter übertragen, und der Roboter würde senden, was er sieht, sodass der Arzt das Gefühl hätte, er befände sich im Körper des Patienten, wo er eine mikrochirurgische Operation durchführen könnte. Auch an dieser Technologie wird bereits gearbeitet. Ich denke, dass es bis zum Ende des Jahrhunderts funktionieren wird.

AH Gibt es historische Vorbilder, die einem dazu einfallen? Wegbereiter?

JL O ja, viele, sehr viele. Mein Gott, das ist eine sehr weitreichende Frage. Da gibt es etwa die verlorene Mnemotechnik, zum Beispiel den Gedächtnispalast. Die meisten westlichen Kulturen stützten sich früher auf imaginäre virtuelle Realitäten, auf imaginäre »Paläste«, in denen man seine Erinnerungen in Form von Bildern aufhängte. Man prägte sich diese »Paläste« ein, als Technik, um sich große Wissensmengen zu merken. Vor Gutenberg war das sehr wichtig. Das war für eine Kultur so grundlegend wie Musik oder die Kriegskunst. Die Gedächtniskunst geriet praktisch in Vergessenheit, weil sie überflüssig wurde. Aber sie ähnelte sehr der virtuellen Realität. Da fallen einem also viele Dinge ein. Unsere Versuche, die reale Welt zu verändern. Wir vergewaltigen die reale Welt, weil wir keine virtuelle Realität haben. Die Technologie ist im Grunde nur der Versuch, die reale Welt als Handlungsinstrument zu nutzen. Dem widersetzt sich die Welt, und deshalb müssen wir ständig mit dieser Hässlichkeit leben. Die virtuelle Realität dagegen ist das ideale Medium für diese Vorgehensweise. Architektur und Technologie im Allgemeinen – unsere Versuche, die Welt durch unser Handeln zu kontrollieren – sind wirklich die stärksten Beispiele.

Und es gibt noch so viele mehr. Bereits 1955 gab es Leute, die eine Stereokamera an einer Brille befestigten, mit Stereomonitor. Ingenieure der Firma Philco haben das konstruiert, mit einem periskopartigen Aufbau. Auf dem Boden eines Gebäudes stand eine Stereokamera. Man konnte durch die Kamera vom Inneren des Gebäudes nach draußen schauen. Die Objekterfassung war begrenzt, deshalb hatte man das Gefühl, man würde über die Seite des Gebäudes schauen. Das war damals eine aufregende Geschichte. Wäre es wahrscheinlich heute auch noch.

BS Wenn ich mir angesichts der aktuellen Entwicklung vorstelle, wie unsere Gesellschaft in Zukunft mit alten Menschen umgehen wird, habe ich die große Befürchtung, dass ich einmal in einem sehr kleinen Raum eingesperrt sein werde. Wenn das so sein sollte, dann wäre ich gern zusammen mit vielen Geräten eingeschlossen, die ich mag. Es würde uns im Alter sicher Trost spenden, wenn wir Kontakt zu Menschen auf der ganzen Welt hätten. Andererseits wäre das eine gute Ausrede, uns einzusperren, schließlich hätten wir unsere Geräte zur Unterhaltung. Eine billige Möglichkeit, uns wegzusperren ...

JL Ja, das ist sicher eine furchtbare Vorstellung. Dabei muss ich sagen, dass das, was einem am lebhaftesten von einem Ausflug in die virtuelle Realität im Gedächtnis bleibt, die Erfahrung ist, sie wieder zu verlassen. Denn wenn man in der von Menschenhand geschaffenen Realität war, mit all ihren Einschränkungen und ihrem relativen Mangel an Geheimnisvollem, nimmt man die Natur wahr, wie wenn man Aphrodite erblicken würde. Man sieht Schönheit so direkt und intensiv, wie man sie noch nie wahrnahm, weil man zuvor nichts hatte, womit man die reale Welt vergleichen konnte. Das ist eins der größten Geschenke der virtuellen Realität, eine neuerliche Wertschätzung der realen Welt.

Und deshalb weiß ich nicht so recht, was ich sagen soll, ich bin sicher, dass mit der virtuellen Realität auch Unfug getrieben werden wird. Sie wird uns auch Kummer bereiten, weil sie so eine große Sache ist und die Welt grausam sein kann. Aber ich glaube, insgesamt hat sie eher die Tendenz, die Sensibilität der Menschen gegenüber der Natur zu verstärken, für den Erhalt unserer Erde zu werben, weil wir jetzt eine Möglichkeit zum Vergleich haben.

Stellen wir uns einmal vor, wir hätten eine Zeitmaschine und könnten zu unseren ältesten Vorfahren zurückreisen, die die menschliche Sprache entwickelten. Nehmen wir an, wir würden ihnen die Ausrüstung für die virtuelle Realität geben. Hätte sich dann überhaupt eine Sprache entwickelt? Ich vermute nein, denn sobald man die Welt auf andere Weise verändern kann – wenn man Macht ausüben oder auf irgendeine Art suggestiv wirken kann –, dann hat die nüchterne deskriptive Sprache in der Regel keine Chance.

Etwas, wofür ich mich sehr interessiere, ist die sogenannte postsymbolische Kommunikation. Das bedeutet, dass man, wenn man in der Lage ist, die Realität aus dem Stegreif zu erschaffen, wie das in der virtuellen Realität möglich ist, und man die veränderte Realität mit anderen Menschen teilen kann, dass man dann die Welt nicht mehr beschreiben muss, weil man einfach sämtliche Möglichkeiten erschaffen kann. Man muss eine Handlung nicht beschreiben, weil man sie einfach ausführen kann.

Ich beschäftige mich mit der Frage, wie es aussehen würde, ohne Symbole zu kommunizieren. Das hat einen ganz anderen Rhythmus. In der symbolischen Kommunikation hat man zum Beispiel die Vorstellung von Frage und Antwort, diesem Austausch, bei dem es hin- und hergeht und der den Fluss der Kommunikation bestimmt. In der virtuellen Realität verändert man gemeinsam eine geteilte Realität als Mittel der Kommunikation, man hat daher Punkte, die relativ statisch sind, und dann wieder relativ dynamische Abläufe. Es entsteht ein Rhythmus aus den Perioden, in denen die Welt schnell verändert wird, und jenen, in denen sie sozusagen zur Ruhe kommt. Dieser Rhythmus hat eine ähnliche Funktion wie ein Satz in der Sprache. In der gesprochenen Sprache hat man das Phänomen, das man nach dem nächsten Wort sucht und »ähm … ähm« sagt. Das wird es auch in der virtuellen Realität geben, wenn eine Pause entsteht, wenn die Akteure aus der Realität abdriften und die nächste Veränderung in der gemeinsamen Welt vorbereiten.

Ich kann die Richtung der allgemeinen Entwicklung allerdings nur andeuten, denn es ist per Definition unmöglich, Beispiele zu geben, die die Sache sozusagen beweisen würden. Aber ich möchte es trotzdem versuchen.

Wenn wir uns vorstellen, wie wir jemand anderem etwas beschreiben: Nehmen wir an, Sie beschreiben, wie es ist, in einer schmutzigen, gewalttätigen Stadt an der US-amerikanischen Ostküste zu leben, und Sie haben völlig andere Vorstellungen vom

Leben in Kalifornien mit seinen sicheren und schönen, aber eben auch langweiligen Städten, in denen das Leben mehr oder weniger dahinplätschert. Also, man verwendet eine Beschreibung, wie ich es gerade getan habe. Ich habe ein paar kurze symbolische Beschreibungen davon gegeben, wie die Städte in New York und Kalifornien sind. In der virtuellen Realität gibt es die Möglichkeit, einfach die eigene Erinnerung abzuspielen und die Person aus der anderen Stadt daran teilhaben zu lassen, sie mit hineinzunehmen. Wenn Sie eine externe Realität auf Abruf haben, die abgespielt, neu geschaffen oder nach Belieben improvisiert werden kann, ist keine große Beschreibung nötig.

Die Beschreibung ist interessant, weil sie in ihrer Beschränktheit die Möglichkeit zur poetischen Verarbeitung bietet, die in der Fülle der postsymbolischen Kommunikation wahrscheinlich so nicht existiert, denn dort kann man die gemachten Erfahrungen ja komplett wiedererzeugen. Andererseits hat man mit der Erschaffung dieser Erfahrungen die Möglichkeit zu einer Zusammenarbeit, die man mit Symbolen nicht hat. Die Beteiligten können simultan eine gemeinsame Realität gestalten.

Mir ist klar, dass sich das alles nur schwer beschreiben lässt – aber genau darum geht es ja, wenn ich behaupte, dass Kommunikation über die deskriptive Beschreibung hinausgeht. Das kann sich auch als falsch erweisen, vielleicht stellt sich ja heraus, dass Kommunikation ohne Symbole und Deskription nur eine dumme Idee ist, ein Irrweg. Das ist wirklich ein großes Experiment, und ich glaube, das wird uns noch viel Spaß machen.

Natürlich gibt es bereits heute eine Kommunikation ohne Symbole. Das eindeutigste Beispiel für nicht-symbolische Kommunikation ist die Kommunikation mit der Natur. Die direkte Wahrnehmung, die man hat, wenn die Natur mit einem kommuniziert, etwa wenn man durch den Wald geht, kommt schlicht ohne Symbole aus. Das muss man nicht groß beweisen.

Ein Beispiel für die Kommunikation ohne Symbole sind auch die Bewegungen des eigenen Körpers. Man sendet an den Arm oder die Hand kein Symbol, man hat schon mit dem eigenen Körper kommuniziert, bevor es überhaupt Symbole gab. Das schönste Beispiel, das wir heute für eine intensive Kommunikation ohne Symbole haben, ist das luzide Träumen. Dabei ist man sich bewusst, dass man träumt, und kontrolliert gleichzeitig den Traum. Das ähnelt sehr der virtuellen Realität, allerdings kann man nicht gemeinsam träumen. Mit seinem Traum kommuniziert man völlig ohne Symbole. Wir drehen die Welt ohne Symbole, bringen alles in der Welt in Bewegung. Lassen es einfach geschehen.

Das sind jetzt Beispiele für eine nicht-symbolische Kommunikation, die es bereits gibt. Natürlich ist das ganze Leben erfüllt von nicht-symbolischer Kommunikation. Ein Buch hat nicht-symbolische Aspekte, ich meine, ein Buch ist ein Buch, also zunächst ein Gegenstand, und erst dann Träger von Symbolen, die man dekodiert.

Alles hat seine symbolische und seine nicht-symbolische Seite. Ein Ding an sich ist kein Symbol. Aber man kann natürlich alles als Symbol verwenden. Die Idee von einem Symbol ist eine Verwendung von einem Ding, aber alles ist auch ein Ding an sich. Alles hat zunächst eine Dinglichkeit. (Und so verzwickte Sätze wie dieser brachten mich darauf, nach der postsymbolischen Kommunikation zu suchen!)

(1987)

Es war einmal …

Vor langer, langer Zeit lebten einmal Menschen, die eine so unglaublich fortschrittliche Technologie entwickelt hatten, dass sie Zeitmaschinen und Transportkabinen bauen konnten, mit denen sie sich frei durch Zeit und Raum bewegten. Sie konnten sich auch bilokalisieren, das heißt, sie kopierten sich nach Belieben durch Zeit und Raum. Anfangs war das sehr aufregend – aber nur für die ersten paar Sekunden. Dann überkam die Menschen große Langeweile, weil sie schon bald nichts mehr überraschen konnte. Sie waren überall gewesen. Sie hatten die Zukunft gesehen.

Also probierten sie ein anderes Spiel. Sie sagten sich: »Wir werden unsere Technologie vergessen, wir werden in Höhlen hausen und ein primitives Leben führen. Dann werden wir alt, und unsere Kinder werden die Technologie neu lernen.« Tatsächlich hatten sie dieses Szenario bereits vor dem Spiel mithilfe ihrer Technologie vorhergesehen. Aber sie wollten echte Erfahrungen machen, deshalb beschlossen sie, in einem Zustand zu leben, in dem Überraschungen noch möglich waren.

Und so stiegen wir hinab. Und nun sind wir dabei, uns wieder zu erinnern.

Diese Geschichte erzählt vom Ende der Allwissenheit, das in vielen Überlieferungen als Grund für die Entstehung des Universums genannt wird. Das Leben basiert auf Einschränkungen und Kompromissen. Dass wir den Sinn des Lebens vergessen, ist der Sinn des Lebens. Partielles Wissen ermöglicht ein Fortschreiten der Erfahrungen und des Lebens. Gott als allwissendes Wesen ist kein »erfahrendes Wesen«, weil seine oder ihre Erfahrung nicht neu ist.

Wenn Sie ein Universum erschaffen wollten, welche Möglichkeiten hätten Sie? Sie könnten entscheiden, dass alles immer so bleibt, wie es ist, aber das wäre kein richtiges Universum. Man braucht Geschöpfe, die es erfahren, die zerbrechlich sind, deren Zeit befristet ist und die nicht allwissend sind. Das sind wir, deshalb sind wir hier.

(1992)

Virtuelle Instrumente

Mit dem Design der virtuellen Welt von »The Sound of One Hand« habe ich erst einen Monat vor der ersten Präsentation begonnen, ich musste mich also völlig in die Gestaltung vertiefen und hatte nur wenig Zeit zu lernen, wie man sie spielt.

Ursprünglich dachte ich, das Stück würde eine kompliziertere »Demo-Version« der virtuellen Realität, eine Version, die sich selbst erklärt, mit eindeutigen visuellen Einsatzzeichen für die Musik, leicht benutzbaren Schnittstellen und jeder Menge Unfug nach dem Muster der Rube-Goldberg-Maschinen. Aber während ich an dieser Welt arbeitete, kristallisierte sich eine Stimmung oder ein bestimmtes Wesen heraus, und von da an entsprach der Gestaltungsprozess meinen emotionalen und spirituellen Erfahrungen in dieser Zeit. Das kam ganz unerwartet und war aufregend und schön, obwohl der Inhalt nicht unbedingt heiter war. Ich folgte einem dunkleren und intuitiveren Prozess, anstatt mich an der vertrauten Computerkultur mit ihrer Klarheit und ihrem unbeschwerten Humor zu orientieren. Es kommt nur selten vor, dass ich das Gefühl habe, intuitiv zu programmieren, aber hier war es so.

Erwarten Sie bitte nicht, dass Sie die Instrumente sofort verstehen, und denken Sie auch nicht, dass sie leicht zu spielen sind. Sie entstanden aus einem kreativen Prozess heraus, den ich nicht komplett erklären kann, und ich musste erst lernen, auf den Instrumenten zu spielen. Ich glaube nicht, dass sich die beiden Formen der Ästhetik, zwischen denen ich unterscheide, gegenseitig ausschließen, doch die intuitive Seite der Gleichung kann nicht einfach abgerufen werden. Dass sich eine Synthese aus Klarheit und Stimmung einstellt – wenn sie sich denn einstellt –, kommt aus der Eingebung.

Das erste Instrument, das in dieser Welt gespielt wird, ist eine sogenannte »Rhythm Gimbal«. Das ist eine mechanische Konstruktion aus rotierenden Ringen, die einem Kreisel ähnelt. Wenn die Rhythm Gimbal stillsteht, ist sie weiß und völlig lautlos. Wenn ich sie aufhebe und bewege, gibt sie Töne von sich. Der eigentliche Klang entsteht durch die aneinanderreibenden Ringe. Durch den Kontakt verändern sie auch ihre Farbe. Ist die Rhythm Gimbal erst einmal in Bewegung, dauert es ziemlich lange, bis sie wieder zur Ruhe kommt. Wenn ich die Rhythm Gimbal kräftig bewege und dann loslasse, entsteht ein zusätzlicher Klang, eine Art Läuten, das mit dem Ausdrehen des Instruments langsamer wird. Der Klang setzt sich fort, auch wenn ich das Instrument weglege, es sei denn, ich setze es ganz vorsichtig ab. Das »Hintergrundgeräusch«, das man hört, während ich die anderen Instrumente spiele, stammt von der Rhythm Gimbal.

Abgesehen von diesem Klingeln muss man sich den Klang der Rhythm Gimbal als Gemisch aus Chor, Orchester und einigen anderen Sounds vorstellen. Die Akkorde werden durch den Schwung erzeugt, mit dem die Innenteile des Instruments aneinanderschlagen, wenn man es loslässt. Jeder Ring überträgt den Schwung auf den nächsten äußeren Ring, wodurch eine komplexe Bewegung entsteht, wie bei einem Pendel, das an anderen Pendeln hängt. Auf den Ringen sitzen Perlen. Wenn die Perlen aufeinandertreffen, wechseln sie die Farbe, außerdem verändert sich dadurch der Akkord. Sie kennen bestimmt diese Jahrmarktsattraktion, bei der man mit einem riesigen Hammer auf eine Art Amboss haut und mit der Wucht des Schlags eine Markierung auf einer langen senkrechten Messlatte in die Höhe jagt? Beim Aufeinanderprallen der Ringe in der Rhythm Gimbal schleudern in ganz ähnlicher Weise virtuelle Scheiben um einen Quintenzirkel und dann die Naturtonreihe hinauf. Wenn zwei verschiedene Scheiben diesen Punkt etwa gleichzeitig erreichen, kommt ein Ton hinzu. Die Harmonie und rhythmische Struktur entstehen aus diesem Vorgang. Eine langsame Drehung der Rhythm Gimbal ergibt eher Töne, die harmonisch nah beieinanderliegen, etwa Quinten. Das Interessante an dem Instrument sind aber die Klänge, die entstehen, wenn man es mit mehr Energie bewegt. Wenn man diese Bewegungen übt, eröffnet sich eine große Bandbreite an Harmonien und Strukturen, von einem sehr offenen, harmonischen und ruhigen Klang bis zu verrückten Dissonanzen. Mir gefällt besonders der Bereich dazwischen, der klingen kann wie eine Mischung aus Samuel Barbers *Adagio* und gewissen Stücken des späten Skrjabin (kein Scherz!).

Eine Zeit lang war ich regelrecht entsetzt, dass dieses simple Gerät so schöne Klänge erzeugt. Leistet das Hirn eines Komponisten womöglich auch nicht mehr? Aber die Rhythm Gimbal kann nicht wirklich als algorithmisches Gerät zur Erzeugung von Musik bezeichnet werden. Ich glaube zum Beispiel nicht, dass man mithilfe einer speziellen Initialisierung die richtigen Parameter findet, um die Rhythmic Gimbal zum Klingen zu bringen. In den schrägen Harmonien dieses kuriosen Instruments bleibt ein Element des intuitiven Spiels, und das ist auch notwendig.

Jeder Ton in »The Sound of One Hand« wird durch meine Handbewegungen erzeugt, die auf die virtuellen Instrumente übertragen werden: Es gibt keine vorher festgelegten Sequenzen oder Tonfolgen. Abgesehen von der Klangfarbe der Instrumente, die vorgegeben ist, ist der musikalische Gehalt komplett improvisiert.

Das heißt aber nicht, dass ich jede beliebige Form von Musik machen kann, das ist genauso wenig möglich wie mit irgendeinem anderen Musikinstrument. Ich kann mit der Rhythm Gimbal keinen bestimmten Akkord erzeugen. Aber ich kann mit einer Folge von Akkorden eine bestimmte Stimmung schaffen, weil ich beeinflussen kann, wann die Akkorde wechseln und wie drastisch dieser Wechsel ausfällt. Ich habe nicht das Gefühl, dass ich damit weniger Kontrolle habe, es ist eben eine andere Art von Kontrolle. Bei einem Instrument fragt man nicht, was es kann. Das Besondere eines Musikinstruments ist, ob ich etwas Neues lerne über mich, indem ich das Instrument spielen lerne. Bei einem Klavier ist das zum Beispiel so. (Bei rein technischen Instrumenten, bei einem technischen Gerät, stellt sich diese Frage nicht.) Ein gutes Musikinstrument hat eine Tiefe, die dem Verstand nicht zugänglich ist. Ich glaube, mit unserem Verstand allein wären wir nie dazu in der Lage gewesen, Musikinstrumente zu erfinden.

Verborgene Mechanismen sind in der virtuellen Realität einfach unsichtbar. Bei der Gestaltung von »The Sound of One Hand« habe ich die harmonischen Strukturen sichtbar gemacht. Sie sehen aus wie Noten, die auf Ringen herum- und einen Pfahl hinaufkriechen. Bei der Aufführung sind sie größtenteils unsichtbar, aber das war einfach eine Frage der visuellen Gestaltung. Ein Teil ist jedoch noch sichtbar: ein großer blauer Ring mit Stimmgabeln. Jede Stimmgabel hat ein Symbol in Form eines großen »T« an der Basis und Ringe an den Zinken. Diese Objekte speichern die jeweils geltende Tonika und die Akkordfolgen. Man kann sehen, wie sie sich mit dem Wechsel der Harmonie bewegen.

Das CyberXylo ist eine Art Xylophon. Seine Töne werden von den Stimmgabeln auf dem blauen Ring kopiert, deshalb besteht immer ein Gleichklang mit der Rhythm Gimbal. Der Schlegel hat ziemlich viel Schwung (die Reibung kann man quasi vernachlässigen). Gibt man ihm einen Impuls, schlägt er immer weiter auf die Stäbe des CyberXylos, auch nachdem man ihn losgelassen hat. Rein mathematisch betrachtet ist diese Bewegung nicht sonderlich überzeugend, denn die Rotation wurde nicht mithilfe von Quaternionen formuliert, weshalb sich die Bewegung verstärkt. So entstehen wilde, unnatürliche Rotationsmuster. Mit ein bisschen Übung kann man aufgrund der übertriebenen Drehungen der Schlegel dicht an den Stäben erstaunliche Rhythmen erzeugen.

Das Cybersax ist das ergonomisch komplizierteste Instrument. Wenn man das Instrument greift, dreht es sich langsam, bis man es richtig in der Hand hat. So wird verhindert, dass es einem durch die Finger gleitet. Wenn man es dann hält, reagieren die virtuellen Finger auf die Bewegungen der physischen Finger, sie sind aber so angelegt, dass sie sich korrekt auf die Tasten des Saxofons legen. Das ist ein Beispiel für die »Simulation von Kontrolle«, die beim

Design virtueller Tools, die per Handbewegung gesteuert werden, entscheidend ist, vor allem wenn es kein Force-Feedback gibt.

Drei Stimmlagen – Sopran, Alt und Bass – sind entlang der Schallröhre angelegt. Jede Stimmlage besteht aus einem Satz glänzender saxofonähnlicher Tasten. Die auf den Tasten gespielten Klänge entstammen dem Satz an Tönen, der von der Rhythm Gimbal definiert wird. So ist gewährleistet, dass sie mit den anderen Instrumenten harmonieren. Man kann zwischen den Stimmlagen hin und her wechseln, indem man mit der Hand nach der gewünschten Stimmlage greift. Der Schwung der Bewegung bestimmt mit, welche Taste mit welchen Tönen belegt wird – bis man die Position wieder wechselt (wenn man zum Beispiel mit mehr Schwung vom Alt zum Sopran wechselt, wählt man auch Töne in einer höheren Tonlage). Man kann das Instrument frei spielen, ohne Gefahr zu laufen, es versehentlich fallen zu lassen (was ziemlich schwierig zu programmieren war). In der oberen Stimmlage kann man durch eine gewisse Manipulation mit dem Daumen zwei Melodien gleichzeitig spielen. Die räumliche Ausrichtung des Saxofons bestimmt Farbe, Mischung und andere Eigenschaften des Klangs. Weitere Gestaltungselemente sind unter anderem das aufreizend wackelnde Mundstück und der pulsierende Trichter. Der Klang und geometrische Aufbau des Cybersax wurden unter anderem von einem bizarren thailändischen Bambussaxofon angeregt, das bei mir zu Hause steht.

Computermusik muss Instrumente nutzen, die auf dem basieren, was Musik ausmacht. Das ist eine radikale Abkehr von den »dummen« Instrumenten der Vergangenheit. Ein Klavier weiß nicht, was eine Note ist, die Saiten erklingen einfach, wenn sie angeschlagen werden. Die Wissenschaft und auch die Kunst basieren sozusagen auf Sensibilität und einem gewissen Staunen über das Geheimnis des Lebens, doch Instrumente mit eingebauten, festgelegten Konzepten lassen diese Sensibilität abstumpfen, weil sie unseren Handlungen das Geheimnisvolle nehmen. Das kann zu stumpfsinniger, fader Routine führen. Es macht Spaß, sich hinter einem Klavier anstatt hinter einem Computer zu verstecken, aber nur, weil ein Klavier nicht aus Konzepten besteht, sondern aus klingenden Materialien gemacht ist und Töne hervorbringt. Damit Computerkunst oder Computermusik funktioniert, muss man besonders darauf achten, den Menschen und zwischenmenschliche Kontakte in den Mittelpunkt zu stellen.

Mit großer Freude habe ich festgestellt, dass »The Sound of One Hand« eine ungewöhnliche Beziehung zwischen dem Vorführenden, dem Publikum und der Technologie herstellt. Normalerweise wird eine noch selten angewandte, teure Spitzentechnologie bei einer Vorführung als Spektakel inszeniert, das den Vorführenden besonders herausstellt. Er soll quasi unverwundbar wirken, und das Publikum soll völlig gebannt sein. Das ist etwas, was auch Rockkonzerte und der Golfkrieg gemein haben. »The Sound of One Hand« schafft eine ganz andere Situation. Das Publikum sieht zu, wie ich mich auf alle erdenklichen Arten verrenke, während ich durch den Raum steuere und die virtuellen Instrumente bediene. Dabei trage ich Eye-Phones. Fünftausend Menschen beobachten mich in manchmal peinlichen Stellungen, ich jedoch kann sie nicht sehen und weiß auch nicht, wie ich in ihren Augen wirke. Ich bin verletzlich, bin ein Mensch, trotz der ganzen Technologie. Das schafft einen authentischen Rahmen für die Musik. Wer je Musik vor Publikum gespielt hat, besonders improvisierte Musik, kennt die Art von Verletzlichkeit, von der ich rede, die Verletzlichkeit, die einer authentischen Aufführung vorausgeht.

Und was die Verrenkungen betrifft: Ich verwende bei der Performance das sogenannte »Point-Flying«. Das ist eine Navigationstechnik, bei der man mit der Hand auf einen Punkt deutet, den man erreichen möchte, und zu dem man dann tatsächlich hinfliegt. Bei den industriellen Anwendungen der virtuellen Realität kann ich Point-Flying nicht leiden. Es erfordert eine gewisse Geschicklichkeit, außerdem hat man dann die Hand nicht mehr für andere Dinge frei. Bei dieser Performance habe ich es benutzt, weil ich eine uneingeschränkte, wendige Navigation wollte. Dadurch konnte ich parallel zur Performance eine Reise zwischen den Asteroiden der virtuellen Welt choreografieren. Ich war ziemlich geschockt, als ich mich bei einer Performance in meiner eigenen Welt verlief, das war wirklich peinlich!

Ein weiteres menschliches Element dieser virtuellen Welt ist die Körperlichkeit. »The Sound of One Hand« hat Ähnlichkeiten mit dem Theremin,* weil die Schnittstelle nicht mental, sondern in erster Linie physisch ist. Die Instrumente bestehen zwar aus Informationen, doch die Musik wird durch Gebärden erzeugt.

Die von mir verwendete Ausrüstung ist nicht auf dem neuesten Stand der Technik, sondern seit etwa einem Jahr veraltet. Die Synthesizer und das Head-Mounted Display sind Modelle von 1992, doch die Grafik-Engine, der Tracker und der Datenhandschuh sind älter. Ich glaube, in der Kunst sollte man die Verwendung der neuesten Geräte bewusst vermeiden, um zu verhindern, dass man der Technologie um ihrer selbst willen verfällt. (Das Head-Mounted Display sollte man allerdings noch einmal ausdrücklich erwähnen, denn wahrscheinlich wurde es bei der Performance zum letzten Mal verwendet. Ich hatte einen Prototypen des »XVR EyePhone« von VPL auf, meine bisherige Lieblingsbrille, die jedoch nicht in Produktion gehen wird – seufz.)

Die Software war ziemlich neu. Das Stück ist komplett in Body Electric geschrieben, einer visuellen Programmiersprache für die virtuelle Realität. Ich mag die Arbeitsumgebung dieser Software, die hauptsächlich von Chuck Blanchard entwickelt wurde. Man verbindet visuelle Diagramme, um zu kontrollieren, was in der virtuellen Welt passiert, und sieht den Effekt sofort. Die gesamte Musik und die Physik sind in Body Electric geschrieben. Ich hätte das nie in der Programmiersprache »C« machen können.

Die virtuelle Welt profitiert in visueller wie plastischer Hinsicht von den Tricks des Echtzeit-Rendering, also Radiosität, Nebel, Texture Mapping, Environment Mapping und Morphing. Der »Flockeneffekt« bei den Farben ist auf einen Programmierfehler zurückzuführen, der auftritt, wenn die Nebelfarbe auf dem Silicon-

---

* Elektronisches Musikinstrument, erfunden 1920, das durch bloße Handbewegungen in einem elektromagnetischen Feld Klänge erzeugt (A. d. Ü.).

Graphics-Computer allmählich verändert wird (ich setzte einen sich sehr langsam bewegenden hüpfenden Ball in den Zylinder des rot-grün-blauen Farbraums für die Auswahl der Nebelfarbe). Ich habe die virtuelle Welt größtenteils selbst gestaltet, mit Ausnahme der beleuchteten Skeletthand, die aus der Seite des Asteroiden herauswächst. Sie stammt von einer MRT-Aufnahme, von der Hand eines Patienten im Veterans-Administration-Krankenhaus von Palo Alto. Ursprünglich wurde die Aufnahme für die Erforschung chirurgischer Simulationen verwendet.

Der Asteroid ist hohl und hat einen Durchmesser von etwa vier Metern, allerdings wirkt er durch den dichten Nebel viel größer. An der Seite befindet sich ein großer Riss, in dem ein Glühwürmchenpaar herumschwirrt. Neben der Skeletthand befindet sich im Inneren des Asteroiden eine große rote Ingwerpflanze. Außerdem gibt es noch ein paar Scheinwerfer. Die Instrumente werden meistens im Inneren aufbewahrt. Während der Performance versetze ich der Rhythm Gimbal an einer Stelle einen kräftigen Stoß und fliege durch den Riss für eine Weile ins Freie, damit das Publikum sieht, wie einsam der Asteroid von absoluter Leere umgeben ist.

Der Sound wurde auf zwei Samplern/Synthesizern komponiert. Ich hatte mich dazu entschieden, auf die wunderbaren dreidimensionalen Klangmöglichkeiten der virtuellen Realität zu verzichten, da sie vor allem für Kopfhörer entwickelt wurden. Ich wollte nicht, dass das Publikum versucht, etwas zu hören, was gar nicht da ist.

In vielerlei Hinsicht war »The Sound of One Hand« ein größerer Sprung ins Ungewisse als all die verrückten »experimentellen« Performances, an denen ich Ende der siebziger Jahre in New York beteiligt war. Ich hatte im Vorfeld keine Ahnung, ob das Stück eine Stimmung oder eine Bedeutung bekommen würde oder ob das Publikum die Erfahrung verstehen würde. Für mich erwies sich die Performance als therapeutisches Ereignis. Eine Art technologischer Blues, von der Stimmung her eigentlich melancholisch, aber fröhlich vorgetragen. Es bot die Gelegenheit, mit der VPL-Familie an einem rein kreativen Projekt zu arbeiten. Ich konnte alles, was wir bei VPL entwickelt hatten, als (zuverlässiges!) Rohmaterial verwenden und das in die Praxis umsetzen, was ich über das Design virtueller Tools predige. Die virtuelle Realität war keine Arbeit, die ich erledigen musste, ich konnte sie allein um ihrer Schönheit willen anwenden und vor meinen stets um Professionalität bemühten Kollegen einfach nur Musik machen. Außerdem war die Performance eine Feier, weil ich VPL nicht mehr leiten musste. Das Publikum war unglaublich aufgeschlossen, niemand hat, soweit ich weiß, »The Music of One Hand« je als Demo-Version bezeichnet. Es wurde als Musik erlebt. Wir hatten enormen Spaß mit dieser Performance.

(1992)

Virtuelle Realität als Tropus

Wenn man eine Metapher erfindet, zieht diese manchmal in die Welt hinaus und erlebt Abenteuer. Sie gerät in schlechte Gesellschaft. Sie vergisst, wo sie herkommt, und verändert sich so stark, dass man sie kaum noch wiedererkennt. Eine Metapher kann zum bloßen Wort verkommen. Normalerweise nimmt das metaphorische Erbe eines Begriffs mit zunehmender Bekanntheit ab. Doch ab und zu erhebt sich eine Metapher aufgrund ihrer Vielfalt und Ambivalenz über die anderen Begriffe und weigert sich, sich in einem begrenzten konkreten Begriff aufzulösen.

Vor Jahrzehnten schlug ich eine Metapher vor, die von da an einen Großteil meines Erwachsenenlebens in Beschlag nahm. Ich nannte eine Technologie für eine Mensch-Maschine-Schnittstelle »virtuelle Realität«. Ich dachte, mittlerweile wäre daraus einfach eine schlichte Bezeichnung geworden, aber da täuschte ich mich.

Fast jede Woche erhalte ich Anfragen für Vorträge, in denen ich erklären soll, was die VR denn nun genau sei. Der Begriff hat ein echtes Eigenleben entwickelt. Das ist sehr erstaunlich, denn es war überhaupt nicht viel Geld oder Werbung im Spiel. Die Idee der virtuellen Realität treibt sich selbst voran. Gelegentlich habe ich versucht, ihre Extravaganz einzudämmen, aber sie ist über jeden Zaun gesprungen, den ich errichtete. Mittlerweile hat die Popkultur den Begriff als praktisch universale Metapher für sich vereinnahmt.

Lange bevor ich auf der Bildfläche erschien, arbeitete Ivan Sutherland, ein brillanter Informatiker und Vater der Computergrafik, an
»virtuellen Welten«, wie er sie nannte. 1965 verwies er in einem
Aufsatz auf ein »ultimatives Display« – das Head-Mounted Display, also die VR-Brille.

Sutherland wollte das »ultimative Display« unter anderem deshalb konstruieren, weil er die Schwierigkeiten erkannt hatte, grafische Benutzeroberflächen innerhalb der begrenzten Möglichkeiten eines konventionellen Bildschirms zu gestalten. 1963 schrieb
er das womöglich beste Programm aller Zeiten: Sketchpad. Es war
das erste Grafikprogramm für den Computer. Mit einem Lightpen
konnte man direkt auf dem Bildschirm zeichnen und das Programm mit einer grafischen Programmiersprache ändern.

Das Problem war nur, dass man damals nicht genug sehen
konnte. Der menschliche Verstand liebt das Konkrete und eine
visuelle/räumliche Darstellung, aber das erfordert Platz auf dem
Bildschirm, nur dann kann man jedes Konzept oder Ding auch
darstellen. Der Bildschirm ist schnell überladen und hat schon
bald nicht mehr genügend Platz. Deshalb stellte sich Ivan das ultimative Display vor, mit dem sich der Nutzer in einer potenziell
unendlichen virtuellen Welt bewegen konnte, anstatt auf einen
realen Bildschirm mit klaren Grenzen zu starren.

Ivan war ein echter Nerd und stützte seine Terminologie auf
Metaphern, die damals in der Wissenschaft beliebt waren. »Virtuell« deutete auf einen Ersatz, ein Substitut, hin, auf etwas, das
in einem bestimmten Bezugsrahmen keine Auswirkung hat. In
der Informatik ist eine »virtuelle Maschine« im Kontext abstrakter
Berechnung der perfekte Ersatz für eine echte Maschine. In der
Physik gibt es »virtuelle Teilchen«. Damit etwas »virtuell« ist, muss
es in einem bestimmten praktischen Zusammenhang unsichtbar
sein, in einem anderen Kontext aber sichtbar. Wenn es immer
sichtbar wäre, spräche man nicht von Virtualität, sondern von
Identität. Diese Definition passt nicht exakt auf eine virtuelle Welt,

weil wir die physische Realität nie perfekt simulieren können. Ivan verwendete den Begriff deshalb metaphorisch.

Die Geburt einer Metapher

Die beiden Wörter »virtuell« und »Realität« sind in dieser Kombination also schon aufgetaucht, bevor ich den Begriff prägte. Das früheste Beispiel, das ich gefunden habe, stammt von dem französischen Surrealisten Antonin Artaud, der eine neue Theaterpraxis forderte, bei der es um die Schaffung einer virtuellen Realität anhand des gezeigten Stücks ging.

In der Frühzeit unserer Firma VPL dachte ich, wir müssten unsere Arbeit von Ivans »virtuellen Welten« abheben. Zum einen vernetzten wir die Menschen in virtuellen Welten miteinander. Das hat dramatischere Auswirkungen, als man zunächst denkt. Wenn zwei Personen in derselben virtuellen Welt unterwegs sind, können sie einander betrachten. Also muss jeder Anwender abgebildet werden. Das ist eine große Sache. Soll ein Mensch so genau wie möglich dargestellt werden? Oder soll man sich auf eine Metapher stützen, ihn in eine Art Zeichentrickfigur verwandeln, einen Raben zum Beispiel? Oder sollte eine virtuelle Person so abstrakt wie möglich sein – nur ein paar Pfeile, um anderen zu zeigen, in welche Richtung die Person blickt?

Zum anderen wollten wir mit der verfügbaren Technologie die ganz grundlegende Beziehung einer Person zu ihrer Umwelt nachbilden. Dazu verwendeten wir Handschuhe anstelle eines Stiftes oder der Maus. So konnten wir die Illusion jedes erdenklichen Werkzeugs erzeugen. Wir konstruierten auch Ganzkörperanzüge.

Diese beiden Ansätze, der soziale und der körperliche, ergaben zusammen etwas, das sich deutlich von einer einzelnen virtuellen Welt unterschied: eine Nahtstelle oder Verbindung zwischen den Nutzern – eine Rolle, die bisher nur die physische Welt innegehabt hatte. Die Bezeichnung »Realität« schien daher passend. Von einer »Welt« spricht man, wenn jemand Vertrauen in die Dauerhaftigkeit dessen hat, was er um sich herum wahrnimmt. Bei einer »Realität« glaubt man, dass andere viel mit dieser Welt gemeinsam haben und deshalb Kommunikation und Empathie möglich sind. Nun kommt der körperliche Aspekt hinzu: Im Geist kann man eine Welt in Besitz nehmen, aber der Körper lebt in der Realität – und mit unseren physischen Schnittstellen wie Handschuhen und Anzügen dachten wir beim Design an Körper und Geist.

Als ich zum ersten Mal den Begriff »virtuelle Realität« vorschlug, beschwerte sich Chuck Blanchard, der damals in unserer Firma VPL für die Software zuständig war: »Das klingt ein bisschen sehr nach RV – *recreational vehicle*.* Man wird denken, es ginge um alte Leute, die Ferien in virtuellen Welten machen.« Ich blieb trotzdem bei dem Begriff.

Popkultur-Fantasien

Lassen wir die aktuelle Technologie für einen Moment beiseite und folgen den Abenteuern einer Metapher, die aus dem Labor in die große, weite Welt hinauszog. Die virtuelle Realität ist eine so starke Metapher, dass man ihre Ausbreitung nur mit Mühe verfolgen kann.

Hier kommt ein zwangsläufig unvollständiger Überblick über ihren derzeitigen Gebrauch, Stand ist der Sommer 1999.

- »Virtuelle Realität« als Metapher für eine Verzerrung der Wahrheit: Im letzten Wahlkampf warfen alle vier Kandidaten ihren Gegnern vor, »in einer virtuellen Realität zu leben«. Und in solchen Fällen waren sie noch nett, bei anderen Anlässen waren deutlich aggressivere Töne zu hören. Das sollte wohl heißen, dass jemand zwar gute Absichten hat und nicht dumm ist, dass vorübergehend aber der Verstand ausgesetzt hat. Gemeint war also eher eine Wahrnehmungsstörung, keine Manipulation.

---

* Wohnmobil (A. d. Ü.).

- VR als Triumph der Kreativität: Auf dem Cover einer Frank-Sinatra-CD heißt es großspurig: »Mit seinem Gesang erschafft Frank eine virtuelle Realität.« Der Begriff wird häufig in Klappentexten von Romanen oder in der Werbung für einen Film oder für Musik verwendet.

- VR als Entfremdung von der natürlichen Realität, hervorgerufen durch den technologischen Fortschritt: Der Mensch entfremdet sich nicht nur wie in der marxistischen Theorie von der Arbeit, sondern aufgrund der teuflischen Verwirrung durch die Massenmedien und der immer stärker um sich greifenden Technologie auch komplett vom natürlichen Leben. Mir wurde einmal ein Kühlschrankmagnet geschenkt mit dem Bild einer Familie in den fünfziger Jahren, im Stil von Norman Rockwell, und darüber stand in Horror-Schrift »Virtual Reality«. Die virtuelle Realität war hier das Schreckgespenst von Menschen, die schon das Fernsehen verachten und verschmähen – VR als das ultimative Fernsehen.

- VR als technologische Offenbarung und ekstatisches Erlebnis: So etwas suggerierte die erste Titelgeschichte des *Wall Street Journal* über die virtuelle Realität als neue Technologie, in der tatsächlich von »elektronischem LSD« die Rede war.

- VR als technologiegestützte transzendente Perspektive: In Hollywood-Drehbüchern wird die virtuelle Realität häufig als Mittel verwendet, durch das eine Figur, und damit auch der Zuschauer, über spezielle Informationen verfügt. Nach dem Motto: Der mit der Brille sieht mehr. In den Anfangszeiten (*Der Rasenmähermann* von 1992) wurde dieses Wissen oft genutzt, um die Welt zu beherrschen oder ein Verbrechen aufzuklären, in aktuelleren Filmen (*Matrix*) wird der Held mithilfe der virtuellen Realität zu einer Buddha-ähnlichen Figur und ist weiser als die gewöhnlichen Sterblichen.

Warum bekommt eine Metapher für eine Schnittstellentechnologie einen so grellen, poppigen Beigeschmack? Der Grund liegt meiner Meinung nach darin, dass »virtuelle Realität« das Mysteriöse heraufbeschwört, das viele grundsätzlich mit Computern und allem Digitalen verbinden.

Informatiker stellen sich gern die ganze Welt als großen Computer oder als Ansammlung von Computer-Organismen vor, zu denen auch Menschen oder Bäume zählen. Manche glauben nicht, dass das nur ein Vergleich, eine Metapher, ist, sondern halten es im tieferen Sinn für wahr, also für die Realität. Sie werden nicht müde, sich und uns zu fragen: Gibt es überhaupt einen Unterschied zwischen der Realität und einem sehr guten Computer mit sehr guten Eingabe- und Ausgabegeräten?

Das erklärt beide Seiten der virtuellen Realität als populäre Metapher. Die virtuelle Realität ist transzendent, denn wenn etwas digital ist, ist es programmierbar. Alles wird möglich. Man kann ein so vielgestaltiges Universum wie die eigenen Träume erleben *und* es gleichzeitig mit anderen Menschen teilen, die sich einfach in das System einstöpseln. Die Träume sind nicht mehr im eigenen Kopf gefangen. Für alle, die über den Computer miteinander verbunden sind, kann sich ein Baum plötzlich in einen glitzernden Wasserfall verwandeln. Wenn die physische Realität dagegen digital ist, ist alles überall gleich. Klaustrophobie erfasst uns – ein Bit ist nun einmal ein Bit. Wenn man zusieht, wie sich der Baum in einen Wasserfall verwandelt, erkennt man, dass an den Bits, die ein Baum oder ein Wasserfall sind oder die auch wir selbst sein könnten, nichts Essenzielles ist.

»Virtuelle Realität« profitiert sicher von der Ambivalenz des vertrauten Wortes »Realität«. »Konsens« und »Realität« werden oft direkt aufeinander bezogen. Hier, in der Bay Area, bedeutet das Wortpaar für viele kluge Köpfe, dass die externe Realität nur ein mentales Medium ist – die Realität erweckt nur den Anschein, als ob sie sich stur an die Gesetze der Physik halten würde, bisher haben sich einfach noch nicht genügend kluge Köpfe zusammengetan und sich darauf geeinigt, sie zu ändern. In anderen Regionen, anderen Gesellschaften, meint derselbe Sachverhalt vielleicht auch nur den Grad der Übereinstimmung der vielen Modelle der Welt, die sich die Menschen zurechtgelegt haben. In beiden Fällen wird aber »Realität« zum Medium für Kommunikation. Wenn die Realität ein Medium ist, lesen wir sie dann und schreiben darin, als ob sie ein Buch wäre?

Metaphern sind überschwänglich, jugendlich, optimistisch. Jedes Mal, wenn wir eine Metapher schaffen, kehren wir zurück ins Paradies der Bedeutung, zu jenem Zustand, bevor Bedeutung in abgegriffene Wörter zerfiel.

Der Computer wird wahrscheinlich Teil der menschlichen Umwelt sein, solange es Menschen geben wird. Derzeit wird die Computerkultur von Profitdenken, politischem Kalkül und banalem Design dominiert. Die Metapher der virtuellen Realität ist auch deshalb so populär, weil sie sich über das derzeitige fade Schlamassel hinwegsetzt und das zum Ausdruck bringt, was an Computern faszinierend und inspirierend, aber auch erschreckend ist. Solange sie nicht als Begriff, sondern als Metapher weiterbesteht, kann man sie nicht in ihre Schranken weisen, in eine Schublade sperren, besitzen oder kontrollieren. Wenn irgendwann der Begriff »virtuelle Realität« nicht mehr als vage Metapher benutzt wird, sondern eine ganz konkrete Bedeutung erhalten haben wird, dann wird das ein Zeichen dafür sein, dass die Menschen sich endgültig an Computer gewöhnt haben. Aber das wird vielleicht nie eintreten.

(1999)

An der Schwelle zur Avatar-Ära

Anfang der achtziger Jahre machten ein paar Freunde und ich in einer Garage in Palo Alto als erste Menschen die Erfahrung, was es heißt, ein Avatar zu werden – also die bewegliche Verkörperung unseres Selbst im Cyberspace. Erstaunlicherweise gibt es nach all den Jahren immer noch nur ganz wenige, die eine Andeutung dessen erlebt haben, was einmal die größte kognitive Erfahrung dieses Jahrhunderts sein wird. Seit einigen Jahren können Besucher von Freizeitparks die virtuelle Realität ausprobieren, aber das lässt sich nicht vergleichen. Als Avatar in der virtuellen Realität aufzutreten, mit einem kompletten menschlichen (oder sogar nichtmenschlichen) Körper, ist viel interessanter und wird wichtiger sein, als man es von einer technischen Spielerei erwarten würde.

Tatsächlich erschließt sich damit völliges Neuland für das menschliche Potenzial, das man als »somatische Erkenntnis« bezeichnen könnte – somatisch im Sinne von »den Körper betreffend«.

Mir wurde die somatische Erkenntnis zum ersten Mal bewusst, als ich lernte, am Klavier zu improvisieren. Mit ausreichend Übung kommt irgendwann der Moment, in dem man bemerkt, dass die Hände das komplizierte Zusammenspiel von Melodie und Harmonie schneller erfassen als das bewusste Denken. Gute Basketballspieler, Chirurgen und Piloten berichten von ähnlichen Momenten. Dabei wird der menschliche Körper durch Gegenstände, Werkzeuge, verlängert, und in der Körperbewegung entsteht eine Verbindung aus Gedanken und Strategie, die uns normalerweise nicht zur Verfügung steht. Objekte wie ein Basketball, ein Flugzeug oder ein Klavier spielen bei der somatischen Erkenntnis eine ähnliche Rolle wie die Wörter beim bewussten Denken.

Den ersten Hinweis, dass Avatare zu ultimativen somatischen Objekten werden könnten, erlebte ich in Form eines Softwarefehlers in der Garage in Palo Alto. Ich hatte gerade die Gestalt eines menschlichen Avatars angenommen, doch durch ein Versehen war meine Hand riesengroß. Ich bewegte die Finger, und plötzlich umfassten mich meine eigenen Fingerspitzen.

Zu meiner großen Überraschung konnte ich die riesige Hand effektiv bewegen. Das führte mich zu der Frage: Wann ist ein Avatar so fremd, dass man ihn nicht mehr länger kontrollieren kann? Die Antwort war eine noch größere Überraschung. Der Mensch kann völlig seltsame Avatare beleben. Ein früher Avatar war ein Hummer – ein Tier mit mehr Gliedern, als der Mensch hat. Durch die Erfassung von Körperpositionen kann der Mensch lernen, andere Körper zu beleben, und zwar nicht nur Körper mit seltsam geformten Gliedern oder Gliedern an ungewohnten Stellen, sondern auch Körper mit einer anderen Gliederzahl.

Dieses Phänomen nenne ich »homunkulare Flexibilität« (»homuncular flexibilty«). Mit dem Homunkulus ist in dem Fall die Repräsentation von Körperbewegungen auf der Gehirnrinde gemeint. Dass dieser motorische Homunkulus so flexibel ist und sich an nichtmenschliche Körper anpassen kann, war anfangs ein Schock, aber zugleich eine erfreuliche Überraschung. Das Gefühl, in einem nichtmenschlichen Avatar zu stecken, ist ein ganz neues Vergnügen. Stellen Sie sich vor, Sie würden teure Kleidung tragen, einen tollen Sportwagen fahren und dazu noch über eine außergewöhnliche körperliche Fähigkeit verfügen. All das zusammen lässt sich in etwa mit dieser Erfahrung vergleichen, allerdings ist sie noch viel intensiver.

Wenn wir einen nichtmenschlichen Avatar erfolgreich beleben können, erkunden wir nicht nur die weit zurückreichende Geschichte unseres Gehirns, sondern auch die potenzielle ferne Zukunft aller Geschöpfe, für das es angelegt ist – unsere mögliche Entwicklung in Hunderten Millionen Jahren. Sich in einen Avatar zu verwandeln ist eine Art extreme Zeitreise für das Gehirn.

Eins der größten Hindernisse, sich komplett in einen Avatar zu verwandeln, besteht in der Ausrüstung. Jahrelang musste man einen speziellen Anzug tragen. Doch seit kurzem ist es endlich möglich, mit einer Spezialkamera zu messen, was der Körper macht. Die Bewegungen können umgehend auf einen Avatar übertragen werden, ohne dass man sich dafür einen speziellen Anzug überstreifen muss. Das erste Beispiel wird dieses Jahr auf den Markt kommen: die Kinect-Kamera für die Microsoft Xbox. (Und um hier mit offenen Karten zu spielen: Ich arbeite für die Forschungsabteilung von Microsoft, die Kinect entwickelt hat.)

Angesichts der bisherigen Entwicklung der virtuellen Realität gehe ich auch hier davon aus, dass sich das wahre Potenzial von Kinect erst nach und nach offenbaren wird. In den ersten Jahren wird sich aller Wahrscheinlichkeit nach noch keine radikale Erforschung der somatischen Erkenntnis ergeben. Die Leute werden sich in erster Linie in menschliche Avatare verwandeln und Sport machen, Drachen jagen, Yoga-Positionen ausprobieren und so weiter.

Aber was dann? Mein Lieblingsexperiment sah bislang so aus, dass sich Grundschulkinder in die Dinge verwandelten, mit denen sie sich im Unterricht beschäftigten.

Einige verwandelten sich in Moleküle und tanzten und schwirrten herum und verbanden sich mit anderen Molekülen. In dem Fall ist das Molekül das Klavier aus unserem früheren Beispiel, und anstatt nach einem schönen Gleichklang zu suchen, lernt man Chemie. Die somatische Erkenntnis macht Lernen sehr attraktiv, denn sie nutzt die natürliche Eitelkeit. Man wird zu dem, was man lernt. Die sensomotorische Schleife wird gewissermaßen an die Logik der jeweiligen Naturwissenschaft gekoppelt, und so entwickelt man eine physische Intuition für Logik. Werden Schüler also in Zukunft im Chemieunterricht tanzen? Durchaus möglich. Ein Schüler könnte auch ein Dreieck werden, um Geometrie zu lernen, oder ein DNA-Strang in Biologie. Werden sich Ingenieure der Nanotechnologie demnächst in Molekularstrukturen verwandeln, um diese zu verbessern? Auch das ist möglich.

Hier stellt sich nun die Frage, ob die somatische Erkenntnis für das Internet dieselbe Rolle spielen könnte, die Visual Computing für den einzelnen Computer gespielt hat und noch immer spielt. Könnte man also beispielsweise seinen Körper in sein Facebook-Konto kopieren, um dort die Einstellungen in Form eines Tanzes zu verändern (wodurch sie endlich intuitiv werden würden)?

Es gibt noch viele Probleme zu lösen, bevor wir sehen werden, wie weit die somatische Erkenntnis des Menschen reicht. Manchmal wird es nur quälend langsam vorangehen, aber möglicherweise wecken wir einen Teil in uns, der die Bedeutung des Denkens erweitern wird. Könnte es ein schöneres Abenteuer geben?

(2010)

Perspektiven

Das romantische Ideal der virtuellen Realität fasziniert die Menschen nach wie vor. Im Gegensatz zur realen Technologie verbindet die virtuelle Realität das Streben der Nerds mit dem mystischen Hippie-Traum – sie ist gleichzeitig Hightech und das Elixier, das die ultimative Bewusstseinserweiterung verspricht.

In den frühen achtziger Jahren glaubten wir, wir würden eine völlig neue Erfahrungswelt erschließen. Das erste Mal in einen immersiven Avatar einzutauchen, andere als Avatare zu sehen, den eigenen Körper als nicht realistischen Avatar zu erleben, all das faszinierte uns. Dagegen wirkte die übrige Welt fade und langweilig.

Ironischerweise kann ich Ihnen nicht mithilfe der virtuellen Realität schildern, wie es damals für uns war. Die virtuelle Realität kann zwar viel, aber den eigenen inneren Zustand kann man anderen damit nicht mitteilen. Vielleicht wird es niemals ein Medium geben, mit dem das möglich ist. Es ist eigentlich überflüssig, dies in einem Vorwort zu einem Buch für VR-Profis zu erwähnen, denn ich bin überzeugt davon, dass viele Mitwirkende und Leser das schon sehr oft klarstellen mussten. Die Öffentlichkeit scheint zu glauben, man könne mit der virtuellen Realität eine frei wählbare Realität gleichsam telepathisch heraufbeschwören. Manchmal kann man nur schwer erklären, dass die virtuelle Realität gerade deshalb so wundervoll ist, weil sie eben nicht magisch ist.

Vielleicht entsteht irgendwann eine völlig neue Kultur, eine umfangreiche Tradition aus Tricks der VR-Branche, und im Rahmen dieser Kultur könnte ich Ihnen mit den Metaphern der virtuellen Realität etwas davon vermitteln, wie sich die virtuelle Realität in ihrer Frühzeit anfühlte. Ich habe viele Stunden mit Tagträumen davon verbracht, wie eine ausgereifte Ausdrucksform in der virtuellen Realität aussehen könnte. Ich stellte mir dabei so eine Art Mischung aus Kino, Jazz und Programmierung vor.

Wir wissen zwar nicht, wie ausdrucksstark die virtuelle Realität einmal sein wird, doch die bloße Vorstellung hat nach wie vor etwas Aufregendes. Frei wählbare Erfahrungen, die man mit anderen Menschen teilt, im Dialog, von uns kontrolliert. Die Annäherung an eine holistische Ausdrucksform. Gemeinsames luzides Träumen. Ein Ausweg aus der öden Körperlichkeit. Das ist es, was wir suchen, eine Seinsweise, die nicht allein an unsere realen Lebensumstände gebunden ist.

Alle paar Jahre brandet eine neue Welle der VR-Euphorie in der Öffentlichkeit auf, doch kaum einer bemerkt, wie oft das bereits der Fall war. Vor langer Zeit wirkte ein etwas chaotisches kleines Startup namens VPL Research für einen Moment lang wie ein viel größeres Unternehmen, eine Kraft, mit der man rechnen musste. So etwas ist auch heute noch möglich. Derzeit erleben wir es wieder mit einem Startup, das die VR-Brille »Oculus Rift« vertreibt.

Doch wie sich eine hochwertige virtuelle Realität wirklich anfühlt, wissen nach wie vor nur wenige. Für etwas »richtig Gutes« benötigt man Zugang zu einem Spitzenlabor. Mit »richtig gut« meine ich ein System, das den Anwender austrickst, den ganzen Körper einbindet und die Avatare anderer Anwender miteinbezieht. Ein System, das man langfristig nutzen kann und das auch nach den ersten paar Demos noch genug bietet. Auch heutzutage gibt es noch immer erstaunlich wenig Orte, an denen man etwas vorfindet, das diesem Gesamtpaket auch nur nahekommt.

Immerhin, ein paar gibt es, wie die glücklichen Studenten wissen, die mit Jeremy Bailenson in Stanford, mit Henry Fuchs oder Fred Brooks an der University of North Carolina in Chapel Hill oder mit Carolina Cruz-Neira an der University of Louisiana in Lafayette zusammenarbeiten – oder in einem anderen guten VR-Forschungslabor. Dann gäbe es da noch ein paar schwer zugängliche Trainings- und Designcenter, die mit virtueller Realität arbeiten. Soweit ich weiß, hat bislang noch niemand einen Atlas der VR-Systeme angelegt, aber derzeit, im Jahr 2013, gibt es wahrscheinlich nur wenige tausend ordentliche Systeme weltweit.

Die virtuelle Realität, mit der Forscher arbeiten, ähnelt manchmal ein bisschen den Träumen der breiten Öffentlichkeit von der VR, allerdings gibt es einen enormen Unterschied, denn in den Forschungslaboren ist die virtuelle Realität ein praktisches, wenn auch teures Werkzeug. Forscher überprüfen mithilfe der virtuellen Realität in Experimenten ihre Hypothesen in der Kognitionswissenschaft, Biomechanik und anderen Disziplinen und gewinnen so neue Erkenntnisse über den menschlichen Organismus. Die VR-Forschung bringt neue nützliche Technologien hervor, etwa die Motion-Capture-Anzüge oder Simulatoren für medizinische Operationen und Fahrzeugdesign. Für die Popkultur liegt die Erfüllung ihrer Träume immer noch in weiter Ferne, doch für die Fachleute sind unsere Fortschritte durchaus zufriedenstellend.

Nichtsdestoweniger sinkt der Preis der benötigten Einzelteile stetig, und so zeichnet sich allmählich ein Horizont ab. Hinter diesem Horizont liegt die lang ersehnte Popularisierung der virtuellen Realität, oder genauer einer Form der VR, die so umfassend ist, dass sie einem proteischen Traum ähnelt oder sich zumindest ein bisschen anfühlt wie in *Matrix*, wenn man die Augen zukneift. Die Welt wartet nur darauf.

Einen Großteil des bisherigen Textes hätte ich auch schon vor dreißig Jahren schreiben können. Früher hätten wir vielleicht das Holodeck aus *Star Trek* anstelle von *Matrix* erwähnt, aber gemeint wäre ungefähr das Gleiche. Wir arbeiten, während sich die Öffentlichkeit ärgert, dass wir ihren Traum noch nicht verwirklicht haben. Die Bedingungen, unter denen wir arbeiten, haben sich nicht groß verändert, obwohl wir inzwischen viel dazugelernt haben und mittlerweile bereits die nächste Forschergenerationen nachgewachsen ist. Journalisten haben regelmäßig darüber berichtet und haben gern betont, dass die virtuelle Realität »die Erwartungen nicht erfüllt« habe. Doch das stimmt nicht ganz.

VR-Geräte für Verbraucher kommen immer häufiger auf den

Markt und sind nichts Außergewöhnliches mehr. In den letzten Jahren verbuchte Kinect von Microsoft einen großen Erfolg, und es gab erste öffentliche Tests für Google Glass. Das sind natürlich keine VR-Systeme, aber beides sind Verbraucherversionen von Komponenten, die eng verwandt sind mit den Komponenten in ausgereiften VR-Systemen. Und beide haben die Erwartungen der Öffentlichkeit an die Informationstechnologie verändert.

Es hat also den Anschein, als ob wir bald die an uns gestellten Erwartungen erfüllen würden. Dennoch kann es noch einige Jahre dauern, bis sich alle Komponenten zusammenfügen. Vor dreißig Jahren schätzten meine Kollegen und ich, dass bis zum Jahr 2020 eine vernünftige, umfassende Form der virtuellen Realität allgemein verfügbar wäre, wobei wir uns auf das Moore'sche Gesetz* und ähnliche Entwicklungen in anderen Technologiebereichen stützten. Vielleicht waren wir damals eher etwas zu pessimistisch.

Wer sich seit vielen Jahren mit der virtuellen Realität beschäftigt, fragt sich, wie es sein wird, wenn die VR erst einmal günstig und leicht zu bedienen ist und sich der Reiz des Neuen verflüchtigt hat. Wird die VR so banal sein wie etwa Klempnerarbeiten – oder wird sie sich stets erneuern wie etwa Bücher? Diese Frage stellt sich mit jeder weiteren Stufe der Digitalisierung immer wieder aufs Neue.

Und so baut sich eine enorme Erwartungshaltung auf, die mich an die Überlegungen erinnert, wie sich ein Kind entwickeln wird. Haben wir etwas Banales oder etwas Schönes gebaut? Die Realität kann man nur empirisch kennenlernen. Noch wissen wir nicht so recht, was wir da bauen. Wir wissen nicht, ob sich ein Strom aus vitaler Leidenschaft und Poesie daraus entwickelt oder nur ein banaler Zeitvertreib oder gar ein grausames Instrument zur Manipulation und Schikane. Ein von Menschen geschaffenes Me-

---

* Das »Moore'sche Gesetz« besagt, dass sich die Rechenleistung von Computern regelmäßig (man spricht von achtzehn oder auch von vierundzwanzig Monaten) verdoppelt (A. d. Ü.).

dium umfasst immer diese drei Möglichkeiten, die Frage ist nur, in welchem Verhältnis.

Derzeit bin ich zuversichtlich, was unsere Hardware angeht, und weniger zuversichtlich in Hinblick auf die Software. Aber befassen wir uns zunächst mit der Hardware.

Auch bei der VR-Hardware gibt es nach wie vor ungelöste Probleme. Manche finden sich ebenso bei anderen Technologien. Bei den meisten Ansätzen geht es um tragbare Komponenten, allerdings wiegen beispielsweise die Akkus immer noch zu viel. Dadurch sind die VR-Komponenten entweder sehr schwer oder müssen oft aufgeladen werden. Es gibt durchaus positive Entwicklungen bei der Akku-Technologie, deshalb gehen wir davon aus, dass dieses Problem irgendwann einmal behoben wird.

Doch auch die VR-Hardware an sich stellt uns vor spezielle Herausforderungen. Wie sieht das geeignete haptische Feedback-Design für eine populäre Anwendung aus? Wie löst man das Problem, dass dem Anwender nur ein begrenzter realer Raum zur Verfügung steht, während er sich gleichzeitig in den unbegrenzten virtuellen Räumen bewegt, die er vor sich sieht? In der Forschung gibt es Hunderte guter Ideen zur Lösung dieser beiden Probleme, aber keinen Konsens, weil die meisten vielversprechenden Ideen noch nicht umfassend getestet wurden.

Die virtuelle Realität an sich birgt zahlreiche knifflige Probleme. Das bekannteste ist wohl das folgende: Um das menschliche Gesichtsfeld mit visuellen Informationen zu füllen, platziert man meist eine Photonenquelle in der Nähe der Augen, in der Regel mithilfe eines Head-Mounted Displays. Doch wenn sich die Anwender gegenseitig als Avatare sehen, sollte auch die Mimik erfasst werden, damit sie vom Avatar wiedergegeben werden kann. Schließlich nehmen wir unsere Stimmungen vor allem über unseren Gesichtsausdruck wahr. Aber die Head-Mounted Displays verdecken oft die Mimik oder stören sie. Um diese Schwierigkeit zu umgehen, ist wahrscheinlich eine clevere Kombination aus Optik, Industriedesign und maschinellem Sehen erforderlich.

Dazu kommen die Anforderungen, die die virtuelle Realität an uns stellt, weil der menschliche Organismus nun einmal besondere Eigenschaften aufweist. Wir reagieren auf winzige Latenzzeiten und manchmal auch auf kleine Unstimmigkeiten bei unseren sensorischen Daten. Zum Glück basiert die VR, wie jeder weiß, der damit arbeitet, auf dem Ansatz, Möglichkeiten zu finden, die unzulängliche Ausrüstung so zu nutzen, dass den Anforderungen des menschlichen Nervensystems irgendwie doch entsprochen wird. Im Grunde könnte man unsere Arbeit als einen sehr komplizierten Bühnenzauber ohne Bühne bezeichnen.

Trotzdem stoßen wir manchmal auf ein Problem, um das kein Weg herumführt. So ist es beispielsweise eine gewaltige Herausforderung für Ingenieure aus den Bereichen Optik, maschinelles Sehen und Systemtechnik, Gegenstände in der realen Welt zu verbergen und stattdessen virtuelle Inhalte zu zeigen (in der Mixed oder Augmented Reality), denn sie haben alle mit der zeitlichen Verzögerung zu kämpfen.

Zum Glück bietet sich uns aufgrund der Faszination der Öffentlichkeit ein interessantes Experimentierfeld, wie es in anderen Forschungsbereichen kaum zu finden ist. Viele Hardware-Komponenten werden als Bestandteil von Spielen auf den Markt gebracht und getestet. Die Erfassung von Körperbewegungen in Echtzeit in einer Form, die sich auch für die virtuelle Realität eignet, findet sich in verschiedenen Spielsystemen, etwa beim Power Glove von Mattel oder bei Kinect von Microsoft. Mit jedem Markttest lernen wir mehr darüber, wie ein umfassendes VR-System für die breite Öffentlichkeit aussehen sollte. Erfreulicherweise haben diese Tests in vielen Fällen positive Ergebnisse gezeigt.

In Hinblick auf die Hardware macht die virtuelle Realität also zuverlässige Fortschritte, daher sieht es ganz so aus, als ob der kollektive Traum von der virtuellen Realität eines Tages in Erfüllung gehen könnte. Jedes Jahr werden neue und bessere optische Geräte und Displays entwickelt. Das Gleiche gilt für Sensoren und Antriebselemente. Dass sich die Verbraucher plötzlich alle für tragbare Geräte in der Computertechnik interessieren, hat zu enormen Verbesserungen bei Komponenten wie Mikro-Displays und Inertialsensoren* geführt. In jüngster Zeit wurde die VR-Forschung geradezu überschüttet mit Hardware-Geschenken.

Bei der Software sind wir allerdings auf uns allein gestellt. Dort gibt es Anlass zur Besorgnis, dass unsere Software sich nicht so gut entwickeln könnte wie die Hardware. Das hat zwei wichtige Gründe: Zum einen erwiesen sich die bisherigen Versuche, Software-Architekturen für die VR zu definieren, als zu speziell für eine breite Anwendung. Zum anderen entwickelt sich die Welt ausgerechnet in dem Moment, in dem wir uns dem lang erwarteten Durchbruch nähern, in Richtung einer sogenannten Überwachungswirtschaft, durch die sich unsere Träume leicht in gruselige Albträume verwandeln könnten.

Ein Problem bei der VR-Software-Architektur besteht darin, dass die VR theoretisch mit einer ungeheuren Bandbreite an menschlichen Erfahrungen abgeglichen werden kann. Die Software für den PC war auf den Bildschirm beschränkt, und die Person, die den Computer benutzte, war an den Schreibtisch gebunden, die Hand an der Maus. Mit diesen Bedingungen könnte man jedes Programm für den PC beschreiben. Dadurch bestand eine wichtige Gemeinsamkeit zwischen Programmen, die sonst keine Beziehung zueinander hatten. Bei Mathematica kann man ebenso wie bei Angry Birds in einem Fenster scrollen und mit der Maus arbeiten. Auch für mobile Geräte gelten bestimmte Gemeinsamkeiten, beispielsweise reagieren die Programme heute alle auf Multitouch-Systeme. Doch nach wie vor werden Programme nach dem Gerät klassifiziert und nicht nach der Welt im Allgemeinen.

Die virtuelle Realität lässt sich dagegen nicht über ein vom Menschen geschaffenes Gerät definieren. Den Hintergrund liefern der menschliche Körper und – wenn das System für eine Mixed oder Augmented Reality genutzt wird – die reale Umgebung. Beide sind keine menschlichen Erfindungen, außerdem werden beide

---

* Messeinheiten zur Erfassung von Beschleunigungen und Drehraten vor allem in der Flugnavigation (A. d. Ü.).

unaufhörlich von uns erforscht. Wir werden nie alles über unsere Umwelt oder unseren Körper wissen.

Die VR-Architektur muss also zunächst einmal die Realität nahezu vollständig ignorieren und stattdessen ein paar einzelne Ansatzpunkte auswählen, die zur Anpassung der virtuellen Realität erforderlich sind. Aber welche Punkte soll man wählen und welche komplett ignorieren?

Verschiedene VR-Software-Architekturen haben verschiedene Schwerpunkte gesetzt. Der wichtigste Unterschied betrifft die Frage, ob man eher Einzelpersonen so gut wie möglich einzubinden versucht oder große Gruppen.

Der Ansatz, viele Teilnehmer einzubeziehen, geht meist auf Kosten der Interaktion. Ein Beispiel wären Gefechtssimulatoren für Bodentruppen beim Militär oder populäre Online-Infrastrukturen mit einem Hauch virtueller Realität wie etwa Second Life. In diesen Systemen bewegen sich die Anwender, reden miteinander, schießen aufeinander und so weiter, doch ein detailliertes Hand-Tracking wird kaum benötigt. Tanzunterricht könnte man in einem solchen System nicht nehmen.

Auf der anderen Seite stehen Designs, bei denen sehr darauf geachtet wird, menschliche Bewegungen genau zu erfassen und zu integrieren. Dazu gehören auf professioneller Ebene chirurgische Simulatoren, aber auch Spielsysteme, die mithilfe von Tiefenkameras oder anderen Mitteln Bewegungen umfassend und in Echtzeit erfassen, wie zum Beispiel Kinect. Die Designer dieser Systeme haben sozusagen alle Hände voll zu tun und befassen sich nicht groß mit den vielen Fragen, die sich stellen, wenn viele gemeinsame Anwender über weite Distanzen verteilt sind.

Doch damit sind wir noch lange nicht am Ende angelangt. Es gibt auch Designs, die den Schwerpunkt auf die Darstellung und Präsentation der realen Welt legen, aber nicht sehr gut darin sind, die Anwender zu erfassen oder Interaktionen zwischen den Anwendern zu ermöglichen. Dieser Software-Trend ist womöglich sogar der stärkste. Er begann vor langer Zeit mit inzwischen vergessenen Standards wie VRML und Java 3D und setzt sich heute mit Cloud-Diensten fort, die Streetview, Satelliten und andere Bildquellen integrieren, um Streaming-Modelle der Welt zu schaffen. Bewegungen in einer virtuellen Welt sind nie elegant, wenn sich diese auf eine Architektur stützt, die obsessiv Daten sammelt, anstatt sich auf das Erleben zu konzentrieren.

Hier haben wir ein weiteres Beispiel dafür, wie unsere Forschung manchmal über Jahrzehnte auf der Stelle zu treten scheint, obwohl wir alle hart arbeiten, um voranzukommen. Jahrzehntelang wurde immer wieder darüber gesprochen, die verschiedenen Ansätze zu einer vernetzten VR-Architektur zu kombinieren. Wäre es nicht großartig, wenn man Tanzstunden über einen Dienst nehmen könnte, der Second Life ähnelt, unter Verwendung von Kinect oder einem verwandten Produkt, und das alles in einem simulierten historischen Ballsaal, der von etwas Ähnlichem wie Photosynth erstellt würde?

Ich war an allen drei Projekten beteiligt, deshalb kann ich sagen, dass es völlige Hingabe bis zur Erschöpfung erforderte, auch nur eine dieser Anwendungen zu entwickeln. Da blieb weder überschüssige Energie noch Zeit, um zu überlegen, wie man das System auf breiterer Basis anwenden oder andere Systeme integrieren könnte. Wie schwer es sein wird, »alles« in einer vernetzten VR-Architektur zusammenzufassen, wissen wir nicht, aber dass es schwierig sein wird, wissen wir.

Ich hoffe, dass wir es in den nächsten Jahren schaffen. In zehn Jahren möchte ich nicht vier verschiedene Headsets mit mir herumschleppen, die jeweils für eine bestimmte Anwendung gedacht sind. Das bedeutet aber, die Grenzenlosigkeit der virtuellen Realität abzugleichen. Jeder versteht, dass nicht jede Android-App auf dem iPhone läuft. Aber sind wir bereit für eine Welt, in der bestimmte Kunden eine spezielle erweiterte Realität erleben können und andere nicht?

Wird es bald so weit kommen, dass Menschen auf der Straße unterwegs sind und ganz unterschiedliche erweiterte Realitäten wahrnehmen, abhängig vom Fabrikat ihres Headsets? Sherry Turkle schreibt in ihrem Buch *Verloren unter 100 Freunden: Wie wir in der digitalen Welt seelisch verkümmern*, dass Menschen die Netzwerktechnologie als Überforderung erleben oder dass sie vereinsamen – was sicher nicht im Sinne des Erfinders war. Ich fürchte, dass Systeme der Mixed Reality, die in der Öffentlichkeit benutzt werden, zu einer »Zusammen, aber doch getrennt«-Situation führen könnten, in der die Menschen zwar beieinanderstehen, aber nicht in der Lage sind, gemeinsam viel zu erleben, selbst wenn sie es versuchen.

Diese Situation könnte durch rivalisierende Cloud-Dienste, Provider-Kämpfe oder – und da sind wir wieder bei unserem Problem – durch Spezialisierungen der Software-Architektur entstehen, die Anwender in isolierte Gruppen zwingt. Das Streben nach Perfektion bei der Computerarchitektur kann auch nach hinten losgehen, was aber nicht bedeuten soll, dass der schlimmste aller Fälle zwangsläufig eintritt. Wenn die Forschung beweisen kann, dass es auch Architekturen gibt, die eine große Bandbreite an Szenarien unterstützen, dann hat die gesellschaftspolitische Auseinandersetzung, ob sich die verschiedenen Unternehmen miteinander vertragen, zumindest eine Chance, überhaupt stattzufinden.

Und schließlich muss man sich mit der zunehmenden Überwachung befassen. Die virtuelle Realität ist eine besonders private Kommunikationstechnologie. Damit sie gut funktioniert, erfassen die Geräte Augen- und Lippenbewegungen. Wir treten in engen Kontakt mit dem menschlichen Organismus.

Es kann sein, dass eines Tages, wenn wir die Früchte unserer Arbeit ernten und die virtuelle Realität so günstig wird, dass jeder sie erleben kann, ein anderer kommerzieller Trend auf dem Vormarsch ist, ein Trend, der diese Daten gegen die Nutzer, gegen unsere Kunden einsetzt.

Heute ist es schon zur Gewohnheit geworden, dass man die permanente Überwachung im Austausch für ein paar sogenannte Schnäppchen oder ein bisschen mehr Bequemlichkeit akzeptiert. Die meisten Internetnutzer sind Mitglied bei sozialen Netzwerken und vertrauen Unternehmen ihre Lebenserinnerungen an, und dies kostenlos. Vor kurzem haben wir erfahren, dass sich Staaten diese

Arrangements regelmäßig zunutze machen und die Nutzer ausspionieren. Kommerziell werden die Daten aus dieser Überwachung genutzt, um Big-Data-Systeme zu füttern, die wiederum einen Teil der Optionen kontrollieren, die in Form bezahlter Links auf dem Bildschirm auftauchen. Manche halten das für ein nützliches ökonomisches Arrangement, ich allerdings nicht. Wie auch immer, jedenfalls sollte sich jeder Gedanken darüber machen, dass die Überwachungswirtschaft ein unglaubliches Missbrauchspotenzial schafft.

Es ist *eine* Sache, wenn ferne Unternehmen oder Regierungen Zugang zu den Metadaten haben und wissen, wer Kontakt mit wem hatte oder was jemand gekauft hat. Aber es ist noch einmal etwas ganz anderes, wenn diese Unternehmen oder der Staat Informationen darüber sammeln, wie der Körper jedes Einzelnen auf bestimmte Stimuli reagiert. Dadurch besteht die Möglichkeit zu Konditionierungen nach Pawlow'schem Vorbild. Das könnte so weit gehen, dass man nicht einmal merkt, wenn man manipuliert wird.

Google Glass funktioniert nur, wenn der Anwender eine Einverständniserklärung »durchklickt«, dass seine Erfahrungen an Google-Server weitergeleitet werden. Ich will damit nicht Google an den Pranger stellen, denn *alle* IT-Unternehmen und Regierungen gehen davon aus, dass man den Nutzungsbedingungen blind zustimmt und die Überwachung akzeptiert.

Ich habe immer gedacht, ich könnte Politik und VR-Forschung voneinander trennen, aber das geht mittlerweile nicht mehr. Wir müssen überlegen, wie wir eventuelle Anwender unserer Produkte schützen wollen. Sollten die Sensoren für die wichtigsten Signale des menschlichen Körpers die Informationen noch bei der Erfassung verschlüsseln? Sollten wir gleich von Anfang an den Schutz der Privatsphäre miteinbeziehen, um sogenannte »Man in the middle«-Angriffe* zu erschweren? Ich möchte eigentlich

---

* Auch Mittelsmann- oder Janus-Angriff; Angriff auf ein Rechnernetz, bei dem der Angreifer Informationen nach Belieben einsehen und sogar manipulieren kann. »Man in the middle«, weil der Angreifer beiden Seiten vortäuscht, das jeweilige Gegenüber zu sein (A. d. Ü.).

lieber nicht über solche Fragen nachdenken, aber ich muss, wir alle müssen es.

Für die VR-Community ist das eine wundervolle Zeit, die aber auch große Herausforderungen birgt. Als ich vor kurzem junge Studenten in diesem Bereich traf, war ich aufgeregter als sonst, weil ich weiß, dass deren Laufbahn voller erfreulicher Überraschungen und Aufregung sein wird. Ich mache mir aber auch Sorgen. Werden sie einmal feststellen müssen, dass sie Teil des Problems waren, oder werden sie eine Lösung für die wachsende Welle der Cyber-Überwachung finden?

Wir sind mittendrin. Jetzt liegt es an uns.

(2013)

VR-Visionäre unter sich – Jaron Lanier im Gespräch mit Kevin Kelly

Moderiert von Casey Newton

1989 reiste Kevin Kelly, freier Autor und Fotograf sowie zukünftiger Mitbegründer und Herausgeber des Magazins *Wired*, nach Redwood City in Kalifornien und traf Jaron Lanier in dessen Büro. Vier Jahre zuvor hatte Lanier – ein Computerwissenschaftler mit einer üppigen Mähne aus Dreadlocks – die Firma VPL Research gegründet, mit dem Ziel, Hardware für die virtuelle Realität zu entwickeln und zur Marktreife zu bringen.

»Direkt vor meinen Augen baute Jaron Lanier eine künstliche Realität auf und stieg hinein«, schrieb Kelly damals in einem Artikel für die *Whole Earth Review*. Kelly beschrieb Laniers Arbeit bei VPL und schilderte den wachsenden Optimismus hinsichtlich der neuen Technologie ebenso wie die Angst vor ihren Auswirkungen. Außerdem organisierte er ein Interview mit Lanier, in dem der Programmierer erklärte: »Hier entsteht eine ganz neue Kultur.«

Vielleicht war Lanier etwas zu optimistisch: Es folgte ein Jahrzehnt, in dem die virtuelle Realität permanent hinter den Science-Fiction-Visionen zurückblieb. Ein Vierteljahrhundert später trafen sich Kelly und Lanier erneut und warfen einen Blick zurück auf die bisherige Entwicklung. Ich war bei dem Gespräch dabei, das bei Lanier zu Hause in Berkeley stattfand, und stellte hin und wieder eine Frage. Aber meistens hörte ich einfach nur zu, während die beiden führenden Köpfe der virtuellen Realität deren Vergangenheit, Gegenwart und Zukunft akribisch unter die Lupe nahmen.

Kevin Kelly Mich interessiert vor allem die Frage, ob sich in den letzten fünfundzwanzig Jahren überhaupt etwas an der virtuellen

Realität verändert hat. Haben wir einfach nur fünfundzwanzig Jahre übersprungen, sodass im Grunde nur ein paar Monate vergangen sind? Oder gab es wirkliche Neuerungen?

Jaron Lanier Tja, eigentlich nicht, allerdings hat sich auf verschiedenen Ebenen einiges getan. Ich sollte erwähnen, dass ich nicht die ganze Zeit im Bereich der virtuellen Realität aktiv war. Im Grunde habe ich der VR-Forschung schon 1992 den Rücken gekehrt – ich war leitender Wissenschaftler beim Projekt Internet2, das an einem schnelleren und leistungsfähigeren Internet arbeitete, ich war Musiker in New York und dieses und jenes. Für mich sind diese fünfundzwanzig Jahre keine so große Sache. Unser Interview fand ja bereits 1987 statt, und ich glaube, der Besuch bei mir, den Sie beschreiben, war ebenfalls zu der Zeit. Unsere Firma VPL Research, die erste VR-Firma überhaupt, haben wir 1983 gegründet. Die ersten Systeme, die ich zusammen mit Freunden gebaut habe, stammen aus der Zeit um 1981. Das erste Head-Mounted Display gab es natürlich schon 1965. Für mich reicht diese Entwicklung also viel weiter zurück. Ich selbst beschäftige mich mit dem Thema etwa seit 1979. Ich denke daher eher an eine Zeitspanne von fünfunddreißig Jahren statt fünfundzwanzig.

Die größte Entwicklung, die in der Zeit stattfand, war sicherlich der industrielle Einsatz der VR – im Gegensatz zur kommerziellen Verwendung für Verbraucher vor allem im Spiele-Bereich. Diese Technik ist deutlich gereift und mittlerweile so normal, dass sie schon fast langweilig ist. Aber die Entwicklung an sich hat sich nicht als großer, einheitlicher Ausbau vollzogen, sondern in einer Vielzahl kleinerer Bereiche, die alle hochspezialisiert sind.

Dabei handelt sich vor allem um chirurgische Simulationen zur medizinischen Ausbildung. Diese Anwendung ist inzwischen so gut, dass wir uns Sorgen wegen einer zu starken Nutzung machen, es besteht die Gefahr, dass Chirurgen zu viel Zeit mit Simulatoren verbringen. Das Problem ist wenig bekannt, gibt jedoch Anlass zur Sorge. Wir wissen, dass das bei Flugsimulatoren so ist. Beispielsweise führt man das jüngste Flugzeugunglück in San Francisco, die Bruchlandung der koreanischen Passagiermaschine, auf das übermäßige Vertrauen in die automatischen Sicherheitssysteme im Cockpit und das Pilotentraining in Simulatoren zurück, allerdings gab es wohl auch noch andere Gründe.

Ein weiterer Bereich ist das virtuelle Design: Alles, was man heute kauft, also das, was uns transportiert oder uns umgibt, wurde als Prototyp in der VR entwickelt. Jedes Auto, jedes Schiff und Flugzeug, für den zivilen wie militärischen Gebrauch – alles wird heutzutage in der VR entworfen.

Produktionsprozesse werden per Simulation nachgebildet, die Arbeiter werden in einem simulierten Umfeld beobachtet, bevor die Maschinen zur Produktion gebaut werden. Ein weiteres Beispiel sind Anwendungen im Bereich Sicherheit und Verteidigung, das ist ein riesiges Feld. Es gibt sehr aufwendige VR-Tools für alle möglichen Formen der militärischen Ausbildung. Für die verschiedenen Anwendungen gibt es Dutzende Spezialisierungen der verschiedenen VR-Systeme. Das ist so ausgereift, dass es für mich schon wieder langweilig ist.

Und es gibt noch eine weitere Entwicklung: Die Komponenten sind mittlerweile richtig günstig, man kann also sagen, dass sie so leicht zugänglich sind, wie wir uns das immer gewünscht haben. Allerdings ist es *eine* Sache, ein bezahlbares und vernünftiges Headset zu haben. Ein funktionierendes komplettes System ist dagegen noch einmal etwas ganz anderes. Das Moore'sche Gesetz ist auch deshalb so interessant, weil nicht nur dieselben Komponenten immer billiger werden, sondern sich auch der Umgang damit verändert. Wenn wir zum Beispiel früher feststellen wollten, wo sich der Kopf des Anwenders befand, weil wir virtuelle Inhalte mit dem richtigen Abstand zu ihm positionieren wollten, verwendeten wir eine Art externen Bezugspunkt, der magnetisch, optisch oder per Ultraschall ermittelt wurde. Heutzutage hat man eine Kamera auf dem Kopf und sieht sich um – die Position des Anwenders wird ganz einfach berechnet –, das Headset ist autark und braucht weder externe Bezugspunkte noch die entsprechende Infrastruktur dafür. Früher war das unvorstellbar, weil allein schon die Berechnung viel zu teuer gewesen wäre. Das Moore'sche Gesetz verändert sich unaufhörlich, wodurch sich auch die technischen Möglichkeiten auf subtile und interessante Weise verändern.

KK Genau, ich nenne das den Faktor X der Informatik. Alles, was man sich für x vorstellen kann, wird in Zukunft von Computern erledigt, egal wen oder was man früher für diese Aufgabe benötigte. An die Stelle einer Linse tritt beispielsweise eine Berechnung.

JL Die Computational Displays beispielsweise sind ein fantastischer, gerade im Entstehen begriffener Bereich, dessen Entwicklung aufgrund des unzureichenden Fortschritts im Moore'schen Sinn noch relativ im Verborgenen abläuft. Da gibt es immer noch große Herausforderungen im IT-Bereich. Das ist fantastisch.

KK Erklären Sie doch den Begriff Computational Display.

JL Im Grunde ist das Hochleistungsinformatik. Es geht um komplizierte Berechnungen, mit deren Hilfe ziemlich schlichte Display-Komponenten geradezu Magisches leisten können. Die Terminologie ist noch im Entstehen – verschiedene Teams verwenden unterschiedliche Begriffe, deren Bedeutung sich überschneidet. Bei der computergenerierten Holografie berechnet man Interferenzstreifenmuster auf einem Display anstelle des eigentlichen sichtbaren Bildes. Man berechnet also all die winzigen Krümmungen, denn aufgrund der Quantennatur kann sich Licht, wenn es auf eine Kante trifft, ein bisschen krümmen. Wenn man es schafft, das möglichst genau zu berechnen, kann man auf einem einfachen Display einen 3D-Effekt erzeugen. Ich vereinfache das jetzt stark, aber es ist eine erstaunliche Sache.

Genauso unglaublich ist das sogenannte komprimierte Lichtfeld – allerdings gibt es auch hier unterschiedliche Begriffe. Auf jeden Fall hat man mehrere Schichten Displays, und wenn man sorgfältig berechnet, wie man sie kombiniert, kann man diesen magischen, umfassenden 3D-Effekt erzeugen, bei dem man ins Bild hineinfokussieren kann, obwohl es sich nur um ein paar Schichten Displays handelt. Auch hier spielt der Rechenaufwand eine große Rolle. Wir sind bald so weit, dass wir Energiefelder wirklich berechnen können, anstatt sie nur zu manipulieren, um sie etwa als Elektronenlinsen zu benutzen. Das wird alles verändern. Uns eröffnet sich ein ganz neues Gebiet.

KK Wir sollten allerdings nicht vergessen, dass es keine einfache Version der VR geben wird, sondern viele verschiedene Formen.

JL Das wird ähnlich sein, wie wenn man heute von »Computer« spricht. Der Begriff »Computer« bedeutet eigentlich nichts mehr. Stattdessen reden wir von einem Telefon, einem Tablet oder einem Cloud-Dienst.

KK Das ist die Technologie, aber vielleicht können wir einige Folgen dieser Technologie erläutern. Hat sich Ihre Einstellung zu den Auswirkungen der VR geändert?

JL Sicher, ich meine, mein Horizont hat sich deutlich erweitert. In den Achtzigern hatte ich einen völlig mystischen Zugang. Damals war für mich das Wichtigste, dass man seine eigene Existenz spürte, wenn man in eine virtuelle Welt eintauchte. Wenn all die Sinneseindrücke künstlich sind, dann ist das, was dort herumschwebt, das eigene Bewusstsein. Für mich war das also eine Art Beweis, dass Subjektivität real ist, dass das Bewusstsein real ist, dass es nicht nur ein Konstrukt ist, das wir den Dingen überstülpen. Die Erkenntnis, dass man wirklich existiert, war für mich der wahre Kern der virtuellen Realität. Es gab Millionen und Abermillionen Variationen, die auf ganz unterschiedliche Art lebendig und farbig sein konnten. Aber für mich war das immer das Entscheidende. Und davon ausgehend die Möglichkeit einer Kommunikation, die das einbezieht, was die Leute gemeinsam spüren, weil alles sofort und umgehend erschaffen werden kann – im Gegensatz zu einer Kommunikation, die ebenso auf Symbolen wie auf Wörtern basiert.

KK Die postsymbolische Kommunikation.

JL Genau. Darüber konnte ich mich endlos auslassen. Und kann es immer noch, wenn man mich lässt. Damals waren meine Freunde und ich ziemlich idealistisch hinsichtlich der Digitalisierung der Welt. In letzter Zeit habe ich wieder mit vielen Leuten von damals Kontakt aufgenommen. Seit kurzem habe ich per Mail wieder Kontakt zu Richard Stallman, nachdem wir jahrelang nichts mehr voneinander gehört hatten, und auch mit einigen anderen Leuten aus der Frühzeit der VR. Ich glaube, wir hatten damals alle das Gefühl, wir hätten eine Mission und würden wirklich dazu beitragen, die Welt offener zu gestalten. Wir dachten, dass viele Probleme der Menschheit irgendwie künstlich wären und aufgrund unzureichender Technologie bestünden: Wenn wir nur bessere Kommunikationsmöglichkeiten und so weiter hätten, würden sich viele Probleme einfach in Luft auflösen.

Im Lauf der Zeit musste ich diese Ideologie noch einmal überdenken, was sehr schmerzlich für mich war, weil ich sie nicht infrage stellen wollte. Ausschlaggebend war für mich die Erkenntnis, dass es vielen Leuten aufgrund der Digitalisierung nicht mehr so gut ging. Mich störte besonders, dass es vielen Musikern wirtschaftlich schlechter ging, das hatte ich nicht erwartet. Es gab da eine Zeit, etwa bis zur Jahrtausendwende, in der ich leidenschaftliche Essays wie »Die Piraterie ist dein Freund« oder »Gebt alles frei, es wird schon funktionieren« schrieb. Doch dann besah ich mir die Zahl der Leute, die von der Digitalisierung profitierten, und erkannte, dass die mittlere Einkommensschicht einfach wegbrach. Da fand ein Konzentrationsprozess statt, bei dem die Menschen in Gewinner und Verlierer unterteilt wurden. Das war die denkbar schlimmste Entwicklung. Und ich machte mir wirklich Sorgen über die Rolle der VR bei alldem.

Einige Forscher begannen mit Experimenten, vor denen ich selbst immer zurückschreckte. Ich denke da an einen Kollegen, mit dem ich viele Jahre lang zusammengearbeitet hatte – Jeremy Bailenson in Stanford. Er untersuchte, wie man Leute in der virtuellen Realität manipulieren konnte. Ich stellte mir immer Fragen wie: »Können wir die mathematischen Fähigkeiten des Menschen verbessern, wenn wir die Funktionsweise seines Körpers verändern?« Das war so ein Bereich, der mich interessierte. Aber Bailenson dachte sich eher: »Hey, schauen wir doch mal, ob ich ihr Selbstwertgefühl manipulieren kann, wenn ich sie bei einer Interaktion immer kleiner werden oder immer schwärzer wirken lasse.« Und es funktionierte. Die Möglichkeit zur Manipulation anderer Menschen durch die VR, ohne dass die Betroffenen etwas davon ahnen, führt in Kombination mit unserem derzeitigen Wirtschaftsmodell, bei dem es nur um Werbung, Manipulation und Spionage geht, zu einer Überwachungswirtschaft in der Online-Welt. Für mich war es sehr hart, mitzuerleben, wie sich dieses Potenzial entfaltete.

Aber das Spektrum ist sehr groß, und nach wie vor ist alles möglich. Die mystischen, ideologischen Aspekte haben immer noch ihre Gültigkeit. Das Potenzial ist da, und auch die Schönheit. Aber leider auch das Potenzial zur Manipulation.

KK Daran hatte ich noch gar nicht gedacht, aber Sie haben recht. In der virtuellen Welt wird ja alles irgendwie erfasst. Das ist ja schon per Definition so – alles muss aufgezeichnet werden. Damit eignet sich die VR-Welt natürlich hervorragend für eine Komplettüberwachung, sie bietet die besten Möglichkeiten, die man sich vorstellen kann.

JL Unbedingt.

KK Und besonders interessant ist für mich, dass das in unserer Diskussion damals gar nicht zur Sprache kam.

JL Ich weiß nicht mehr, ob wir darüber sprachen. In der Zeit war ich erfüllt von einem hippiehaften Optimismus und war nicht bereit, über etwas anderes nachzudenken. Ich hätte solche Vorstellungen wohl sogar für falsch gehalten. Aber, nur um das klarzustellen, Norbert Wiener hat auf seine Art das Problem bereits angesprochen. Vielleicht nicht so direkt, wie wir das heute erwarten würden, aber einige erkannten dieses Problem schon sehr früh.

KK Daran erinnere ich mich nicht, ich meine, ich weiß, dass er alles Mögliche kritisierte, aber an diesen speziellen Aspekt erinnere ich mich nicht.

JL In der allerersten Ausgabe der *Whole Earth Review*.

KK »Alle Wundermittel werden zum Gift – Der Computer als Gift«.

JL »Der Computer als Gift« – das war der Aufmacher. Diese Ideen existierten schon ganz am Anfang der Informatik. Norbert Wieners Buch *Mensch und Menschmaschine – Kybernetik und Gesellschaft* legt das Problem dar, nicht unbedingt in einer Sprache, die wir heute verstehen, aber bei genauerem Lesen findet sich diese Kritik durchaus.

In der Praxis formulierten wir das so, dass in einer virtuellen Welt Kunst immer noch Kunst ist, aber Gewehrkugeln sind keine Gewehrkugeln. Wir dachten, die Menschen würden automatisch weniger dazu neigen, einander Schaden zuzufügen, und sich in einer Sphäre bewegen, in der es zwar immer noch Konsequenzen gab, aber eher positive als negative Konsequenzen. Das war die Idee – dass alle davon profitieren würden. Die derzeitige Entwicklung rechtfertigt dieses Maß an Idealismus allerdings nicht. In der Hinsicht muss ich meine Haltung entsprechend korrigieren.

KK Aber Sie sagen, Sie seien immer noch ein Optimist, wir sollten also diese Systeme weiter bauen. Doch was sollte man bei der

Konstruktion der VR-Systeme beachten? Sollten wir sie mit dem Wissen, das wir heute haben, anders bauen?

JL Ich denke, jeder technisch begabte Mensch ist zu der Überlegung verpflichtet, wie wir eine Welt gestalten können, die der Menschheit wirklich dient, anstatt sie zu spalten, bis es nur noch eine Elite und den Rest gibt. Schon komisch, wie alt diese Ideen eigentlich sind. Vieles davon geht auf das 19. Jahrhundert zurück, und wie sich herausstellt, waren diese Überlegungen richtig. Das ist ja das Seltsame daran. Auf jeden Fall mache ich mir Sorgen, wie sich die IT-Kultur entwickelt hat, seit mit gespeicherten Daten so viel Geld verdient wird. Da gibt es diese Vorstellung von der Überlegenheit der Technik.

KK Ich habe Freunde, die VR-Welten und Ausrüstungen entwickeln. Was sollten sie Ihrer Meinung nach unterlassen, und was sollten sie tun, was bisher noch nicht getan wurde?

JL Wir müssen uns vom sogenannten Werbegeschäftsmodell verabschieden. Man muss die Vorstellung von Werbung nur etwas erweitern, schon hat man die totale Überwachung. Und damit dienen wir der Gesellschaft nicht, das führt zu keiner stabilen Gesellschaft. Das muss uns allen klar werden, wir müssen eine Alternative finden. Das war noch nie so wahr wie bei der VR. Ich hoffe, dass sich Facebook mit der Zeit zu einem Unternehmen entwickeln wird, das auch etwas liefert. Facebook hat sich in eine Ecke manövriert, wo es mit Google darum konkurriert, wer der Schlimmere von beiden ist, wer die Menschen mehr ausspioniert. Davon müssen sich beide lösen.

KK Ein Gegenbeispiel wäre der Erfolg von Open-World-Spielen wie zum Beispiel Minecraft, das, soweit ich weiß, nicht von Werbeeinnahmen lebt. Das Spiel zeigt die positive Seite der Technologie, man ist kreativ und kann in diese Welten eintauchen. Ich würde es nicht als VR bezeichnen, aber es hat durchaus den Aspekt einer immersiven Welt. Besonders beeindruckt hat mich daran, dass ich beim ersten Anblick nie gedacht hätte, dass achtjährige Mädchen das auf ihren Handys spielen und geradezu süchtig danach sind. Das hätte ich nie geglaubt. Ist das ein Beleg dafür, dass die ganze Sache doch funktionieren könnte?

JL Ja, das denke ich unbedingt. Das ist ein tolles Beispiel, und es ist nicht das einzige. Es gibt noch andere Spiele mit unglaublich bewundernswerten Eigenschaften. In meinem Utopia gäbe es eine größere Anzahl Menschen, die im Minecraft-Ökosystem eine stabile Mittelschichtsexistenz aufbauen könnten, derzeit sind es noch viel zu wenige. Aber andererseits ist alles, was Sie gesagt haben, korrekt. Es ist wunderbar, wenn man sieht, wie Kinder damit arbeiten, und soweit ich weiß, wird es nicht dazu genutzt, die Spieler auszuspionieren, Verhaltensmuster einzuimpfen, oder etwas in der Art. Das ist ja das Problem in unserer heutigen Welt, dass wir bei dem Versuch, eine völlig transparente Welt zu schaffen, diese super-undurchsichtige, gruselige Welt kreiert haben. Dieser Schuss ging total nach hinten los. Alles, wovon wir dachten, dass es für Transparenz sorgen würde, hatte genau den entgegengesetzten Effekt.

KK Minecraft beinhaltet viel von dem, was Sie sich früher für die VR erhofft haben, das ist wie ein unbegrenzter Sandkasten, in dem man alles machen kann, was man sich vorstellt – man kann darin spielen, seine Welt mit anderen teilen. Aber Minecraft ist ein bisschen grob und hat diese würfelförmigen Blöcke ...

JL Na ja, es ist ein Anfang.

KK Es geht auf jeden Fall in die richtige Richtung. Man müsste nur die Auflösung ein bisschen verbessern und ein paar andere Faktoren ändern, dann hätte man etwas, das dem, wovon Sie sprechen, sehr ähnlich wäre.

JL Das Besondere an Minecraft ist wahrscheinlich, dass man es gar nicht weiter aufblähen sollte. Es hat etwas ganz Eigenes, und das ist toll. Ich denke, es wird andere Designs geben, die weiter reichen. Vielleicht täusche ich mich, aber das werden wir ja sehen. Auf jeden Fall bin ich ganz Ihrer Meinung. Das entspricht ziemlich dem, was ich mir früher einmal vorgestellt habe, eine Kommunikation, die Formen und eine Dynamik hat und von den Beteiligten für andere erfunden wurde. Das ist also eingetreten.

Und nicht nur bei Minecraft. Ich denke, es gibt noch viele andere Spieleplattformen mit dieser Entwicklung. Es ist ein bisschen unglücklich, dass es bei den Spielen passiert – die ein Spiegel der Kinowelt sind –, wo die größten Budgets und Werbeetats für sehr konservative Verwendungen reserviert sind, und das sind zwangsläufig die destruktiven Macho-Fantasien. Aus ökonomischer Sicht sind diese Entscheidungen womöglich nicht einmal die besten. Wenn die Entwickler den Mut hätten, mehr etwas in der Richtung von Minecraft zu probieren, würden sie wahrscheinlich mehr Geld verdienen als mit noch mehr Ballerspielen.

KK Die Leute, die mit Minecraft Geld verdienen, sind wahrscheinlich die, die Tutorials geben und Millionen YouTube-Videos und Bücher produzieren.

JL Absolut. Das befürworte ich sehr. Ich denke nur, dass eine stabile Gesellschaft irgendwann mehr Einkommensmöglichkeiten in dieser großen Gemeinschaft schaffen müsste, als es unser derzeitiges System bislang tut.

KK Genau. Und diese Tätigkeiten sind für uns immer noch ziemlich undurchsichtig. Wir können sie uns nur schwer vorstellen. Wer hätte das je gedacht?

Casey Newton Was Facebook und Oculus betrifft – können Sie sich ein Geschäftsmodell vorstellen, das nicht auf Werbung und Überwachung basiert?

JL Auf jeden Fall. Davon handelt mein letztes Buch. Meiner Meinung nach gibt es da einige interessante Ideen. Ich versuche einen Vorschlag voranzutreiben, der auf den Ursprung der Netzwerke zurückgeht – Ted Nelsons Idee von einem Universum der Mikrozahlungen. Allerdings müssen diese Mikrozahlungen wirklich universal sein, sonst verdienen nur ein paar Leute daran, die alles bekommen, während alle anderen leer ausgehen und frustriert sind. Das System muss groß genug sein, damit alle davon profitieren. Das ist schwer, es erfordert einen großen Schritt, bis man diesen Punkt erreicht. Facebook hat ein hartes Stück Arbeit vor sich, weil man dort keine Erfahrung mit so etwas hat. Und bei Oculus auch nicht. Beide Unternehmen müssen ganz von vorn anfangen, aber ich wünsche ihnen dabei natürlich möglichst viel Erfolg. Sie können eine Grundlage schaffen, mit der jeder, der möchte, ein ganz einfaches System für Mikrozahlungen einrichten kann und es dann nutzt. Das könnte für ein enormes wirtschaftliches Wachstum sorgen, die Konjunktur würde förmlich explodieren, es gäbe jede Menge Gewinne, und die Anwender könnten alle davon profitieren.

Mit jeder neuen Plattform besteht die Chance für ein neues Wirtschaftsmodell. Die 3D-Drucker für Bastler orientieren sich am Linux-Modell, bei dem jeder seine Modelle teilt. Was wäre gewesen, wenn das auf einer Basis geschehen wäre, bei dem jeder pro Modell bezahlt? Wenn also alle bezahlen müssten, damit aber auch Geld verdienen könnten? Es wäre ein Experiment. Viele empfinden allein schon die Idee als Beleidigung. Aber was wäre, wenn dabei jede Menge coole Modelle entstehen würden und die Leute in der Lage wären, das Studium ihrer Kinder damit zu finanzieren? Was wäre, wenn das richtig gut funktionieren würde und alle glücklich wären?

Ich weiß es nicht. Bei solchen Sachen ist Ideologie kein guter Ratgeber. Man muss empirisch vorgehen. Die Gründung einer VR-Plattform wäre eine weitere Möglichkeit, die Idee empirisch zu testen und zu sagen: Das machen wir jetzt ganz anders, wir machen es so, wie es noch nie gemacht wurde. Wir schaffen ein ganz einfaches, bedienungsfreundliches Universum aus Mikrozah-

117

lungen, wo alle gleichgestellt sind, jeder ist Käufer und Verkäufer, jeder ist Bürger erster Klasse, und dann schauen wir einfach, was passiert. Es könnte großartig sein. Bei der VR habe ich so ein Gefühl, dass es großartig werden könnte. Es ist nur so: Man muss einiges an Anstrengung und Können investieren, wenn man etwas Gutes machen will. Wenn man eine gute Minecraft-Welt kreieren will – oder was für eine Welt auch immer. Es wäre sinnvoll, wenn die Gesellschaft die Voraussetzungen schaffen würde, dass man damit direkt seinen Lebensunterhalt verdienen könnte.

KK Aber gab es nicht bei Second Life ein Peer-to-Peer-System?

JL Ja, ich war Berater für Second Life. Meiner Meinung nach war Second Life ein lohnendes Experiment, das allerdings gemischte Ergebnisse erbrachte.

KK Aber wirtschaftlich lief es doch gut, oder?

JL Wenn man eine Wirtschaftsform entwickeln will, die auch dann noch nachhaltig ist, wenn das Moore'sche Gesetz seinen Endpunkt erreicht hat – was in einigen Jahrzehnten der Fall sein wird –, dann waren die Ergebnisse von Second Life nicht überzeugend genug. Aber Second Life kam dem viel näher als die meisten anderen Ansätze. Das war wirklich ein Schritt nach vorn. Second Life war mit den aktuellen Gesetzen und dem bestehenden Wirtschaftssystem einfach nicht kompatibel. In der Hinsicht war es ein Fehlschlag. Bei der Besteuerung und Regulierung gab es enorme Probleme. Wenn man von der Technologie begeistert und idealistisch ist, würde man solche Dinge gern ignorieren, aber das geht nicht. Es gab die Möglichkeit zum Betrug, zur Schikane, aber insgesamt war Second Life ziemlich beeindruckend. Das größte Versäumnis von Second Life besteht darin, dass es das Publikum nicht an sich binden konnte. Ich meine, ein paar Jahre lang lief es recht gut, aber dann verschwand Second Life irgendwie aus dem Bewusstsein der Öffentlichkeit.

KK Dabei läuft es immer noch.

JL Ja, aber nicht mit der Intensität wie beispielsweise Minecraft. Minecraft hat seine Langlebigkeit in gewisser Weise bewiesen. Was den Bekanntheitsgrad betrifft, war Second Life für kurze Zeit wahrscheinlich so groß wie Oculus oder VPL. Aber das war nicht von Dauer. Und noch ein Mangel von Second Life: Ich glaube, es fehlte einfach an Erweiterungsmöglichkeiten. Vieles war einfach zu ähnlich, weil die Tools keine große Bandbreite hatten. Das war ein großes Problem.

KK Ich denke, das liegt an den Erweiterungsmöglichkeiten. In gewissem Sinn ist es zu stark zentralisiert. Bei Minecraft kann jeder einen eigenen Spiele-Server betreiben. Das trug zur Verbreitung bei, der Input ist dezentraler und erweiterungsfähiger.

JL Ja, das ist eine interessante Frage. Diese ganze Diskussion darüber, wem die Server gehören sollten, wo sie sich befinden und was am besten funktioniert, das sind alles sehr empirische Fragen, die sich immer noch weiterentwickeln. Ich glaube nicht, dass es eine allgemeingültige Antwort gibt, weil die Antwort je nach Design variiert.

KK Kommen wir noch einmal zurück auf den Gedanken, dass es verschiedene variierende Formen der VR gibt: einige zentraler, andere stärker verteilt – das sind dann einfach unterschiedliche Formen, in gewisser Weise sogar unterschiedliche Medien.

JL O ja, definitiv. Das steht völlig außer Frage. Es gibt im Grunde vier Hauptvarianten der VR: eine, bei der alle zusammen in der VR sind, etwa Oculus; eine Augmented Reality mit Head-up-Display wie beispielsweise Google Glass; dann gibt es die Mixed Reality, wo Sachen in die reale Welt hineingemischt und darübergelegt werden, und dann noch die sogenannte Telepräsenz, bei der man das Gefühl hat, man würde einen Gegenstand verkörpern, und schließlich die Tele-Immersion, wo man das Gefühl hat, sich an einem weit entfernten Ort zu befinden. Die Illusion ist sehr stark und geht weit über eine Videokonferenz hinaus.

KK Wo liegt der Unterschied zwischen der Tele-Immersion und der umfassenden Immersion?

JL Rein praktisch betrachtet kommt es mit einem Head-Mounted Display nicht zur Immersion, weil das Gesicht verdeckt ist. Ich habe es probiert, und andere Leute auch. Nehmen wir an, ich trage ein Head-Mounted Display und Sie auch, und wir wollen beide das Gefühl haben, dass wir uns im selben Raum befinden und keiner von uns beiden dieses Ding aufhat, sodass wir das Gesicht des anderen sehen können. Dafür brauchen wir Sensoren, die versuchen, unsere Mimik zu erfassen, und dann müssen wir die Mimik auch noch rekonstruieren. Da kommt es zum Uncanny-Valley-Effekt.* Technisch wäre es möglich, diese Illusion herbeizuführen, aber das liegt noch in weiter Ferne. Wahrscheinlicher wäre es, wenn die Beteiligten keine Head-Mounted Displays tragen, sondern stattdessen von weiter entfernten Sensoren erfasst werden. Als Display hätten sie ein Volumendisplay. In der Praxis ist das ein Unterschied.

KK Bei der Immersion erfährt man also selbst etwas. Und bei der anderen Variante macht jemand anders die eigene Erfahrung.

JL Die totale Immersion, die ich als klassische VR bezeichne, entspricht dem, was uns in den achtziger Jahren vorschwebte. Man sieht die anderen Beteiligten, aber man muss dazu ein Avatar sein, man hat keine andere Wahl. Bei der anderen Variante strebt man eine möglichst reale Wirkung an. Man kann jeden Grad der »Ava-

---

* Beschreibt die Reaktion des Menschen auf menschenähnliche künstliche Figuren; dabei kommt es zu dem paradoxen Effekt, dass der Betrachter umso ablehnender reagiert, je menschenähnlicher die Figur wirkt (A. d. Ü.).

tarisierung« ausprobieren, oder welches Wort man auch immer dafür verwenden well.

KK Das Wort müssen wir sofort erfinden: Avatarisieren!

CN Avatarieren?

JL Avatarisiert. Ich bin ein Avatarisierer. Keine Ahnung. Die Terminologie ist mittlerweile so verrückt. Aber ich würde sagen, die fünf Formen, die ich gerade aufgezählt habe, sind die fünf wichtigsten, die Big Five.

KK Bei den Bezeichnungen wird also nach dem Grad der Überlagerung – der realen Welt durch die VT – unterschieden, also wie viel von der VR die meiste Zeit zu sehen ist?

JL Man kann das als graduellen Unterschied betrachten, aber in der Praxis sind dazu ganz unterschiedliche Strategien erforderlich. Bei Google Glass zum Beispiel muss die Fokusebene nicht unbedingt dem entsprechen, was tatsächlich da ist. Eine andere Frage ist, ob man ein Auge oder beide Augen einbezieht. Wenn man wirklich eine Mixed Reality haben will, braucht man beide Augen. Aber ein Head-up-Display ist bei einem Auge viel sinnvoller. Man kann sagen, das ist nur ein gradueller Unterschied, aber in der Praxis ergeben sich daraus zwei verschiedene Designs.

KK Sie sagten, Sie beschäftigen sich seit den siebziger oder achtziger Jahren mit der VR, setzen sich gedanklich damit auseinander, bauen aber auch Komponenten dafür. Ich habe nicht den Eindruck, als ob Sie heute noch großes Interesse daran hätten, Zeit in der virtuellen Realität zu verbringen. Täusche ich mich da? Wenn es das richtige System in der richtigen Form gäbe, könnten Sie sich vorstellen, viel Zeit darin zu verbringen?

JL Zunächst einmal möchte ich sagen, dass ich die VR heute sehr häufig zu Forschungszwecken verwende, etwa im Bereich der Kognitionswissenschaften oder für Visualisierungen. Ich arbeite sehr gern mit exotischer Optik und Sensoren und spiele damit immer noch viel herum. Und ich nehme mir auch wirklich die Zeit und spiele nur so zu Spaß, also nicht nur zu Forschungszwecken. Herumprobieren macht mir immer noch Freude. Aber ich hatte immer, tatsächlich von Anfang an, das Gefühl … Wie formuliere ich es am besten? Also, jeder Musiker, den ich kenne, lässt lieber das Radio aus, er genießt die Stille und den Kontrast. Die beste Art, die virtuelle Realität zu nutzen. Und ich meine das nicht moralistisch oder wertend – aber meiner Erfahrung nach nutzt man sie so wenig wie möglich und genießt dann jeweils den Unterschied zur physischen Welt.

In unserem alten Labor, bei VPL, hatten wir manchmal nur eine Blume in der VR. Wenn jemand für zwanzig Minuten eine Demo haben wollte, sagten wir, schauen Sie sich einfach diese Blume an. Und plötzlich sah man die Blume auf hyperreale Art, weil sich die Sinne an die niedrigere Auflösung der virtuellen Welt angepasst hatten. Und zurück in der Realität sieht man sie plötzlich mit dieser Detailgenauigkeit und Intensität. Man sieht einfach die schiere Realität. Man spürt die Dinge förmlich körperlich. Das ist wirklich unglaublich. Für mich ist dieser Kontrast, das Gefühl, das man bekommt, wenn man wieder aus der VR zurückkehrt, viel wertvoller als das, was in der virtuellen Realität passiert. Ja, ich mag das. Vielleicht täusche ich mich ja, aber ich denke, dass es vielen Menschen so geht wie mir: Das Coolste an der VR ist nicht, dass man sich stundenlang darin aufhält, so wie die Leute heute endlos mit ihren Pocket-Geräten herumspielen und nur auf das Display starren.

KK Oder Spiele spielen.

JL Oder Spiele spielen. Das Coolste ist, wieder daraus aufzutauchen. Ich finde, das ist das Wunderbarste daran. Bei mir ist das immer noch so. Da sitzen wir hier, umgeben von all diesen akustischen Musikinstrumenten, und irgendwie hat mir der Bau dieser Komponenten und der Aufbau der virtuellen Systeme geholfen, die realen Dinge noch mehr zu schätzen. Körperlichkeit ist einfach erstaunlich.

KK Sie wird unterschätzt.

JL Ja, vielleicht schätzen wir sie mehr, wenn wir einen Vergleich haben.

KK Das ist das, was ich den dritten Weg nenne – den Weg der Nerds: Man erkundet reale Dinge, indem man etwas Künstliches konstruiert, das Hinweise darauf gibt, wie die reale Welt funktioniert, aber auch Fragen und neue, interessantere Sichtweisen in Hinblick auf die reale Welt aufwirft, wenn man den Blick wieder vom Künstlichen auf das Reale richtet. Ob das nun VR, künstliche Intelligenz oder Artificial Democracy ist, man erkundet die reale Welt durch synthetische Dinge.

JL Das sehe ich ganz genauso. Bei dem, was die Menschen in Zukunft daraus machen werden, rechne ich allerdings mit dem Schlimmsten, etwa mit Teenagern, deren Körper Lähmungserscheinungen zeigen, weil sie nur noch in der VR unterwegs sind, und denen deshalb im Krankenhaus Gliedmaßen amputiert werden müssen, oder etwas in der Art. Ich hoffe sehr, dass es nicht so schlimm kommen wird, aber die Realität kann man nun einmal nicht vorhersagen. Wir müssen uns ins Leben stürzen und daraus lernen. Ich halte es für wichtig, herumzuexperimentieren, auch wenn das ein bisschen gefährlich sein kann. Man muss auch mal ein Risiko eingehen. Allerdings ist es eine Sünde, nichts daraus zu lernen, die Ergebnisse zu ignorieren. Dann hat man wirklich verloren. Man muss wach und aufmerksam bleiben, lernen und sich verbessern, das ist wichtig.

KK Wir haben nur eine schwache Vorstellung davon, dass die VR-Welt eine Geschichte hat, dass sie länger zurückreicht als gedacht. Wir haben vorhin von der Vergangenheit gesprochen: Die virtuelle Realität war lange Zeit überhaupt kein Thema, oder? Die meisten Leute haben keine Ahnung, dass es die virtuelle Realität seit fünfunddreißig Jahren gibt. Dreißig Jahre später haben wir immer noch die gleichen Schlagzeilen. War die VR vor dreißig Jahren einfach noch nicht technisch überzeugend genug?

JL Ich und viele andere Leute wollten damals wirklich eine verbrauchertaugliche Version herausbringen. Mit dem Power Glove konnten wir den Leuten einen ersten Vorgeschmack bieten. Erinnern Sie sich noch daran? Man zog diesen großen Handschuh an und konnte Dinge auf dem Bildschirm anfassen oder in sie hineingreifen. Sony brachte auch ein kleines Near-Eye Display heraus, den Virtual Boy. Nicht sehr gut, aber immerhin. Und es gab große Projekte zur Entwicklung eines verbrauchertauglichen VR-Produkts, die nie bekannt wurden, weil sie sehr teuer waren. Inflationsbereinigt wurde dafür wahrscheinlich mehr Geld ausgegeben, als Facebook beim Kauf von Oculus hinblättern musste. Aber wir haben es einfach nie geschafft.

KK Woran lag das?

JL An den Kosten für die Komponenten. Das Moore'sche Gesetz. Sensoren, Displays … Akkus! Akkus sind ein großer Kostenfaktor.

KK Es gab also die Vision, aber nicht die Technologie dazu.

JL Genau. Ob es sie heute gibt, werden wir in den nächsten ein, zwei Jahren herausfinden. Im Grunde sagen wir, dass es sie gibt, aber bewiesen hat es noch niemand. Wir müssen es jetzt erst einmal beweisen.

KK Sie können aber auch nicht ausschließen, dass wir in zwanzig

Jahren die Schlagzeile lesen werden: »Okay, dieses Mal wird es funktionieren, in zwanzig Jahren haben wir endlich die VR.«

JL Ich frage mich, ob wir nicht immer wieder auf coole Dinge wie die VR hoffen, weil wir trotz all der technologischen Neuerungen und der Anbetung unserer Touchscreen-Geräte vielleicht doch ein bisschen enttäuscht sind von der begrenzten Auswahl an technischen Mitteln, die uns nach all den Jahren zur Verfügung stehen. Wir schreiben das Jahr 2014, und wir können einen Roboter kaufen, der daheim bei uns staubsaugt, aber so richtig gut funktioniert das auch noch nicht. Wir alle denken, dass es eines Tages funktionieren wird, dass es nur noch nicht so weit ist. Wir haben ein paar Prototypen von Autos, die ohne Fahrer fahren, aber kaufen kann man sie noch nicht. Alles dauert so lange. Ich glaube, dass wir immer wieder dieselben hoffnungsvollen Geschichten von den Wundern der Technik erzählen, weil wir ungeduldig und frustriert sind. Wir warten, bis eine Geschichte fast in Vergessenheit geraten ist, und entdecken sie dann wieder aufs Neue. Ich denke, so läuft das gerade.

CN Als ich das Interview von damals durchlas, fiel mir auf, wie begeistert Sie von der VR als Möglichkeit waren, die physischen Einschränkungen Ihres Körpers vorübergehend hinter sich zu lassen, der Realität zu entkommen. Ich bin mir nicht sicher, ob Sie selbst das damals auch als »Entkommen« bezeichnet hätten, aber beim Lesen dachte ich, mein Gott, das ist ja eine ganz andere Form des Seins.

JL Wenn man sich einmal ansieht, was bei VPL so alles erfunden wurde, dann sind das ganz unterschiedliche Dinge. Das Wichtigste waren natürlich die Avatare, weil das noch niemand zuvor erlebt hatte. Es gab Darstellungen von Menschen auf dem Bildschirm, aber man konnte nicht in einen anderen Körper schlüpfen und bei dieser Simulation auch noch mit anderen zusammen sein. Eine gemeinsame, immersive Simulation hatte es zuvor nicht gegeben.

Das war eine unglaubliche, einprägsame Erfahrung. Bis heute ist das immer noch sehr selten. Mir ist aufgefallen, dass es gerade wieder mehr Experimente gibt, bei denen die Beteiligten den anderen in die Augen sehen und dergleichen. Dazu gibt es zahlreiche Videos im Netz, und das ist ja das, was wir damals wollten. Sich in einen Avatar mit einem kompletten Körper zu verwandeln und andere Avatare zu treffen, einander als Avatar zu sehen und zu interagieren, das ist nach wie vor unglaublich selten. Ich weiß nicht, warum, denn heute haben wir die Mittel dazu. Man muss sich nur vor eine Kinect stellen und das Oculus-Display aufsetzen, dann sollte das möglich sein. Aber aus irgendeinem Grund haben die Leute es noch nicht wiederentdeckt. Wenn sie es tun, werden sie total überwältigt sein, weil es eine so intensive Erfahrung ist. Wirklich atemberaubend.

KK Soweit ich weiß, arbeitet die Firma High Fidelity gerade daran. Dort will man sämtliche emotionalen Regungen des Gesichts erfassen und über den Avatar wiedergeben.

JL Das ist einer der Momente, in denen ich mir ziemlich blöd vorkomme, wenn ich sage:»Ja klar, daran arbeite ich seit Jahrzehnten«, aber es ist tatsächlich so. Und ja, es stimmt. Face-Tracking und die Gesichtszüge der Avatare sind absolut grundlegend. Das fing in den neunziger Jahren an. Ich und ein paar Freunde hatten ein kleines Startup, wo wir daran gearbeitet haben. Ich nehme an, es gibt ein paar Quelltextpakete dafür, und ich denke mal, dass sie sogar unseren alten Quelltext nehmen, das machen nämlich einige.

Wenn man so viele Nuancen des Körpers wie möglich erfasst und auf den Avatar überträgt, steigert sich die Wirkung mit jedem zusätzlichen Parameter und wird immer cooler. Und was auch sehr interessant ist: Du siehst, wie verrückt der eigene Avatar werden kann, und bist dabei immer noch du selbst. Ein klassisches frühes Experiment war der berühmte Hummer-Avatar von Ann Lasko. Jeremy Bailenson in Stanford hat superminimale Designs ausprobiert, bei denen man sich einfach in einen dehnbaren Würfel verwandelte. Und selbst als Würfel kann man immer noch Emotionen und Aufmerksamkeit vermitteln, das ist wirklich interessant.

KK Da muss man nur einen Trickfilmzeichner bei Pixar fragen, die machen das auch so. Nehmen einen Teppich oder eine Decke und machen daraus ein Geschöpf mit einer eigenen Persönlichkeit.

JL Aber wenn man sich selbst in Echtzeit in so was verwandelt, ist das ein bisschen anders. Ich denke, viele werden das als eine sehr lustige und angenehme Erfahrung empfinden.

KK Interessant ist auch, dass sich verschiedene Anwender einen Avatar teilen können. Außerdem kann sich in der virtuellen Welt der Blickwinkel verschieben, was nun Avatar und was Umgebung ist. Da kann alles Mögliche passieren: Man kann sich in die Wolken verwandeln oder was auch immer. Das ist sehr interessant und macht Spaß. Sind Sie noch in dieser Richtung tätig, auch bei Microsoft? Die verschiedenen Bereiche, Avatare oder Gesichtserkennung … Wo liegt derzeit Ihre Aufgabe?

JL Es gibt einen ganz einfachen Grund, warum ich bei Microsoft Research gelandet bin. Als Google die Firma Eyematic* kaufte, sagte mir Sergey Brin: »Bei Google sind wir nicht so glücklich mit Leuten, die ihre eigene Meinung haben, wir wollen nicht, dass die Leute über dieses und jenes bloggen.« Ich dachte: Ist das sein Ernst? Genau das mache ich doch. Dann war ich bei irgendeiner Veranstaltung, und Bill Gates sagte zu mir: »Hey, über Microsoft Research wurde schon alles erdenklich Schlechte gesagt, uns ist es egal, was Sie über uns sagen.« Also, das ist cool. Dadurch hatte ich die Chance, Teil eines großen, hervorragenden Labors zu sein ohne die Einschränkungen, die Silicon-Valley-Unternehmen ihren

---

* Eyematic Interfaces befasste sich mit der Frage, wie Computer Bilder verstehen (A. d. Ü.).

Mitarbeitern oft auferlegen. Aber Microsoft hatte auch noch etwas Magisches zu bieten, nämlich Kinect. Die Idee, dass man sich mithilfe von Tiefenkameras in einen Avatar verwandeln und mit den Welten interagieren kann.

KK Arbeiten Sie also weiterhin an Kinect, oder machen Sie etwas ganz Neues?

JL Ich möchte nicht alles offenlegen, woran ich gerade arbeite, das würde ja den Spaß verderben. Aber ich mache alles Mögliche. Ich habe schon immer auf vielen Hochzeiten gleichzeitig getanzt. Zum Beispiel arbeite ich mit einem Kosmologen an einem digitalen Modell der frühesten Momente unseres Universums. Ich versuche, eine Alternative zur kosmologischen Inflation zu finden, nur um zu sehen, wohin das führen würde.

Und natürlich arbeite ich weiter an der virtuellen Realität. Ich interessiere mich immer noch sehr dafür, da hat sich nichts geändert – etwa für die Frage, wohin sich die Optik mithilfe der Computer entwickelt. Wie entwickeln sich Sensoren? Und so weiter.

KK Das ist wahrscheinlich das, was wir in den kommenden fünfzehn Jahren erleben werden: die Weiterentwicklung der Sensoren, die Informationen für eine virtuelle Welt erfassen.

JL Anscheinend können wir das Moore'sche Gesetz weiter fortsetzen, allerdings ließ es sich bislang noch nicht auf die Akku-Entwicklung übertragen. Die Energieversorgung wird wahrscheinlich das größte Hindernis sein. Und die Kosten für die Systeme. Damit das Moore'sche Gesetz weiter Bestand hat, müssen wir vielleicht zu ganz anderen Materialien wechseln. Wenn wir bei den Akkus und Batterien eine so drastische Verbesserung hätten wie bei der Rechnerleistung, könnten wir das freudig als Verbesserung des »Know-hows« aufgrund des Zugangs zu Informationen erklären. Das Problem ist nur, dass wir diese Verbesserung nicht haben. Energie unterliegt viel stärker den Einschränkungen der Realität und ist viel weiter von unseren Fantasiewelten entfernt. Aber ich bin immer noch zuversichtlich, dass wir das hinkriegen. Ich bin zuversichtlich, dass wir bessere Möglichkeiten der Energiegewinnung und Energiespeicherung finden werden, aber zurzeit ist das ein großes Problem.

KK Ja, genau. Wenn sich das Moore'sche Gesetz verlangsamen oder wenn es komplett enden würde, hätte das enorme Auswirkungen auf unser Leben, denn momentan gehen wir ja davon aus, dass alles immer billiger und besser wird. Wenn das nicht so wäre, wenn all die kleinen Geräte nicht immer billiger und besser werden würden, wäre das ein schwerer Schlag für unsere Kultur und die Wirtschaft.

JL Das wäre wirklich ein massiver Schlag. Aber irgendwann wird es so kommen. Die Realität hat keine unendliche Auflösung. Das Moore'sche Gesetz wird an seine Grenze kommen. Die Frage ist nur, wo diese Grenze liegt und wann sie erreicht ist. Microsoft Research beschäftigt sich sehr intensiv mit der Erforschung der Grenzbereiche des Moore'schen Gesetzes.

Und da gibt es derzeit einiges zu tun. Ein Ansatz besteht darin, Silizium flexibler einzusetzen. Doug Burger, ein Kollege bei Microsoft, hat gerade gezeigt, wie man Datenstrahlen in Form integrierter Schaltkreise für eine Cloud-Architektur nutzt, sodass man die ganze Cloud ständig neu konfigurieren kann und keine festgelegte Prozessor-Architektur benötigt. Das hat ganz erstaunliche Vorteile und wird alles verändern, was wir bisher von Clouds erwartet haben. Dies ist ein Beispiel dafür, wie man eine flexiblere Architektur nutzt und einen Sprung beim Moore'schen Gesetz herbeiführt, obwohl man immer noch dieselben Ausgangsmaterialien hat.

KK Wir sind dabei, das Moore'sche Gesetz neu zu definieren. Das machen wir schon die ganze Zeit.

JL Natürlich. Das ist ein Spiel, auf das man sich einlassen kann.

KK Wie bei den Kameras. Eine Zeit lang war die Anzahl der Pixel wichtig. Dann erkannten wir, dass ab einem bestimmten Punkt die Pixelzahl gar nicht mehr wichtig ist, sondern die Geschwindigkeit.

JL In den kommenden Jahren werden wir erst richtig begreifen, was mit Quantencomputern möglich ist. Empirisch betrachtet stehen wir dicht davor, dort etwas zu erreichen. Ich bin völlig begeistert davon. Ich denke, das wird einem Cloud-Dienst ähneln, der mehr kann, als wir je erwartet haben. Wir werden meiner Meinung nach bald ein viel besseres maschinelles Lernen erleben. Aber das alles ist nur ein Baustein. Latenz, Überlastung und die gesellschaftspolitischen Schwierigkeiten, die unsere Cloud-Dienste derzeit belasten – diese Probleme verschwinden nicht einfach, nur weil wir eine bessere Technologie haben.

KK Kommen wir noch einmal auf die Realität virtueller Dinge zurück und darauf, was denkbar wäre, wenn wir diese Welten größer, umfassender und dauerhafter gestalten. Welche Ideen haben Sie dazu: Wie sollen wir bestimmen, wie wir die Dinge handhaben und wer über sie entscheidet?

JL Ich habe an vielen Gesprächen darüber teilgenommen, welche Gesetze wir brauchen und wie Regulierungen aussehen könnten. Wie schützt man Kinder, die gemobbt werden, ohne die Meinungsfreiheit einzuschränken? Wie verfolgt man strafrechtlich Nacktbilder, die aus Rache verschickt werden, ohne gewissen Politikern zu viel Macht zu geben? Oder das Recht auf Vergessenwerden – wie macht man das, ohne der Politik zu viel Macht zu geben? Diese Diskussionen haben mein Interesse an Ted Nelsons ursprünglicher Idee für Mikrozahlungen wieder neu geweckt. Wenn man eine Wirtschaft entwickeln kann, die sich auf diese Dinge einstellt, statt Zahlungen hier und da einzuklagen, würde das in vielerlei Hinsicht für alle besser funktionieren.

KK Wirklich?

JL Ja, das glaube ich schon. Wenn es zum Beispiel im Laden einen speziellen Kuchen gibt, den ich haben möchte, muss ich nicht mit den Leuten darüber streiten, ob sie ihn mir geben oder nicht. Wenn ich das Geld habe, kann ich ihn einfach kaufen. Das ist ein ganz simples System mit nur einem sich verändernden Parameter: dem Preis. In den meisten Fällen erspart einem das die ganzen rechtlichen Geschichten. Es spricht einiges für diese Prinzip – ein gutes, vereinfachendes Prinzip zur Regelung zwischenmenschlicher Angelegenheiten. Deshalb gibt es das ja auch.

KK Auf mich wirkt das, als würden Sie sagen, der Markt löst alle Probleme.

JL Nicht alle, aber ein paar.

KK Also gut, nehmen wir das Recht auf Vergessenwerden: Wie würden Markt und Geld das Problem lösen? Wer genug bezahlt, wird gelöscht?

JL Nein, ich denke, man kann einen Preis für die eigenen Daten festlegen und über einen einfachen Parameter einstellen, wie privat diese Daten sein sollen. Dann findet sich ein Gleichgewicht.

KK Man bezahlt also für den Schutz der Privatsphäre.

JL Aber man verdient damit auch. Das würde jeder für sich austarieren. Es kann Leute geben, die sagen: Mir gefällt dieser Tauschhandel. Ich verzichte auf meine Privatsphäre und setze den Preis für Informationen über mich sehr niedrig an: Greift zu! Ist mir recht, wenn ich dafür günstiger einkaufen kann. Jemand anders sagt dagegen: Ich möchte nicht zum gläsernen Verbraucher werden. Ich möchte nicht von den Unternehmen manipuliert werden. Ich möchte durchs Raster fallen. Ich setze den Preis für meine

Daten sehr hoch an, auch wenn das heißt, dass nicht viele dafür zahlen werden.

Aber vor allem möchte ich, dass die Leute verstehen, dass auch die Regierung, wenn es dieses Modell geben würde – und das ist ohne konkrete Versuche in dieser Richtung natürlich reine Spekulation –, dafür zahlen müsste, wenn sie die Bürger ausspioniert. Damit würde man der Sache Einhalt gebieten. Sicher müsste es auch die entsprechenden rechtlichen Mittel geben, manchmal müsste bestimmt auch die Polizei einschreiten. Es wäre eine Riesenumstellung, aber es könnte durchaus richtig gut funktionieren.

Die Idee der Offenheit und des Rechts auf freie Meinungsäußerung ist in der Theorie ganz wunderbar, doch sie hat zwei praktische Fehler, die sich mit der Zeit gezeigt haben und die ich in der Theorie sicher nicht vorhergesehen hätte. Der eine Fehler ist eine immer stärkere Einkommenskonzentration, weil niemand wirtschaftlich von Informationen profitiert, mit Ausnahme der Leute, die die größten und einflussreichsten Rechner besitzen. Der andere Fehler liegt darin, dass manche Menschen völlig willkürlich zum Opfer werden. Ein Beispiel ist das Verschicken von Nacktbildern aus Rache. Ein anderes Beispiel sind Menschen, deren persönliche Daten dazu benutzt wurden, ihnen mit fiesen Tricks und Praktiken ihr Geld zu stehlen.

KK Mir gefällt Esthers Vorschlag, dass man die Leute bezahlen muss, wenn sie eine E-Mail lesen sollen.

JL Das ist ein tolles Beispiel. Für alle, die den Hintergrund nicht kennen: Esther Dyson hat vorgeschlagen, dass man für E-Mails Porto zahlen muss, eine Art Mikro-Porto, das würde das Spam-Problem lösen.

KK Das Wichtigste ist aber, dass das Porto an den Empfänger geht. Er bekommt das Geld. Nicht die Post.

JL Richtig, es gibt keinen Dritten im Bunde. Kein Unternehmen, das mit dem Porto Geld verdient. Das Geld fließt direkt von einer Person zur anderen.

KK Das ist sehr wichtig.

JL Absolut. Ich glaube, es gibt bereits ein Arrangement, dass Mark Zuckerberg eine E-Mail liest, wenn man ihm 100 Dollar gibt. Es gibt also schon ein paar isolierte Beispiele. Aber Esther Dyson wurde heftig kritisiert, weil heutzutage alles offen und kostenlos sein muss. Aber das Schöne daran ist, dass alle, die ganz normal kommunizieren, nur minimale Kosten hätten, die so gut wie keine Auswirkung hätten. Und da das Geld nicht an einen Dritten geht, entsteht auch kein neues Machtzentrum. Das war ein interessanter Vorschlag, ich wünschte, man hätte ihn ausprobiert.

KK Ich auch. Die Frage ist nur: Wie setzt man ihn um? Entweder gilt die Gebühr für das gesamte System oder gar nicht. Einen Anfang zu machen ist sehr schwer. Das ist das Problem in dieser Welt: Es gibt zwar vieles, was man schrittweise umsetzen kann, aber auch sehr vieles, bei dem das nicht geht.

JL Bei den Mikrozahlungen ist das auch so. Wenn das System der Mikrozahlungen nicht universal ist, profitieren nicht genügend Leute, und dann fehlt es an Unterstützung. Wenn man diese Talsohle erst einmal durchschritten hätte, wäre es wahrscheinlich einfacher. Ich möchte noch hinzufügen, dass aufgrund des Moore'schen Gesetzes ständig neue Plattformen entstehen, etwa fürs 3D-Drucken oder für virtuelle Welten. Mit jeder neuen Plattform entsteht auch eine neue Möglichkeit für solche Experimente. Und es wird Dutzende Plattformen geben.

KK Man kann es auch anders ausdrücken: Es gibt natürliche Monopole, und jedes Mal, wenn ein Monopol entsteht, ergeben sich auch Chancen. Monopole sind vergänglich, sie fallen fast so schnell in sich zusammen, wie sie sich gebildet haben. In Zukunft wird es praktisch ein natürliches Monopol nach dem anderen geben. Mit jedem neuen Monopol besteht die Chance, etwas Neues auszuprobieren, das dann allgegenwärtig ist. Es gibt also Hoffnung.

JL Sogar sehr viel Hoffnung. Mich beunruhigt derzeit vor allem das, was wahrscheinlich die meisten Leute beunruhigt, nämlich ob wir einen Weg finden werden, mit dem Klimawandel umzugehen. Und ob wir die Moderne und die menschliche Natur in Einklang bringen können, auf eine funktionierende, nachhaltige Art. Der Mensch ist dem Stammesdenken verhaftet, aber die Moderne verlangt von uns, global zu denken. Wie bringt man das unter einen Hut? Der Mensch unterliegt der Biologie, aber wir wollen unsterblich sein. Wie vereint man das? Das sind die wirklich großen Fragen, die Angst machen und uns vor große Herausforderungen stellen.

KK Und ist die VR eine Lösung oder nur ein weiterer Teil des Problems?

JL Früher sah ich die VR als die Technologie an, mit der sich die Technologen in Humanisten verwandeln würden, weil man so viel mit Menschen arbeiten müsste. Es ist *eine* Sache, irgendetwas auf dem Bildschirm darzustellen und den Leuten zu sagen, sie sollen sich auf den Bildschirm projizieren und sich darin verlieren, aber sobald sie die Ausrüstung tragen, muss man mit dem menschlichen Körper arbeiten, man muss beim Denken menschliche Faktoren berücksichtigen. Damit den Leuten nicht schwindlig wird, muss man sich intensiv damit auseinandersetzen und den Menschen in den Mittelpunkt stellen. Man kann von den Anwendern nicht verlangen, einem auf halbem Weg entgegenzukommen. Man muss sich wirklich mit den Menschen befassen, damit die VR funktioniert. Deshalb dachte ich immer, es würde helfen, mehr auf den Menschen und die menschliche Natur zu achten, und Ingenieure würden dadurch empathischer und verständnisvoller werden. Und ich glaube das in gewisser Weise immer noch.

Aber bei den postidealistischen Ideologen nimmt die VR mittlerweile eine ganz andere Rolle ein. Sie glauben, dass die große künstliche Intelligenz der Zukunft irgendwie unser gesamtes Bewusstsein in der VR nachbilden wird. Eine sehr extreme Haltung, die einem Angst machen kann. Die Idee, dass die künstliche Intelligenz virtuelle Kopien unseres Bewusstseins in der VR erstellen wird und diese Kopien womöglich bestraft, wenn sie herausfindet, dass man nicht sein gesamtes Geld einer KI-Firma gegeben hat, um die Vorherrschaft der künstlichen Intelligenz zu unterstützen.

CN Rokos Basilisk?*

JL Genau. Dazu gibt es zahlreiche Varianten. Etwa dass die VR dazu genutzt wird, die Technologie in eine neue Art von Kirche zu verwandeln, eine Kirche wie im Mittelalter. Wie die schlimmste Form der Scholastik im Katholizismus oder die nerdhafteste und kontrollsüchtigste Version des Islam oder so etwas in der Art, aber so wie vor tausend Jahren. Das ist sicher nicht das, was ich erwartet habe. Das ist ein bisschen was anderes.

(2014)

---

* Ein Gedankenexperiment, das von einem Forums-Beiträger namens »Roko« vorgeschlagen wurde. Es stellt die Überlegung an, dass eine zukünftige, im Wesentlichen »gutartige« künstliche Intelligenz (KI) die künstlichen Kopien von Menschen bestraft, die nicht geholfen haben, sie, die KI, hervorzubringen. Das tut sie, damit die Menschen, die jetzt dieses Gedankenexperiment anstellen, ebendies tun – helfen, die KI hervorzubringen, da sie das Ende aller Sorgen und Nöte der Menschen bedeuten würde (A. d. Ü.).

SCIENTIFIC AMERICAN

COMPUTER SOFTWARE

$2.50

September 1984

Cover des Originalbuches *Programmers at Work* (1986)

Jaron Lanier im Gespräch
mit Susan Lammers

Aus *Programmers at Work* (1986)

Susan Lammers Was machen Sie gerade mit Programmiersprachen?

Jaron Lanier Grundsätzlich arbeite ich gerade an einer Programmiersprache, die wesentlich einfacher zu benutzen ist.

SL Einfacher, weil sie Symbole und Grafiken verwendet?

JL Sie verwendet auch Text, nicht nur Grafiken. Bei den üblichen Sprachen sagt man dem Computer, was er tun soll, und er führt das aus. Oberflächlich betrachtet klingt das völlig vernünftig. Aber wenn man Anweisungen – Programme – für den Computer schreiben will, muss man im Kopf eine riesige, komplexe Struktur simulieren. Jeder Fehler in dieser gedanklichen Simulation hat einen Fehler im Programm zur Folge. Diese riesige Struktur im Kopf zu simulieren ist sehr schwierig. Ich erarbeite konkrete visuelle Modelle der Vorgänge in einem Computer. Auf diese Weise sieht man das Programm, während man es schreibt. Man kann es direkt anpassen und ändern. So muss man die Programme nicht mehr im Kopf simulieren.

SL Woher kam die Idee für die Entwicklung dieser speziellen Programmiersprache?

JL Bei der Arbeit an Videospielen habe ich bemerkt, dass Programme sehr vieles sein können. Sie können eine Ausdrucksform sein, Lehrmittel, alles Mögliche. Und ich dachte mir, dass ganz normale Menschen Programme erstellen können sollten, nicht nur Hacker. Die Leute sollten Programme sprechen und atmen können, wie sie es mit natürlicher Sprache tun. Die Erschaffung kleiner Welten im Computer sollte genauso einfach sein, wie seinen Freunden morgens hallo zu sagen. Ich glaube wirklich, dass wir das erreichen werden und dass das eine wichtige Kommunikationsform werden wird.

SL Wollen Sie damit sagen, dass Menschen in Zukunft über Programme miteinander kommunizieren werden?

JL Klar. Stellen Sie sich einmal vor, wir wären Höhlenmenschen, und dann käme jemand und gäbe uns zu verstehen, dass es da dieses Dings namens Sprache gibt, das man sprechen kann. Dann würde er gefragt werden: »Wozu ist das gut?« Wir befinden uns heute in einer ähnlichen Situation. Wir benutzen Symbole, die wir Wörter nennen und die für uns eine Bedeutung haben, wenn sie gesprochen werden. Viel interessanter finde ich aber, dass man vollständige Modelle von Konzepten aufbauen kann, statt sie nur zu benennen. Wir können vom »Sonnensystem« sprechen und sagen, dass »Planeten sich auf einer Umlaufbahn befinden«, und wir können es beschreiben. Aber mit einem Computer kann man ein Sonnensystem *bauen*, eine richtige Simulation des Konzepts, über das man spricht. Ich glaube, dass diese Möglichkeit, Modelle von Konzepten herzustellen, statt ihnen nur Namen zu geben, der bedeutendste Beitrag von Computern für die Menschheit sein wird. Auf diese Weise werden Menschen irgendwann Ideen miteinander teilen können, die sie heute noch kaum vermitteln können.

SL Haben Sie in der Schule Programmieren gelernt?

JL Nein. Ich hielt das damals für sinnlos. Ich interessierte mich für Computer eher in der Theorie. Daher suchte ich Kontakt zu Menschen, die Computer erfanden. Sie leben alle noch und sind sogar erreichbar. Man kann sie einfach anrufen. Ich erfuhr, wie sie früher über Computer dachten. Am Anfang setzte sich niemand einfach mal hin und dachte darüber nach, wie Computer sein sollten. Zunächst beschrieben Menschen Computer mithilfe verschiedener Metaphern, vor allem mit mathematischen Ausdrücken. Mein Eindruck ist, dass der ganze Entwicklungsprozess von Computern recht zufällig ablief. Ich will damit nichts gegen die Menschen sagen, die Computer erfunden haben. Sie haben etwas ganz Wundervolles geleistet. Aber man kann die Zukunft einfach nicht voraussehen. Heute werden Computer für Aufgaben verwendet, für die sie ursprünglich nicht vorgesehen waren. Ich meine damit, dass sich Programmiersprachen vom Konzept her nicht besonders gut für die Verarbeitung von Texten eignen. Programmiersprachen wurden von Menschen erfunden, die mathematisch dachten, und die Textverarbeitung wurde mit Blick auf Unternehmen und Büros entwickelt. Das sind zwei völlig unterschiedliche Welten. Verschiedene Menschen haben völlig verschiedene Sichtweisen auf dasselbe Konzept.

SL Welche Programmierer bewundern Sie besonders?

JL Oh, da gibt es viele brillante Leute. Erst heute Morgen habe ich mit Dan Ingalls gesprochen, der zum ursprünglichen Smalltalk*-Team gehörte. Er ist ein sehr inspirierender Mensch. Und ein paar Leute aus der Generation der Computer-Erfinder sind wirklich wundervolle Menschen, Doug Engelbart etwa. Er erfand unter anderem die Computermaus und das Fenster als Benutzerschnittstelle. Ohne ihn hätte es Xerox und den Macintosh nie gegeben. Er lebt noch. Er wohnt in Menlo Park. Dann wäre da noch Marvin Minsky. Er hat praktisch die künstliche Intelligenz erfunden. Er ist ein inspirierender Mensch.

SL Was halten Sie von der künstlichen Intelligenz?

JL Ich finde den Ausdruck seltsam. Es als künstliche Intelligenz zu bezeichnen ist schon eigenartig. Bewusstsein wird meist mit

---

* Smalltalk ist eine Programmiersprache, die die Entwicklung vieler späterer Programmiersprachen beeinflusst hat (A. d. Ü.).

Verhalten in Verbindung gebracht, also der sichtbaren Fähigkeit, bestimmte Aufgaben auszuführen. Ich sehe da überhaupt keinen Zusammenhang. Offensichtlich kann man Computer darauf programmieren, dass sie sich auf eine bestimmte Weise »verhalten«. Manche Programme sind so kompliziert, dass man sie als intelligent bezeichnen könnte, aber für mich ist dieser Ausdruck völlig bedeutungslos. Am MIT werden gerade hochinteressante Sachen entwickelt. Dort wird an einem Programm gearbeitet, das bestimmte Bilder erkennt. Aber die ganzen Expertensysteme sind Quatsch. Viele kommerzielle Produkte, die als KI bezeichnet werden, sind völlig inhaltslos. Unter künstlicher Intelligenz verstehen verschiedene Menschen sehr unterschiedliche Dinge.

SL Sie besitzen eine große Sammlung von Musikinstrumenten. Welches ist Ihr Lieblingsinstrument?

JL Keine Ahnung. Das ändert sich wöchentlich. Ich bin Mitglied im Instrument-der-Woche-Klub. Da bekommt man jede Woche Informationen über ein witziges Instrument aus irgendeinem Teil der Welt zugeschickt. Tatsächlich haben Musikinstrumente und Computer vieles gemeinsam. Musikinstrumente gehören zu den besten Beispielen für Nutzerschnittstellen überhaupt. Ich finde die Beschäftigung mit ihnen sehr inspirierend.

SL Wie können Computer in der Musik eingesetzt werden?

JL Ich gebe Ihnen ein Beispiel: Ich besitze ein Programm, mit dem man Kanons bearbeiten kann. Bei einem Kanon singen alle dieselbe Melodie, aber die einzelnen Sänger setzen zu unterschiedlichen Zeiten ein, sodass sich die Stimmen vermischen. Bei diesem Programm gibt man in einer Stimme die Noten ein, und das Programm ergänzt dann automatisch alle anderen Stimmen. So hört man sofort, wie sich der Kanon zusammenfügt. Kanons sind normalerweise sehr schwer zu schreiben, aber mit diesem Programm ist das deutlich einfacher.

SL Glauben Sie, dass immer mehr Menschen Musik mithilfe von Computern komponieren werden?

JL Möglich. Ich hoffe es. Musikmachen ist eigentlich ohnehin schon ziemlich einfach. Es ist im Grunde nur eine Frage der Motivation. Für ernsthafte Komponisten ist der Computer eine tolle Sache. Bisher mussten Komponisten die verschiedenen Stimmen für die Musiker einzeln notieren, für so etwas ist ein Computer natürlich wunderbar. Die aktuelle Unterhaltungsmusik hört man sich einfach nur an, aber ich glaube, Musik wird zunehmend interaktiv werden. Man wird tatsächlich mit der Musik interagieren, mit anderen Menschen und mit Tanz.

SL Nutzen Sie Ihr Wissen über Komposition manchmal für die Entwicklung Ihrer Programmiersprache?

JL Viele Menschen, die sich für Computer und Mathematik interessieren, beschäftigen sich auch mit Musik. Musik und Programmieren sind sich ähnlich. Musik ähnelt einer Programmiersprache insofern, als sie über eine recht komplexe Notation verfügt, die Notenschrift. Vor allem aber ähneln die Musik*instrumente* dem, was ich erreichen will. Bei meiner Sprache interagiert man mit einem Programm, während es läuft, statt im Voraus zu spezifizieren, was das Programm tun soll, und dann zu hoffen, dass es auch klappt. Das ist eher so, als würde man ein Musikinstrument spielen, und nicht so sehr, als würde man auf ein Notenblatt blicken.

SL Ist das Programmieren für Sie eine Kunst, eine Wissenschaft, eine Fertigkeit, ein Handwerk oder ...?

JL Computer an sich haben keinerlei Qualitäten. Sie sind völlig inhaltslos, Tabula rasa. Daher kommt es hier noch viel stärker als in jedem anderen Bereich menschlichen Handelns auf den Menschen an, der dieses leere Gehirn füllt. Aus diesem Grund achte ich bei meiner Sprache darauf, dass sie viele verschiedene Formen annehmen kann. Nur so kann sie die Bedürfnisse verschiedener Menschen erfüllen. Für mich ist das Programmieren in erster Linie eine Kunst. Am vergangenen Wochenende sprach ich in einer TV-Sendung mit Peter Deutsch. Er meinte, Programmieren sei ein Handwerk. Für andere ist es Mathematik. Das ist einfach Ansichtssache.

SL Wie sehen Sie die Zukunft der Computer?

JL Die Computer derzeit sind lächerlich. Sie nützen den Menschen kaum. In naher Zukunft wird es einen öden Kampf um den Markt geben. Alle werden sich auf die großen Unternehmen konzentrieren, die noch nicht auf Computer umgestellt haben. Aber es gibt Entwicklungen bei Soft- und Hardware, die die Computerwelt in den nächsten Jahren völlig auf den Kopf stellen werden. Sie werden alle überraschen. Es wird also sehr interessant werden.

Die Computerwelt basiert vollständig auf der Annahme, dass Computer und Programme schwer herzustellen sind. Aus diesem Grund erlangen Software-Entwickler wie Lotus auch eine solche Vormachtstellung. Wenn es endlich ein anständiges Programm gibt, wird es sofort unglaublich populär. In Zukunft wird es jede Menge sehr gute Programme geben, und jeder wird in der Lage sein, sie zu schreiben.

SL Wollen Sie damit sagen, dass in der Zukunft jeder seine eigenen Programme schreiben wird?

JL Natürlich werden es die meisten Leute nicht tun, aber viele. Das ist dann wie heute bei Büchern. Jeder kann grundsätzlich lesen und schreiben, und ein Mensch, der ein Buch schreibt, unterscheidet sich von einem Menschen, der das nicht tut, nur durch Antrieb, Enthusiasmus und Geschäftssinn. Die Frage ist nicht mehr, ist er oder sie des Schreibens mächtig oder nicht. Beim Programmieren wird es genauso sein.

Außerdem wird jemand, der einen Computer auf den Markt bringen will, der nicht dem MS-DOS-Standard entspricht, keine

Angst mehr davor haben, weil Basissoftware dafür viel einfacher zu haben sein wird. Heute werden ganze Computer nur gebaut, um eine bestimmte Software zu nutzen. In Zukunft wird es genau umgekehrt sein. Kompatibilität ist nicht mehr so entscheidend, wenn die Software-Entwicklung einfach ist. Es wird dann so sein, als würde man ein Musikstück umschreiben, sagen wir von Klarinette auf Geige: Man muss hier und da ein paar Kleinigkeiten verändern, aber es ist keine große Sache.

SL Glauben Sie, dass Computer irgendwann mehr als kreatives Werkzeug genutzt werden und weniger ausgerichtet auf den Einsatz in der Wirtschaft?

JL Die Wirtschaft ist, wie Computer, reines Menschenwerk. Gott kam nicht eines Tages vom Himmel herunter und sagte: Es werde ein Unternehmen, und es soll einen Aufsichtsrat haben! Wir haben das erfunden. Wirtschaft basiert sehr stark auf Ritualen. Sie verändert sich nur sehr langsam, daher kann man nur schwer vorhersagen, was die Zukunft für die Wirtschaft bringen wird. Es muss noch nicht einmal rational sein. Wissen Sie, dass viele Geschäftsleute immer noch COBOL-Programme auf riesigen Rechnern benutzen, obwohl das nicht den geringsten Sinn ergibt? Was soll man dazu noch sagen?

Grundsätzlich glaube ich, dass Computer zukünftig mehr für kreative Zwecke und auch in der Wirtschaft mehr eingesetzt werden als heute. Aktuell nützen Computer den Menschen eigentlich noch nicht sehr. Textverarbeitung ist der Schreibmaschine überlegen, und Datenbanken funktionieren gelegentlich ganz gut, vor allem in großen Unternehmen. Das Problem ist, dass Software so schwer zu schreiben ist. Daher verfügen wir nicht über einen sich ständig erweiternden und verbessernden Software-Fundus, sondern befinden uns stattdessen in einer Situation, in der die Evolution einfach eingefroren wird, wenn eine Software ein bestimmtes angemessenes Niveau erreicht hat. Jeder ist einfach nur froh, etwas zu haben, das funktioniert.

SL Werden Programme Ihrer Meinung nach geschriebene und gesprochene Sprachen wie das Englische ersetzen?

JL Auf keinen Fall. Englisch wird nie durch eine Programmiersprache ersetzt werden, weil mit der englischen Sprache noch so viel anderes verbunden ist: Da wäre etwa Shakespeare, da wären unsere Floskeln und Redewendungen ...

SL Schon, aber wie war das bei den Hieroglyphen? Die sind verschwunden.

JL Weil die Menschen, die sie benutzten, getötet wurden. Aber selbst wenn sie noch leben würden, würden sie wahrscheinlich Nachfahren der Hieroglyphen benutzen. Computer werden eine neue Ausdrucksform erschließen, und die Menschen werden bemerken, dass sich Englisch und Computer unterschiedlich gut für den Ausdruck bestimmter Dinge eignen. In manchen Bereichen stößt die englische Sprache an ihre Grenzen. Wenn man über bestimmte Vorstellungen in der Philosophie, in Wirtschaft oder Politik spricht, verstehen die Menschen oft nicht, was man eigentlich sagen will. Mit Computern kann man Modelle von ganzen interaktiven Vorstellungs- oder Konzeptsystemen bauen, oder sogar von Denkstilen. Diese Dinge werden sich mithilfe von Computermodellen besser ausdrücken lassen. Englisch eignet sich hervorragend für Deskriptives, und Computer eignen sich für Modelle. In Zukunft wird sich beides vermischen als zwei Teile unserer Kommunikation. Gemeinsam werden sie unsere Kommunikation verbessern. Und wenn Menschen miteinander kommunizieren, erhöht sich die Chance, dass sie sich in den anderen einfühlen können.

SL Glauben Sie, dass es jemals so etwas wie das Dynabook* geben wird?

---

* Ein konzeptioneller Vorläufer heutiger Laptops, Notebooks und Tablet-PCs, den Alan Kay 1968 entwickelte, der aber nie gebaut wurde (A. d. Ü.).

JL Nur übergangsweise. Das Dynabook wird ziemlich schnell überholt sein, wahrscheinlich innerhalb eines Jahrzehnts.

SL Überholt wodurch?

JL Na gut, ich sage es Ihnen, aber Sie werden es wahrscheinlich nicht glauben. Im Moment ist die menschliche Interaktion mit einem Computer auf den Bildschirm beschränkt. Was wäre, wenn der Computer beeinflussen würde, wie wir Dinge wahrnehmen? Er wird nicht die reale, physische Welt verändern, sondern 3D-Objekte um uns herum erzeugen. Diese Objekte sind nicht wirklich da, aber man kann sie sehen und die Erfahrung mit anderen teilen. Computergenerierte Bilder werden zum Alltagsleben der Menschen gehören. An dieser Technologie arbeiten wir gerade. Und leider kann ich im Moment nicht näher darauf eingehen. Ich weiß, es klingt völlig verrückt, aber es wird so kommen.

SL Der Computer wird Objekte erzeugen, die gar nicht wirklich da sind? Wahrnehmbare Modelle?

JL Ich weiß, das hört sich sehr verwirrend an. Nennen wir sie doch einfach kontrollierte Halluzinationen. Aber so sonderbar ist das eigentlich gar nicht. Es wird alles sehr einfach sein. Was ich sagen kann, ist, dass man wahrscheinlich eine spezielle Brille tragen wird, die bei der Bild-Erzeugung hilft. Um man wird diese Bilder miteinander teilen und sich über Funk unterhalten können.

SL Statt eines Druckers werden wir also einen Bildgenerator neben dem Computer stehen haben?

JL Ja, genau. In der Zeitung am letzten Sonntag war ein Cartoon zu sehen, in dem ein Hacker verschiedene Formen annimmt. Haben Sie den gesehen? Der war erstaunlich dicht an der Wahrheit dran. Ich glaube, dass Computer irgendwann zusätzliche Realitäten für uns erzeugen werden. Und sie werden uns damit nicht von der physischen Welt entfremden, sondern wir werden die reale Welt sogar noch mehr schätzen lernen.

SL Sehen Sie eine Verbindung von Genetik und Computern voraus?

JL Möglich. Vielleicht wird es optische Computer geben, oder auch chemische Computer. Biologische Computer gibt es ja offensichtlich, weil unser Gehirn, zumindest teilweise, ein Computer ist. Das Problem ist die Hardware. Wie kriegt man die Computertechnik zum Laufen? Aber mir ist eine ganz andere Frage viel wichtiger: Welche Kultur erschafft man, um diese Technologie auch tatsächlich nutzen zu können? Das technische Problem ist ja eigentlich nur eine Frage der Konstruktion. Wenn wir ein Dynabook bauen wollen, dann wird irgendjemand herausfinden, wie man eines bauen kann. Wenn wir einen extrem kompakten Speicher wollen, der mit Enzymen funktioniert, oder was auch immer, dann wird irgendjemand herausfinden, wie man das machen kann. Aber eine Kultur muss man wirklich erfinden! Man muss eine völlig neue Welt aus dem Nichts erschaffen. Wenn es ein Dynabook gibt, was fängt man dann damit an? Wie arbeitet es mit dem Rest der Welt zusammen? Und wie passt es zu echten Büchern? Zu Tupperdosen? Zu Videospielen?

SL Entwickelt sich Kultur nicht einfach?

JL Nein, sie wird erfunden. Menschen denken sie sich aus, bewusst oder unbewusst. Im 20. Jahrhundert gibt es jede Menge Beispiele, weil so viel erfunden wurde. Früher gab es kein Fernsehen, und heute verbringen viele Menschen in Amerika mehr Zeit mit Fernsehen als mit irgendetwas anderem, vom Schlafen einmal abgesehen.

SL Aber als das Fernsehen erfunden wurde, wussten die Erfinder doch nicht, dass sie eine Kultur erschufen.

JL Nein. Die Erfinder der Fernsehröhre und dieser ganzen Sachen haben die Kultur nicht erschaffen. Das waren die Leute in Hollywood, die sich ausdachten, was gesendet wurde, und die Leute, die das Fernsehen vermarkten. Daran waren viele Menschen beteiligt, nicht nur eine Person. Die Fotografie wurde von Leuten erfunden, die bei null anfingen und sich überlegen mussten, was zum Teufel eine Fotografie eigentlich war und was sie bedeutete. Bei den Filmen war es genauso. Die ganze bisherige Entwicklung bei Computern haben sich Menschen ausgedacht. Ich halte es für wichtig, dass man sich diesen Prozess bewusst macht. Ich bin froh, dass sich die Menschen bei Computern von Anfang an Gedanken über die politischen und ethischen Auswirkungen gemacht haben. Die Computerwelt hat sehr davon profitiert. Bisher ist es meiner Meinung nach ein bewussterer Vorgang als beim Fernsehen oder bei der Fotografie.

SL Wie steht es um die Macht der Informationen? Ist das der wichtigste Aspekt der Computer? Viele meinen, darin läge ihre große Bedeutung für unsere Gesellschaft.

JL Na ja, eigentlich verarbeiten Computer Informationen ja nur. Und Information ist ein sehr weiter Begriff. Im Prinzip lässt sich damit die gesamte menschliche Erfahrungswelt zusammenfassen. Aber wenn über die Macht der Informationen gesprochen wird, meint man damit wohl meistens etwas Spezielles, den Umstand, dass unsere Gesellschaft sich zunehmend um Dinge herum organisiert, die im physischen Sinn nicht existieren. Informationen, Lebenskonzepte, Datenspeicher, das Wesen eines Unternehmens, der eigene Wohlstand, Macht, Status oder der Arbeitsplatz – all dies kann über Informationen definiert werden, die auf einem Computer gespeichert sind. Wir befinden uns in einer Übergangsphase. Bisher musste für alles, was wir wollten, physische Materie bearbeitet werden. Derzeit fangen wir gerade erst damit an, unser Leben nach Informationen zu organisieren. Irgendwann werden all unsere Erfahrungen durch Informationen erzeugt werden und nicht mehr andersherum. Dann werden wir ein tatsächliches Informationszeitalter erleben.

SL Verliert die physische Welt dadurch nicht an Bedeutung?

JL Keineswegs. Ebenso wenig wie die Computermusik die akustischen Instrumente bedroht oder die Fotografie die Malerei. Ich glaube, wir werden dadurch eine sehr viel objektivere Sicht auf die physische Welt und die Natur bekommen, sie mehr zu schätzen wissen. Ich glaube auch, dass dadurch die ökologische Bewegung erstarken wird. Auf rein praktischer Ebene werden Menschen Erfahrungen machen können, ohne die physische Welt verändern zu müssen, ohne sie kaputt zu machen. Das ist ein äußerst wichtiger Punkt. Ich schreibe übrigens gerade ein Buch über dieses Thema. Es heißt *New Natures*,* und es geht darum, wie das Leben mit willkürlich erschaffenen Welten sein wird.

SL Glauben Sie, dass junge Leute, die sich heute für Computer interessieren, ähnlich denken?

JL Ja, ich denke schon. Aber da kann man nur schwer verallgemeinern, trotz der Klischees, wie etwa, dass Programmierer alle einen furchtbaren Kleidergeschmack haben, nur nachts arbeiten und so weiter. Die aktuelle Generation orientiert sich sehr stark an Macintosh und Konsorten. Wir stehen meiner Meinung nach noch ganz am Anfang. Im Moment wird immer noch an der Entwicklung von anständiger Software gearbeitet, die man benutzen kann. Das Leben wird sich in den nächsten paar Jahren radikal verändern. Ich finde den Gedanken aufregend, dass die aktuelle Generation, die Kinder, die gerade geboren werden, mit dieser neuen Technologie aufwachsen werden. Sie werden als Erste wirklich von dem profitieren, was wir gerade besprochen haben.

(1986)

---

* Die Arbeit an diesem Buch wurde nicht beendet, es ist nicht erschienen (A. d. Ü).

Der Gesang der Evolution

Sprche ißt ajn sältsamms Ting. Diesen Satz können Sie wahrscheinlich ohne größere Probleme lesen. Schwer so der Satz nicht auch ist. Man kann ganz schön an der Schreibweise und dem Satzbau drehen, und der Satz ist immer noch verständlich. Das ist kaum überraschend: Immerhin sind Sprachen so flexibel, dass sich aus ihnen immer neue Slangs, Dialekte und ganz neue Sprachen entwickeln.

In den sechziger Jahren des 20. Jahrhunderts hofften viele Informatiker, die menschliche Sprache sei eine Art Code, der sich knapp und kompakt beschreiben ließe, und es gab ein richtiges Wettrennen darum, wer den Code knacken würde. Wenn man das schaffte, konnte ein Computer mit den Menschen sprechen! Dieser Ansatz erwies sich jedoch als problematisch, und so hat sich etwa die maschinelle Übersetzung nie richtig durchgesetzt.

In den letzten fünf Jahren erreichten Computer eine Rechenleistung, die es ermöglichte, eine andere Methode zu verwenden. Ein Programm kann nun riesige Textmengen auf Korrelationen hin durchsuchen. Zwar ist es unmöglich, alle Sprachvariationen, die in der realen Welt vorkommen können (wie etwa die Eigentümlichkeiten am Anfang dieses Artikels), zu erfassen, dennoch werden ausreichend viele Korrelationen irgendwann ein Ergebnis bringen.

Nehmen wir einmal an, man hätte eine größere Textmenge in zwei Sprachen, Englisch und Chinesisch. Wenn man dann den Text nach Buchstabenfolgen oder einzelnen Zeichen durchsucht, die in beiden Texten unter ähnlichen Umständen auftauchen, könnte man daraus ein Wörterbuch der Korrelationen erstellen. Das kann zu guten Ergebnissen führen, selbst wenn nicht jede

Korrelation perfekt in ein striktes Organisationsprinzip, wie eine Grammatik, passt.

Firmen wie Meaningful Machines, deren Berater ich eine Zeit lang war, und in jüngerer Zeit Google und andere haben sich dieser brachialen Herangehensweise an die Sprachübersetzung bedient. Diese Methoden können unglaublich ineffizient sein und brauchen häufig zehntausend Mal so viel Rechenzeit wie ältere Methoden, aber die modernen Computer sind groß genug, warum sollte man sie dann nicht arbeiten lassen? Im Internet könnte ein solches Projekt die Sprachbarrieren niederreißen. Auch wenn die Übersetzung wahrscheinlich nicht perfekt werden wird, könnte sie doch – möglicherweise innerhalb eines Jahrzehnts – gut genug werden, um Länder und Kulturen zugänglicher zu machen.

Diese Experimente mit der linguistischen Vielfalt könnten auch zu einem besseren Verständnis des Ursprungs von Sprache führen. Charles Darwin stellte die wunderschöne Spekulation an, Musik könnte in der Evolution der Sprache vorausgegangen sein. Er fand interessant, dass Gesang zum Balzverhalten vieler Arten gehörte, und fragte sich, ob die menschlichen Lautäußerungen ebenfalls auf diese Weise begonnen haben könnten. Vielleicht wurden die Lautäußerungen erst später vielfältiger und komplexer, als Gesang nicht nur für Paarung und andere überlebenswichtige Grundbedürfnisse angewendet wurde.

Die Sprache ist ihren Anfängen womöglich noch nicht vollständig entwachsen. Wenn man verstanden wird, auch wenn man nicht sehr wortgewandt ist, warum sollte man sich dann überhaupt die Mühe machen, wortgewandt zu werden? Warum bekommt der Redakteur einer Zeitschrift Geld dafür, dass er diesen Text verbessert? Vielleicht ist eine gute Ausdrucksweise auch heute noch, zum Teil, eine Form von Balzverhalten. Durch Wortgewandtheit zeige ich nicht nur, dass ich ein eingeweihtes Stammesmitglied bin, sondern auch, dass ich intelligent bin und damit wahrscheinlich ein erfolgreicher Partner und hilfreicher Gefährte.

Nur sehr wenige Arten, unter ihnen Menschen und bestimmte Vogelarten, können viele verschiedene Laute hervorbringen.

Die meisten Tiere, auch unsere Verwandten, die Menschenaffen, wiederholen meist nur dieselben Lautfolgen. Man kann daher annehmen, dass die Entwicklung einer größeren Lautvielfalt der Sprachentwicklung vorausging oder zumindest mit ihr zusammenfiel. Was eine weitere Frage aufwirft: Wodurch erweitert sich die Lautvielfalt einer Art?

Zufälligerweise gibt es einen gutdokumentierten Fall, bei dem sich die Gesangsvielfalt unter kontrollierten Bedingungen erweiterte. Kazuo Okanoya vom Riken-Institut in Tokio verglich den Gesang zweier Vogelpopulationen: der wilden Spitzschwanz-Bronzemännchen und seiner domestizierten Verwandten, der Japanischen Mövchen. Seit Jahrhunderten züchteten Vogelliebhaber Japanische Mövchen wegen ihres hübschen Aussehens. Dabei geschah etwas Eigenartiges: Im Gegensatz zu ihren freilebenden Verwandten, die nur eine begrenzte Anzahl von Rufen beherrschen, entwickelten die domestizierten Tiere eine immer größere Gesangsvielfalt. Doch die Spitzschwanz-Bronzemännchen erweiterten ihren Stimmumfang auch dann nicht, wenn sie in Gefangenschaft gehalten wurden. Daher musste die Veränderung zumindest teilweise genetisch bedingt sein.

Traditionell wird eine solche Veränderung mit einem Vorteil beim Überleben oder der sexuellen Selektion erklärt. In diesem Fall jedoch waren die Tiere gut gefüttert und mussten keine Fressfeinde fürchten. Die Partnerwahl übernahmen die Züchter, die sich dabei nur von der Gefiederfärbung leiten ließen.

Auftritt meines Freundes Terry Deacon: Terry hat in sehr unterschiedlichen Forschungsbereichen wichtige Beiträge geleistet. Er ist Professor für Anthropologie an der University of California in Berkeley und Experte für Gehirnevolution, außerdem interessiert er sich für die chemischen Ursprünge des Lebens und die mathematischen Vorgänge bei der Entstehung komplizierter Strukturen wie der Sprache.

Terry schlug eine unkonventionelle Lösung für das Rätsel der musikalischen Mövchen vor. Was wäre, wenn bestimmte Merkmale, wie der Gesang, von einer Generation zur anderen ganz natürlich immer reichere Varianten ausbilden würden, wenn diese Entwicklung aber normalerweise durch den Selektionsdruck eingeschränkt wird? Dann würden schnell neue Varianten entstehen, sobald der Druck nachlässt. Terry meinte, die Mövchen bildeten eine größere Bandbreite beim Gesang aus, weil sie in Gefangenschaft einfach die Möglichkeit dazu hatten, nicht weil es ihnen einen Vorteil verschaffte.

In freier Wildbahn darf sich der Gesang wahrscheinlich nicht verändern, weil sonst die Paare nicht zueinanderfinden. Vögel, die mit einer genetischen Veranlagung zum musikalischen Erfindungsreichtum geboren werden, werden wohl nur schwer einen Partner finden. Doch als die Mövchen den Luxus einer gesicherten Fortpflanzung erlebten (vorausgesetzt, sie hatten ein attraktives Äußeres), entwickelten sie eine Vielzahl von Gesängen. Brian Ritchie und Simon Kirby von der University of Edinburgh erstellten gemeinsam mit Terry eine Computersimulation der Vogelevolution, und die Theorie wurde bestätigt.

In jüngerer Zeit fand man mithilfe von Computern, die riesige Textmengen nach Korrelationen durchsuchten, neue Hinweise dafür, dass eine explosionsartige Erweiterung des Gesangsrepertoires eine wichtige Rolle in der menschlichen Evolution gespielt haben könnte. Man versteht, warum, wenn man zwei verbreitete Geschichten über die Anfänge der Sprache miteinander vergleicht.

In der ersten Geschichte verwendet ein Protomensch das erste Wort für irgendetwas – vielleicht *ma* für »Mutter« – und bringt es den anderen Stammesmitgliedern bei. Ein paar Generationen später lässt sich jemand *wa* für »Wasser« einfallen. Irgendwann benutzt der Stamm so viele Wörter, dass eine Sprache entsteht.

Gemäß der zweiten Geschichte wird die Überlebenstaktik der Protomenschen so erfolgreich, dass immer mehr von ihnen überleben, Partner finden und sich vermehren. Sie stoßen alle möglichen seltsamen Laute aus, weil die Evolution Experimente unbegrenzt zulässt, solange sie keine negativen Auswirkungen auf die Überlebenschancen haben. Die Protomenschen machen zu jener Zeit die meisten Dinge in der Gruppe, und ihre Gehirne stellen die ersten Verbindungen zwischen markanten Lautäußerungen der Gruppe und bestimmten Ereignissen her. Mit der Zeit benutzen sie eine große Menge wortähnlicher Lautgebilde. Zunächst gibt es allerdings noch keine scharfen Grenzen zwischen Wörtern, Sätzen, Intonation oder anderen Bestandteilen von Sprache.

Ich halte die zweite Geschichte für wahrscheinlicher. Die Protomenschen hätten dann dasselbe getan wie die ersten großen Computer heute, mit dem Unterschied, dass das Gehirn über eine bessere Mustererkennung verfügt. Aber obwohl Sprache mit der Zeit eine immer größere Ausdrucksvielfalt geboten hat, wurde sie niemals absolut präzise. Die Mehrdeutigkeit hat sich bis heute erhalten und erlaubt der Sprache, zu wachsen und sich zu verändern. Wir leben immer noch in der zweiten Geschichte, wenn wir neue Slangwörter erfinden wie *Bling* oder *Lol*.

Aber selbst wenn sich die zweite Geschichte ereignet hat und sich heute immer noch ereignet, bedeutet das nicht unbedingt, dass Sprache vielfältiger geworden ist. Es könnten sich Sprachregeln entwickelt haben, die die Vielfalt einschränken. Vielleicht kommunizieren wir durch diese später entstandenen Regeln präziser, oder wir klingen attraktiver und nach höherem Sozialstatus. Wahrscheinlich ist es ein bisschen von beidem. Vielfalt muss sich nicht in jede mögliche Richtung erweitern.

Mit der Zeit kann Vielfalt sogar abnehmen. Ein bizarres Beispiel hierfür spielt sich aktuell möglicherweise beim menschlichen Gesang ab. Die Vielfalt von Songs in den letzten hundert Jahren lässt sich leicht recherchieren, weil ein erstaunliches Datenarchiv existiert: Audioaufnahmen. Seit den Anfängen der Musikaufzeichnung hat sich der Klang des menschlichen Gesangs mit jeder neuen Generation verändert. Ein Song aus den dreißiger Jahren unterscheidet sich eindeutig von einem Song aus den vierziger Jahren, ebenso wie sich ein Fünfziger-Jahre-Song von einem Sechziger-Jahre-Song unterscheidet. Dieses Prinzip gilt bis etwa Ende der achtziger Jahre. Ob ein Song 1990 oder 2000 aufgenommen wurde, ist nicht so einfach zu erkennen.

Das klingt eigenartig, lässt sich aber leicht überprüfen. Dazu muss man sich nur zufällig ausgewählte Ausschnitte der vielen Songs anhören, die im Internet verfügbar sind, ohne dabei auf das Produktionsjahr zu sehen. Dann merkt man, dass sich Songs aus den letzten beiden Jahrzehnten schwerer datieren lassen als Songs aus früheren Jahrzehnten.

Wenn man akzeptiert, dass der menschliche Gesang in jüngerer Zeit an stilistischer Vielfalt eingebüßt hat, stellt sich die Frage nach dem Warum. Da gibt es mehrere Erklärungsmöglichkeiten: Vielleicht macht das Internet zu viele Informationen verfügbar, sodass alle Menschen dieselben Einflüsse aufnehmen – und die Songs an Eigenart verlieren und zunehmend einheitlich werden. Ein Zyniker könnte darin ein Zeichen für einen kulturellen Niedergang erkennen.

Eine weitere Erklärungsmöglichkeit, die ich für zutreffend halte, basiert auf dem zeitlichen Zusammenfallen der Veränderungen in der Musik und des Auftretens digitaler Bearbeitungswerkzeuge für Musik. Digitale Werkzeuge beeinflussen die Ergebnisse stärker als konventionelle Werkzeuge: Wenn man von der Art Musik abweicht, für deren Bearbeitung ein digitales Werkzeug entwickelt wurde, wird die Verwendung dieses Tools schwierig. Ein Beispiel: Heutzutage ist ein präziser, regelmäßiger Beat in der Musik sehr verbreitet. Einige der verbreitetsten Musikprogramme werden sehr sperrig und können sogar Fehlfunktionen aufweisen, wenn man das Tempo bei der Bearbeitung zu sehr variiert. In vordigitaler Zeit haben Werkzeuge die Musik ebenfalls beeinflusst, aber nicht einmal annähernd so einschneidend.

Wir haben also einen ironischen Punkt in der Geschichte der Informatik erreicht. Mithilfe von Computern erzielen wir erste Erfolge bei der Datenanalyse ohne die Einschränkungen strikter, grammatikartiger Systeme. Aber wenn wir den Computer für kreative Zwecke verwenden, werden wir durch die ebenso strikten Modelle von Datenstrukturen aus den sechziger Jahren eingeschränkt. Die Hoffnung, dass Sprache wie ein Computerprogramm sein könnte, hat sich zerschlagen. Stattdessen ist die Musik Computerprogrammen ähnlicher geworden.

(2006)

Der Tod des Mysteriums

Letzte Woche hatte ich eine Meinungsverschiedenheit mit einem der einflussreichsten Männer im Silicon Valley.

Ich: »Ich wünschte, mehr Kinder würden Musiker werden.«

Er: »In zehn Jahren werden Computer aus einer Kombination von künstlicher Intelligenz und Datensammlungen aus dem Internet bessere Musik generieren können als menschliche Musiker. Heute schon kann man mit dieser Technik kommende Hits genauer vorhersagen, als Manager von Plattenfirmen es können. Den Beruf des Musikers wird es nicht mehr geben, wenn diese Kinder groß sind. Es mag gute Gründe dafür geben, Kindern das Musikmachen beizubringen, aber eine neue Generation von Berufsmusikern heranzuziehen gehört sicher nicht dazu.«

Dies war einer jener Momente, in denen ich mich gefragt habe, was eigentlich aus der IT-Kultur geworden ist. Marvin Minsky, der legendäre MIT-Professor und einer der Väter der künstlichen Intelligenz, machte in meinen ersten Jahren in der Forschung mir gegenüber ähnliche Bemerkungen, um mich zu ärgern und mich zum Nachdenken anzuregen. Aber in Marvins Provokationen schwangen unverkennbar Ironie und Humor mit. Viele derzeitige Vordenker im Silicon Valley halten einiges, worüber früher spekuliert wurde, inzwischen anscheinend für selbstverständliche Tatsachen und spüren offensichtlich nicht die unbändige Neugier, durch die diese Ideen erst aufkamen.

Ideen, die man einst in der obskuren Laborwelt der künstlichen Intelligenz versteckte, gehören inzwischen in der IT-Kultur zum Mainstream. In dieser neuen Kultur gilt die Grundannahme, dass die Realität als Ganzes, einschließlich der Menschen, ein einziges riesiges Informationssystem ist. Nach dieser Sichtweise besteht der Sinn des Lebens darin, dafür zu sorgen, dass ein System auf einer immer höheren »Beschreibungsebene« funktioniert. Die meisten Menschen tun so, als wüssten sie, was mit »Beschreibungsebene« gemeint ist, aber wahrscheinlich weiß es kaum jemand wirklich. Eine Website wird einer höheren Beschreibungsebene zugeordnet als ein einzelner Buchstabe, und ein Gehirn gehört zu einer höheren Ebene als eine Website. Aus dieser Vorstellung wird inzwischen häufig geschlossen, dass das Internet als Ganzes eine höhere Ebene einnimmt, oder bald einnehmen wird, als das Gehirn.

Die Menschheit hat keine Sonderstellung in diesem Entwurf. Bald werden Computer so groß und schnell sein und das Netz so viele Informationen enthalten, dass wir obsolet werden, entweder ganz aufgegeben oder in ein übermenschliches Cyberwesen integriert werden.

Im Silicon Valley wird diese Vorstellung neuerdings in Stein gemeißelt und auf ganz neuartigen Wegen verbreitet. Implementierungen sagen mehr als Worte, und daher können Vorstellungen durch Software-Entwürfe transportiert werden. Wenn man glaubt, dass die Grenzen zwischen den Rollen von Menschen und Computern verschwimmen, dann kann man das so ausdrücken, wie es ein paar Freunde von mir bei Microsoft einst taten. Sie entwickelten eine Funktion für ein Textverarbeitungsprogramm, die vorhersehen sollte, was der Nutzer machen will, ob man beispielsweise eine Liste anlegen will. Vielleicht hat Word auch bei Ihnen schon einmal im falschen Moment festgestellt, dass Sie gerade eine Liste mit Einzügen anlegen. Ich bin durchaus für die Automatisierung von Bagatellaufgaben, aber das ist etwas anderes. Ich halte diese Art von Programmfunktion für Quatsch, weil man letztendlich mehr Zeit braucht, um herauszufinden, wie man die Voraussagen der Software einstellen kann, als man für die eigentliche Aufgabe gebraucht hätte. Aber die Funktion soll uns in erster Linie das Leben auch gar nicht erleichtern – sie ist vor allem Ausdruck einer neuen Philosophie.

Ich klage schon seit Jahrzehnten über die menschenfeindliche

Computerkultur, und ich ziehe damit häufig unerwünschte Verbündete an. Ich richte mich an junge IT-ler – und ich glaube, ich habe sie auch erreicht –, aber anscheinend fühlen sich auch andere Leute angesprochen, die mich völlig falsch verstehen. Ich bin ganz bestimmt kein Maschinenstürmer. Ich glaube nicht, dass etwas Natürliches notwendigerweise bedeutungsvoller oder wahrhaftiger ist als etwas Künstliches. Tatsächlich bin ich ein begeisterter Technik-Utopist!

Eine genaue Beschreibung meiner persönlichen utopischen Vorstellungen werde ich ein anderes Mal liefern. Aber ich glaube, dass die schönsten Möglichkeiten entstehen, wenn man Menschen als geheimnisvolle Sinnstifter betrachtet und mithilfe der Technologie neue Wege findet, Menschen miteinander zu verbinden. Entscheidend ist hierbei, dass ich durchaus eine große Zukunft für die Informationstechnologie vorhersehe, aber bei meinen Entwürfen versuche ich nicht, das Menschsein zu reduzieren, weil ich nicht davon ausgehe, dass ich weiß, was ein Mensch eigentlich ist.

In letzter Zeit fühle ich mich wie ein Seiltänzer, der über einer Meute gefräßiger Roboter-Nerds auf der einen Seite und einer Horde sentimentaler Antiquare auf der anderen Seite balanciert. Ich tue mein Bestes, um auf keiner der beiden Seiten herunterzufallen.

Es ähnelt ein bisschen dem Kampf der Aufklärung im 18. Jahrhundert. Man könnte sich auch die religiösen Gegner der Aufklärung auf der einen Seite des Seils vorstellen. Am unangenehmsten waren immer jene, denen es nur um Machterhalt ging, für den sie ein Kirchenimperium brauchten, dessen Basis im Wesentlichen die Angst vor dem Tod war. Diese unangenehmen Gesellen waren Päpste und Bischöfe, die einen Galilei verfolgt oder einen Darwin verspottet haben.

Natürlich gibt es auch viele spirituelle und religiöse Menschen, die sich aus sehr guten Gründen Gedanken über den Tod gemacht haben und noch immer machen und sich fragen, ob Sinn und Schönheit und andere zutiefst menschliche Qualitäten einer strikt rationalen Überprüfung standhalten würden. Wenn eine neue technologisch sachkundige Weltsicht nicht attraktiv für diese Leute ist, dann sollten die Technologen, und vor allem die Produktdesigner, ihre Kultur einladender gestalten.

Aber auch auf der anderen Seite des Hochseils tummeln sich Wahnsinnige: jene, die die Ratio zu ihrem Gott gemacht haben. Kommunisten etwa haben sich immer gern über die Wissenschaft hinweggesetzt, obwohl sie sich in einen Sprach- und Kleidungsstil hüllten, der Rationalität suggerieren sollte. In der Sowjetunion verließ man sich lieber auf die Theorien von Trofim Lyssenko, einem anti-darwinistischen Pseudowissenschaftler, statt auf anerkannte Tatsachen, und das mit katastrophalen Auswirkungen auf die sowjetische Agrarpolitik. Ganz Ähnliches geschieht heute, wenn Wirtschaftsinteressen Forschungsergebnisse zur Klimaerwärmung unterdrücken.

Man merkt immer, wenn ein Gedanke von einem Pseudo-Rationalisten stammt, weil dann zu schnell keine Fragen oder Mysterien mehr offenbleiben, insbesondere die Art von Fragen, die sich durch überprüfbare Hypothesen beantworten lassen. Das Konzept des »Intelligent Design« fällt in diese Kategorie. Wenn man eine biologische Struktur nur für eine »Mode-Entscheidung« von Gott (oder einem Alien) hält, dann gibt es darüber hinaus nichts mehr zu erklären. Ende der Diskussion. Auf den ersten Blick wirkt es, als würde auf diese Weise ein Mysterium festgeschrieben, aber tatsächlich schiebt sich Intelligent Design zwischen uns und die endlosen, faszinierenden Mysterien der Natur, weil im Voraus eine Antwort für alles geliefert wird.

Mit Darwins Erkenntnissen hätte man ebenso verfahren können. Ein fauler, nicht-wissenschaftlicher Darwin-Anhänger könnte sagen: »Alles ist Entwicklung«, und könnte es damit bewenden lassen. Einige meiner fehlgeleiteten Kollegen tun genau das, wenn sie behaupten: »Computer werden sich unweigerlich weiterentwickeln und dabei die Fehler in unseren posthumanen Visionen korrigieren, wie etwa die Tatsache, dass es in Software immer Bugs gibt, die von einem menschlichen Programmierer gefixt werden müssen.«

Doch Darwins Theorie ist so mächtig, weil sie eben eine Theorie neben anderen ist. Seine Theorien erschlossen einen Weg, der der Theorie vom Intelligent Design verbaut ist: Man kann Darwins Argumente systematisch auf den Prüfstand stellen und seine Erkenntnisse konkret und nützlich anwenden. Die Biologie hat von der Revolution, die Darwin auslöste, profitiert, aber sie hat ihn in vielerlei Hinsicht hinter sich gelassen. Biologen beschäftigen sich heute mit Genen, Viren und vielen anderen Objekten und Theorien, die Darwin nicht kannte.

In letzter Zeit tauchte das Problem mit der vorzeitigen Auflösung von Mysterien in der IT-Kultur mehrmals auf. Die Aussagen mancher Stringtheoretiker erinnern mich an die Denkweisen aus dem Silicon Valley, die ich kritisiere.

Ist die Realität ein riesiges Informationssystem, und sind die Menschen darin nur willkürlich definierte Informationsfragmente? Falsche Frage! Die Informationstheorie ist äußerst nützlich, aber erst, wenn ihre Erkenntnisse zur Anwendung kommen. Die Aussicht, dass man vielleicht *eines Tages* etwas verstehen wird, ist etwas völlig anderes, als etwas tatsächlich zu verstehen oder auch nur die richtigen Fragen stellen zu können. Die ideologische Grundlage hinter der neuen falschen Rationalität ist so schwammig, dass sie nur noch als kulturelles Etikett dienen kann.

Das bringt mich zurück zu meinem fehlgeleiteten Kollegen und seinen Vorstellungen von der Zukunft der Musik. Seine Sichtweise erklärt eine Vielzahl von Mysterien vorschnell. Wir wissen nicht, was Musik genau ist. Wir wissen auch nur wenig darüber, wie das Gehirn funktioniert. Wir haben noch nicht einmal gute Versuchsmethoden, um festzustellen, wann wir uns unbewusst dümmer stellen, als wir sind, damit ein Computer intelligent wirkt.

Würde ich tatsächlich glauben, dass die Wissenschaft die Mysterien des Lebens entzaubern konnte, bekäme ich klaustrophobische Anfälle, aber das Gegenteil ist der Fall. Ich stoße auf immer neue Mysterien, entdecke immer mehr Aspekte des Lebens, je mehr ich mich in die Wissenschaft vertiefe. Ich frage mich, ob eine technische Kultur, die nicht vorschnell behauptet, man habe ein Mysterium entzaubert, ansprechender für die sensiblen, die »spirituellen« Menschen wäre, die ich zuvor erwähnte. Manche orthodox religiöse Menschen werden Wissenschaft niemals akzeptieren, aber ich frage mich, ob einige Wissenschaftler durch die oft ziemlich kaltblütige Art, mit der sie über ihre schöne neue Nerd-Welt sprechen, nicht vernünftige Leute abschrecken.

Auch Software wird eher besser, wenn man bei ihrer Entwicklung Mysterien nicht voreilig zu erklären versucht. Man muss nicht so tun, als wüsste man, was Musik ist, um Musikern neue Möglichkeiten zur Zusammenarbeit zu eröffnen, aber man muss an die Bedeutung menschlicher Musiker glauben. Die wahrhaft radikalen Ideen in der Informatik entstehen, wenn Menschen innerhalb der Grenzen dessen arbeiten, was wir nicht wissen.

(2006)

Erstarrt in der Zeit

Vor etwa zehn Jahren führte ich auf Anregung der Zeitschrift *Psychology Today* eine unterhaltsame Debatte mit Richard Dawkins über Hoden. Von Dawkins stammt die berühmte Metapher vom »egoistischen Gen«, mit der veranschaulicht werden soll, dass bestimmte Merkmale von Organismen sich gleichsam nur mit dem »Interesse« eines Gens, das sich fortpflanzen will, erklären lassen. Dem Argument liegt eine bezwingende Logik zugrunde, die manchmal allerdings etwas schwächelt – wie zum Beispiel im Fall der männlichen Genitalien beim Menschen.

Aus evolutionärer Sicht ist die Platzierung der menschlichen Hoden eine bizarre Anomalie, als setzte man den Fahrer eines Panzerwagens in einen Sack, den man vorn an die Stoßstange bindet. Wenn der eigentliche Zweck des menschlichen Organismus in der Weitergabe der Gene liegt, warum befindet sich dann der Behälter für diese Gene an einer so verletzlichen Stelle? Warum wird er nicht wie das Gehirn oder das Herz mit dicken Knochenplatten und, im Fall des Gehirns, mit einer ausgeklügelten Barriere vor durch Blut übertragenen Infektionen geschützt?

Meist wird das damit erklärt, dass die Hoden kühl sein müssen, um die Spermien gesund zu erhalten. Das ist zwar richtig, aber aus evolutionärer Sicht eine völlig bescheuerte Erklärung. Die Evolution hat schließlich alle Möglichkeiten. Sie hätte Menschen ganz einfach mit einer Fortpflanzungschemie ausstatten können, die die normale Körpertemperatur verträgt. Bei einem weiteren Erklärungsvorschlag wurde argumentiert, wir Männer würden Frauen auf diese Art unauffällig beweisen, was für harte Kerle wir sind, indem wir unseren Samen einem so großen Risiko aussetzen. Diese Theorie lässt sich mit mathematischen Modellen untermauern, aber mal ehrlich, hätten Lendenschurze dann nicht der menschlichen Fortpflanzung ein Ende gesetzt?

Diese alten Theorien über Hoden gingen mir letzte Woche durch den Kopf, als ich einem Moment der menschlichen Genweitergabe beiwohnte, der so dramatisch und so stark von evolutionärer Dysfunktion geprägt war, dass Hoden im Vergleich dazu ziemlich unwichtig erschienen: Meine Frau brachte unser erstes Kind zur Welt.

Ich sah zu, als der außerordentlichste, alles überragende Moment der menschlichen Erfahrung sich seinen Weg durch glitschige, blutige, unkontrollierbare Körperfunktionen bahnte. Unsere wundervolle kleine Tochter, damals schon von Neugier und furchtlosem Forscherdrang angetrieben, musste sich durch ein Becken quetschen, das nicht auf ihr großes Gehirn ausgerichtet war, der Körper meiner Frau wurde schmerzhaft aufgerissen, aber alles hielt sich im Rahmen des Normalen und Erwartbaren. Alle waren erschöpft, und ohne den externen »Mutterleib« der Medizin nach der Geburt wären die Überlebenschancen für unser Baby, wie für jedes andere gesunde Menschenbaby, schlecht gewesen.

Betreibt man so das Unternehmen »Menschliche Spezies«? In den wenigen Momenten, wo gerade keine Windel gewechselt werden musste, unterhielt ich mich mit meinem alten Freund, dem Paläontologen Niles Eldredge, über das offensichtlich mangelhafte Design des menschlichen Körpers.

Ich finde es erstaunlich, dass so viele Menschen glauben, ihr Körper sei perfekt. Niles und ich finden ihn alles andere als perfekt. Das geht schon beim aufrechten Gang los. Ich mag es, wenn der Geh-Rhythmus zu Musik wird, und es ist enorm nützlich, wenn man beide Hände frei hat, aber der Bauplan unseres aufrechten Körpers ist unvollendet und steckt voller schlechter struktureller Kompromisse. Die riskante Geburt (aufgrund des zu engen Beckens) ist nur der frappanteste. Wir leiden außerdem an Ischiasproblemen, Fuß- und Kniedefekten und so weiter und so fort.

Meine Frau hatte es noch relativ leicht im Vergleich zu den

Frauen in den Entbindungsräumen nebenan, die anders als sie eine Epiduralanästhesie abgelehnt hatten. Sie hatten sich aus persönlichen Gründen für unfassbare Schmerzen entschieden. Mehrere Leute, auch Mitarbeiter des Krankenhauses, rieten uns, es mit einer »natürlichen« Geburt zu versuchen, als würden wir unseren evolutionären Wurzeln gerechter, wenn wir einen weiteren menschlichen Konstruktionsfehler widerstandslos hinnahmen. Ich respektiere die Entscheidung, die Frauen in diesem äußerst persönlichen Augenblick treffen, aber ich glaube nicht, dass es für die menschliche Rasse jemals so etwas wie eine »natürliche« Geburt gab.

Beim Anblick des ebenso erschreckenden wie wundervollen Vorgangs der menschlichen Geburt kam mir ein Bild in den Sinn: das Bild einer Sportlerin, einer Weitspringerin mitten im Sprung – vielleicht eine erwachsene Version unserer energischen kleinen Tochter –, die durch das Blitzlicht eines Fotoapparats in der Zeit erstarrt ist. Die Fotografie dokumentiert die Haltung eines einzigen Moments, wie ein Sportler sie niemals aufrechterhalten könnte. Das entspricht dem Zustand der menschlichen Rasse. Antike Technologen – heute bekannt als Hebammen, Naturheilkundige, Krieger, Feuermacher und Schamanen – fanden vor langer Zeit heraus, wie sie verwundbare Neugeborene und verletzte Mütter schützen konnten. Diese gutgemeinte Einmischung hatte eine unvorhergesehene Auswirkung: Sie senkte den Selektionsdruck, entschärfte also das Skalpell der Evolution, und trug so dazu bei, dass der menschliche Körper in seiner gegenwärtigen Form erstarrte.

Niles und ich malten uns aus, wie die Evolution den menschlichen Körperbau wohl verfeinert hätte, wenn wir ihr die Möglichkeit dazu gelassen hätten. Vielleicht wäre eine neue Art entstanden, die sich an uns nur noch als Übergangsstadium erinnert hätte. Wie hätte diese hypothetische Spezies, die ich als *Eureka sapiens* bezeichne, wohl ausgesehen?

Zwar hängen auch bei Vierbeinern die Hoden herunter, aber sie werden von starken Hinterbeinen geschützt. Beim *Eureka sapiens* könnten die Hoden in den Bauchraum gewandert sein, wie die Eierstöcke. Um sie zu kühlen, könnten sich Lüftungsschlitze neben dem Bauchnabel gebildet haben, ähnlich jenen an der Motorhaube von Sportwagen. Das weibliche Becken von *Eureka sapiens* könnte sich auseinanderziehen lassen, wie die Kiefer bei Schlangen. Tatsächlich ist diese Fähigkeit beim Menschen rudimentär angelegt: Das Hormon Progesteron sorgt manchmal dafür, dass sich die Beckenknochen kurz vor der Entbindung ein kleines Stück auseinanderschieben. *Eureka sapiens*-Babys würden mindestens ein ganzes Jahr im Mutterleib verbleiben und mit einem robusteren Verdauungssystem zur Welt kommen. So müssten sie weniger schreien. Koliken lassen sich genauso wenig als vorteilhafte Anpassung verklären wie die verwundbaren Hoden.

Doch durch einen Triumph von Moral und Mitleid wird *Eureka sapiens* nie entstehen. Hätte die Geburtshilfe nicht eingegriffen, hätte die natürliche Auslese viele menschliche Macken ausgemerzt, allerdings durch einen äußerst grausamen Prozess. Alle genetischen Eigenschaften, auch die Augenfarbe und Persönlichkeitsmerkmale, sind das, was übrig blieb, nachdem jene Menschen, die nicht zu unseren Vorfahren wurden, entweder von anderen Organismen (groß wie ein Löwe oder mikroskopisch klein wie ein Virus) aufgefressen worden waren oder aus irgendeinem Grund nie einen Partner fanden und so mit gebrochenem Herzen und ohne Nachkommen starben. Wir sind die Nachkommen der Nachkommen der Nachkommen derer, die blutend, aber noch lebend zurückblieben, nachdem der grausame Filter der Evolution über die Tiefenzeit hinweggefegt war.

Manche Spezies, die beeindruckende Kakerlake etwa, sind seit so langer Zeit unverändert, dass man sie für genetische Meisterwerke halten könnte, weil sie dem höchsten Kritiker standhielten: Sie blieben im Angesicht der Evolution stabil. Aber in der Biologie ist nichts dauerhaft oder perfekt. Alle biologischen Gebilde befinden sich in gewisser Weise in einer Übergangsphase.

Dennoch sind die Menschen ungewöhnlich, weil wir uns selbst in einem eigentlich problematischen Übergangsstadium stabilisiert haben – zumindest »mehr oder weniger«. Denn mithilfe der Technologie lässt sich zwar ein Großteil des alten evolutionären Selektionsdrucks minimieren, aber gleichzeitig wird auch neuer Druck aufgebaut. Aktuell züchten wir uns zum Beispiel eine höhere Toleranz gegenüber chemischen Schadstoffen an. Gleichzeitig gibt es zu der Fehleinschätzung, der menschliche Körper sei perfekt, auch die ebenso falsche Spiegelvorstellung: dass Fehler in unserem genetischen Erbe grundsätzlich schlecht sind und restlos ausgemerzt werden müssen.

Die In-vitro-Fertilisation bietet Eltern die Möglichkeit, zu entscheiden, welche Embryos eingepflanzt und welche entsorgt werden. Wie derzeit häufig bemerkt wird, steuern wir zunehmend auf Designerbabys zu. Vor wenigen Monaten war in den Schlagzeilen von Eltern zu lesen, die die Vernichtung von Embryos beantragten, weil sie latente Gene trugen, die unter Umständen bei den Enkeln Krankheiten auslösen konnten, allerdings nur, wenn sich diese Embryonen als Erwachsene einen Partner mit demselben rezessiven Gen suchten.

Problematisch bei diesem Ansatz ist die Annahme, dass es keinen guten Grund für die Anwesenheit eines gefürchteten Gens gibt. Allein die Vorstellung, dass unser genetisches Erbe perfekt sein muss, verleitet Menschen dazu, sich für eine »natürliche« Geburt zu entscheiden, und ebenso werden andere von der Vorstellung fehlgeleitet, dass unbestreitbar »schlechte« Gene aussortiert werden müssen, weil die Natur Mist gebaut hat.

Aber wieder zurück zu dem Bild mit der springenden Athletin: Auch wenn der Sprung nicht abgeschlossen war, war die Sprungrichtung nicht wahllos – die Momentaufnahme ist nicht »falsch«. Dass unsere genetische Evolution durch das plötzliche Auftauchen von Technologien wie der Geburtshilfe gestört wurde, bedeutet nicht automatisch, dass alle unsere scheinbar schädlichen Gene nutzlos sind. Stella Man vom Queen Mary College an der University of London entdeckte kürzlich, dass das Gen Cx26, das mit Schwerhörigkeit und Taubheit in Verbindung gebracht wird, auch bei der Wundheilung eine Rolle spielt. Möglicherweise beeinflussen derartige »schädliche« Gene auch Eigenschaften wie Intelligenz oder Charakter.

Wir Menschen sind unvollendete Kreationen, wir haben nicht die evolutionäre Raffinesse einer Kakerlake. In einem früheren Artikel (*Discover Magazine*, Juni 2006) habe ich erklärt, es sei unmöglich, vorherzusagen, was ein großes Softwareprogramm tut. Ebenso unmöglich kann man voraussehen, welchen genauen »Wert« ein Gen hat. Wir werden die Auswirkungen unserer Gene nie vollständig kennen, weil die evolutionären Experimente, die dieses Wissen liefern würden, zu grausam wären.

Sicher gibt es ein paar Gene, die nicht zu rechtfertigen sind. Das Huntington-Gen – das eine rein genetisch verursachte tödliche Erkrankung auslöst, für die es keine Behandlung gibt – ist ein Beispiel für ein solches mit Sicherheit falsches Gen, das man nicht schützen sollte.

Man darf dennoch annehmen, dass es für die Anwesenheit von unbequemen, aber überlebensfähigen Genen gute Gründe gibt. Es ist nur vernünftig, bis zum Beweis des Gegenteils vom Nutzen der Gene auszugehen – oder zumindest eine positive Einstellung zur Vielfalt bei den Eltern der Zukunft zu fördern, die die Möglichkeit haben werden, Gene auszusortieren –, damit wir nicht unsere biologische Vielfalt aufgrund von Halbwissen zerstören.

Die Extreme sind verlockend einfach. Man könnte entweder eine imaginäre natürliche Perfektion anstreben oder eine trügerische künstliche, die alle Gene auslöscht, die uns Angst machen. Doch wir müssen einen Mittelweg wählen, der zu dem Übergangsstadium passt, in dem wir unsere genetische Identität eingefroren haben.

(2006)

Körper in anderen Dimensionen

Als kleiner Junge sah ich oft zu den hellen Sternen am Nacht-himmel über New Mexico hinauf und verfluchte die Größe des Weltalls. Einige dieser Lichter mussten Sonnen sein, die andere Lebewesen beschienen, dachte ich bei mir. Wenn ich diese anderen Lebensformen kennenlernen könnte, dann könnte ich das einzig-artige, einsame Leben auf der Erde mit irgendetwas vergleichen. Dann würde ich etwas mehr über meinen Platz im Universum erfahren, und ich wäre ein bisschen weniger einsam. Wie viele andere Kinder auch, die über den Nachthimmel nachdachten, fas-zinierte mich die eine große Gemeinsamkeit, die wir unweigerlich mit den Aliens besaßen, die sich da draußen vielleicht versteckten, viel zu weit weg, als dass unsere Teleskope sie hätten erkennen können: die Mathematik.

Platonische Körper sind Körper, wie der Würfel oder das Tetra-eder (die regelmäßige dreiseitige Pyramide), bei denen jeder Win-kel, jede Fläche und jede Kante identisch sind. In der dreidimen-sionalen Welt gibt es nur fünf derartige Körper. Die anderen drei sind: das Oktaeder (mit acht dreieckigen Seiten), das Ikosaeder (zwanzig Dreiecke) und das Dodekaeder (zwölf Fünfecke). Euklid bewies dies in der Antike, und man kann nicht genug betonen, wie überwältigend dieser Beweis damals gewesen sein muss – und es heute noch ist. Die Identitäten der fünf Körper und die Gewissheit, dass es nur diese fünf gibt, sind absolut und universell. Gut mög-lich, dass ein Alien nie auf die Idee käme, diese Frage zu stellen, aber alles Leben überall wäre sich in diesem Punkt zweifellos einig. Einen mathematischen Beweis kann jeder führen, und dennoch ist er größer als das Universum.

Meine Mutter starb bei einem Autounfall, als ich neun Jahre alt war, und ich war ein einsames Kind. Mein Dad meinte, es sei eine gute Therapie für mich, wenn ich ein Haus aus den platonischen Körpern, von denen ich besessen war, entwerfen und bauen durfte. Das war Anfang der siebziger Jahre, als sich die Hippies gerade für geodätische Kuppeln begeisterten, und daher entwarf ich ein Haus, das eine Mischung aus Kuppeln, ein paar platonischen Körpern und einigen anderen interessanten geometrischen Formen war. Mein Kinderzimmer war ein Ikosaeder. Das Haus steht teilweise noch, aber ein Teil stürzte etwa fünfzehn Jahre später ein und tötete fast meinen Dad. Lassen Sie niemals einen Elfjährigen ein Haus entwerfen!

All das kam mir wieder in Erinnerung, als ich jetzt Siobhan Roberts' neue Biografie von Donald Coxeter, dem großen Geometer des 20. Jahrhunderts, las. Manche behaupten, er habe die Geometrie vor einer Generation Mathematiker »gerettet«, die sich mehr für Abstraktionen als für Formen und Bilder interessierte. Buckminster Fuller, der berühmte Designer von geodätischen Kuppeln, sagte, Coxeters Meisterschaft im Umgang mit Formen sei »nur von ein oder zwei anderen in der Geschichte der Menschheit erreicht« worden.

In einer Fußnote in dem Buch war eine Anekdote versteckt, die mich elektrisierte. Der renommierte Physiker Freeman Dyson hatte in einem Aufsatz geschrieben, »Platon wäre begeistert gewesen«, wenn er eine Form gekannt hätte, von der Dyson – fälschlicherweise, wie sich herausstellte – behauptete, Coxeter habe sie entdeckt: ein elfseitiges, perfekt gleichmäßiges Polytop. (Polytop ist Coxeters Bezeichnung für Polyeder – Formen wie die platonischen Körper –, die in höheren Dimensionen existieren.) Dyson meinte, dass genau so ein obskures mathematisches Objekt sich einmal als sehr bedeutend erweisen könnte.

Die Vorstellung von einem 11-seitigen regelmäßigen Polytop war so überraschend, dass mir das Buch tatsächlich aus den Händen fiel. Um zu erklären, warum ich so erschrak, muss ich ein bisschen Hintergrund liefern.

Doch zunächst zu den höheren Dimensionen: Ein Mensch, als dreidimensionales Wesen, kann auf eine zweidimensionale Welt hinabblicken, etwa eine Zeichnung auf einem Stück Papier. Eine Kreatur, die im »Flächenland« auf dem Papier lebt, könnte diese Zeichnung ebenfalls sehen, aber nur von der Seite, als eine Ansammlung von Linien, die hintereinander aufgereiht sind. (Der berühmte Roman *Flächenland* handelt vom Leben in einer 2D-Welt – ein überraschend unterhaltsames Buch.)[*] Wenn man eine Kaffeetasse auf einem Stück Papier abstellt, würde ein Flächenland-Bewohner nur den Kreisboden der Tasse sehen, nicht die gesamte Struktur, und selbst dieser Kreis wäre nur als Linie zu erkennen, weil er nur von der Seite zu sehen wäre.

Auf eine ganz ähnliche Weise kann man sich Körper in höheren Dimensionen vorstellen, die wir 3D-Wesen nur als 3D-Objekte sehen, die nur einen kleinen Teil eines vollständigen vierdimensionalen Objekts darstellen. Die 4D-Version eines Würfels zum Beispiel, Tesserakt oder Hyperwürfel genannt, sieht für uns aus wie zwei Würfel mit Verbindungslinien – also ein 3D-Schnitt, wie ein Kreis in der 2D-Welt der Schnitt einer Tasse ist.

Tatsächlich gibt es sechs Entsprechungen für platonische Körper in der vierten Dimension. Sie haben 5, 8, 16, 24, 120 und 600 »Seiten« (auch wenn in der vierten Dimension jede Seite dreidimensional ist und als Zelle bezeichnet wird). Diese Tatsache ist nicht nur von rein hypothetischem Interesse, wie man vielleicht annehmen könnte, sondern diese 4D-Körper sind sogar unglaublich wichtig in der »sichtbaren« Welt. Sie stellen einige fundamentale Symmetrien in der Natur dar.

Das Symmetriekonzept ist so einfach, dass man es nur schwer in Worte fassen kann. Symmetrie ist die Ordnung, die auftritt, wenn zwischen verschiedenen Dingen einheitliche Beziehungen bestehen. Ein Spiegelbild ist symmetrisch, weil es mit dem Original identisch ist, nur spiegelverkehrt. Ein Seestern ist rotations-

---

[*] Satirische Novelle von Edwin Abbott Abbott: *Flatland. A Romance of Many Dimensions*, London 1884.

symmetrisch, weil man ihn um ein Fünftel drehen kann und er genauso aussieht wie zuvor. Theoretische Physiker verbringen viel Zeit damit, über komplizierte Symmetrien nachzudenken, die bei der Erklärung von natürlich vorkommenden Mustern helfen können. Allen Symmetrien gemeinsam ist, dass sie von Mathematik bestimmt werden.

Was mich zu den platonischen Körpern zurückbringt, deren Regelmäßigkeit eine Form der Symmetrie ist. Die Vorstellung von einem 11-seitigen platonischen Körper mit einer Primzahl an Seiten klingt zunächst einmal falsch. Bei der Symmetrie geht es ja gerade darum, dass ein Teil den anderen spiegelt. Man müsste also ein symmetrisches Objekt in ähnliche Stücke zerteilen können, aber genau das geht bei einer Primzahl nicht. (Bevor Sie fragen: Der 5-zellige Körper – auch als Simplex bezeichnet – ist zu einfach, um an eine Zerteilung auch nur zu denken. Er ist das einfachste Polytop. Der einfachste platonische Körper in drei Dimensionen ist das Tetraeder, die dreiseitige Pyramide, die vier Punkte hat. Um sie in die vierte Dimension zu übertragen, muss man einen Punkt hinzufügen, der sich in der zusätzlichen Dimension befindet. Daher kommen die fünf Punkte.)

Viele gute Mathematiker reagierten erst einmal mit Ungläubigkeit, als sie von dem 11-zelligen Körper erfuhren. Aber es ist eben nicht unmöglich, sondern wahr. Um gleich einen offensichtlichen Einwand auszuräumen: Ja, es stimmt, dass alle sechs regelmäßigen 4D-Polytope bereits bekannt sind – aber das 11-zellige Polytop wurde bisher wegen seiner ungewöhnlichen Form übersehen. Es wird daher als »abstraktes« Polytop bezeichnet, als wäre die vierte Dimension nicht schon abstrakt genug. Das 11-zellige Polytop ist deshalb abstrakt, weil die einzelnen Zellen, wenn man sie abtrennen würde, keine konventionellen 3D-Objekte wären. Sie hätten ein paar ungewöhnliche Eigenschaften: Da wäre etwa der Umstand, dass ihre Seiten einander durchdringen oder sich decken können.

Um dem Geheimnis des 11-zelligen Polytops auf die Spur zu kommen, rief ich meinen Freund Carlo Séquin an, der an der University of California in Berkeley lehrt. Auch Carlo leidet an der platonischen Krankheit. In seinem Büro wimmelt es nur so von seltsam geformten Körpern, darunter einige 3D-Projektionen von 4D-Objekten. Vielen davon hat er erstmals eine physische Form gegeben. Häufig muss Carlo eigene Programme für die Roboter schreiben, die diese Körper bauen, oder für die Laser, die sie in einem Chemikalienbad aushärten.

Nachdem er sich davon überzeugt hatte, dass das 11-zellige Polytop real war, war Carlo genauso von der Idee besessen, es zu sehen, wie ich. Ich nahm Kontakt mit jedem Mathematiker auf, den ich ausfindig machen konnte, der mit dem 11-zelligen Polytop gearbeitet hatte. So stieß ich auch auf Branko Grünbaum von der University of Washington, der das Polytop, wie sich herausstellte, in den siebziger Jahren entdeckt hatte, bereits bevor Coxeter es genauer beschrieb. Erstaunlicherweise hatte anscheinend noch niemand versucht, ein Bild von dem Ding herzustellen.

Carlo und ich machten uns an die Arbeit und visualisierten zunächst einmal eine einzelne Zelle. Jede »Seite« eines 11-zelligen Polytops ist ein sogenanntes Hemi-Ikosaeder. Man kann sich das vorstellen als ein halbes Ikosaeder, das zu einem Oktaeder gefaltet ist und dem einige äußere Flächen fehlen, das dafür aber ein paar zusätzliche interne Flächen hat, die sich decken oder durchdringen. (Mit Worten kann man es nur schlecht beschreiben.) Ein Hemi-Ikosaeder hat zehn Zellen. Wenn man an jede davon weitere Hemi-Ikosaeder dranklebt, erhält man insgesamt elf Zellen.

Erstaunlicherweise verbinden sich diese Körper im vierdimensionalen Raum miteinander in perfekt regelmäßiger Symmetrie. Darüber hinaus ist das 11-zellige Polytop auch noch selbstdual. Wenn man also eine Linie zwischen den Mittelpunkten aller Facetten eines 11-zelligen Polytops zieht, erhält man ein weiteres 11-zelliges Polytop. Macht man das bei einem Würfel, erhält man ein Oktaeder. In einem wichtigen Punkt ist also die Symmetrie eines 11-zelligen Polytops eleganter als die eines Würfels.

Dimitri Leemans von der Freien Universität Brüssel und Egon

Schulte von der Northeastern University in Boston zeigten letztes Jahr, dass es nur noch einen vergleichbaren Körper wie das 11-zellige Polytop geben kann. Dabei handelt es sich um einen 57-zelligen Körper (entdeckt von niemand Geringerem als Coxeter selbst), aber 57 ist keine Primzahl. Daher ist das 11-zellige Polytop tatsächlich einzigartig.

Was nutzt all das? Vielleicht hat die Natur irgendeine Verwendung für die Symmetrien des Endekatops gefunden. Vielleicht in der theoretischen Physik? Vielleicht irgendetwas im Lebenszyklus einer lebenden Zelle? Früher oder später könnte sich das 11-zellige Polytop, wie Freeman Dyson andeutete, als wichtig erweisen.

Aber abgesehen davon hat man die Gewissheit, dass irgendwo dort oben am Himmel irgendeine Lebensform, die ansonsten völlig unverständlich wäre, bei derselben magischen Gelegenheit denselben Gedanken hatte.

(2007)

Frieden durch Gott

Vor neun Jahren kam eine brasilianische Studentin aus dem Interactive Telecommunications Program (ITP) an der New York University, wo ich früher lehrte, auf mich zu und erzählte mir eine Geschichte, die ich zunächst nicht glauben konnte. Sie beschrieb einen obskuren neuen Kult, der in Binärzahlen (Zeichenketten aus Einsen und Nullen) betete, den Grundelementen von Computerprogrammen. Der Gründer des Kults glaubte anscheinend, das Universum sei ein riesiger Computer.

Die Studentin fuhr über die Sommerferien nach Hause und brachte von dort ein Video als Beweis mit. Die Kultmitglieder waren in üppige, kitschige Roben gekleidet, wie die Aliens sie in der originalen *Raumschiff Enterprise*-Serie getragen hatten. Sie intonierten auf Portugiesisch: *Zero, um, um, zero, zero, um …* Das Video wirkte authentisch, auch wenn ich keine unabhängige Bestätigung dafür fand. Und wenn überhaupt jemand so einen Scherz durchziehen konnte, dann eine gerissene ITP-Studentin.

Mein erster Gedanke war: Hoffentlich irrt sich dieser Kult. Denn wenn diese Leute recht haben, dann könnte schon der kleinste Fehler in ihrer Litanei das Universum zum Absturz bringen. (Auf binärer Ebene kann schon ein einzelnes falsches Bit einen Computer abstürzen lassen.)

Mein zweiter Gedanke war, dass diese Beter zwar schräg waren, aber es anscheinend ernst meinten und ruhig und harmlos wirkten. Wahrscheinlich glaubt jeder an irgendeinen Unsinn, warum dann nicht an diesen lustigen Unsinn? Andererseits: Wäre es dann nicht vielleicht besser, wenn diese nicht sehr wohlhabend wirkenden Menschen reich würden, indem sie lernten, richtige Computer zu programmieren? Täte man ihnen womöglich einen Gefallen, wenn man ihren Glauben infrage stellte? Anderen Menschen zu sagen, was sie glauben sollen, ist unhöflich, aber es kann auch ein Zeichen für Gleichgültigkeit, ja sogar Hartherzigkeit sein, wenn man solche religiösen Überzeugungen nicht infrage stellt.

Ich habe mich im letzten Jahr bei dem öffentlichen Gezänk um Wissenschaft contra Religion zurückgehalten, weil ich nicht glaubte, dass eine weitere Stimme in der aufgeregten Menge viel bringen würde. Doch bisher war mein bevorzugter Ansatz bei der Frage »Wissenschaft contra Religion« in der öffentlichen Diskussion noch nicht so richtig vertreten. Daher mische ich mich nun ein.

Leider wird derzeit bei jedem neuen religiösen Kult zuallererst die Frage gestellt, ob ihre Anhänger zu Gewalt neigen. Binärgläubige sehen auf Video süß aus, klar, aber was, wenn sie in ein paar Jahren ein Datenzentrum in São Paulo stürmen?

Christopher Hitchens, Richard Dawkins und Daniel Dennett haben kürzlich eine Kampagne gegen die Religion geführt und dabei vor allem angeprangert, dass Religion zu Gewalt ermutigt. Das erinnert an ähnliche Behauptungen, dass Gewalt-Videospiele oder Pornografie zu kriminellem Verhalten führen. Manchmal tun sie das, aber manchmal tun sie das eindeutig nicht. Eine einzelne Ursache für menschliche Gewalt ist nur schwer zu bestimmen, weil Gewalt so weit verbreitet ist.

Was, wenn Religion Gewalt sowohl auslösen als auch reduzieren kann und ihre Wirkung von einigen wenigen Details abhängt, die wir glücklicherweise beeinflussen können? So könnte es meiner Meinung nach funktionieren: Die menschliche Spezies ist clanorientiert. Für uns ist sehr wichtig, wer zu unserem Clan gehört und wer zu einem konkurrierenden Clan. Demokrat oder Republikaner? Windows oder Linux? Unsere Clanleidenschaften können wir kaum ignorieren. Außerdem sind wir innerhalb unseres Clans hoffnungslos hierarchiefixiert. Dazu muss man nur zum Beispiel Teenagern zuhören, die die anderen dahingehend bewerten, mit wem man ein Date haben kann und wer Verachtung verdient. Schon die kleinsten Statusunterschiede sind für uns von größter Bedeutung. Klatsch und Tratsch faszinieren uns, egal wie banal sie sind.

Gewalt entsteht häufig, wenn Menschen um begrenzte Ressourcen kämpfen, aber manchmal gibt es keine derartige »rationale« Erklärung. In diesen Fällen ist fast immer eine Clandynamik schuld. Intellektuelle glauben gern, rationale Gedanken seien das Wichtigste, aber von den meisten Mördern hört man etwas anderes. Jugendliche, die andere Jugendliche auf den Straßen von Oakland in Kalifornien, ganz in der Nähe meines Wohnorts, erschießen, geben normalerweise an, es habe sich um eine Racheaktion der Gang oder um eine Reaktion auf »mangelnden Respekt« gehandelt. Bei Letzterem spielt oft das heikle Thema der sexuellen Selektion eine Rolle. Dies sind universelle und tragische Motive, die in der Literatur aller Völker vorkommen.

Die Religion setzte unsterbliche, übernatürliche Wesen an die Spitze des Clans und verringerte so die alltägliche Gewalt der Anhänger untereinander. Kreuzzüge, Dschihads und blutige Kirchenspaltungen waren der Preis für diesen Fortschritt, doch angesichts der düsteren Menschheitsgeschichte war das wahrscheinlich noch ein guter Deal.

Die Vorstellung von Gott (oder den Göttern) diente in der Antike auch als Möglichkeit, die clanzentrierte Denkweise der menschlichen Spezies auf das Problem des Weltverständnisses anzuwenden. In der hebräischen Bibel wird Gott zum Beispiel »König des Universums« genannt. Damit erfüllt Gott mindestens zwei Funktionen: als Clanführer und als Erklärung für die Realität. Wenn Wissenschaftler Gläubigen also sagen, dass sie schlichtweg falschliegen, glauben sie, sie träfen damit eine Aussage über die Natur, aber ich glaube, dass die Gläubigen da vor allem heraushören: »Wir Auserwählte verweigern dir deinen Status im Clan.«

Eine moderne Gewaltvermeidungstaktik, die schon zu vielversprechenden Ergebnissen geführt hat, besteht darin, dass eine Gesellschaft so viele sich überschneidende, unscharf definierte Clanhierarchien zulässt, damit das Stammesbewusstsein durcheinandergerät. Der demokratische Kapitalismus erreicht genau das. Im modernen Amerika gibt es viele Wege, um Status und Identität zu erlangen. Man kann Scherzvideos ins Netz stellen, Akademiker und Unternehmer sein mit viel Prestige und wenig Geld, alles gleichzeitig. (Ich kenne solche Menschen.) Bei diesem System glaubt man nicht mehr, dass eine Person nur einen einzigen Status hat oder zu nur einem einzigen Clan gehören kann.

Warum sollte man an die Gottesvorstellung nicht genauso umfassend herangehen, wie der demokratische Kapitalismus sich die Clanmentalität zunutze macht? Einstein sprach von etwas Ähnlichem, als er meinte, Gott würfele nicht mit dem Universum, und dem Gott Spinozas die Treue schwor. Es zeugt keineswegs von Respektlosigkeit, wenn man über Irrwege zu Gott findet. Es auf einem anderen Weg zu tun, könnte man als Mangel an Demut auslegen. Ein komplexer Gott wird weniger wahrscheinlich einen gewalttätigen Mob um sich scharen. Darum habe ich in früheren Essays guten Gewissens Gott erwähnt und damit einige atheistische Leser verärgert. Und darum glaube ich auch, dass das Aufkommen einer Binärreligion eine heilsame Sache sein könnte. Wenn wir Wissenschaftler Gott völlig ablehnen, hinterlassen wir nur einen simpleren und gefährlicheren Gott.

Diese optimistische Einschätzung ist nur sinnvoll, solange die Gottesidee als etwas wirklich Großes verstanden wird und nicht als etwas, was so klein wäre, dass es durch experimentelle Resultate bedroht werden könnte. Solange er kein »Gott der Lücken« ist, sondern größer als der Kosmos. Wenn die binären Beter erwarten, dass ihre Gesänge tatsächlich als Computerprogramm funktionieren, dann hat der Kult ein Problem, wie er auch ein Problem hätte, wenn die Anhänger glaubten, die Erde sei das Zentrum des Sonnensystems oder dass eine Evolution nicht existiere.

Wissenschaftliche Experimente müssen nicht zwangsläufig zu Beschränkungen führen, die Gott immer weiter reduzieren. Einige etablierte religiöse Denkansätze nutzen die Wissenschaft, um Gott zu erhöhen, der sich nur noch um die Dinge kümmert, die so groß sind, dass sie für die Wissenschaft nicht erfassbar sind. Doch warum sollte ein Wissenschaftler Themen, die so umfangreich oder geheimnisvoll sind, dass man sie wohl nie wird experimentell bearbeiten können, auch nur ansatzweise anerkennen, geschweige denn wohlwollend betrachten?

Einige mögliche Antworten: Weil es verlogen wäre, so zu tun, als wüsste man mit Sicherheit, dass bestimmte große Fragen nicht existieren. Weil ein »ewiges Mysterium«, wie ich es nenne, Erstaunen auslöst, wenn man es entdeckt. Vor allem aber weil Menschen sich vor dem Tod fürchten und es ihnen Hoffnung gibt, wenn die großen Fragen unbeantwortet bleiben. Nimmt man ihnen diese Hoffnung, dann überlässt man den Sieg jedem x-beliebigen Scharlatan, der sie ihnen zurückgibt.

Es ist kleinlich, diese Art der Hoffnung bekämpfen zu wollen. Außerdem stärkt man so die Befürchtung, Wissenschaftler würden sich für eine unfehlbare Bevölkerungselite halten. Schließlich haben auch Wissenschaftler Angst vor dem Tod, und wir haben selbst nicht unbedingt die hypothetische Ebene perfekter Rationalität in unserem Denken erreicht. Statt anderen Menschen also zu sagen, worauf sie nicht hoffen sollen, würde man bei einem konstruktiven Ansatz lernen, deutlicher auf die Grenzen des Experimentierens hinzuweisen.

Mein Lieblingsbeispiel für ein eventuelles »ewiges Mysterium« ist das Bewusstsein. Ein weiteres ist der Ursprung mathematischer Wahrheiten. Und noch ein weiteres ist die Frage, was vor dem Urknall geschah, als Zeit noch gar nicht existierte. Vernünftige Menschen mögen darüber streiten, ob bestimmte Fragen tatsächlich zu den »ewigen Mysterien« gehören, aber ich habe festgestellt, dass es schwierig ist, gar keinen Punkt auf dieser Liste zu haben. Oft taucht eine bestimmte Frage, die man von der Liste entfernen will, in veränderter Form wieder auf, so als wäre man ein kosmischer Sisyphos. Die Frage nach der Existenz des Bewusstseins ist so ein Punkt, den man einfach nicht loswird. Wenn man das Gehirn mit einem Computer gleichsetzt – dann bekommen Berechnungen plötzlich eine mysteriöse Qualität. Vielleicht folgt der brasilianische Binärkult dieser Denkweise. Schließlich hätten sie genauso gut beschließen können, ein Betriebssystem wie Linux zu verehren, was aber zugegeben nicht sehr überzeugend gewirkt hätte.

Die Wissenschaft kann die Grenze des von ihr beanspruchten Territoriums näherungsweise abstecken und dadurch noch an Stärke gewinnen. Mein schmerzlich vermisster Freund Stephen Jay Gould sprach in diesem Zusammenhang sehr treffend von den »Nonoverlapping Magisteria« – also von den »sich nicht überschneidenden Lehrbereichen«. Ich gehe noch einen Schritt weiter und schlage vor, dass Wissenschaftler nicht nur davon absehen sollten, sich über Menschen lustig zu machen, die auf der anderen Seite der Grenze Hoffnung finden. Stattdessen sollten sie sich aktiv an der vielstimmigen, multikulturellen Kolonisierung dieser fernen Grenze erfreuen, damit Fundamentalisten sie nicht als Monopol für sich beanspruchen können. Eine praktikable Definition für Spiritualität lautet: »die persönliche emotionale Beziehung zu Fragen, auf die es keine Antwort gibt«. Es ist möglich, sich an ihnen zu erfreuen.

Natürlich ist das in der Praxis nicht immer einfach. In der Bay Area, wo ich lebe, trifft man genauso viele New-Age-Anhänger wie christliche Fundamentalisten. In beiden Fällen bedienen sich die Gläubigen der Ungewissheit einer großen, wahrhaft mysteriösen Frage, wie jener nach dem Bewusstsein, als Ausrede, um an etwas Kleineres zu glauben, Astrologie etwa, das nicht experimentell widerlegt werden kann. Dann bin ich wieder zur Stelle und sage jemandem, was er definitiv *nicht* glauben darf.

Und der Binärkult? Wenn er wirklich existiert, dann haben die Gläubigen die Vorstellung von einem Computeruniversum im Sinne eines »Großen Mysteriums« anstelle eines Universums angenommen, das sich wissenschaftlich untersuchen ließe. Bisher habe ich noch nicht erlebt, dass jemand versucht hätte, eine Krankheit durch ein binäres Gebet zu heilen. Daher hoffe ich, dass sie Erfolg haben werden.

(2007)

Kommunikation mit Aliens durch
eine Neuanordnung der Sterne

In dieser Ausgabe schlage ich ernsthaft vor, dass wir mit der Neu-positionierung der Sonne und anderer nahe gelegener Sterne beginnen sollten, um so Signale an Aliens zu schicken. Und dass wir anfangen sollten, nach Anzeichen dafür zu suchen, dass Aliens dasselbe getan haben könnten, um mit uns zu kommunizieren.

Wahrscheinlich sollte ich dieser verrückt klingenden Idee eine Erklärung voranstellen. Naturwissenschaft ist eine emotionale Angelegenheit für mich, manchmal sogar emotionaler als Kunst. Der Grund dafür sagt viel über unser gegenwärtiges Verständnis von der Stellung des Menschen im Universum aus, aber auch genauso viel über meine Kindheit. Die Astronomie hat uns gelehrt, dass die Erde nur ein winziger Punkt in einer ebenso unzugänglichen wie unermesslichen Weite ist. Fast alles, was wir am Nachthimmel sehen, ist so weit weg, dass man kaum hoffen kann, jemals in Kontakt mit anderen Lebensformen dort draußen zu kommen – falls sie denn existieren. Noch schlimmer als die Möglichkeit, dass wir ganz allein sind, ist das Gefühl, dass es völlig egal ist, selbst wenn wir es nicht sind. In meinen ersten Lebensjahren verstärkte sich dieses Gefühl der Einsamkeit: Meine Mutter starb, als ich noch klein war, und eine Zeit lang war für mich der Rest der Menschheit so weit entfernt, wie die Tiefen des Universums es heute sind.

Ich vermute, dass viele Menschen, die sich für Naturwissenschaften interessieren, insbesondere für Physik und Astronomie, ähnliche Gefühlserlebnisse in ihrem Leben hatten. Diese Erfahrung treibt den typischen Nerd insgeheim an, den Jugendlichen also, der sich von der Gesellschaft entfernt und stattdessen lieber auf eine fundamentalere Weise mit der Realität in Kontakt tritt.

Die Suche nach außerirdischer Intelligenz, auch SETI genannt (»Search for Extraterrestrial Intelligence«), ist wohl der konkreteste Versuch, mit dem Universum in Kontakt zu treten. Bei den bekanntesten Versuchen wird auf Signale gehorcht: Vielleicht haben wir Glück und fangen ein Funksignal von Aliens auf.

Glück ist bei diesen Bemühungen ein wichtiger Faktor, weil unsere Suche auf einen so winzigen Sektor von Zeit und Raum in einem riesigen Universum beschränkt ist. Nehmen wir einmal an, wir würden ein Funksignal an alle Aliens ausschicken und die Sendestation könnte 100 000 Jahre lang senden – viel länger, als je eine Zivilisation existiert hat, und fast so lange, wie es den modernen Menschen gibt. Doch selbst diese Zeitspanne wäre wahrscheinlich zu kurz, als dass irgendjemand das Signal hören würde.

Der Grund dafür ist, dass der Mensch genauso gut mehrere hundert Millionen Jahre früher oder später auf der Erde hätte erscheinen können. Dazu hätte es nur etwas so Banales wie einen Asteroideneinschlag gebraucht. Wenn der Asteroid, der anscheinend zum Aussterben der Dinosaurier geführt hat, die Erde verfehlt hätte, hätte es vielleicht fünfzig Millionen Jahre vor dem Menschen schon intelligente Dinosaurier gegeben. Oder vielleicht hätte sich dennoch ein intelligentes Säugetier entwickelt, aber zweihundert Millionen Jahre später als der Mensch. Die Evolution auf anderen Welten wäre vermutlich ebenso stark durch zufällige Ereignisse beeinflusst, und daher ist es äußerst unwahrscheinlich, dass intelligente Aliens in genau diesem Zeitfenster von 100 000 Jahren hinhören, in denen unser Funksignal ihren Standort erreicht.

Wir brauchen daher eine bessere Kontaktmöglichkeit, mit der wir das Problem des winzigen Zeitfensters umgehen können. Eine Art Flaschenpost loszuschicken ist eine Möglichkeit. Tatsächlich sind die beiden *Voyager*-Sonden gerade mit zwei goldenen Scheiben an Bord, auf denen grundlegende Informationen über die Erde eingraviert sind, auf dem Weg zu den Sternen. Die Sonden haben zwar eine sehr lange Lebensdauer, aber auch einen Nachteil: Sie sind so klein, dass sie ziemlich dicht an einer außerirdischen Zivilisation vorbeifliegen müssen, um entdeckt zu werden.

Gibt es irgendeinen Weg, den Rest des Universums zu erreichen, bei dem sich viel Zeit und Raum abdecken lässt? Einen ersten Hinweis auf eine Lösung bieten aktuelle Denkansätze, wie man sicherstellen kann, dass die Menschheit nicht dasselbe Schicksal erleidet wie die Dinosaurier. Wenn ein Asteroid auf uns zufliegt, wäre es uns lieber, er würde uns nicht treffen. Eine vielversprechende Möglichkeit, das zu verhindern, scheint der Einsatz eines »Gravitationsschleppers«, eines Raumschiffs, das ausgeschickt wird, um neben einem gefährlichen Asteroiden mitzufliegen. Über einen längeren Zeitraum hinweg – mehrere Jahre – lenkt die leichte gravitative Anziehung des Schiffs den Asteroiden auf einen neuen, sicheren Kurs ab.

Nun könnte man dieses Prinzip des Gravitationsschleppers in einem größeren Maßstab anwenden, den ich als »gravitative Kurssicherung« bezeichne. Wir schicken einfach eine erhebliche Anzahl von Schlepperraumschiffen über viele Jahre hinweg los, die sich schließlich zu einer Flotte am äußeren Rand des Sonnensystems sammeln. Diese Raumschiffe sind autonom und funktionieren auch noch, wenn die Zivilisation, die sie erschuf, untergeht. Sie sind auf eine Lebensdauer von mehreren hunderttausend Jahren programmiert, wie der Funksender, den ich vorher erwähnte, aber sie werden ein sehr viel stärkeres Erbe hinterlassen als ein Funksignal.

Die Flotte nun adjustiert die Flugbahnen einiger der größeren Objekte im Kuipergürtel – kometenartige Objekte an der Peripherie unseres Sonnensystems. (Für die inneren Planeten, wie die Erde, haben diese Veränderungen keine negativen Auswirkungen.) Die neu angeordneten Objekte im Kuipergürtel wirken über einen sehr langen Zeitraum hinweg als großer Gravitationsschlepper, der die Hauptebene des Sonnensystems verändert und schließlich auch dessen Flugbahn durch die Milchstraße. Gleichzeitig werden wir auch Raumschiffverbände zu fünfzehn Nachbarsternen schicken. Die Schiffe brauchen möglicherweise mehrere zehntausend Jahre, um diese Sterne zu erreichen, und noch viel länger, um deren Flugbahn zu verändern.

Warum sollen wir die Sterne überhaupt bewegen? Weil wir sie dann zu einer Konstellation zusammenführen können, die mit an Sicherheit grenzender Wahrscheinlichkeit von Natur aus nie vorgekommen wäre. Eine zu erwartende Einrichtungszeit von mehreren zehntausend Jahren könnte so eine sehr viel längere Signalzeit ermöglichen. Eine mögliche Bezeichnung für eine Sternengruppe, die derart zu einem Signal angeordnet wird, wäre »Graphstellation« (also eine »Konstellation«, die gleichzeitig eine Schrift ist).

Offensichtlich stellt uns dieses Vorhaben vor einige Herausforderungen. Derzeit ist die Vorstellung einer gravitativen Kurssicherung noch rein spekulativ, das Ganze womöglich gar nicht durchführbar. Und selbst wenn eine solche Verschiebung machbar wäre, wäre unser Sonnensystem ein schlechter Kandidat dafür. Die Masse des gesamten Kuipergürtels beträgt vielleicht ein Millionstel der Sonnenmasse. Damit kann man nicht allzu viel erreichen. In den nächsten Jahrzehnten sollen jedoch die Strukturen nahe gelegener Sonnensysteme untersucht werden. Vielleicht sind einige Nachbarsysteme besser für Aktionen mit gravitativen Kurssicherungen geeignet. In einem idealen Sonnensystem müssten benachbarte Umlaufkörper passende Massenunterschiede aufweisen. Wenn das nicht funktioniert, ergibt sich vielleicht eine andere Methode, wie man die Flugbahn eines Sterns beeinflussen kann.

Ich bin immer wieder erstaunt, wie verspielt, aufgeschlossen und intellektuell großzügig die besten Wissenschaftler sind. So auch, als Piet Hut vom Institute for Advanced Study (IAS) anrief, um sich mit mir über Graphstellationen zu unterhalten. (Er war, unter anderem, führend bei der Untersuchung von ungewöhnlichen, aber möglichen Orbitalstrukturen.) Dass nicht sehr viel dafürsprach, dass wir Asteroiden je würden bewegen können, von Sternen ganz zu schweigen, störte Piet nicht im Geringsten. Wenn es einen triftigen Grund für die Schaffung einer Graphstellation gab und nicht bewiesen war, dass es unmöglich war, dann lohnte es sich seiner Meinung nach, darüber nachzudenken.

Piet schlug sofort eine mehrfach geschachtelte Binärstern-Graphstellation vor, mit der schönen Fachbezeichnung »Hypersuper-duper-Doppelstern-System«: ein Paar aus zwei Paaren aus zwei Paaren von Doppelsternen, also sechzehn Sterne insgesamt. Diese Konstellation wäre stabil und würde höchstwahrscheinlich nicht mit benachbarten Sternen interagieren. Sie würde auch dem Sonnensystem oder dem Leben auf der Erde nicht schaden, falls wir Teil der Formation wären. In der Einrichtungsphase würde man ein Sternenpaar auf Kurs zu einer gemeinsamen Umlaufbahn bringen, und zwar so, dass die Paare sich wiederum zu Paaren zusammenfügen und so weiter. Ein natürliches Vorkommen einer solchen Struktur ist nahezu ausgeschlossen, und sie wäre auch aus weiter Entfernung erkennbar. Ein außerirdischer Beobachter müsste gar nicht die einzelnen Sterne erkennen können, um zu bemerken, dass da etwas Seltsames vorgeht, dem Alien müssten nur die feinen Veränderungen in der Lichtqualität auffallen, Positionsschwankungen und weitere Hinweise.

Piet und ich hatten eine interessante Diskussion, bei der wir die Graphstellationen mit den ägyptischen Pyramiden verglichen. Wir fragten uns, ob die Neuanordnung der Sterne eine ganz große Nummer wäre, so wie der Pyramidenbau aus unserer Sicht die ganz große Nummer war, oder ob es eher an den Rufer in der Wüste erinnerte.

Man kann einen interessanten Vergleich mit der Dyson-Sphäre ziehen. Im Jahr 1960 kam der Physiker Freeman Dyson auf die Idee, eine fortschrittliche Zivilisation könne die gesamte Solarenergie eines Sterns einfangen wollen und zu diesem Zweck eine Sphäre, als Kugel, bauen, die den Stern vollständig umgibt. Er meinte, wir sollten nach solchen Sphären im All suchen. Bisher wurden keine gefunden. Eine Graphstellation hätte weit weniger praktischen Nutzen für ihre Erbauer, aber sie wäre wahrscheinlich sehr viel einfacher einzurichten und zu entdecken als eine Dyson-Sphäre.

Offensichtlich sollten wir als Nächstes nach einer Graphstellation suchen, die andere bereits erschaffen haben könnten. Das wird keine triviale Aufgabe. Es gibt sehr viele Sterne, und man muss dabei die vielen verschiedenen Formen von möglichen Graph-

stellationen berücksichtigen, nicht nur jene, die uns bereits eingefallen sind. Aber ich rekrutiere gerade meine Astronomenfreunde
für diese Suche. Außerdem habe ich mit Leuten gesprochen, die
Weltraummissionen planen. Es sind schon verrücktere Dinge geschehen.

(2008)

Teil 2

Denken im Wandel

KAPITEL 3

Die Erfindung einer Ideologie

Das Grenzland zwischen uns

Vorhersagen für die Entwicklung der Informatik in den nächsten fünfzig Jahren zu machen ist relativ einfach – wenn man vor allem die Computer im Auge hat und von den Menschen absieht. Ich kann zum Beispiel mit einiger Sicherheit vorhersagen, dass die Leistungsfähigkeit der Hardware unglaublich steigen wird, aber gleichzeitig die Eleganz der Software abnehmen und diese Leistungssteigerung auffressen wird, weil sich mehrere Jahrzehnte Altsysteme wie parasitäre Schlingpflanzen um sie winden. Aber sobald Menschen ins Spiel kommen, werden Vorhersagen schwierig.

Wer hätte gedacht, dass nicht nur Computer, sondern die Informatik zu einem zentralen Bestandteil der Popkultur werden würden? Wer hätte sich vorstellen können, dass man eines Tages Zeitschriften mit Artikeln über Caches und Dithering an der Supermarktkasse kaufen kann? Oder dass Unix-Pfadnamen (als Webadressen) in der Werbung gebräuchlich werden würden?

Die größte Überraschung in den ersten fünfzig Jahren der Computer war jedoch, dass die Informatik selbst zu einer Kulturtechnik wurde, mit all ihren Fehlern und Semikolons. Viele Visionäre glaubten, dass Computer und Netzwerke die Kultur umgestalten würden, aber dabei ging man meist davon aus, dass die hässlichen Details mit ihrem zunehmenden Einfluss unsichtbar würden. Und auch heute noch gilt im Marketing der Computerbranche der Leitsatz, Hard- und Software müssten in einer nicht näher benannten Zukunft »Konsumgüter« werden, wie Toaster. Doch anscheinend beschäftigen sich Menschen gern mit dem Innenleben ihrer Computer. Kinder können komplexe Websites in HTML und Java programmieren, lassen aber regelmäßig Toastscheiben verbrennen.

Die Allgemeinheit hat sich schon oft oberflächlich für Wissenschaft und Technik begeistert, ist dabei aber nie in die Tiefen vorgedrungen. Millionen von Menschen finden Dinosaurier toll und schwarze Löcher, aber wie viele von ihnen waren schon bei einer Ausgrabung dabei oder haben Spektraldaten analysiert? Im Zusammenhang mit Computern entsteht Technikaffinität gerade als Massenbewegung, vor allem bei Kindern und Jugendlichen. Wir sind immer davon ausgegangen, dass Computer *populär* werden, aber stattdessen wurde die breite Masse *fachkundig*.

Zum Teil liegt das an der unermüdlichen Vermarktung von sperriger Software durch Microsoft und zum Teil am wirtschaftlichen Druck zugunsten offener Systeme, die immer etwas mehr Kanten und Ecken haben. Aber da muss es noch etwas anderes geben, eine emotionale Anziehung. Vielleicht ist es die Verlockung, eine Mikrowelt beherrschen zu können, die vorhersagbarer und mit weniger Schmerz verbunden ist als das echte Leben. Ein abstraktes Aquarium, ein Zahlentheater.

Wie dem auch sei – der Gedanke, dass eine breite Öffentlichkeit sich auf das Mysterium »Computer« einlässt, gefällt mir sehr, gäbe es da nicht ein Problem: Das Material ist erbärmlich hässlich. Beim Anblick der Jugendlichen, mit ihren verkohlten Toastscheiben, die stundenlang an HTML-Quellcode herumbasteln, könnte ich heulen. Das ist genau die Art von einschläferndem Stumpfsinn, von dem ich einst glaubte, er gehöre Ende der achtziger Jahre endgültig der Vergangenheit an. Damals dachte ich, dass heute ganz allgemein brillante visuelle Programmiertools genutzt würden.

Leider ist die Informatik der einzige Kulturmotor, der keinen Gedanken an Schönheit verschwendet hat. Warum hätten wir das auch tun sollen? Wir ahnten nicht, dass wir eine Kultur erschufen. Wir dachten, wir würden unsichtbare Werkzeuge herstellen. Die Lizenz zur Kulturschöpfung wurde uns völlig überraschend erteilt. In den nächsten fünfzig Jahren werden wir die Gelegenheit und die damit verbundene Verantwortung haben, Beiträge zu leisten, wie wir es niemals erwartet hätten.

Unsere Kunst ist abstrakt, aber sie hat beträchtliche emotionale und gesellschaftliche Auswirkungen auf unser Publikum. Schon heute existieren Meisterwerke. Das imponierendste ist wahrscheinlich die Protokollfamilie TCP/IP* mit dem dazugehörigen Code, auf dem das Internet beruht. Die Protokolle sind wunderschön und verkörpern Offenheit und damit auch Vertrauen. Nur selten macht sich eine außerordentliche und positive menschliche Eigenschaft erstmals aufgrund eines Kunstwerks bemerkbar, doch genau dies geschah als Reaktion auf TCP/IP. Auf dem fruchtbaren Boden des Internets mussten besondere neue Organismen, wie das World Wide Web, geradezu zwangsläufig gedeihen und erblühen. Vorher wusste niemand, dass mehrere Millionen Menschen sich fast augenblicklich zusammenschließen können, um etwas aufzubauen (in diesem Fall das Web), ganz einfach, weil sie es wollten, ohne Planung, Autoritätsstrukturen, Werbung oder Geld. Es stellte sich heraus, dass sich Menschen, unter den passenden Bedingungen, sehr gut für Anarchie eignen. Leider ist TCP/IP die Ausnahme. Es gibt sehr viel mehr hässliche Beispiele – wie etwa MS-DOS – als schöne. Hässlichkeit ist bei Software einfach schlimmer als bei anderen Kunstformen, weil sie langlebiger ist. Eine Software-Ebene wird unverzichtbar, wenn sich neue Ebenen auf sie beziehen, und wenn untere Ebenen hässlich sind, dringt das nach oben durch. Wir werden uns also noch viele Jahre lang mit MS-DOS herumschlagen müssen, und das wird die Schönheit aller Software, die darauf aufbaut, negativ beeinflussen.

Wie entwickelt man schöne Software? Allgemeine Entwicklungsprinzipien reichen aus, um Eleganz zu erzeugen, aber nicht Schönheit. Für Schönheit muss man sich der menschlichen Angelegenheiten jenseits der Computer bewusst sein. Beim Nachdenken über die Beziehung zwischen Mensch und Computer erliegt man leicht einer Figur-Grund-Täuschung: Man sieht den Computer als Zentrum und den Menschen als Peripherie. Diese Illusion wird durch die allgemeine Computer-Besessenheit noch verstärkt, die

---

* Transmission Control Protocol/Internet Protocol ist eine Familie von Netzwerkprotokollen (A. d. Ü).

bei der künstlichen Intelligenz ihren Höhepunkt erreicht. Derartige Realitätsverluste sind, meiner Meinung nach, die Hauptursachen für Hässlichkeit im Computerbereich. Wenn Entscheidungen beim Softwaredesign nicht im Hinblick auf menschliche Belange getroffen werden, können sie nur mit Bezug auf andere Software getroffen werden, was zu einem unsinnigen Selbstbezugskonstrukt führt, das frei in der Luft hängt. Man kann diese Illusion ganz einfach entlarven, wenn man darauf hinweist, dass Computer nicht unabhängig von Menschen funktionieren. Computer sind kulturelle Artefakte, wie Sprache, die nur für Eingeweihte verständlich sind. Für einen Marsmenschen ist ein Computer und ein Toaster ein und dasselbe.

Wenn man Informationssysteme als reine Verbindungskanäle betrachtet zwischen den verschiedenen Vorstellungswelten der Menschen, eröffnen sich großartige Perspektiven. Informatiker können aus dem erfreulichen Umstand, dass die breite Öffentlichkeit sich schon so früh für die Computerbastelei erwärmte, folgern, dass wir uns nicht lediglich an Konsumenten richten, sondern an Schöpfer. In den nächsten fünfzig Jahren wird die Informatik eine neue Kunstform hervorbringen, die die drei großen Kunstformen des 20. Jahrhunderts miteinander vereinen wird: Kino, Jazz und Programmierung. Das Ergebnis wird ein Massentheater von spontan geteilter Fantasie und Träumen sein. Ich hoffe, dass dies in Gestalt von vernetzter VR mit inspirierenden Autorentools geschehen wird, die schnelle und improvisierende Schöpfungen erlauben. Aber es ist egal, wie genau es aussehen wird. Wir erschaffen etwas, das Menschen ermöglicht, ihre Visionen mit anderen zu teilen und sie als etwas Greifbares und Wertvolles zu erfahren – und das noch im Erwachsenalter.

Die Informatik wird dieses Grenzland für die Menschheit erschließen. Natürlich betritt die Wissenschaft auch noch an anderen Orten Neuland, bei der Erforschung des Weltraums oder bei der Hirnforschung etwa. Aber nur unser Grenzland wird immer weitere, bisher unvermutete Potenziale im wertvollsten aller natürlichen Phänomene aufdecken: dem menschlichen Miteinander.

(1997)

Virtuelles Gemeingut

Über das Internet als Gemeingut kann man kaum etwas Neues schreiben – wir alle haben uns in den letzten vier oder fünf Jahren ausführlich darüber geäußert. Hier ist meine Zusammenfassung: Das Internet ist das einzige Gemeingut, das heutzutage die Unterstützung wirklich des *gesamten* politischen Spektrums genießt. »Technologie« ist unser universales Codewort für eine gemeinsame Sorge um die Zukunft, so merkwürdig das klingt. Man findet genug Verrückte, die die Straßen, das Trinkwasser oder das Militär privatisieren wollen, aber das Netz ist immer noch sakrosankt.

Doch das Internet versagt als Gemeingut, weil man sich ihm nicht komplett entziehen kann. Ein Gemeingut definiert indirekt auch das, was nicht dazugehört, das Gefühl des Persönlichen, des Privaten. Ein Gemeingut bedeutet eine gesellschaftliche Vereinbarung, bei der sich die Menschen in einem gemeinsamen Bereich treffen.* In diesem Bereich gelten bestimmte Einschränkungen, was das persönliche Verhalten und die eigene Identität betrifft – ein vernünftiger, einvernehmlicher Kompromiss für eine gewisse Zeit. Dadurch ist im Privatleben Vielfalt möglich. Die Geografie bietet die willkommene Gelegenheit, diese Trennung zu erreichen. Das Netz hingegen ist überall und allgegenwärtig. Was wir derzeit mit Webcams erleben, ist erst der Anfang. In Zukunft werden radikale Strategien erforderlich sein, um sich dem Internet zu entziehen.

Für ein Gemeingut ist das Internet ziemlich groß. Dementspre-

---

* Der englische Begriff »commons« beinhaltet auch den historischen Begriff der »Allmende«, also eine von allen genutzte landwirtschaftliche Fläche (A. d. Ü.).

chend stellt man sich diese »Allmende« vor wie in einer Geschichte von Kafka – als einen ziemlich extravaganten Central Park, der so weitläufig ist, dass man tagelang darin herumwandern kann, bevor man jemanden trifft, mit dem man etwas gemeinsam hat. Und doch ist die Internetkultur, zur Überraschung vieler Netzveteranen, enorm gewachsen: Es gibt tatsächlich unzählige Online-Communities, nicht nur »The WELL«.* Sie sind vielleicht kurzlebig und oberflächlich, aber das sollte nicht von ihrer Bedeutung ablenken.

Das Internet ist vielleicht auch zu wenig greifbar, um ein Gemeingut zu sein. Das zeigt sich bei einigen aktuellen, besonders verzwickten Problemen, etwa wenn es heißt: »Mein Sohn hat in der Schulbibliothek haufenweise Pornos heruntergeladen.« Für solche Probleme gibt es keine einfache Lösung. Filtersoftware verbannt nicht alle Pornoseiten, blockiert dafür aber andere, die gar nichts mit Pornografie zu tun haben. Es hilft also nichts, wir selbst müssen politische und ästhetische Entscheidungen treffen, und die werden auf jeden Fall polarisieren.

Ein anderes Beispiel für ein schwer zu lösendes Problem ist Spam. Bei einer »Allmende« in Form von Erde und Gras kann man lästige Werbung leicht begrenzen und kontrollieren. Im Internet ist das nicht so einfach. Die einzig wirksame Lösung bestünde darin, *jede* unerbetene Form der Kommunikation zu unterbinden, womit man aber gerade das Wunderbare dieses Mediums und seine eigentliche Daseinsberechtigung zerstören würde.

Wenn das Internet als Gemeingut Bestand haben soll, muss man verhindern, dass es als Mittel der persönlichen Ermächtigung fungiert, obwohl diese Möglichkeit sein eigentliches Wesen ausmacht und gerade darin seine Stärke liegt. Das Internet kann als Gemeingut nur funktionieren, wenn wir daran glauben und ihm mehr Vertrauen entgegenbringen als anderen kollektiven Ressourcen.

Das Internet wird dann zum Gemeingut, wenn wir bereit sind, uns vernünftig zu benehmen, statt andere zu manipulieren und

---

* Whole Earth 'Lectronic Link: die älteste Online-Community der Welt (A. d. Ü.).

kontrollieren. In gewissem Sinn ist dieser vernünftige Umgang miteinander schwieriger zu erreichen als bei der Allmende alten Stils, weil er jetzt rund um die Uhr und nicht mehr nur gelegentlich erforderlich ist. Außerdem geht es nicht nur um eine lokale Dorfbevölkerung, sondern um Millionen Menschen weltweit. Bei einem völlig offenen Gemeingut werden die Grenzen der Erfahrung von den extremsten und schrägsten Erscheinungen definiert. Und angesichts der wachsenden Weltbevölkerung muss man damit rechnen, dass die extremen Randerscheinungen menschlichen Verhaltens weiter zunehmen.

Zum Glück gibt es im Cyberspace, anders als in der realen Welt, keine Ressourcenknappheit, daher zeigt sich der Mensch hier eher von seiner guten Seite. Bislang waren Spam, Pornografie und andere Probleme nicht so gravierend und konnten das Internet als Gemeingut nicht zerstören. Das ist wirklich ein Wunder und gibt nach Jahrhunderten endlich wieder einmal Anlass zu Optimismus. Andererseits könnte die Furcht vor einem Missbrauch, selbst wenn es gar nicht dazu kommt, Grund genug sein, die Freiheit im Internet einzuschränken.

Bei alldem darf man nicht vergessen, dass die historische Allmende nicht global war, sondern lokal begrenzt und damit viele automatisch ausgeschlossen waren. Die Vorstellung, dass ein Gemeingut universal sein kann, hätte für die traditionellen Nutzer von Weideland wie ein Widerspruch in sich geklungen. Es gab schon immer Spannungen zwischen dem kollektiven Verantwortungsgefühl gegenüber der eigenen Gemeinschaft (einschließlich einer möglichen Benachteiligung anderer Gemeinschaften) und einem Altruismus, der auf die gesamte Menschheit oder Natur ausgerichtet ist. Das Clandenken liegt uns offenbar im Blut und fällt uns leichter als die Verantwortung gegenüber der Allgemeinheit.

Das Internet bestand und besteht aus Menschen, daher gibt es darin nichts anderes zu verwalten als unser eigenes kollektives Verantwortungsgefühl. Wir selbst sind der Boden und das Gras. Unsere Sonne und das Wasser sind die Empathie.

(1998)

Bestandsaufnahme

Also, was hat sich in den letzten fünf Jahren verändert?

Die Informatik wurde Teil der Popkultur. In Werbeanzeigen für Pizza stehen Webadressen, die an Verzeichnisnamen unter Unix erinnern. Sich mit Computern auszukennen ist heute ein ebenso verbreitetes Hobby wie Hobbypsychologie oder Innenarchitektur. Jeder tut es.

Der Computer ist zur universellen Metapher geworden. Das Gehirn, die Wirtschaft, die Evolution und die Politik, all das wird von vielen Menschen – auch außerhalb der Computer-Community – als eine Art Computerprogramm betrachtet. Der libertäre Kapitalismus genießt unter IT-Freaks und intelligenten jungen Leuten ein derartiges Ansehen, dass nicht einmal mehr darüber diskutiert wird – er ist so selbstverständlich wie die Luft zum Atmen. Das liegt zum Teil daran, dass er die algorithmischste Alternative ist: automatisch, amoralisch und perfekt – zumindest in der Theorie. Von derselben Vorliebe profitieren auch die Evolutionstheorie von Dawkins und das Spieltheoriemodell in der Politik. Meme und Soziobiologie bekommen einen technischen Anstrich, der sie als bevorzugte Metapher für unsere Kultur und unsere Beziehungen qualifiziert.

Diese Entwicklung ist schmeichelhaft für Informatiker, aber mich ärgert sie. Die Welt wird kleiner, wenn eine einzelne Metapher zu dominant wird. In einem Algorithmus ergibt jedes kleine Detail einen Sinn. Winzige Algorithmen können riesige Mengen augenscheinlicher Komplexität hervorbringen. In der Realität ist das nicht unbedingt der Fall. Manchmal ist Komplexität nicht reduzierbar. Manchmal bricht ein freier Markt zusammen, ein anatomisches Merkmal hat keinen Sinn, und die bessere Idee verliert.

Das Internet erschuf das genaueste Abbild der Menschheit aller Zeiten. Es ist keine Zusammenfassung von Sozialwissenschaftlern oder einer elitären Denkfabrik. Es ist keine Hagiografie einer Ära, verfasst von einem romantischen Idealisten oder einem spöttischen Zyniker. Das sind wirklich wir, und zum ersten Mal können wir uns unmittelbar unter die Lupe nehmen. Unsere kollektiven Jalousien sind hochgezogen. Wir sehen jetzt, wie banal, geizig, hässlich, pervers, einsam, liebenswert, inspirierend, überraschend und zärtlich Menschen sein können. Insgesamt gesehen können wir erleichtert aufatmen. Wir sind ganz in Ordnung.

Eine gute Form der Anarchie ist möglich, das wissen wir jetzt. Es wurde schon des öfteren gesagt, aber es ist noch kein Gemeinplatz: Das Internet wurde von Millionen Menschen aufgebaut, nur weil sie es wollten, ohne Not, Gier, Angst, Hierarchie, Autoritätsgläubigkeit, ethnische Identifikation, Werbung oder irgendeine andere Form von Manipulation. Etwas Derartiges hat es noch nie zuvor gegeben. Das kann uns jetzt egal sein, aber dafür wird man sich an uns erinnern. Eine neue Dimension menschlichen Potenzials eröffnete sich uns.

Pop-Stile gehören der Vergangenheit an. Zum ersten Mal in diesem Jahrhundert gibt es keinen erkennbaren neuen Stil in der Popmusik, keine für diese Zeit charakteristischen Möbel, Frisuren oder Kleidung. Das Neuartige am Stil der letzten fünf Jahre ist nicht sein Aussehen, sondern seine Entstehung. Künstler aller Art arbeiten heute digital. Sie bedienen sich per Cut-and-Paste bei allen Schöpfungen der Menschheit. In ferner Zukunft werden Filme über die neunziger Jahre nur an den vorsintflutlichen Computern im Szenenbild zu erkennen sein. Die Entwicklung nahm ihren Anfang bei computerbegeisterten jungen Leuten in den späten achtziger Jahren, aber in den letzten fünf Jahren hat sie, gemeinsam mit der digitalen Technologie, den Mainstream erreicht.

Stil war früher auch Ausdruck der technologischen Grenzen der Medien jener Zeit. Der Sound der Beatles entsprach dem, was man erreichen konnte, wenn man die Aufnahmetechniken der sechziger Jahre an ihre absoluten Grenzen trieb. Künstler sehnen sich nach Grenzen, zu viel Freiheit stürzt uns in eine verstörende Leere. Wir werden dann schnell nervös und orientierungslos, wie Kinder, die nichts zu tun haben. Aus diesem Grund sind Simulationen »klassischer« Musiksynthesizer derzeit angesagter als flexiblere und leistungsfähigere Geräte. Natürlich schränken auch digitale Werkzeuge Künstler ein, aber die Grenzen dieser Technologien sind so weit und vereinzelt, und sie verändern sich so schnell, dass sie keine dauerhaften Reibungspunkte bieten. Es gibt Ausnahmen: Videos brauchen eine hohe Bandbreite, sodass sie auf den wenigsten Computern problemlos verarbeitet werden können. Hier können Künstler noch mit ihren Werkzeugen kämpfen, und MTV hat einen erkennbaren Neunziger-Jahre-Look.

Stil entstand früher durch Interaktion der menschlichen Seele mit den begrenzten Möglichkeiten bestimmter Werkzeuge. Im digitalen Zeitalter muss er allein aus der Seele kommen.

Software ist *nicht* gleich Freiheit. Software sollte den Zugang zu einem Universum eröffnen, in dem alles Vorstellbare auch realisiert werden kann, wenn man die richtigen Eingabe/Ausgabe-Geräte hatte. Doch leider kam es anders. Auch bei Software gibt es eine Evolution, die unterschiedliche Arten hervorbringt: Schlechte Software kann beim Wechsel große Probleme verursachen (Lock-in-Effekt), gute Software kann auf neuen Plattformen unbenutzbar werden. Zwei eigentlich für eine Zusammenführung prädestinierte Softwareprogramme können grundsätzlich inkompatibel sein. (Dieser Punkt widerspricht dem vorigen scheinbar. Das Ergebnis ist heute noch nicht abzusehen, aber die Entwicklungsgeschichte von Software wird zukünftige Stilrichtungen wahrscheinlich bedeutend beeinflussen.)

Software wurde schlechter, Computer wurden langsamer. Für die einfachsten Aufgaben entstanden aufgeblähte Tools, weil man User zum Kauf unnötiger Updates überreden wollte. Schlechte Software machte den Vorteil von höheren Hardwaregeschwindigkeiten zunichte. Mir fiel das erst kürzlich im Gespräch mit einer Sekretärin auf, die sich beschwerte, ihr Textverarbeitungsprogramm sei früher, bevor sie einen Windows/Pentium-Rechner bekommen hatte, schneller und in der Benutzung einfacher gewesen. Ein Computer mag theoretisch schneller sein, aber wenn es für den menschlichen Anwender keinen zusätzlichen Nutzen bringt, ist die Leistungssteigerung eine Illusion. Das ist keine Frage der Quantität, sondern der Qualität. Bei wichtigen Aufgaben, wie einer Suche im Internet, ist man sogar zur Schnittstelle per Kommandozeile zurückgekehrt – einschließlich kryptischer »=strings.*«-Eingaben. Gleichzeitig werden die Desktops, dank Microsoft, immer voller und unübersichtlicher.

Digitale Monopole sind unvermeidbar. Die Dynamik der Standards ist gnadenlos. Ein digitales Produkt, das lange genug überlebt, hat am Ende keine Konkurrenten mehr. Es kann nur noch sterben, wenn seine Nische stirbt. In den letzten fünf Jahren wurde Bill Gates zum reichsten Menschen der Welt, und Software wurde ein essenzieller Bestandteil der amerikanischen Wirtschaftsmacht.

Unsere Vorstellung von Produktivität hat sich unmerklich verändert. In der neuen Informationswirtschaft sind Menschen wertvoll, die Informationen umherbewegen und manipulieren, auch wenn dabei keine echte Arbeit verrichtet wird. Das ist eine positive Entwicklung, denn ohne diesen Trick würden Computer zur höchsten Arbeitslosigkeit aller Zeiten führen. Stattdessen eröffnet die Informationstechnologie einen Ausblick darauf, wie sich Freizeit und Kapitalismus kombinieren lassen.

Es gibt kein globales Dorf. Wir haben endlich gesehen, was geschieht, wenn die Informationstechnologie die ganze Welt durchdringt. Ein Dorf bedeutet Stabilität. Jeder kennt seine oder ihre Rolle in der Gemeinschaft. Doch heute ist alles mehr im Fluss denn je. Die Geschäftswelt ist ein gutes Beispiel. In der neuen Umgebung wechseln Manager ihre Jobs ebenso häufig wie Wanderarbeiter. Unternehmen sind transnational, sie fusionieren und teilen sich wie Schleimpilze. Eine Umgebung, die sich im Fluss befindet, braucht neue Werte. Menschliche Beziehungen bieten so wenig Beständigkeit, dass Abstraktionen wie Markennamen inzwischen die einzigen Konstanten sind. Die Unbeständigkeit der Menschen führte zu einer Verherrlichung von Marken.

Kinder sind schlauer. Leider nicht alle Kinder. Aber diejenigen, die auf der »richtigen« Seite der Kurve stehen, machen rasante Fortschritte. Vor fünf Jahren war bereits bekannt, dass Kinder Computertechnologien einfacher erlernen als Erwachsene. Heute stellen wir fest, dass man sie ihnen nicht einmal beibringen muss. Es ist fast so, als hätten die Kinder jahrhundertelang nur auf jemanden gewartet, der ihre Muttersprache erfindet. Besonders gefällt mir die Geschichte eines dreijährigen Mädchens, das sich beschwerte, der Fernseher sei kaputt, weil es damit nur die Fernsehkanäle wechseln konnte. Die erste Generation von Postkonsumenten hat das Licht der Welt erblickt.

Erwachsene haben mehr Angst. Sie fürchten, die Kontrolle an eine jüngere Generation mit besseren digitalen Fertigkeiten zu verlieren. Eltern verstehen nicht mehr, was ihre Kinder im Internet tun, und verlangen daher eine Zensur und Kommunikationskontrolle, über die kein Diktator in diesem Ausmaß je verfügt hat. Die Computerstreiche einiger junger Witzbolde lösten hysterische Reaktionen aus. Doch man sollte eines nicht vergessen: Diese Jugend rebelliert produktiver, intelligenter und optimistischer als jede Generation vor ihr.

Hightech wirkt inzwischen, möglicherweise, friedensstiftend. Ich möchte das nicht überbewerten, aber die Medien bieten inzwischen den Nervenkitzel, die Herausforderungen und die Rituale, die man früher nur durch Gewalt erleben konnte. Das Militär lechzt seit Hiroshima nach cooler Technologie. Das Coolste, was Militärtechniker in der Vergangenheit herstellen konnten, war eine Waffe. Heute ist es ein VR-System. Selbst die serbischen Nationalisten entschieden sich gegen einen Krieg, nachdem sie die Simulation gesehen hatten. Auch wir Amerikaner verspüren unterdessen keinerlei Bedürfnis mehr, unsere Landsleute irgendwo im Ausland zu verheizen wie bisher. Natürlich kann ich mit der Einschätzung völlig danebenliegen. Gegenbeispiele sind schrecklich einfach zu finden. Aber vielleicht sind dies tatsächlich frühe Anzeichen für einen Weg aus dem Krieg.

Bei sozialen Konflikten geht es heute ebenso häufig um Identitätstechnologien (Stichwort Abtreibungen) wie um die Verteilung von Ressourcen. In den vergangenen fünf Jahren verbreitete sich MTV über die ganze Welt und rief bombenlegende Fundamentalisten auf den Plan. Doch die blutigen Gegenbewegungen zur westlichen Kultur richten sich im Grunde gar nicht gegen Rockmusik, Coca-Cola und Levi's, die Anhänger dieser Bewegungen lieben diese Dinge in Wirklichkeit. Doch Menschen weltweit lernen Technologien kennen, die ihnen die Macht geben, sich selbst grundlegend neu zu definieren, was ihre gegenwärtige Identität zerstört. Und das macht ihnen Angst. Geburtenkontrolle, Abtreibung, Satellitenfernsehen und das Internet sind nur die ersten Warnzeichen. Sie haben Angst, bald die ersten Geschlechtsumwandlungen, Neuroimplantate und Designerkinder zu sehen. Nicht nur die politischen Führer spüren die bevorstehende Krise, sondern alle Menschen. Wir erleben einen weltweiten Widerstand, der sich nicht gegen den Imperialismus richtet, sondern gegen die widersprüchlichen Sehnsüchte jedes Einzelnen.

(1998)

KAPITEL 4

Zweifel an der künstlichen Intelligenz als Weg zum Verständnis von digitaler Politik und Wirtschaft

Die Essays in diesem Kapitel finde ich die interessantesten, weil sie den geradezu gewaltsamen Prozess von intellektuellem Wachstum und Wandel dokumentieren. Ich stellte viele meiner früheren Annahmen zunehmend infrage, hielt an anderen jedoch weiterhin fest, und so bewegte sich mein Denken einige Jahre durch ein Netzwerk aus bizarren Widersprüchen, bis sich eine neue Synthese herausgebildet hatte. Rückblickend könnte man einen dialektischen Prozess nach Hegel darin erkennen, aber mir war zu der Zeit nicht klar, was da vor sich ging. Ich glaube, das wäre jedem so gegangen. Wahrscheinlich erkennt das niemand, der einen derartigen Prozess durchlebt. Es passiert, ohne dass man es merkt.

Bei den digitalen Experten waren viele, in einer komplizierten Mischung, sowohl erfreut als auch enttäuscht, als im Jahr 1992 das World Wide Web richtig durchstartete. Auf der einen Seite war es wunderbar, dass es geschah, aber andererseits war es auch traurig, weil Hypertext eigentlich so viel mehr hätte sein können. Den Unterschied erkläre ich in meinem Buch *Wem gehört die Zukunft?*: Das Internet, wie wir es heute kennen, verfügt nicht über Zweiwege-Links, es unterstützt das Kopieren von Daten, vergibt keine Zeitstempel und speichert auch nicht die Herkunft von Daten und so weiter.

Ein Jahr später gewann Panik die Oberhand bei meinen Freunden. Ich hatte zunehmend das Gefühl, ich hätte mich mehr einbringen müssen. Wahrscheinlich hätte ich den Code tatsächlich beeinflussen können, aber ich – wie viele andere auch – hatte nur gedacht: »Oh, dieses Grundlagenzeugs ist langweilig.«

Ich finde es bemerkenswert, dass ich im folgenden ersten Essay dieses Kapitels, »Karma Vertigo«, ankündige, ich würde an einem Buch darüber arbeiten, wie man das korrigieren könnte. Tatsächlich dauerte es noch fast zwei Jahrzehnte, bis *Wem gehört die Zukunft?* auch veröffentlicht wurde, was in der Internet-Zeitrechnung, wie auch in der politischen Zeitrechnung, eine Ewigkeit ist. Aber so ist das eben. Ideen brauchen ihre Zeit, um heranzureifen, bis man weiß, wie man etwas ausdrücken kann.

Hätte ich das Buch damals schon schreiben können? Teile davon sicherlich. Die Grundidee ist in »Karma Vertigo« bereits erkennbar. Doch ich konnte damals nicht wissen, als wie absurd und manipulativ sich die Überwachungsökonomie erweisen würde, und ich konnte ebenso wenig ahnen, dass künstliche Intelligenz nur durch »Big Data« möglich werden würde. Diese letztere Erkenntnis lieferte den Kern der Lösung, die ich letztendlich vorschlug: Dass man Menschen für ihre Beiträge zu Big Data, die eine scheinbare Automatisierung erst ermöglichen, belohnt. Diese Synthese gewährt den Menschen weiterhin Macht, Wohlstand, Selbstbestimmung und nachhaltigen Einfluss als Bürger, selbst wenn die Maschinen sehr gut werden.

Ein paar wenige Dinge, die ich damals sagte, bereue ich heute. In »Agenten der Entfremdung« stellte ich Microsoft als symbolischen Quell all dessen hin, was in der digitalen Welt schieflief. In anderen Essays aus dieser Zeit war das sogar noch deutlicher.

Rückblickend habe ich immer eine loyale Opposition in der IT-Branche eingenommen. Ich mag IT-Firmen und die Menschen, die für sie arbeiten. Die Leute bei Microsoft sind großartig, und immer wieder wechseln Mitarbeiter zwischen den verschiedenen Firmen.

Viele im Silicon Valley wandten sich vor allem gegen Microsoft, weil das Unternehmen so erfolgreich war, obwohl es sich gar nicht entscheidend von allen anderen Unternehmen im Silicon Valley unterschied. Vielleicht herrschte da eine regionale Rivalität. Es ist zutiefst menschlich, sich einen Feind zu suchen, wo eigentlich gar keiner ist. Ich arbeite derzeit in der Forschungsabteilung von

Microsoft, und ich bin froh, den Übergang von paranoidem Idealismus zu imperfektem Realismus vollzogen zu haben.

In »Agenten der Entfremdung« erkennt man, wie sich meine spirituellen Überzeugungen mit der Kritik an bestimmten digitalen Entwürfen und Kulturen verbanden. Mich beschäftigte die verbreitete Forderung nach der Schaffung sogenannter »smarter« Algorithmen, die man damals »Agenten« nannte. Als Ansatzpunkt für meine Kritik brachte ich vor, dass die Ansprüche, die man erfüllen musste, um als intelligent zu gelten, sinken würden, wenn wir Algorithmen als »intelligent« bezeichneten.

Heute gibt es noch nicht einmal eine eigene Bezeichnung für dieses Konzept, weil es allgegenwärtig geworden ist. Man geht einfach davon aus, dass ein Algorithmus häufig entscheidet, welche Musik man hört, mit wem man ausgeht und schläft, welche politischen Botschaften uns erreichen und ob man einen Kredit bekommt.

Damals war klar, dass diese Algorithmen, wenn sie allgemein verwendet werden würden, als Werkzeuge mit Auswahloption beworben würden, die Menschen unterstützten, obwohl ihre Verwendung wahrscheinlich bald obligatorisch werden und man sie einsetzen würde, um diese Menschen auszuspionieren und zu beeinflussen. Im Jahr 1995 schrieb ich:

»Wenn Informations-Konsumenten die Welt durch die Augen eines Agenten betrachten, dann wird Werbung zur Kunst, Agenten zu kontrollieren – durch Bestechung, Hacken oder was auch immer. Dann könnte es zu einem Wettrüsten zwischen gepanzerten Agenten und mit Hackern besetzten Werbeagenturen kommen. Tolle Vorstellung.«

Und um jedem Missverständnis vorzubeugen: »Tolle Vorstellung« war ironisch gemeint.

Das Potenzial für dreiste Manipulationen und gesunkene Erwartungen, die sich in einer algorithmischen Überwachungswirtschaft ergeben würden, war damals schon offensichtlich, lange vor Google, lange bevor die Technologie überhaupt existierte, und dennoch kam es zu diesem bescheuerten Szenario. Auf irgendeiner

Ebene wollten die Menschen es, oder zumindest ließ etwas in der menschlichen Natur es als unvermeidlich erscheinen.

Ich bin nach wie vor davon überzeugt, dass wir uns mit diesem Gefühl der Unvermeidbarkeit nicht abfinden müssen. Aber diese scheinbare Unüberwindlichkeit zu überwinden, wird Kraft kosten – wie immer.

Ich finde es außerdem interessant, wie misstrauisch ich bereits in den neunziger Jahren gegenüber der endlosen Selbstbeweihräucherung und dem Narzissmus der digitalen Online-Kultur war. Und dennoch reden wir auch heute immer noch über uns selbst.

Die Technologie funktionierte damals noch nicht, und daher konnte ich ihr nur entgegentreten, indem ich die negativen philosophischen und spirituellen Auswirkungen des *Konzepts* dieser Technologie analysierte, die Philosophie. Daher schrieb ich für Zeitschriften, die sich mit philosophischen Fragen zum Thema Bewusstsein beschäftigten. Ein paar dieser Artikel sind in diesem Buch abgedruckt, zum Beispiel »Der Tod: Torwächter der Bewusstseinsforschung?« sowie »Und jetzt eine kurze Bemerkung aus dem Jetzt«.

Am erstaunlichsten finde ich an meinen Texten aus den neunziger Jahren jedoch, wie lange ich an alten Idealen aus den siebziger und achtziger Jahren festhielt, trotz der inzwischen offensichtlichen großen Widersprüche. Ich wollte einfach unbedingt weiterhin gegen Copyright sein und an einer Hacker-zentrierten Vorstellung von Zensur festhalten, während ich mich gleichzeitig für ein Recht auf absolute Anonymität und die Veröffentlichung sämtlicher Codes einsetzte. Diese Ideale spielen für viele Menschen auch heute noch eine Rolle, und ich habe mich intensiv für sie eingesetzt, bis ich schließlich einsah, dass sie keinen rechten Sinn ergaben und dass sie vor allem in der Praxis versagt hatten.

In der Realität führen diese Ideale gemeinsam nämlich nicht zur Freiheit des Einzelnen, sondern zu einer Machtkonzentration in den Händen dessen, der den effektivsten Computer besitzt und damit die besten Voraussetzungen hat, um die Daten aller Menschen zu sammeln. Die Eigentümer derartiger Computer können irgendwann der Versuchung nicht mehr widerstehen, diese Daten für manipulative und unfaire Pläne zu nutzen. Dabei ist es völlig egal, ob der Eigentümer ein Nachrichtendienst, ein Kundenservice, eine kriminelle Organisation, ein Finanzinstitut, eine Versicherung oder eine Wahlkampagne ist. Das Vorgehen ist in allen Fällen das Gleiche.

Dieses Phänomen bezeichne ich in *Wem gehört die Zukunft?* als »Sirenenserver«. Es ist die unvermeidliche Folge einer Handlungsweise nach den Idealen, die mir so wichtig waren, auch wenn sie großartig klangen und auch heute immer noch großartig klingen, wenn man nur in einem begrenzten Rahmen denkt.

Ich hatte dieses Problem bereits in »Agenten der Entfremdung«, zumindest andeutungsweise, formuliert, und dennoch warb ich noch einige Jahre lang für das, was zu diesem Problem führte. Warum? Weil diese Konzepte manchmal verwirrend sind, weil ich die Freundschaft und den Umgang der Menschen schätzte, die derselben Meinung waren wie ich, und weil es noch nicht genug empirische Erkenntnisse aus der realen Welt gab.

Kurz nachdem das Web richtig durchstartete, schrieb ich einen »bescheidenen Vorschlag«, wie man aus dem Web eine neue Plattform für Apps machen und so verhindern könnte, dass PC-Betriebssysteme diesen Schatz kontrollierten. Ich habe den Vorschlag in diese Sammlung aufgenommen, weil er einen kleinen Eindruck vom Geist jener Zeit vermittelt. Ich hatte gehofft, Kevin Kelly würde ihn im *Wired*-Magazin veröffentlichen, das damals ganz neu war, aber er schob es immer wieder auf. Es war ein eigenwilliger kleiner Text, aber auch sehr brisant und gefährlich.

Dennoch sind verschiedene Versionen des Vorschlags im Umlauf, und bei Meetings und in Gesprächen wurde diese kleine Abhandlung immer wieder erwähnt. Die darin vorgeschlagene Hardware-Kooperative kam nie so recht zustande, aber bei der Software funktionierte es wunderbar, zunächst bei Projekten wie Java, und später, in größerem Umfang, mit Unternehmen wie Google.

Doch ich wünschte, ich hätte damals berücksichtigt, dass die Menschen in der PC-Ära zumindest noch im Besitz ihrer eigenen

Daten waren. Die Daten wurden oft auf einem PC gespeichert, der der Person gehörte, die diese Daten benutzte. PCs boten die Lebensgrundlage für eine breite Mittelklasse. Von unserem Umgang mit Computern heute kann man das nicht mehr behaupten.

In der heutigen Cloud-Ära werden Daten auf fremden, weit entfernten Computern gespeichert, und letztendlich profitieren andere weit mehr von diesen Daten als die Menschen, die glauben, dass sie ihnen nutzen. So kann man mithilfe der Sharing Economy beispielsweise auf Reisen eine günstige Übernachtungsmöglichkeit finden, aber gleichzeitig finden auch Finanzleute den idealen Zeitpunkt heraus, an dem jemand aus einer Notlage heraus auch einen unvorteilhaften Kredit annimmt. Diese beiden Nutzungsweisen sind kaum miteinander vergleichbar. Der Fremde, mit dem Sie nie kommunizieren und den Sie nie identifizieren werden, kommt dabei sehr viel besser weg. Sie schaden Ihren Zukunftsaussichten im Austausch für etwas wertlosen Plunder und Schrott.

Wenn man anderen Leuten die eigenen Daten überlässt, damit sie einen besser austricksen können, führt das unvermeidbar zu einer erstaunlich ungleichen Verteilung von Vermögen und Macht. Ich hatte dies bereits 1994 erkannt, doch damals wagte ich noch nicht, alle Puzzlestücke zusammenzufügen, weil das Gesamtbild so problematisch war.

Damals sprach niemand wirklich aus, wie das Gesamtbild aussah. Stattdessen klammerten wir uns an die Hoffnung, dass die freie Meinungsäußerung in der digitalen Welt sich irgendwie gegen alle Probleme, die durch die digitale Welt verstärkt oder neu entstehen könnten, durchsetzen würde. Doch damit lagen wir falsch.

Der »bescheidene Vorschlag« hat kein offizielles Veröffentlichungsdatum und passt daher nicht ganz in die Chronologie der anderen Texte. Er war im Jahr 1993 im Umlauf, aber nach »Karma Vertigo« noch immer sehr verbreitet. Auch hier finde ich es wiederum erstaunlich, dass ich damals ein einziges Unternehmen, Microsoft, als Feindbild ins Visier nahm. Inzwischen habe ich die Erfahrung gemacht, dass man so viele Feinde besiegen kann, wie man will, und die Welt trotzdem nicht unbedingt besser wird. So wurde Microsoft zwar reguliert, aber die wirtschaftliche Ungleichheit in der digitalen Welt wurde dennoch unzweifelhaft größer.

Ein weiterer alter Text, der zeigt, wie stark sich mein Denken verändert hat, stammt vom Jahresanfang 1996. Bemerkenswerterweise veröffentlichte *The New York Times* »Kein Maulkorb fürs Internet« (einen ziemlich technischen Artikel) als Kommentar. In dem Artikel wurde wahrscheinlich zum ersten Mal in der Mainstream-Presse vorgeschlagen, mit Code die Überwachung durch die Regierung zu behindern. Die Idee dazu kam teilweise von einem deutschen Gericht! Die darin geäußerte Grundidee kennt man inzwischen aus Peer-to-Peer-Netzwerken à la Pirate Bay.

Wir alle, nicht nur ich, saßen einer Illusion auf, die teilweise mit dem damaligen Entwicklungsstand nach dem Moore'schen Gesetz zu tun hatte. Damals war die Datenverarbeitung und waren speziell digitale Speicher immer noch kostspielig, und Hochgeschwindigkeitsverbindungen waren rar. Wir dachten daher weniger über Daten, und schon gar nicht über Big Data, nach, sondern eher über Code, der kompakt und bereits im Umlauf war. Daher konnte man leicht zu dem Schluss gelangen, dass Freiheit bedeutete, zu verhindern, dass irgendein Unternehmen oder die Regierung die Programmcodes kontrollierte. Die Lösung: den Code offenzulegen und zu veröffentlichen.

Heute finden wir uns in der absurden Situation wieder, dass diese Forderung für digitale Aktivisten, die zum Beispiel für »Open Source« werben, heute immer noch unantastbar ist, *während gleichzeitig* ferne Unternehmen in riesigen, geheimen Anlagen Daten horten, echte Daten über jeden Einzelnen von uns. Häufig werden Open-Source-Programme und kostenlose Tools benutzt, um diese Daten zu sammeln!

Alte, überholte Vorstellungen aus einer anderen Zeit wurden zu einem derart unantastbaren Dogma erhoben, dass viele es für völlig legitim halten, dass Open-Source-Code als Köder benutzt wird, um an persönliche Daten zu gelangen. Das gilt als normal. Nie gab es ein deutlicheres Beispiel, wie gefährlich es ist, sich an alte politische Ideale zu klammern, wenn man stattdessen aus den Gegebenheiten lernen sollte.

Damals glaubten wir noch, man könne gleichzeitig für Datenschutz und gegen Copyright sein, aber für einen Algorithmus sind diese beiden Konstruktionen anscheinend fast nicht zu unterscheiden. Wann wird die digitale Politik dem Moore'schen Gesetz nicht mehr hinterherhinken? Wie viel Zeit brauchen die Menschen?

Auch wenn die hier versammelten Essays und Interviews etwas anderes vermuten lassen: Die meiste Zeit *tue* ich tatsächlich etwas und mache mir nicht nur Sorgen über die Folgen meines früheren Tuns. Als ich die folgenden Texte schrieb, war ich wissenschaftlicher Leiter bei Advanced Network and Services, zu denen auch das Entwicklungsbüro des Internet2 gehörte. Außerdem war ich als Musiker aktiv und hatte Lehraufträge an der New York University und der Columbia University in New York. Ich hatte Spaß.

In einem meiner satirischen Essays scheint etwas von meinem Leben in New York durch. In diesem Fall hatte die *New York Times* mich ohne mein Wissen für einen Wettbewerb angemeldet. Gesucht wurde jemand, der eine »*Times* Capsule« entwarf (statt einer »time capsule«), eine Zeitkapsel der Zeitung, die alle Zeiten überdauern sollte.

Ich wurde von einem Komitee als einer von vier Finalisten ausgewählt. Die anderen drei waren berühmte Architekten oder Designer. Sie alle schlugen eine Kapsel aus poliertem Titan in verschiedenen Formen vor. (Santiago Calatrava gewann den Wettbewerb, und sein Entwurf wurde gebaut. Die Kapsel sieht aus wie ein großer, glänzender Glückskeks.)

Ich reichte gemeinsam mit dem Komponisten und Wissenschaftler David Sulzer, alias Dave Soldier, und der Illustratorin Lisa Haney einen Vorschlag ein. Wir wurden Zweite! Wir schlugen vor, jede Ausgabe der *New York Times* in der DNA von Küchenschaben zu codieren, die dann in New York ausgesetzt werden sollten. Dies führte zur Ausstellung eines typischen alten, Schaben-verseuchten

Apartments im Museum of Natural History, das von echten Wohnungen in einem ähnlichen Zustand umgeben war.

Es war ein wundervoller Dada-Moment und eine tolle Art, den Jahrtausendwechsel zu feiern. Erstaunlicherweise wurde unser Vorschlag, Küchenschaben in New York auszuwildern, in einem witzigen Kommentar in einer ernsthaften Biologie-Fachzeitschrift erwähnt. Durch diese Erwähnung in einem wissenschaftlichen Artikel wurde unser Vorschlag selbst wissenschaftlich. Forscher bauten auf unserer Idee auf und entwickelten passende Labortechniken. Unser Vorschlag wurde mehrere Dutzend Male in der Fachliteratur erwähnt.

Der Grat zwischen Scherz und Wissenschaft ist bei Jahrtausendwechseln anscheinend besonders schmal.

In diese Sammlung aufgenommen habe ich außerdem die Beschreibung eines Konzerts, das ich aus dem Innern der virtuellen Realität im Jahr 1992 gab. Ich spielte das Stück mehrfach öffentlich, aber die Premiere fand in der Halbzeitshow des großen Filmvorführungsabends von SIGGRAPH* in Chicago statt.

In diesen Texten kommt noch immer die digitale Ideologie der achtziger Jahre zum Tragen. »Die Piraterie ist dein Freund« war eine Erkenntnis, die meine Freunde und ich erst spät hatten, aber für die Öffentlichkeit war dies ein früher, einschneidender Ausdruck dessen, was heute ein Glaubensgrundsatz für viele Menschen ist. Ich halte den Gedanken inzwischen für eindeutig falsch. Aber im Jahr 1999 klammerte ich mich noch an die Hoffnung, ich könnte meinem Glauben ewig treu bleiben. Ich muss allerdings gestehen, dass ich damals 100 000 US-Dollar Vorschuss von einer Plattenfirma erhielt – in US-Dollar von 1999! Und trotzdem hatte ich das Gefühl, ich würde »abgezockt«. Heute kann ich mich nur

---

* Special Interest Group on Graphics and Interactive Techniques: eine Themengruppe der Association for Computing Machinery, die sich mit Computergrafik beschäftigt. Eine Tagungsrunde desselben Namens findet seit 1974 jährlich in den USA statt.

darüber wundern, wie verwöhnt und privilegiert ich war. Gläubige Menschen sind oft naiv.

In diesem letzten Moment, in man sich an die alten Glaubensgrundsätze klammert, die gerade unter ihrem eigenen Gewicht zusammenbrechen, vertritt man seine Überzeugungen manchmal besonders fanatisch. Man versucht ein letztes Mal, sich selbst von ihrer Richtigkeit zu überzeugen, auch wenn man eigentlich schon erkannt hat, dass das nicht klappen wird.

Der Auslöser für meine radikale Meinungsänderung waren mehrere Benefizveranstaltungen, die ich kurz nach der Veröffentlichung dieses Essay organisieren musste, um ein paar berühmte Jazzveteranen zu unterstützen, damit sie in schlechten Zeiten ihre Wohnungen behalten konnten, oder um die medizinische Versorgung von Ex-Rockstars zu bezahlen. Diese Leute konnten sich noch bis vor kurzem gut selbst versorgen und hatten nie die Wohltätigkeit anderer in Anspruch nehmen müssen, aber sie waren auf Lizenzzahlungen angewiesen. Ich wurde mit den menschlichen Folgen des Versagens meiner Ideologie konfrontiert.

Der »Piraterie«-Text ist ein wichtiger Teil der Sammlung. Wir müssen lernen, unsere Wandlungen, unsere Wandelbarkeit, offen zu bekunden, damit andere Menschen sich weniger in ihren eigenen Ideologien gefangen fühlen. Freiheit ist niemals statisch. Wir müssen uns immer infrage stellen und dürfen uns nie auf unserer Selbstzufriedenheit ausruhen. Die eigenen Überzeugungen infrage zu stellen ist schmerzlich, aber man überlebt es.

Im Jahr 2000 machte ich mir zunehmend Sorgen, dass die Weltsicht einer gewissen Hightech-Minderheit der Welt im Ganzen Schaden zufügen könnte. Ich war gleichzeitig Teil dieser Minderheit und ein Kritiker in den eigenen Reihen.

Karma Vertigo

Oder: Gedanken über die riesige
Verantwortung, die die Anfänge der Informationsstruktur uns aufbürden

Der manchmal Lemming-artige Wettbewerb zwischen Großunternehmen um Preise, die sie gar nicht verstehen, lenkt uns von
unserer Verantwortung für die Zukunft ab.

Sind wir so weit zu erkennen, dass wir uns mitten in einer his-
torisch prägenden Phase befinden? Oder drücken wir uns vor der
Verantwortung und tun so, als wüssten wir nicht, was geschieht?

Ich verfolge die Debatte um den »Datenhighway« schon länger,
und irgendwie tun viele Leute, die es eigentlich besser wissen, als
sei dies nur ein weiteres Großprojekt wie die Autobahnen oder das
Raumfahrtprogramm. Dabei handelt es sich aus zwei einfachen
Gründen um etwas sehr viel Folgenreicheres: Es wird alles verändern, und es lässt sich nicht mehr rückgängig machen.

Verbraucherschutzorganisationen wie die Electronic Frontier
Foundation (EFF) haben die Schlachtlinie bereits deutlich gezogen.
Diese Linie trennt eine demokratische Zukunft von einer Zukunft,
in der die Freiheit gefährdet ist. Doch hinter diesem offensichtlichen Konflikt droht ein anderer, ebenso entscheidender, aber
deutlich subtilerer. Es geht dabei um die Frage, wie man Qualität,
Schönheit und andere unwägbar subjektive Dinge gewährleisten
kann, wenn das Netz denn einst Platz für Demokratie bietet.

Software-Entwickler Mitch Kapor erfand den wundervollen
Slogan: »Architektur ist Politik.« (Die technische Struktur eines
Computernetzwerks wird als Architektur bezeichnet.)

Wir könnten uns in mancher Hinsicht glücklich schätzen,
wenn die Bedeutung der Architektur auf die Politik beschränkt

würde. Denn in einer Demokratie dient uns die Politik am meisten, wenn sie am wenigsten für uns tut. Doch leider geht die Architektur so weit über Politik hinaus, dass man ihre Bedeutung nur schwer erfassen kann. Die Architektur bildet die Grundlage für die Sprache, Gesellschaft und Kultur der Zukunft. Zunächst wird es so aussehen, als sei der Netzwerkentwurf weniger wichtig als die Inhalte, die darübergelegt werden. Doch das wird nur für die ersten ein oder zwei Generationen von Nutzern zutreffen. Danach wird deutlich werden, dass der Netzwerkentwurf das Genmaterial ist, aus dem unsere Kultur entsteht, eine persönliche und eindringliche Präsenz, deren Einfluss, ebenso wie bei der Struktur von gesprochener Sprache, zu groß ist, als dass man ihn isolieren oder messen könnte.

Die Netzwerkarchitektur wird jede menschliche Unternehmung, die Kommunikation über Zeit und Distanz hinweg beinhaltet, verändern. Wir erschaffen gerade Material, das über viele Generationen hinweg unsere Zivilisation prägen wird. Die Informationsinfrastruktur wird Art und Bewegung der Inhalte bestimmen und wird den Großteil dessen ausmachen, was wir heute gemeinsam erschaffen und als Erbe hinterlassen.

Im Gegensatz zu den Handlungen der Regierung werden die strukturellen Elemente des Netzwerks Fakten sein, keine Gesetze, die interpretiert und präzisiert werden können. Vor allem aber werden die Entscheidungen, die wir treffen, weitgehend unwiderruflich sein.

In den nächsten zehn Jahren werden Prinzipien aufgestellt und in die Netzwerkressourcen integriert werden, die sich wohl für viele Generationen nicht ändern werden, wenn überhaupt jemals. Ein Grund hierfür ist, dass man sich nur schwer auf eine Änderung des Netzwerks einigen könnte, wie das auch oft bei Gesetzesänderungen der Fall ist. Der Hauptgrund ist allerdings ein technisches Problem: Software und Netzwerkarchitekturen bauen in enger Verzahnung auf Grundannahmen auf, die sich kaum noch rückgängig machen lassen, wenn ein System eine bestimmte Größe erreicht hat.

Hier ein einfaches Beispiel für die kulturellen Konsequenzen der Architektur, die vielleicht in einigen Jahrzehnten die menschliche Erfahrungswelt prägen werden, aber wenn sie es tun, könnten sie sich als kulturelle Zeitbombe entpuppen: Ich arbeite mit der virtuellen Realität, einem Medium, in dem typischerweise viel gleichzeitig und kontinuierlich geschieht – so wie sich Objekte und Menschen in der physischen Welt bewegen, oder wie Tänzer im Ballett. Im Gegensatz dazu basieren die meisten konventionellen Computer und Netzwerkentwürfe nicht auf kontinuierlichen, sondern auf »diskreten«, also aus einzelnen Elementen aufgebauten Ereignissen, einem einzelnen Mausklick etwa. Das sind zwei völlig unterschiedliche Welten. Werden die Datenhighways der Zukunft zu kontinuierlichen, ballettartigen Transaktionen zwischen Menschen anregen, oder wird die menschliche Kommunikation als eine Reihe diskreter Transaktionsmomente definiert werden? Die Antwort auf diese und viele weitere Fragen könnte tatsächlich mehrere Jahre im Voraus festgelegt werden, bevor die Allgemeinheit die Folgen erlebt. Dabei handelt es sich um ein ziemlich esoterisches Beispiel. Weitere ähnliche Strukturaspekte werden den Wahrheitsbegriff der Zukunft definieren, oder sie werden bestimmen, welcher Wert Schönheit zugemessen wird, was man unter Datenschutz, Geld oder Demokratie versteht.

Für mich ist Zivilisation ein großartiges Experiment, um herauszufinden, ob man Freundlichkeit und Vernunft im menschlichen Miteinander systematisch fördern kann. Die Entwicklungen in der Netzwerkinfrastruktur der nächsten zehn Jahre sollten grundsätzlich umsetzen, was man bis dahin aus diesem Experiment gelernt hat.

Der Unterschied zwischen den idealistischen politischen Kämpfen der Vergangenheit und dem Kampf um die Cyber-Demokratie (*igitt* – den Ausdruck sollte man nie wieder benutzen) der Gegenwart und Zukunft besteht darin, dass in einer »Cyber-Demokratie« mehr Freiheit möglich ist. Das erschwert die Sache sogar noch, weil die Unbequemlichkeiten der »Prä-Cyber«-Kommunikation zahlreiche Probleme entschärften und so in der Schwebe hielten.

Die größte Schwachstelle des Kommunismus liegt meiner

Meinung nach darin, dass er die Existenz menschlichen Erlebens jenseits der kommunistischen Gedankenwelt nicht berücksichtigt. Freiheit ist in größter Gefahr, wenn Menschen nach bestimmten Vorstellungen eingeschränkt werden, weil wir, wie die Natur insgesamt, unseren besten Interpretationen immer einen Schritt voraus sind. Daher wurde unter dem Regime des Kommunismus versucht, Spiritualität, Sentimentalität, Identitäten und Traditionen zu zerstören.

Im Zusammenhang mit der virtuellen Realität erfand ich den Slogan »Information ist entfremdete Erfahrung«. Dieser Satz war teilweise eine Reaktion auf die abstoßenden Tendenzen von Theoretikern aus Politik, Kunst und Computerdesign, die so tun, als ließen sich Menschen durch Konzepte oder Worte umfassend beschreiben.

Doch Wissenschaftlichkeit bedeutet, dass nur widerlegbare Theorien zugelassen werden. Wenn man künstlich eine Grenze zieht, um seine Theorie vom Menschen durchzusetzen, erzeugt man ein Vexierbild, das verhindert, dass man gleichzeitig die andere Seite sieht. Und man hat keine Chance, diese Theorie zu überprüfen.

Ein besonderer Vorzug der amerikanischen Regierungsform ist ihre selbstbeschränkende Verfassung. Der Ausdruck »das Streben nach Glück« etwa weist einen undefinierbaren Bereich aus jenseits von Gesetz oder Sprache, der einen zentralen Teil von »Freiheit« ausmacht. Eine erstaunlich durchdachte Vorstellung und eine sehr viel kompaktere Aussage als spätere Denker, wie Wittgenstein, sie trafen, die mutig die Grenzen ihrer Gedanken definierten. Leider muss die Informationsinfrastruktur der Zukunft in manchen Fällen unweigerlich in dieses unerforschte Territorium vorstoßen, um aus politischen und kulturellen Theorien ein notwendiges und unsichtbares Gerüst zu erschaffen.

Unsere Verfassung war so konzipiert, dass sie immer wieder den Umständen angepasst werden konnte, nachdem sie in Kraft getreten war. Es ist nicht einfach, sie zu ändern, aber sie wurde geändert, und ich bin sicher, dass die meisten US-Bürger diese

Veränderungen gut finden, die in den Verfassungszusätzen festgelegt wurden, wie etwa die Bill of Rights oder die Abschaffung
der Sklaverei. Die US-Verfassung ist ein lebendiger Text, wie die
lange Geschichte von Interpretationen in Form von Gesetzen zeigt.
Sie lebt und wächst, wenn ihre Prinzipien auf neue Situationen
angewendet werden.

Eine Netzwerkarchitektur lagert sich hingegen ab wie Schicht-
gestein. Einst provisorische Konzepte, wie die Existenz einzelner
Dateien (statt eines großen, zusammenhängenden Datenmeers)
sind so fest etabliert, dass sie physikalischen Gesetzen entsprechen.
Mir graust bei dem Gedanken, dass unsere Nachfahren sich in
tausend Jahren wahrscheinlich immer noch mit MS-DOS und
Unix herumschlagen müssen …

Anfang des Jahres 1994 wachte ich eines Morgens um vier Uhr
auf und schrieb die erste Fassung dieses Texts in Form eines Ge-
bets. Die Seehunde von Sausalito bellten aufgeregt, und dann gab
es ein Erdbeben. (Das war vor dem Erdbeben in Los Angeles.) Ich
betete um ein zukünftiges Netzwerk, das demokratisch, schön und
spirituell war. Normalerweise käme mir das Wort »beten« im Zusammenhang mit Informationstechnologie nie in den Sinn, aber
ich weiß einfach nicht, was man angesichts einer derart bedeutenden Aufgabe, die so viel wundervolles Potenzial bietet, anderes
tun soll. Diese Aufgabe ist unvermeidbar und gleichzeitig etwas,
das viele nachfolgende Generationen nicht mehr ungeschehen
machen können, wenn wir es falsch machen.

Es steht so viel auf dem Spiel, dass einem schwindelig werden
kann. Und dennoch ist dieses Abenteuer den Aufwand wert, weil
es zu den wundervollsten Ergebnissen führen kann. Aber können
wir es schaffen? Ist es überhaupt möglich, alle Zufälle einer zutiefst
kreativen Kultur zu planen? Versuchen wir es zunächst mit einem
einfachen Gedankenexperiment: Was wäre, wenn man heute den
Vereinigten Staaten eine Verfassung geben müsste? Würden wir
unsere Sache ebenso gut machen wie die Leute in Philadelphia vor
zweihundert Jahren? Würden wir es besser machen? Ich glaube,
dass die Informationsinfrastruktur, die in diesen Jahren entworfen

wird, größere Auswirkungen auf unser Land und die Welt haben wird, als die Verfassung sie hatte.

Dieser Augenblick erinnert tatsächlich an die Geburt der amerikanischen Verfassung in Philadelphia. Wohlmeinende und brillante Leute mit ziemlich krassen Interessenkonflikten erschufen gemeinsam irgendwie etwas, das besser war, als ihnen damals bewusst sein konnte. In den nächsten Jahren muss ein ähnliches Wunder geschehen.

Glücklicherweise haben in dieser kritischen Phase einige ungewöhnlich brillante Menschen Einfluss auf die Zukunft des Netzwerks. In Regierung und Industrie gibt es ein paar wirklich kompetente, informierte und wohlmeinende Initiatoren. Doch wie in Philadelphia vor zweihundert Jahren muss auch hier das Resultat besser sein, als jeder von ihnen, oder von uns, es allein hinbekommen hätte.

Die Entwicklung eines demokratischen Kommunikationsnetzwerks wird stets in zwei Schritten vonstatten gehen, bei jedem Einzelproblem aufs Neue: Im ersten Schritt werden die rein technischen Prinzipien sichergestellt, »Open Access« etwa, und im zweiten Schritt erhält dieses Prinzip Nützlichkeit und Bedeutung, indem man Institutionen einrichtet, die auf subjektiveren Fundamenten beruhen als Technologie und Gesetz.

Schon vor den Zeiten des Internet wurden Probleme so gelöst. Die Einführung von Bürgerrechten ist bedeutungslos für jemanden, der in Hoffnungslosigkeit und grausamster Armut gefangen ist. Entsprechend kann auch die Saat, die die EFF und andere ausgestreut haben, nur aufgehen, wenn sie zu kulturellen und wirtschaftlichen Konsequenzen führt.

Der Fall mit dem Netzwerk unterscheidet sich jedoch insofern von der Einführung eines Bürgerrechts, als dieser zweite Schritt, der in der physischen Welt eher »soft« ist, im Netzwerk teilweise explizit »hart« implementiert werden muss.

Wir müssen unseren Idealismus auf das Machbare ausrichten. Ich behaupte gar nicht, dass Korruption, Verwirrung oder Täuschung ausgeschlossen werden können, aber sie können so weit unter Kontrolle gehalten werden, dass sie keine katastrophalen Folgen haben. Lincoln beschrieb diesen Spielraum zwischen dem Machbaren und dem Schädlichen mit dem Ausdruck: »Man kann manche Menschen immer täuschen und alle Menschen manchmal, aber man kann nicht immer alle Menschen täuschen.« Solange die Aussage von Mr. Lincoln auch im Netzwerk Geltung hat, wird alles gut gehen.

Ich bin gerade dabei, dieses Thema in einem eigenen Buch ausführlicher darzulegen. In der Buchversion führe ich mehrere Fälle an, bei denen die Netzarchitektur die Kultur, Politik, den Handel und auch sensiblere Themen wie Spiritualität beeinflussen wird.

Als Beispiel möchte ich die Vorstellungen vom Zugang zum Netzwerk genauer betrachten. Daher folgen hier einige Auszüge aus der Langversion zu diesem Thema:

Es gibt einige Dinge, für die eine Gemeinschaft gemeinsam Verantwortung trägt und die mit unseren Freiheiten in den Vereinigten Staaten immer Hand in Hand gingen, auch wenn sie in letzter Zeit nicht mehr so populär sind. Öffentliche Bibliotheken gehören dazu, eine freie und vielfältige Presse und vor allem die öffentlichen Bildungseinrichtungen.

Entsprechend bedeutet »Zugang« nicht nur die Verfügbarkeit von Geräten und Leitungen. Auch die Erstellung menschenfreundlicher Nutzerschnittstellen muss beispielsweise dazugehören. Vor allem aber muss »Zugang« auch die Erstellung kreativer Autorentools miteinschließen, ebenso wie eine Neudefinition von grundlegender Bildung, zu der ein kompetenter Umgang mit diesen Tools gehören muss. Wenn man das Netzwerk nur benutzen, aber nicht, zumindest ein kleines bisschen, programmieren kann, dann hat man keinen echten »Zugang«, ebenso wie die Fähigkeit, ein Buch zu lesen, aber kein Wort schreiben zu können, keine ideale Form des Lesens ist.

Bestimmte Aspekte im Architekturentwurf legen von Beginn an fest, wer Material erstellen kann. Für ältere Menschen unterscheiden sich »Inhalte«, wie Texte und Bilder, grundsätzlich von den interaktiven Komponenten, die den Zugang zu den Inhalten erlauben. Für junge Leute, vor allem die heute unter Zehnjährigen, sind interaktive Eigenschaften »Inhalte«. Leider könnte das Aussehen der interaktiven Komponenten (in verschiedenen möglichen Versionen des Netzwerks unterschiedlich stark) im Voraus festgelegt sein.

Aber die Architektur eines Netzwerks wirkt sich auch direkt auf traditionelle »Inhalte« aus. Zwar wird das Netzwerk wahrscheinlich die Gesamtmenge des verfügbaren Materials erhöhen, aber es könnte auch die Menge an Material, das tatsächlich vertrieben und bequem verfügbar gemacht wird, reduzieren. Ihre Verfügbarkeit ist für politische und andere Ideen ebenso entscheidend wie ihre reine Existenz. In New York betreibt Time Warner ein Kabelfernsehnetz und wurde gezwungen, einige öffentlich zugängliche Kanäle anzubieten. In der Theorie bilden sie ein Gegengewicht zu den Pay-TV-Kanälen, aber in der Realität gibt es keinerlei Anreize, diese Kanäle zu vermarkten, weil die gesendeten Inhalte praktisch nicht vorhersagbar sind. Leider ist die Qualität dieser Kanäle auch ins Bodenlose gesunken, wie ich es mir niemals hätte vorstellen können.

Was mich zu einem weiteren Punkt bringt: Wir müssen auch herausfinden, wie man angesichts des unbegrenzten Zugangs für jedermann hochwertige Produkte erzeugt. Online findet man die besten Informationen der Welt, aber auch die schlechtesten. Da draußen gibt es haufenweise alberne, ideologische und paranoide Foren und Newsgroups.

Üblicherweise wird als Lösung ein professioneller menschlicher Redakteur vorgeschlagen, der gegen Bezahlung die hochwertigen Inhalte finden und präsentieren soll, oder ein automatisches Programm soll das erledigen. Diese Lösung (zumindest die menschliche Version) wird zweifellos umgesetzt werden, aber sie passt offensichtlich nicht zu dem Traum von der offenen Gemeinschaft, den die Netzwerk-User ursprünglich hatten.

Man sollte eine neue demokratische Institution schaffen, die sich in einer *Kombination* aus technischem Entwurf und Gesetzen ausdrückt und für die Qualität und Wahrheit ohne eine privilegiert redaktionelle Position verantwortlich ist. Eine solche Institution könnte sich andere Institutionen zum Vorbild nehmen, die bereits Ähnliches erreicht haben, zum Beispiel die Juristen- oder die Wissenschaftsgemeinde.

(Ich arbeite gerade auch an einem entsprechenden Vorschlag mit dem Titel »Zirkel der Wahrheit«.)

Technische Entwürfe können im Netzwerk nur das leisten, was in Wirtschaftsfragen bislang die Industriepolitik geleistet hat, wie etwa die Beziehung zwischen öffentlichen und privaten Ressourcen zu regeln. Das Internet ist so entworfen, dass es eine offene, gleichberechtigte Gemeinschaft unbekannten Ausmaßes erschafft, in der kein Beteiligter allein bestimmt. Es ist etwas wirklich Wunderschönes, eine technische Verkörperung von unbestreitbar politischen Ideen. Doch dabei darf man nicht vergessen, dass die Enden des Netzwerks, zu dem die Nutzer die eigentliche Verbindung herstellen, Privatunternehmen gehören. So konnte der Online-Service Prodigy eine Zeit lang Kritik am Unternehmen unterdrücken, und AOL konnte eine Schwulengruppe zwingen, nur nicht-öffentlich zu posten. Oder man denke an Silvio Berlusconi, der es noch nicht einmal nötig hatte, die Opposition zu verbieten, sondern sich einfach ein politisches Amt erkaufte, indem er Schlüsselunternehmen der italienischen Medienlandschaft erwarb. Wir haben zwar gesehen, dass »nicht alle Menschen immer« von einem Ross Perot oder einem Michael Huffington getäuscht werden können, aber die Mechanismen, die bei ihren Kampagnen griffen – ein annäherndes Fairplay in Radio und Fernsehen und die Unabhängigkeit einer seriösen Presse –, gibt΄es bei Computernetzwerken noch nicht. Wir müssen ein Gleichgewicht finden zwischen öffentlichen und privaten Interessengruppen. Ich hoffe auf eine Art Patentsystem, bei dem private Interessengruppen dazu motiviert und dafür belohnt werden, dass sie alle möglichen Werte im Netzwerk erschaffen und so letztendlich zu einem ständig wachsenden Gemeingut beitragen.

Das Problem ist also deutlich komplexer, als es zunächst erscheint. Die Zusicherung eines freien und gleichberechtigten Zugangs zu Information und Meinungsäußerungen darf nicht, wie traditionell üblich, nur auf dem Gesetz beruhen, sondern braucht eine Drei-Säulen-Strategie aus Gesetz, Architektur und Nutzerschnittstellen-Design. Allein die Tatsache, dass man Zugang zum Netz hat, ist nicht genug. Die wirtschaftlichen Kräfte des zukünftigen Marktes für Informationen müssen auf unsere Wertvorstellungen ausgerichtet werden.

Möglicherweise klinge ich wie ein marktfeindlicher Liberaler, daher sollte ich in Bezug auf Märkte ein paar Dinge klarstellen. Natürlich verzerren staatliche Eingriffe den Markt, aber andererseits entstehen Märkte überhaupt erst durch die Existenz einer Regierung. Ohne sie würden Menschen sich Dinge mit Gewalt beschaffen statt gegen Geld. Die Regierung bildet also, gemeinsam mit anderen Marktbegrenzungen wie etwa die Verfügbarkeit von Rohstoffen, das Gefäß, in dem der Markt auf der Suche nach einer effizienten Ruhelage umherschwappt. An der »Erschaffung« eines Markts ist absolut nichts »Marktfeindliches«, und wir müssen einen Markt erschaffen, der freie Meinungsäußerung und Demokratie belohnt.

Ted Nelsons ursprüngliche Ideen aus der Frühzeit der Netzwerke sind nach wie vor die besten. Eine Pay-per-View-Wirtschaft, in der jeder ein potenzieller Produzent ist und in der auch kleinste Weiterverwendungen nachverfolgt werden können, fördert hochwertige Produkte und belohnt Eigeninitiative. (Und ja, dieser Vorschlag zieht noch einen ganzen Rattenschwanz nach sich, weil die Vision von maximaler Kreativität möglicherweise mit anderen wünschenswerten Visionen kollidiert, wie etwa dem Datenschutz, aber dazu an anderer Stelle mehr.)

Auffallend ist, dass einige Großunternehmen, die Amerika verkabeln wollen, mehr an den höheren Gebühren interessiert sind, die sie fürs Fernsehen verlangen können, als an den Vorteilen durch die Errichtung dieses neuen und sehr viel größeren Marktes der Ideen.

Die größten Vorteile werden diese Unternehmen daraus ziehen, dass sie den Menschen helfen, miteinander zu kommunizieren.

Man denke nur daran, wie es bei den CDs war. Die Einführung der CDs kann als Vorbild für Geschäftsideen dienen, nach denen Firmen suchen, die sich auf den Netzwerkmarkt wagen. Die CDs verschafften den Plattenfirmen deutlich höhere Gewinnspannen und Profite durch den Verkauf von Musikaufzeichnungen. Entsprechend sieht ein Großkonzern wie Time Warner das Netzwerk vor allem als Chance, mehr Geld fürs Fernsehen verlangen zu können.

Ironischerweise stellte sich jedoch heraus, dass die Öffentlichkeit von der höheren Gewinnspanne bei CDs profitierte. Heute macht es wirtschaftlich Sinn, weniger populäre Musik zu veröffentlichen, und das führte zu einer größeren musikalischen Vielfalt. Den einen, alles beherrschenden Musikstil gibt es heute nicht mehr. (Ja, bei dieser »postmodernen« Atomisierung des Stils spielen noch weitere wichtige Faktoren eine Rolle, auf die ich auch noch mal eingehen werde.) Ganz ähnlich führte das Aufkommen der Videotheken dazu, dass eine größere Vielfalt von Filmen produziert wurde, weil sie zusätzliche Vermarktungskanäle für diese Filme boten.

Die Gewinnspanne für Investitionen ins Fernsehen wird derzeit künstlich niedrig gehalten. Im Moment wird das durch Werbung ausgeglichen, aber das muss sich ändern. Auf jeden Fall jedoch muss eine architektonische Entscheidung getroffen werden, ob das Netzwerk der Zukunft eher wie ein Content-Delivery-System aussehen soll oder wie eine gemeinsame virtuelle Bibliothek, ein virtueller Spielplatz, ein virtuelles Labor und so weiter. Im Prinzip schließt man dabei Wetten darauf ab, wie viel aufgestaute Kreativität es da draußen gibt. Einen kleinen Hinweis bietet die Tatsache, dass sich der Webbrowser Mosaic wie ein Lauffeuer verbreitet hat, obwohl er so unkomfortabel ist. Bei Content-Delivery-Systemen (wie AOL) gab es keine entsprechenden Wachstumsraten. (Nicht dass Mosaic auch nur annähernd ausreichen würde! Aber das ist eine andere Geschichte.) Wir haben, meiner Meinung nach, die moralische Verpflichtung zum Optimismus bezüglich der menschlichen Vorstellungskraft, auch wenn das menschliche Verhalten eher Anlass zu Pessimismus gibt. Auch hierbei kann die amerikanische Verfassung als Inspiration für den Entwurf einer Netzwerkarchitektur dienen.

Doch wenden wir uns nun speziellen Architekturfragen zu: Nehmen wir einmal an, es gäbe ein Hauptkabel oder einen drahtlosen Dienst, der Fernsehen, Zeitungen und so weiter ins Haus liefert. Natürlich wird es daneben immer noch unabhängige Telefonnetzwerke, Radiostationen und Zeitungen geben. Aber mit der Zeit wird möglicherweise immer mehr Kommunikation über diesen Dienst laufen, weil ganz einfach die Nutzung von mehr als einem Dienst zu lästig und mühsam ist, und mit zunehmendem Volumen wird es im Vergleich zu den traditionellen Alternativen ein immer besseres und billigeres Übertragungsmedium für Informationen werden. Vielleicht sprechen auch praktische Gründe gegen die Einrichtung von mehr als einem neuen Breitbandsystem für alle Haushalte. Möglicherweise einigen sich mehrere Anbieter auf einen Kundenzugang über diesen Dienst, als wäre es eine Telefonvermittlung. Bei einem realistischen Szenario werden wir also irgendwann den Großteil unserer Informationen über einen alles beherrschenden Dienst beziehen.

Aus Sicht der Unternehmen wäre es zwar nur eine Vermittlungsstelle, aber es müsste auf jeden Fall eine »inhaltsreiche« Vermittlungsstelle mit einem gewissen »Interesse« sein. In einem solchen Medium könnte man keinesfalls »durch die Kanäle zappen«, weil man einfach zu viel durchsuchen müsste. Das Erste, worauf man beim Einschalten eines Kommunikationsgerätes stößt, wird eine Nutzerschnittstelle sein, ein Navigator oder »Agent« oder etwas in der Art. Die ersten Sekunden mit diesem Ding sind entscheidend, wie die ersten Sekunden bei einem Blinddate. Neben den eigentlichen Inhalten im Netzwerk sind daher diese ersten Momente von lebenswichtigem Interesse für die Allgemeinheit.

Hier sollte ich wohl anmerken, dass mich die Vorstellung abstößt, dass ein Software-Agent mit künstlicher Intelligenz den Zugang zum Netzwerk abwickelt. Künstliche Intelligenz stößt mich ebenso ab wie der erschreckende kulturelle Niedergang im Kommunismus. Menschen sind flexibel genug, dass jede Theorie für eine gewisse Zeit gut aussehen kann. Doch kann keiner wissen, wie viel mehr die Menschen ohne diese Theorie hätten erreichen können. Daher ist es auch unmöglich festzustellen, ob Maschinen unter bestimmten Umständen klüger werden oder ob sich die Menschen dumm stellen, damit die Maschinen klüger wirken.

Meine Definition eines intelligenten Agenten im »Wörterbuch des Teufels« würde lauten: *Abfrageprogramm mit einer derart undurchsichtigen Nutzerschnittstelle, dass der User es zwangsläufig vermenschlichen muss, um sich sein sonderbares Verhalten zu erklären.* Mit anderen Worten, hinter jedem sogenannten »intelligenten Agenten« steht eine gute Nutzerschnittstelle, die stattdessen hätte designt werden sollen. Der Agent bietet keinerlei neue Fähigkeit oder Dienstleistung, die eine Nutzerschnittstelle nicht auch hätte bieten können, und er spart ganz sicher keine Zeit. Stattdessen bekommt man ein Fantasiegebilde, das die Autonomie der Nutzer einschränkt.

Die selbstgefälligen Täuschungen der künstlichen Intelligenz ähneln den Selbsttäuschungen der Kommunisten, die sich einbilden, sie hätten den Schlüssel zum Paradies gefunden. Stattdessen blendeten sie nur ihre eigene Menschlichkeit für eine gewisse Zeit aus.

Das Fantasieobjekt »intelligenter Agent« ist bei den Entwürfen von Nutzerschnittstellen von großen kommerziellen Netzwerkinfrastruktur-Projekten eine populäre Vorstellung. Es ist durchaus möglich, dass Agenten als Konzept tief in die Netzwerkinfrastruktur integriert werden, was dazu führen könnte, dass wir uns ins Zukunft in der Kunst der Umgehung üben müssen, indem wir lernen, wie man Agentenprogramme austrickst oder sogar vermeidet.

Eine solche Umgehungstaktik muss nicht notwendigerweise schlecht sein. Politik dient unter anderem dazu, Tendenzen in der Öffentlichkeit zu filtern, bevor sie in Handlungen umgesetzt werden. Das Netzwerk sollte diesen Filter nicht außer Kraft setzen, sondern seine Funktionsweise sichtbar machen.

Wenn man die moralischen Probleme beim Netzwerkentwurf verstehen will, sind weder die Vorstellungen der politischen Linken vom Gemeingut ausreichend, noch das Ideal des freien Marktes vom rechten Spektrum. Die architektonischen Entscheidungen könnten die Definition oder sogar die Existenz der freien Märkte verändern.

Das bringt uns auf die traditionelle Werbung zurück, als ein Beispiel für die Verbindung von Inhalt und »Kanal«. In einem interaktiven Netzwerk könnte die Werbung zum Problem werden, weil sie die Unternehmen von den eigentlichen Einkommensquellen ablenkt.

Das erinnert ein bisschen an das Problem der Investitionen in die Infrastruktur während der Reagan-Ära in den achtziger Jahren. Es gab so viele Möglichkeiten, Geld durch Sparguthaben und Kredite und Risikopapiere zu verdienen, dass Investoren nicht auf die Art Kapitalanlagen achteten, wie sie die Japaner tätigten. Wenn man den Markt als Flüssigkeit sieht, die in einem von der Regierung getöpferten Gefäß umherschwappt, dann wurde damals ein Loch in den Boden des Gefäßes gebohrt, wo eigentlich der Platz der Regierung hätte sein sollen. Dadurch entstand die Illusion von Vermögensaufbau, während tatsächlich das Wohlstandsniveau im Markt insgesamt sank.

Auf ganz ähnliche Weise erzeugt die heutige Werbung eine Illusion von Wohlstand, während sie gleichzeitig das Marktpotenzial des Netzwerks als Ganzes senkt. Wenn Kunden selbst kreativ werden wollen, dann nutzt man nicht das volle Handelspotenzial dieser Situation, wenn man sie in ein Fernsehmodell zwingt.

Doch die Werbetreibenden könnten sich als Helden erweisen. Sie könnten die Guru-Wegbereiter des virtuellen Handels der Zukunft werden und vielleicht eher für den Käufer als für den Verkäufer arbeiten. Uns erwarten unendlich viele kreative und lukrative Gelegenheiten, wenn die Netzwerkarchitektur es zulässt.

(1994)

Agenten der Entfremdung

Teil eins

Ich vertrete leidenschaftlich eine Meinung, die nur die wenigsten im *Wired*-Umfeld mit mir teilen, und ich frage mich: Was ist nur mit euch allen los? In der großen, wenn auch schrumpfenden Welt jenseits der Computer leuchtet meine Haltung vielen Menschen ein, während sie für Infophile völlig unverständlich ist. An dieser Stelle möchte ich einige grobe Missverständnisse klären.

Meine Meinung ist folgende: Das Konzept der »intelligenten Agenten« ist nicht nur falsch, sondern ein Übel. Ich glaube außerdem, dass diese Frage in naher Zukunft bedeutende Auswirkungen auf Kultur und Gesellschaft haben wird. Jetzt, wo offenbar wird, welche gigantischen Probleme der Datenhighway aufwirft, hängt von unserem Umgang mit den Agenten ab, ob diese neue Schöpfung besser sein wird als das Fernsehen oder schlechter.

Die Agenten sollen ein offensichtliches Problem der Medienrevolution lösen, die wir gerade erleben. Wie findet man sich in der Informationsflut zurecht, die auf Abruf zur Verfügung steht? Wie findet man die Goldkörnchen in dem ganzen Dreck, der Usern tagtäglich über den Datenhighway geliefert wird? Die »offizielle« Antwort lautet, dass autonome »Künstliche Intelligenz«-Programme, sogenannte Agenten, die User kennenlernen und für sie die Lösung finden. Sie präsentieren den Nutzern eine maßgeschneiderte Morgenzeitung oder etwas in der Art. Diese Vorstellung liegt auch dem »Bob«-Programm von Microsoft zugrunde, damit wirbt AT&T in seinen »You will«-Werbespots, sie taucht in Nicholas Negropontes Kolumne in *Wired* ebenso auf wie bei der Vermarktung vieler Produkte, etwa der PDA »Newton« von Apple.

Intelligente Agenten spielen seit einiger Zeit eine große Rolle bei Vorhersagen über die unmittelbare Zukunft, doch derzeit gibt es erst wenige ihrer Art. Der aufdringlich gängelnde »Bob« und der Newton sind zwei der wenigen Produkte, für die mit Agentenfunktionen geworben wurde und die tatsächlich ausgeliefert wurden. Doch meiner Meinung nach sind richtige Agenten unabhängig von ihrer Anzahl gefährlich, weil sie ohnehin vor allem im Kopf erwartungsvoller Betrachter existieren und durch ihre Anwesenheit das Denken dieser Menschen schädigen.

Ich beziehe mich hier ausdrücklich auf autonome Agenten, mit denen Menschen auf indirekte Weise interagieren sollen. »Agenten« als Begriff gibt es auch in anderen Bereichen, etwa bei Simulationen à la »künstliches Leben«, und bezieht sich dort auf experimentelle Software-Elemente in einem geschlossenen System. Die neuen Agenten sollten eine eigene Klasse bilden, aber wahre Agenten-Gläubige erkennen den Unterschied möglicherweise nicht.

Was genau habe ich an Agenten auszusetzen? Mich ärgern nicht nur die praktischen Probleme, aber ich werde diese zunächst zusammenfassen:

- Wenn Informations-Konsumenten die Welt durch die Augen eines Agenten betrachten, dann wird Werbung zur Kunst, Agenten zu kontrollieren – durch Bestechung, Hacken oder was auch immer. Dann könnte es zu einem »Wettrüsten« zwischen gepanzerten Agenten und mit Hackern besetzten Werbeagenturen kommen. Tolle Vorstellung.

- Weil Agenten aber kleine Computerprogramme sind, haben sie sehr viel mehr miteinander gemeinsam als Menschen untereinander. Agenten drohen zum neuen Nadelöhr für Informationen zu werden, das den ansonsten erfreulich anarchischen Datenhighway einengt, der ursprünglich das Sendermodell durch etwas Vielfältigeres ersetzen sollte.

- Das Modell eines Agenten von einem User wird ein Zeichen-trickmodell sein, und man wird durch die Augen des Agenten eine Zeichentrickversion der Welt sehen. Es handelt sich also um ein selbstverstärkendes Modell. So herrscht wieder genau dasselbe Prinzip des kleinsten gemeinsamen Nenners bei den Inhalten, das auch das Fernsehen prägt. »Sie interessieren sich für balinesische Rituale, also interessieren Sie sich auch für Reisen, also interessieren Sie sich auch für die Datenhighway-Reisespiel-Show!«

- Agenten werden unvermeidlich eine Überdosis Kitsch liefern. »Bob« von Microsoft, der aktuellste Agent, präsentiert dem User ein Leben karikierter Bedeutungslosigkeit, das bis ins Groteske abgleitet, wie Diane Arbus es nicht besser hätte inszenieren können.

Echte Agenten-Gläubige beantworten jede spezifische Kritik mit der Aussicht auf bessere Agenten. Doch es sind gar nicht die spezi-fischen Probleme, die mich in Rage bringen.

Agenten führen dazu, dass Menschen sich selbst neu definieren, und zwar als minderwertige Wesen. *Das* ist das Monsterproblem. Gehe ich mit meinen Behauptungen zu weit? Ich denke nicht.

Das Problem ist nämlich, dass der einzige Unterschied zwischen einem autonomen »Agenten«-Programm und einem nicht-auto-nomen »Editor/Filter«-Programm in der Psyche des menschlichen Users existiert. Man verändert sich selbst, damit der Eindruck ent-steht, Agenten seien smart. Um genau zu sein, man macht sich selbst dümmer.

Und das, obwohl Agentenprogramme in der Regel schlechtere Nutzerschnittstellen haben als Nicht-Agenten-Programme.

In Einzelschritten sieht das so aus, wenn Menschen sich selbst herabsetzen, indem sie Agenten akzeptieren:

Schritt 1 Man begegnet dem Computerprogramm mit besonderer Ehrfurcht, weil es angeblich »smart« und »autonom« ist. (Menschen geben generell Autorität leicht an Computer ab, was schade ist. Nach meiner Erfahrung erhält man bei Computern, im Gegensatz zu anderen Werkzeugen, die besten Resultate, wenn man ihnen feindlich gegenübersteht.)

Schritt 2 Vorhergesagte Autonomie ist eine selbsterfüllende Prophezeiung, wie jeder weiß, der jemals einen Teddybären besaß. Man beginnt, den Computer als Person zu betrachten.

Schritt 3 Als unausweichliches Ergebnis psychologischer Algebra betrachtet man dann sich selbst zunehmend als Computer-ähnlich.

Schritt 4 Im Gegensatz zum Teddybären besteht der Computer aus Vorstellungen. Man schränkt sich selbst auf die Kategorien und Vorgänge ein, die im Computer repräsentiert sind, und bemerkt gar nicht, was man dabei verliert. Aus Musik wird MIDI, aus Kunst Postscript. Ich glaube, dass durch diesen Prozess genau jene Nerdigkeit entsteht, die die Außenwelt in der Computerkultur wahrnimmt.

Schritt 5 Dieser Prozess wird noch deutlich verstärkt, wenn die Software als Agent konzipiert ist und daher den Nutzer durch ein Softwaremodell darstellt. Aus der Projektion von Autonomie auf den Computer wird eine unbewusste Entscheidung, die eigenen Verhaltensweisen an die Vorgaben des Softwaremodells anzupassen.

Auch ohne Agenten wird die kreative Leistung eines Menschen durch die Identifikation mit einem Computer beeinträchtigt. Durch Agenten wird allerdings der Mensch selbst kompromittiert.

Der Newton ist das naheliegendste aktuelle Beispiel für die Verdummung menschlichen Verhaltens in Gegenwart eines Produktes, das als »smart« angepriesen wird. Man muss nur Leute beobachten, die einen Newton benutzen, vor allem die Agenten-Funktionen. Man erkennt, wie gut sie sich an das Projekt, das Produkt smart aussehen zu lassen, angepasst haben. Und sie sehen dabei echt dämlich aus. Und wie sollte es anders sein, wenn sich die Leute verbiegen müssen, um einfachste Notizen zu machen (»Mutter anrufen!«), und ganz stolz sind, weil sie die Anforderungen irgendeiner Datenbank erfüllt haben?

(Ein Programm andersherum, das smartes und autonomes Verhalten bei Menschen fördert, ist beispielsweise Eudora.)

Ein Agenten-Befürworter wird vielleicht einwenden: Warum muss das Persönlichkeitsprofil verborgen werden? Wären Ihre Einwände nicht gegenstandslos, wenn die User editieren könnten, was der Agent tut?

Natürlich würde mich das zufriedenstellen! Doch wo bleibt die Autonomie, wenn man erst einmal einen solchen Editor hat?

Agenten werden von faulen Programmierern erschaffen. Es ist sehr viel schwieriger, eine gute Nutzerschnittstelle für eine komplizierte Aufgabe zu schreiben, etwa um größere Mengen Information aufzuspüren und zu filtern, als einen »intelligenten Agenten« zu erschaffen. Aus Nutzersicht ist ein Agent etwas, dem man Raum gewährt, indem man sein eigenes Denken einschränkt. Im Gegensatz dazu ist eine Nutzerschnittstelle ein Werkzeug, bei dem man erkennt, ob man ein gutes oder ein schlechtes Werkzeug vor sich hat.

Die extrem anspruchsvolle Aufgabe, eine Nutzerschnittstelle zu entwerfen, die den Menschen wirklich mehr Macht einräumt, ist die eigentliche Aufgabe des Informationszeitalters und sehr viel schwieriger als etwa schnellere Computerchips herzustellen. Ein Paradebeispiel war der Macintosh. Er konnte nicht mehr als andere Computer, aber er machte die Abläufe für den Nutzer nachvollziehbar, und das war eine Revolution. Er sollte als ein früher Schritt auf einer Reise in Erinnerung bleiben, die noch sehr viel weiter geht.

Agenten sind also gleich doppelt schlecht. Sie sind böse, weil sie dazu führen, dass Menschen sich selbst dümmer machen, und falsch, weil sie das Feedback verfälschen, das für gute Schnittstellenentwürfe notwendig ist.

Agentenprogramme haben zwar ihre Unzulänglichkeiten, aber erst die menschliche Psyche macht aus einem Programm einen Agenten. Ein ganz ähnliches Programm mit identischen Fähigkeiten wäre kein Agent, wenn der Nutzer sich die Mühe machen würde, zu verstehen und zu editieren, was das Programm tut. Ein Agent entsteht, indem man die eigene Autonomie einem Programm überlässt. Agenten existieren nur in der Vorstellung der User.

Teil zwei

Meine Einwände gegen Agenten wären gegenstandslos, wenn Agenten wirklich und tatsächlich autonom wären oder sogar ein Bewusstsein hätten. Wenn Agenten real wären, dann müsste man lügen, wenn man ihre Existenz leugnete. In diesem Fall ginge es um künstliche Intelligenz. Das Problem bei der KI-Schule in der Informatik besteht darin, dass sie gar nichts über Computer aussagt, sondern den Menschen neu definiert. Wie Turing bereits feststellte, sind die Reaktionen und Einschätzungen von Menschen die einzigen objektiven Bewertungskriterien für Menschlichkeit.

Wer nicht weiß, was der Turing-Test ist, sollte das dringend ändern. Der Turing-Test ist der Schöpfungsmythos der künstlichen Intelligenz. Der brillante Mathematiker Alan Turing erfand ihn. Turing entschlüsselte den Geheimcode der Nazis und galt daher als Kriegsheld ... der leider auch noch schwul war und deswegen von der britischen Regierung ins Gefängnis geworfen und wegen seiner Homosexualität »medizinisch behandelt« wurde. Er bekam zwangsweise große Mengen weiblicher Geschlechtshormone, sodass sich seine Brüste vergrößerten. Unter diesen Umständen schuf er kurz vor seinem mutmaßlichen Selbstmord die mythischen Grundlagen für intelligente Maschinen. Einsteins Gedankenexperimente waren damals in Mode, und Turings Gedankenexperiment ähnelte ihnen. Der Turing-Test ist inzwischen eine moderne Legende in der Welt der Computer, die meist mit folgenden Worten erzählt wird:

Man setze einen Mann und eine Frau in jeweils eine schalldichte Kabine. Beide schreiben an eine Versuchsperson, und beide tun so, als wären sie der/die andere (ein Vorläufer der Probleme, auf die man heute beim Internetdating stößt). Dann führt man denselben Versuch noch einmal durch, nur dass jetzt in der einen Kabine ein Mann sitzt und in der anderen eine Maschine. Der Turing-Test stellt die Behauptung auf, dass es keine wissenschaftliche Grundlage für einen grundsätzlich unterschiedlichen Status von Mensch und Maschine mehr gibt, wenn man den Unterschied zwischen den beiden nicht erkennen kann.* Als ich in der Schule zum ersten Mal von diesem Test hörte, fand ich es seltsam und überflüssig, den Versuch erst mit einem Mann und einer Frau durchzuführen, den Grund dafür habe ich erst später erfahren. Turing fantasierte über eine abstrakte Intelligenz, frei von den schrecklichen Mysterien des Fleisches, um seinen eigenen schmerzlichen Lebensumständen zu entkommen.

Allerdings stößt man beim Turing-Test auf ein Paradoxon wissenschaftlicher Methodik. Man geht davon aus, dass die Maschinen immer besser werden, dass es aber einen Ausgangspunkt gibt, an dem der Mensch »klüger« ist als die Maschine, was auch immer man darunter versteht. Gemessen wird dann die Veränderung bei der Fähigkeit des Menschen, Mensch und Maschine anhand ihres Verhaltens zu unterscheiden. Doch der Mensch ist von Anfang an per Definition das flexible Element in der Messreihe. Woher weiß man, dass man keine Zustandsveränderungen beim Menschen misst statt beim Computer? Gibt es bei dieser Versuchsanordnung eine experimentelle Unterscheidungsmöglichkeit, ob die Computer »klüger« werden oder die Menschen »dümmer«? Ich denke nicht.

Ich kritisiere diese Vorstellungen besonders scharf, weil ich schon seit langem einer bedrängten Minderheit in der Infophilen-Community angehöre. Als Ungläubiger bekommt man von

---

* In Turings eigenen Worten klingt die Beschreibung anders, aber so wird der Turing-Test allgemein gelehrt, und mich interessiert er vor allem als Legende.

Anhängern der künstlichen Intelligenz immer dieselben Einwände zu hören. Hier zwei Beispiele mit meinen Antworten:

Einwand eins: KI-Kritiker sind zwangsläufig »Dualisten«, die auf einer alternativen Realität für die Seele, den Geist oder was auch immer bestehen.

Meine Antwort: Erfahrung* ist das Einzige, was alle Menschen gemeinsam haben, aber nicht objektiv teilen. Ich glaube gern, dass die Hirnforschung irgendwann einmal in der Lage sein wird, jeden einzelnen Gedanken und jedes Gefühl zu messen und womöglich sogar zu steuern. Doch auch dann wird die Erfahrung an sich nicht messbar sein. Erfahrung kann nicht experimentell verifiziert werden und wird daher niemals wissenschaftlich erfassbar sein, aber wir können unsere Erfahrungen bei unserer Lebensanschauung ebenso wenig ignorieren, wie ein Physiker die Gravitation bei der Formulierung einer Einheitlichen Feldtheorie ignorieren kann, so verlockend diese Vorstellung sein mag.

Einwand zwei: Wenn man KI ablehnt, behauptet man eine absolute Ausnahmestellung des Menschen im Universum, was ebenso lächerlich ist, wie die Behauptung der katholischen Kirche zur Zeit Galileis, die Erde müsse im Zentrum des Sonnensystems stehen.

Meine Antwort: Ich bilde mir kein Urteil über etwas, das ich nicht selbst messen kann, und bewahre mir eine grundsätzlich optimistische Einstellung den Möglichkeiten gegenüber, was ich sein könnte. Nichts weiter. Im Gegensatz zu Galileis Fall, wird die Wissenschaft hier niemals Gewissheit erlangen. Mit viel Fantasie lässt sich diese Ungewissheit ins platonische Denken integrieren, aber wenn man handeln muss, dann muss man eine Fantasie wählen, aufgrund derer man handeln kann. Letztendlich spreche ich

---

* Ich versuche, das Wort »Bewusstsein« zu vermeiden, weil es von Materialisten in Beschlag genommen wurde und heute einen spezifischen Teil eines Computers bezeichnet, der einen anderen Teil nachbildet und Kontrolle ausüben kann.

mich dafür aus, der humanistischen Fantasie den Vorzug vor der materialistischen Fantasie zu geben.

Teil drei

Es geht hier um weit mehr als schlechte Wissenschaft und schlechtes Softwaredesign. Es geht um ein subtiles Problem, das ans Spirituelle grenzt und mir mehr bedeutet, als alles andere.

Die Agentenfrage ist so bedeutsam, weil sie Teil einer größeren Fragestellung ist: Bleiben Menschen für die Möglichkeiten offen, was sie sind oder möglicherweise werden könnten? Oder schränken sich Menschen gemäß angeblich objektiver Rahmenbedingungen ein, die möglicherweise von Wissenschaft oder Technik vorgegeben werden? In diesem Zusammenhang stellt sich noch eine weitere wichtige Frage: Gebührt der Information oder der Erfahrung der Vorrang?

Die größte Schwachstelle des Kommunismus liegt, meiner Meinung nach, darin, dass er die Existenz menschlichen Erlebens jenseits der kommunistischen Vorstellungswelt nicht berücksichtigt. Freiheit ist in größter Gefahr, wenn Menschen nach bestimmten Vorstellungen eingeschränkt werden, weil wir, wie die Natur insgesamt, unseren besten Interpretationen immer einen Schritt voraus sind. Daher wurde unter dem Regime des Kommunismus versucht, Spiritualität, Sentimentalität, Identitäten und Traditionen zu zerstören.

Ich habe an anderer Stelle darauf hingewiesen, dass ein besonderer Vorzug der amerikanischen Regierungsform, in ihrer »selbstbeschränkenden Verfassung« zu sehen ist.[*] Mit diesem Essay wollte ich ebenfalls »Begrenzungen« aufspüren. Es sind drei Begrenzungsprinzipien, die ich vorschlage:

---

[*] In »Karma Vertigo«. Siehe in diesem Buch S. 213.

- Computer sind nur glorifizierte »Kanäle« zwischen Menschen, und man sollte auch nicht mehr in ihnen sehen.

- Erst die Verwendung von Informationen durch Menschen gibt diesen Informationen Bedeutung, daher sollten Informationen für sich genommen als bedeutungslos angesehen werden.

- Kein Softwaremodell kann einen Menschen repräsentieren.

Teil vier

Dieser Essay wurde bereits mehrfach im Internet veröffentlicht und als Vortrag gehalten. Die Reaktionen waren ungewöhnlich und teilten sich in zwei Lager. Die Diskussion um die künstliche Intelligenz ist die Abtreibungsfrage der Computerwelt, die sich von einem Forschungsthema zu einer Kontroverse entwickelt hat, bei der praktische Entscheidungen aufgrund einer grundlegenden ontologischen Definition einer Person getroffen werden, bei der es keinen Mittelweg gibt.

Nach meinen Vorträgen kamen immer wieder Menschen zu mir. Sie meinten, der Vortrag habe ihre Einstellung zu Computern völlig verändert und einige vage Bedenken im Zusammenhang mit einigen Computertrends aufgegriffen, die noch nie zuvor ausgesprochen worden seien.

Eine besonders lautstarke Gruppe (zu der auch Nicholas Negroponte zählt) hält die Darstellung in diesem Essay für gefährlich falsch. Nicholas äußerte sogar, es sei »unverantwortlich« von mir, meine Argumente öffentlich vorzutragen, »weil sie den Menschen einen falschen Eindruck vermitteln könnten«. Ein Grund für diese Reaktion könnte darin bestehen, dass die Faszination von einer Welt der Abstraktionen, in der es keinen Tod gibt, in der Computerwelt weit verbreitet ist, weil diese Menschen hoffen, sich selbst auf einen Datenträger übertragen und so ewig leben zu können.

Andere Mitglieder der Community wollen die Wahrheit einfach nicht akzeptieren und reden sich ein, ich würde einfach nur bemängeln, dass Agenten noch nicht gut genug sind. Diese letzte Gruppe überrascht und ärgert mich am meisten. Diese Leute können nicht fassen, dass jemand kategorisch *alle* Agenten angreifen könnte mit dem Argument, dass Agenten gar nicht existieren und dass es negative Auswirkungen haben könnte zu glauben, sie existierten. Ihre Hoffnung auf Unsterblichkeit basiert auf dem Glauben, dass der Kaiser tatsächlich neue Kleider trägt.

Letztendlich gibt es nichts Wichtigeres für uns, als unsere Definition davon, was den Menschen ausmacht. Steckt diese Frage nicht im Kern der meisten Kontroversen? Diese Definition definiert unsere Ethik, weil sie festlegt, was uns ähnlich genug ist, um unser Mitgefühl zu verdienen. Ob es um Tierrechte geht oder die Notwendigkeit einer Intervention in Bosnien, immer bestimmt die Menge an Gemeinsamkeiten, die wir wahrnehmen, unsere Handlungen. Abgesehen von ethischen Überlegungen ist unser Gefühl für Ähnlichkeit auch das Bindeglied unserer Kultur. Bei der Multikulturalismus-Debatte wird um eine Definition gerungen, wer uns ähnlich genug ist, und welche Ähnlichkeiten von zentraler Bedeutung sind.

Ich bin schon lange der Meinung, dass die wichtigste Frage zur Informationstechnologie lautet: »Wie wirkt sie sich auf unsere Definition des Menschen aus?« Die KI/Agenten-Frage ist diejenige Kontroverse, bei der die Antwort offensichtlich wird. Diese Antwort hat unmittelbare Konsequenzen für unsere zukünftige Lebensweise, von der Qualität der Technologie, die unsere Kultur entscheidend prägen wird, bis zu Grundsatzentscheidungen darüber, inwiefern wir uns von Konzepten einschränken lassen.

Bei Fragen nach dem Menschen kann man keine gesicherte, breite Übereinstimmung erwarten, aber jeder von uns muss seine persönliche Antwort finden und nach bester Überzeugung handeln. Unsere beste Überzeugung gestaltet unsere Welt.

(1995)

Der Tod: Torwächter
der Bewusstseinsforschung?

Teil eins: Bewusstsein und Tod

Das Bewusstsein spielt in der aktuellen Wissenschaft dieselbe Rolle wie der Tod im täglichen Gefühlsleben normaler Menschen. Normalerweise wird beides ignoriert oder gleich ganz geleugnet, häufig beschäftigen sich Menschen obsessiv damit, und manchmal dient beides als Grund, den gesunden Menschenverstand vorübergehend außer Kraft zu setzen.

Es ist höchste Zeit, dass das Offensichtliche ausgesprochen wird: Bewusstsein und Tod sind nicht voneinander zu trennen. Und doch wird der Tod in der Bewusstseinsforschung nur selten erwähnt. Das Bewusstsein ist der entscheidende Teil von uns, der stirbt. Das erklärt auch zum Großteil, warum über Bewusstsein so energisch debattiert wird und warum die emotionalen Wogen oft so hoch schlagen bei einem Thema, das von Natur aus so wenig greifbar und umstritten ist.

Die Bandbreite der Meinungen in der Bewusstseinsforschung ähnelt auffallend den verschiedenen Strategien, wie Menschen mit der Existenz des Todes umgehen.* Manche Menschen bilden sich ein, sie wüssten mehr darüber, als sie tatsächlich in Erfahrung bringen können. Andere sind der Meinung, dass niemals irgendetwas darüber gesagt werden kann. Und wieder andere würden

---

* Die Angst vor dem Tod war eine der größten Antriebskräfte in der Geschichte des Denkens und bei der Entwicklung der Zivilisation, doch ihre Bedeutung wird zu wenig erkannt. Das großartige Buch zum Thema Dynamik des Todes: *The Denial of Death* von Ernest Becker (1973; *Die Überwindung der Todesfurcht*, 1976) verdient es, wieder gelesen zu werden. Trotz des Niedergangs der Psychoanalyse ist das Buch erstaunlich aktuell.

am liebsten seine Existenz ganz verleugnen. Diese letztere Gruppe interessiert mich besonders.

Sicherlich wäre das Leben ohne Bewusstsein einfacher. Gäbe es kein Bewusstsein, gäbe es wohl auch keine Philosophie. Der Philosoph Daniel Dennett behauptet, kein Bewusstsein zu haben, und hat bereits das Ende der Ontologie verkündet. Zahlreiche ähnlich denkende Menschen bezeichneten andere Teilbereiche der Philosophie als reine Übergangslösung, bis die Wissenschaft weit genug fortgeschritten ist.

Warum verschwindet das Bewusstsein dann nicht einfach? Die Vorstellung von Bewusstsein hält sich so hartnäckig wegen der Existenz subjektiver Erfahrung, die sich nicht erfassen lässt und deren Bedeutung unklar ist. Zahllose Generationen entwickelten unendlich viele Gedankenkonstrukte und Bilder um etwas, das einem ausdehnungslosen Punkt gleicht, einem Ding ohne Eigenschaften oder Inhalt. Das ist wie eine Erzählung von Borges. Ein Regal voller Mathematikbücher, in denen es um nur eine Zahl geht. Ein riesiges Museum, in dem nur ein Pixel ausgestellt wird.

Es gibt das berühmte Märchen von der Prinzessin, die sich beschwert, sie könne nicht schlafen wegen einer einzelnen Erbse, die unter mehreren Lagen Matratzen steckt. Das Bewusstsein ist die Erbse der Wissenschaft.

Sich Gedanken über das reine Bewusstsein zu machen, führt nicht weit. Es ist eine Erbse. Da gibt es nichts, was man beschreiben könnte. Um es im Kontext zu erklären, muss man sich jedoch auf sich stetig wandelnde, komplexe Gedankenabenteuer einlassen.

Da ist die Versuchung groß, sich dieses widerspenstigen Datenpunkts zu entledigen. Einem Statistikstudenten würde man dieses Vorgehen im ersten Semester beibringen.

Teil zwei: Ist das Bewusstsein größer als eine Erbse?

Neben der vollständigen Leugnung gibt es noch weitere Versuche, das Bewusstsein abzuschaffen. Manchmal wird Bewusstsein als etwas so Riesiges und Komplexes neu definiert, dass das, was ursprünglich als Bewusstsein galt, zu einem verirrten, unbedeutenden Fragment verkommt.

Tatsächlich mag die subjektive Erfahrung weit größer als ein Punkt wirken, als enthielte sie ganze Weltmeere verschiedener Eigenschaften und Inhalte (wie die sogenannten »Qualia«). Wird man das auch in hundert Jahren noch denken, wenn die Neurowissenschaft weiter fortgeschritten ist? Die Größe des Inhalts einer nicht einsehbaren »Blackbox« kann man nur als unbestimmt beschreiben, und im Fall unseres Denkens fühlt sich diese Größe riesig an. Aber wenn wir die Denkvorgänge immer präziser verstehen, werden wir diese Größe bestimmen können. Falls und wenn wir das Gehirn vollständig durchschauen, wird uns die Subjektivität unendlich klein erscheinen, nur ein Punkt, der nicht verschwindet.

Mit ausreichend fortschrittlicher Neurotechnologie müsste es möglich sein, mentale Phänomene, wie die Qualia, zuverlässig und wiederholbar in allen Einzelheiten zu erzeugen, indem man die Werte von Neuronen einstellt. Diese Erfahrung könnte jeder mit den entsprechenden Geräten bestätigen. »Brainoramas« würden zweifellos die neuen Blockbuster der Unterhaltungselektronik werden: reine Erfahrungsmaschinen. Diese Maschinen würden nicht den Anspruch erheben, selbst Bewusstsein zu entwickeln, sondern sie würden menschlichen Usern eine präzise technische Möglichkeit eröffnen, um die Inhalte ihres eigenen subjektiven Erlebens im Detail zu steuern.

Ein Brainorama bestünde aus drei Teilen. Zum einen aus einem Kopfaufsatz mit Sensoren, die in der Lage wären, den Zustand jedes Neurons im Gehirn mit hoher Geschwindigkeit auszulesen und zu überschreiben. Es würde außerdem eine Anzeige geben, über die man abliest und beeinflusst, was im Gehirn vor sich geht. Diese beiden Teile würden über einen Computer miteinander verbunden, der neuronale Muster erkennt und erzeugt. In welchem zukünftigen Jahrhundert man in der Lage sein wird, dieses Gerät herzustellen, will ich nicht einmal vermuten.

Ein bequemer Mensch könnte so Abenteuer erleben oder große

Weisheit erlangen, je nach aktueller Mode. Voraussichtlich wird der Gebrauch dieser Maschinen demselben Muster folgen, wie der Einsatz von psychedelischen Drogen und Musiksynthesizern zuvor. Ursprünglich neuartige künstliche Erfahrungen werden sehr schnell banal, wenn ihre Intensität in alle Richtungen bis zum Maximum gesteigert wird, bis sie bedeutungslos wird. Darauf wird die Erkenntnis folgen, dass nichts umsonst ist, dass kreatives Denken, schöne Kreationen oder Charaktertiefe in der reinen Informationswelt des Brainorama mindestens so viel Arbeit erfordern wie im echten Leben.

Am Ende wird die Natur dieses exotisch neuen, objektiv gesteuerten subjektiven Erlebens ein Mysterium bleiben. Warum muss es überhaupt Erfahrung geben? Wie kann man beweisen, ob sie überhaupt existiert? An diesen Fragen wird sich nichts ändern. Nur werden wir die Fragen selbst als Gehirnphänomene mithilfe der Brainoramas zum ersten Mal direkt beobachten können.

Man könnte auf dem Bildschirm eines Brainoramas die eigenen Gedanken über die Philosophie des Geistes beobachten.* Vielleicht kommt man gerade auf den Gedanken, dass Bewusstsein überall ist und dass man es deswegen nicht erfassen kann – und im selben Moment sieht man dann einen vertrauten kringeligen Schnörkel im Kortex, über dem Ohr, der beim letzten Mal, als man dasselbe dachte, ähnlich aussah. Die Mustererkennung im Brainorama-Computer erkennt diese Ähnlichkeit auch, und lässt eine »Chalmers«-Warnung aufblinken. Statt von innen heraus zu denken, beschließt man dann vielleicht, mit dem Stift ein paar engere Schleifen im Chalmers-Kringel zu zeichnen, um zu sehen, welche Gedanken so entstehen. Plötzlich glaubt man nicht mehr an Bewusstsein, und schon leuchtet eine »Dennett«-Warnung auf dem Schirm auf. Aber Gedanken haben die Angewohnheit, wie

---

* Der Bildschirm ist im Jahr 1997 die gebräuchlichste Display-Form, aber zweifellos wird jedes anspruchsvolle Brainorama eine Virtual-Reality-Schnittstelle haben, sodass man in eine dreidimensionale Repräsentation des eigenen Gehirns eintauchen kann.

Memorymetalle zu ihrer ursprünglichen Form zurückzukehren. Andere Teile des Kortex werden automatisch aktiviert, um den Schaden zu beheben, und kurz darauf erscheinen wieder die vertrauten Gedankenschnörkel auf dem Bildschirm und man denkt: »Moment mal, da *ist* ein Bewusstsein!«[*] Wahrscheinlich wird sich die Suche nach dem Bewusstsein[**] mithilfe eines Brainoramas anfühlen, als suche man den Schmetterling, dessen Flügelschlag auf der anderen Seite der Welt einen Hurricane auslösen wird.

Beim Browsen durchs Gehirn sieht man das eigene Gedächtnis in seiner ganzen Größe. Das ist so, als lebte man das ganze Leben in einer großen Schlucht mit unbekannten Ausmaßen und könnte zum ersten Mal auf einen Aussichtspunkt am Rand der Schlucht klettern. Im ersten Moment ist man beeindruckt von der unermesslichen Weite, die man übersieht. Aber kurz darauf erscheint die überwältigende Einsicht in die Endlichkeit des eigenen Gehirns als besonders eigenartiger Kringel. Ein Blinklicht zeigt an, dass erste Gedanken über den Tod auftauchen.

Teil drei: Eine sehr kurze Geschichte des Todes

Was der Tod ist, müsste sich erklären lassen, wenn man weiß, was Bewusstsein ist. Wenn Penrose recht hat, dann hört Bewusstsein einfach auf, wenn die Mikrotubuli zerfallen. Wenn Dennett recht hat, dann gab es nie ein Bewusstsein, und in dem Fall ist der Tod keine große Sache mehr.

---

[*] Um zu vermeiden, in eine endlose Rekursionsschleife zu geraten, bei der man die eigenen Gedanken über die eigenen Gedanken sieht, gibt es eine einfache Lösung: In den Brainorama-Computer wird ein Filter für diese Art von Feedback einprogrammiert.

[**] Ich meine hier das Bewusstsein der »schwierigen« Art. Das »einfache« Bewusstsein, das Anästhesisten ausschalten können, ist zweifelsfrei lokalisierbar, da es sich um ein empirisches Phänomen handelt, und es hat anscheinend vor allem mit den Kernbereichen des Gehirns zu tun, nicht so sehr mit dem Kortex.

Die Mysterien von Tod und Bewusstsein sind jedoch nicht dieselben. Der Tod verrät uns nicht so viel über das Bewusstsein, wie das Bewusstsein uns über den Tod verrät. Wenn wir etwa wüssten, dass das Bewusstsein den Tod nicht überlebt, wüssten wir immer noch nicht, was das Bewusstsein vor dem Tod war.

In der Vergangenheit war Bewusstsein immer mit der Vorstellung von einer Seele verbunden, womit vor allem der Glaube an ein Leben nach dem Tod gestärkt werden sollte. Doch diese Vorstellung teilten nicht nur religiöse Menschen. Platon berichtet, der präzise Denker Sokrates habe die subjektive Erfahrung für ausreichend axiomatisch befunden, um zu vermuten, dass sie in einem eigenen Reich angesiedelt sein müsse, das uns im Tod offenbart werde. Für religiöse Menschen war das Bewusstsein meist der intuitive Beweis für ihre fantasievollen Vorstellungen vom Leben nach dem Tod, vor allem in der westlichen Welt.* Oft unterschieden sich die religiösen und weltlichen Fantasien nur durch einen gewissen Detailreichtum.

Ganze Reiche gründeten sich auf der Angst vor dem Tod. Deshalb verbündeten sich häufig Wissenschaftler und politisch Liberale im Kampf gegen dogmatische, religiöse Autoritäten. Im 20. Jahrhundert entstand eine einflussreiche Bewegung, die vor allem eine Reaktion gegen die willkürlichen und manchmal ausbeuterischen Fantasien der Todesleugner war.

Der Marxismus gehörte zu dieser Bewegung und der Positivismus. Sie leugneten die Existenz der Subjektivität und verdrängten gezielt den Zweifel der Subjektivisten an der perfekten Rationalität.

---

* Das Christentum, eine post-platonische Religion, gründet sich nicht auf Wunder wie brennende Büsche, Dämonen oder andere unerklärliche Phänomene, sondern auf die Berichte von mehr oder weniger »gewöhnlichen« Leuten wie Jesus und Lazarus und ihre Ansichten über ein Fortbestehen des Bewusstseins nach dem Tod. (Zwar enthalten die Berichte über das Leben Jesu *auch* übernatürliche Ereignisse, etwa dass er übers Wasser ging, aber sie sind für die Religion nicht von entscheidender Bedeutung.) Im Christentum wurde die physische Welt »gewöhnlich« und das Jenseits »wundersam«. Diese Entwicklung verstärkte sich im Lauf der Jahrhunderte.

Das Leben galt ihnen als eine Form von Technologie, etwas vollständig Empirisches, das man manipulieren und perfektionieren konnte. Mit dieser Barrikade sollten menschliche Ambiguitäten und Leidenschaften in ihre Schranken gewiesen werden, doch sie erwiesen sich stattdessen als neues Hindernis vor der psychologischen Akzeptanz des Todes.

Teil vier: Leugnung des Todes im Informationszeitalter

Im späten 20. Jahrhundert verbreitete sich eine bizarre, umgekehrte Form der Todesleugnung. Sie ist der ironische Nachkomme einer früheren Generation rationalen Denkens, das derartige Sentimentalitäten auszumerzen suchte. In dieser neuen Fantasie, wird der Tod durch Technologie besiegt.

In der kryonischen und nanotechnologischen Literatur wird häufig behauptet, das Ziel sei praktisch in greifbarer Nähe. Mithilfe von Nanotechnologie könne man einen Supercomputer erschaffen, der in kürzester Zeit Nanomaschinen entwickelt, die den menschlichen Körper pausenlos reparieren. Alterserscheinungen gehören damit der Vergangenheit an. Oder die Kryonik wird unsere Körper so lange tiefgefroren erhalten, bis sie in einer glücklichen Zukunft von freundlichen Altertumsfans aufgetaut werden. Oder der Inhalt unseres Gehirns wird in einen widerstandsfähigen Computer eingelesen, sodass unser Denken weiterexistiert, wenn unser Körper nicht mehr zur Verfügung steht.

Das Bewusstsein ist im besten Fall eine unbekannte Variable bei diesen Fantasien. Im schlimmsten Fall widersetzt es sich ihnen ganz. Subjektive Erfahrung ist zweifelsfrei vorhanden, zumindest für jene von uns, die Bewusstsein haben. (Andernorts habe ich die Vermutung geäußert, dass das bei einigen Philosophen durchaus *nicht* der Fall ist.)* Anders als alle anderen beobachtbaren Phä-

---

* Und zwar in dem Essay »Mit einem Zombie kann man nicht diskutieren«. Siehe in diesem Buch S. 248.

nomene wäre das Bewusstsein ebenso real, wenn man irgendwie beweisen könnte, dass es eine Illusion ist oder ein einziges Missverständnis. Wenn es überhaupt da ist, dann ist es vollständig da, es kann nicht außer Kraft gesetzt werden, es ist *vor allem anderen* da. Und dennoch hat es keine messbaren Auswirkungen auf irgendetwas anderes. Dass es eben beide Eigenschaften auf sich vereint, macht es sozusagen ungreifbar. Wie das Bewusstsein das empirische Universum »zusammenhält«, ist völlig unklar.

Es lässt sich keinerlei Aussage darüber machen, was man subjektiv empfinden würde, wenn der Gehirnzustand in einen Computer transferiert wird, wenn er den Körper verlässt, der daraufhin entsorgt oder eingefroren wird, um wieder aufgetaut zu werden. Selbst wenn man diese Verfahren ausprobieren würde, könnten sich jene, die es nicht selbst erlebt hätten, nur auf die Berichte der mutmaßlichen Überlebenden und die Anzeigen ihrer Brainoramas stützen. Die harte Wahrheit ist, dass man sterben muss, um diese Ideen zu testen. Die Lebenden können nicht herausfinden, ob technologische Reduktionen von Bewusstsein funktionieren.[*]

Damit kommen wir zu einem grundlegenden Problem für die neuen Todesleugner: Wenn Bewusstsein existiert, dann sind die technologischen Formen, mit denen man dem Tod entgehen will, ebenso unsicher wie der gute alte Tod selbst. Das »schwierige« Bewusstsein ist der Feind der Fantasievorstellungen der Todesleugner, und nichts wird leidenschaftlicher verteidigt als derartige Fantasien.

Daher wird einfach so getan, als existiere Bewusstsein nicht. Das ist der Motor, der die Leugner des Bewusstseins antreibt. Die neuen Todesleugner haben auch schon ihre eigene Literatur. Minsky, Dennett und Hofstadter sind die Theoretiker. Autoren der neuen romantischen Liturgien heißen Tipler, Moravec und Drexler.

Das Tragische an der traditionellen Todesleugnung, die auf

---

[*] N. B.: Man muss *nicht* sterben, um ein Brainorama zu testen, wenn man es vorsichtig benutzt.

einer religiösen Fantasie basiert, ist, dass diese Fantasie konkrete, wenn auch letztendlich willkürliche Inhalte haben muss. Daher haben Menschen häufig sich gegenseitig ausschließende Todesleugnungsfantasien. Und aus diesem Grund sind sich die traditionellen Religionen auch so uneins. Christentum und Islam können nicht beide in ihrer wörtlichen Auslegung wahr sein. Das verschafft den neuen Todesleugnern einen potenziellen ethischen Vorteil. Wenn sich die Menschen auf den einfachen Grundsatz einigen können, dass die Erfahrung, das subjektive Erleben (die Erbse), nicht existiert, dann können sie sich auch in allen anderen wichtigen Punkten im Rahmen einer objektiven, empirischen Beweisführung einigen. So können sie sich zum Beispiel einfach darauf einigen, ob beziehungsweise wann ein Gehirn eine Kryo-, Nano- oder Cyber-Übertragung in die Unsterblichkeit überlebt hat.*

Die Differenz, die zwischen den neuen und den alten Todesleugnern besteht, ist von großer Bedeutung. Sie liefert womöglich eine Erklärung für gewisse ungute Erscheinungen der Gegenwart. Ist es Zufall, dass der religiöse Fundamentalismus gerade jetzt einen Aufschwung erlebt, wo die Wissenschaft erstmals einige der intimsten Aspekte menschlicher Identität berührt? Bei den aktuellen sozialen Konflikten geht es wahrscheinlich vorrangig um Technologien, die unsere Definition von Tod infrage stellen, wie etwa Abtreibung, und weniger um die Verteilung von Wohlstand.

Zwar spielen die Bewusstseinsforscher in der großen Weltpolitik keine Rolle, aber dennoch stehen wir, meiner Meinung nach, bei einem fundamentalen Konflikt an vorderster Front. Die politische und gesellschaftliche Zukunft wird vor allem davon abhängen, wie Konflikte vorübergehend gelöst werden, bei denen es

---

* Das sorgt nur für eine mögliche Einigung auf Fakten – nicht für Einigkeit bei der Motivation. Tatsächlich würde man erwarten, dass die Bewusstseins-freien Menschen in jeder gemeinsamen Richtung eine Bedeutungskrise und einen Motivationsmangel erleben.

im Prinzip um vereinfachte Varianten des »schwierigen« Bewusstseinsproblems geht.

Ich behaupte keineswegs, dass alle nicht-religiösen Menschen ihren Geist auf ein Speichermedium übertragen lassen wollen, doch bei der Bewusstseinsdebatte stellen die beiden gegensätzlichen Todesleugnerfantasien die reinste Form einer neuen Dialektik dar. Die eine ist traditionell, sentimental, hysterisch und stiftet Uneinigkeit. Die andere ist blass, mechanisch und potenziell selbstmörderisch. Bisher kam es noch zu keiner Synthese. In der Kluft zwischen beiden herrscht nur ein einsames Vakuum, das die übermenschliche Anstrengung der permanenten Unentschiedenheit erfordert.

(1997)

Mit einem Zombie kann man nicht diskutieren

> Jemanden, der so tut, als würde er schlafen,
> kann man nicht wecken.
>
> *Spruchweisheit der Navajo**

Die Zombies sind unter uns

Wie sich herausstellt, kann man einen Zombie** doch von einem Menschen unterscheiden. Ein Zombie hat eine andere Philosophie. Das ist der einzige Unterschied. Deshalb kann man Zombies nur enttarnen, wenn sie zufällig auch Philosophen sind. Dennett*** ist ganz eindeutig ein Zombie.

Das Verhältnis zwischen Zombies und der übrigen Menschheit ist nicht symmetrisch. Leider können nur Nicht-Zombies das verräterische Markenzeichen der Zombies erkennen. Für Zombies sind alle gleich.

Mit Zombies zu diskutieren ist natürlich völlig sinnlos. Dennoch kann es eine wertvolle Erfahrung sein, wie ich festgestellt habe. Das hat zwei Gründe. Erstens glaube ich, dass Zombies einen erheblichen indirekten Einfluss auf das kulturelle und politische

---

*   Zumindest hat mir John Perry Barlow gesagt, dass es eine Spruchweisheit der Navajo sei.

**   Zombies spielen in der Bewusstseinsforschung und in der Diskussion des Leib-Seele-Problems eine nicht unwichtige Rolle. In den einschlägigen Gedankenexperimenten haben sie kein Bewusstsein und keine innere Erfahrung, was man ihnen nach außen hin aber nicht ansieht. Es ist umstritten, ob ein Zombie real existieren könnte oder ob die innere subjektive Erfahrung unweigerlich auf das Verhalten oder Vorgänge im Gehirn abfärbt.

*** Daniel Dennett, Autor von *Consciousness Explained* (1991; *Philosophie des menschlichen Bewusstseins*, 1994) und vieler anderer Zombie-Manifeste.

Denken haben, und dem möchte ich mich entgegenstellen. Und zweitens kann man viel von Zombies lernen – zumindest als Gesprächspartner sind sie also sehr nützlich.

Teil eins: Der Einstieg in die Zombie-Kultur

Dennetts Intuitionspumpen*

Um manche Menschen machen sich die Zombies richtig Sorgen. Sie glauben, wir wären ebenfalls Zombies, nur ein bisschen verwirrt, deshalb produzieren sie Texte, die uns helfen sollen, wie Zombies zu denken. Daniel Dennett zum Beispiel schlägt einen sogenannten »Zagneten« vor, der sich genau wie ein Magnet verhält – mit einem einzigen Unterschied, aber der ist nicht zu beschreiben. Dann schlägt er vor, dass das menschliche Bewusstsein (das *alte* Bewusstsein)** eine überflüssige, hypothetische Eigenschaft ist, genau wie beim Zagneten, und dass Philosophie ohne Bewusstsein sehr viel einfacher ist. Dabei ist ihm wohl entgangen, dass ein Zagnet wie ich ebenfalls einen Essay darüber verzapfen könnte, aber was will man erwarten, er ist schließlich ein Zombie. In einen Zagneten kann er sich schlicht nicht hineinversetzen.

Der Dialog zwischen Zombie und Zagnet übertrifft alles, was ich bisher erlebt habe, selten gab es eine so leidenschaftliche Debatte bei einem gleichzeitigen Mangel an Kommunikation. Nur ein Zombie wie Dennett kann ein Buch mit dem Titel *Philosophie des menschlichen Bewusstseins* schreiben, ohne überhaupt

---

* Dennett bezeichnet seine Gedankenexperimente als »Intuitionspumpen«.

** Um den Begriff Bewusstsein ist in letzter Zeit ein Tauziehen entstanden. Früher bedeutete er »subjektive, unbeschreibliche Erfahrung«, heute könnte er aber auch bedeuten »Teil eines Programms, das andere Teile nachbildet und Kontrolle über die Ausführung übernehmen kann«. Ich verwende gern den Begriff des »Erlebens«, wenn ich die subjektive Erfahrung des Erlebens meine, also das, was das Bewusstsein zu so einem schwierigen Problem macht.

auf das Bewusstsein einzugehen. Nur Zombies können darauf mit einem Buch mit dem Titel *Dennett und seine Kritiker* reagieren, in dem Dennett überhaupt nicht kritisiert wird. Welches andere Thema könnte einen angesehenen Physiker wie Roger Penrose zu so seltsamen Spekulationen veranlassen? Ich selbst befinde mich nun in der merkwürdigen Position, dass ich die Kluft zwischen Zombie und Zagnet manchmal überbrücken kann, weil ich Zagnet *und* Computerwissenschaftler bin, eine leider sehr seltene Kombination. Dass Computerwissenschaftler die Zombie-Vorstellung so bereitwillig übernehmen, ist leicht zu verstehen. Wären Sie nicht auch begeistert, wenn ein wichtiger Zweig der Philosophie behaupten würde, Ihr Tun sei Dreh- und Angelpunkt von allem?

Meine Diskussion mit den Zombies

Vor ein paar Jahren stand ich in Dartmouth vor einem Seminar, dessen Teilnehmer größtenteils Zombies waren. Ich sagte ihnen Folgendes. Ich beschloss, die müde alte »Intuitionspumpe« noch ein bisschen stärker als üblich unter Druck zu setzen, und zu schauen, ob sich noch ein paar Tropfen Intuition herausquetschen ließen. Danach wurden ein paar Zombies ziemlich unruhig, und ich fragte mich, ob man einen Zombie nicht doch heilen kann.

Ich begann mit der üblichen Geschichte eines Experiments am menschlichen Gehirn. Alle Neuronen werden durch Siliziumchips ersetzt. Jung-Zombies in der Ausbildung gehen davon aus, dass sich nichts groß verändern wird, wenn ihr Gehirn nur noch aus Silizium besteht.

Doch es ging weiter mit unserem Experiment. Unser Gehirn wurde in Software umgewandelt. Jedes Neuron wurde durch eine Software ersetzt und alles funktional so miteinander verbunden, wie unsere graue Masse vernetzt war.

Die Zombies waren immer noch ganz einig mit meinem Vorschlag zum Zombie-auf-einer-Speicherplatte. Hier lohnt es sich, einen Moment innezuhalten und festzustellen, dass die Dämonen des Vitalismus nicht gebannt sind, nur weil man Daten auf einer Festplatte als sein ontologisches Äquivalent akzeptiert. Zombies denken dann womöglich immer noch, dass ihre Daten mit biologischen Menschen interagieren könnten (wie etwa die Figur des »Data« in *Star Trek*). Womöglich suchen sie weiterhin Bestätigung in der natürlichen Welt und vertrauen auf das alte Ritual des Vitalismus, den Turing-Test.

Hardcore-Zombies sind bereit, das alles hinter sich zu lassen und sich vorzustellen, auf einem Speichermedium zu existieren und nur noch mit anderen Verstandeseinheiten und Umweltelementen zu interagieren, die ebenfalls ausschließlich als Software existieren. An diesem Punkt müssen wir eine Frage stellen, die für mich ganz offensichtlich ist, einen Zombie aber schockiert: Wodurch existiert die Software? Wodurch existiert der Computer, auf dem die Software läuft?

Es kann nur eine vernünftige Grundlage zur Beurteilung der Existenz von Computern und Software geben. Wir sollten in der Lage sein, ihre Existenz empirisch zu bestätigen, unter Verwendung derselben wissenschaftlichen Methode, mit der wir die übrige natürliche Welt untersuchen. Wie sich zeigt, können wir das aber nicht. Die Gründe dafür werde ich später noch nennen. Wir sind das einzige Maß für die Existenz der Computer. Mit der Aussage, dass Computer und Software existieren, fördert man also still und heimlich einen ungezügelten Vitalismus und mystischen Dualismus.

Wie weit kann man bei einem Zombie gehen?

Aber kommen wir zurück zu meinem Seminar eifriger junger Zombies:

Ich fragte sie, ob es eine Rolle für sie spielen würde, auf was für einem Computer ihr Software-Selbst laufen würde. Nein, antworteten sie, das sei egal. Kraft der heiligen Turing-Hypothese seien alle Computer als gleichwertig zu betrachten.* Egal, ob sie und ihre Kommilitonen nun auf einem Röhrencomputer laufen würden oder auf einem Computer aus mechanisch miteinander verbundenen Legosteinen, sie würden trotzdem einen Adrenalinstoß verspüren, wenn ein begehrter Partner vorbeischlendern würde, oder Qualen bei einem elterlichen Besuch erleiden.

Offensichtlich sind Zombies sehr flexibel. Bauen wir also einen wirklich ungewöhnlichen Computer, in dem sie dann hausen werden. Zuerst einmal nehmen wir Daten aus der natürlichen Welt auf, etwa die Flugbahnen eines Meteoritenschauers. Dann vertrauen wir auf eine massive Rechnerleistung und viel Glück, um den richtigen Computer zu konstruieren, der den Meteoritenschauer als ein Programm lesen kann, das zufällig dem Gehirn eines Zombies entspricht.

Anders ausgedrückt: Wenn ein natürliches Phänomen wie etwa ein Meteoritenschauer gemessen und erfasst wird, verwandelt es

---

* Die Bezeichnung »Computer« hat verschiedene Bedeutungen. In diesem Essay bedeutet »Computer« ein praktisches Objekt, das existieren kann, wie zum Beispiel ein Macintosh. Die heilige Turing-Hypothese besagt, dass es eine Obergrenze an Befähigung gibt, die kein Computer aus ordinären Bauteilen überwinden kann. Diese Obergrenze wird durch einen »idealen Computer« definiert, die sogenannte Turing-Maschine, die zwar wie ein ordinärer Computer aufgebaut ist, aber einen unendlichen Speicher hat. Allgemein wird diese Hypothese von Computerwissenschaftlern als wahr betrachtet. Penrose und andere interessieren sich für Quanteninformatik, weil daraus vielleicht ein Computer entsteht, der mehr kann als die Turing-Maschine. Die heilige Turing-Hypothese schleicht sich in fast jede Debatte über Bewusstsein ein und mündet in der verwandten Behauptung, dass Computer mit begrenztem Speicher, die immer größer werden, so behandelt werden sollten, als ob sie funktional äquivalent zueinander wären. Deshalb wird das Gehirn von vielen als großer Computer betrachtet. Falls sich die reine oder die eingeschlichene Hypothese als falsch erweisen sollten, wird sich an diesen Argumenten nichts ändern. Die Obergrenze wird einfach auf eine neue Ebene verlegt, die dem neuen idealen Computer entspricht.

sich in eine Zahlenreihe. Das Programm, das einen Computer zum Laufen bringt (der Objektcode),[*] besteht ebenfalls aus einer Zahlenreihe, deshalb haben wir zwei gleiche Einheiten. Die Zahlenreihe, auf der ein bestimmter Computer läuft, muss sich genau an die Regeln dieses Computers halten, sonst stürzt der Computer ab. Aber wenn man den passenden Computer finden kann, kann jede beliebige Zahlenreihe als Programm laufen.[**] Tatsächlich kann man theoretisch für jede beliebige Zahlenreihe viele Computer finden oder bauen, von denen jeder dieselbe Zahlenreihe als anderes Programm laufen lässt. Ein Computer könnte also den Meteoritenschauer lesen und am Ende Ihre Steuern berechnen, ein anderer dagegen könnte mit genau demselben »Objektcode« Wettquoten auf der Rennbahn berechnen. Wenn Ihr Gehirn funktional einem Computerprogramm entspricht, gibt es keinen Grund, warum nicht ein Meteoritenschauer dieses Programm sein sollte, wenn man sich die Mühe macht, den richtigen Computer zu finden, der damit läuft.

Verleiht bereits die Möglichkeit, dass dieser Computer exis-

---

[*] Der »Objektcode« ist ein Programm, auf dessen Grundlage ein Computer läuft, im Gegensatz zum Quellcode, der von Menschen geschrieben wird. Der Quellcode muss in den Objektcode übersetzt werden, bevor ein Computer irgendetwas machen kann. Jeder Computertyp verwendet einen anderen, inkompatiblen Objektcode. Manche Biologen verstehen die DNA als eine Art Objektcode. Ein Computer ohne Objektcode ist inaktiv, genauso wie ein Code, für den man nicht den richtigen Computer hat. Ich schlage hier also vor, dass jedes Stück Natur ein Objektcode für einen möglichen Computer sein könnte.

[**] Zwei verschiedene Objektcodes können genau denselben Effekt haben und gelten als zwei verschiedene Ausführungen desselben Programms. Rein funktional betrachtet sind die beiden identisch. Wenn sich zum Beispiel zwei Versionen eines Programms auf einem Macintosh und einem PC identisch verhalten, hat man zwei verschiedene Objektcodes mit äquivalenter Funktion. Rein funktional betrachtet könnte es viele verschiedene Objektcodes geben, die auf den gleichen oder verschiedenen Computern laufen und unserem Gehirn entsprechen. Ich schlage hier ein ganz bestimmtes Gehirn vor, das zufällig auch ein Meteoritenschauer ist.

tiert,* dem Meteoritenschauer ein Bewusstsein, und wenn auch nur für einen Augenblick?**

Vermutlich würde ein Zombie einwenden, dass dieser hypothetische Computer gar nicht funktionieren würde. Selbst wenn er den Meteoritenschauer so interpretiert, dass er ihm die Funktionalität eines Gehirns zuschreibt, würde das nur für einen begrenzten Zeitraum gelten. Schon sehr bald würden Newton und Einstein wieder übernehmen, und das Gehirn würde sich auflösen. Außerdem könnte es keine funktionale Beziehung zu irgendetwas anderem außerhalb des Meteoritenschauers geben. Ist der Meteoritenschauer also nicht einmal ein Zombie?

Wenn Ihnen mein Meteoritenschauer nicht funktional genug ist, erweitern Sie die Suche. Sammeln Sie einfach mehr Daten und finden Sie einen noch schwieriger zu konstruierenden Computer, der die Daten als ein Megaprogramm interpretieren wird, das nicht nur Ihrem Gehirn entspricht, sondern auch der Umgebung Ihres Gehirns einschließlich anderer Gehirne. Erweitern Sie die Suche noch mehr, bis Sie genug Objektcode haben, um ein ganzes Leben umzusetzen.

---

* Man könnte einen Computer konstruieren, der jede ausreichend große Datenmenge als Objektcode behandelt, um jedes Programm nachzuahmen, indem man einfach eine große »Lookup-Tabelle« mit einbezieht. Eine Lookup-Tabelle würde sämtliche Daten, die man gefunden hat, als die Daten abbilden, die man haben will (in dem Fall der Objektcode, auf dem Ihr Gehirn läuft). Das fühlt sich ein bisschen wie Mogeln an. Zu simpel, um magisch zu sein. Für die Magie müssen wir einen Computer konstruieren, der keinerlei eingebaute Informationen hat, die ein fortgeschrittenes Wissen Ihres Gehirns reflektieren würden. Schön. Dann muss man bei möglichen Computern (hier definiert als endlicher Automat) suchen, bis man auf einen stößt, der ordentlich funktioniert. Ihn zu finden ist ähnlich, wie wenn man einen sehr, sehr langen kryptografischen Code knacken will. Das ist vielleicht nicht praktikabel, aber theoretisch möglich. Wenn Zombies das abstreiten wollen, müssen sie sich mit Penrose zusammentun und nach einem fabulösen Quantenelement im Gehirn suchen, dann könnten sie sich die andere Suche sparen.

** Es könnte viele verschiedene Computer geben, die jeweils denselben Meteoritenschauer als ein anderes Gehirn interpretieren und so diesem willkürlichen Stück Natur ein reiches Innenleben verpassen würden.

Zombies lässt diese Idee manchmal relativ kalt, weil sie glauben, wir müssten immer noch die ganze Arbeit machen und einen Computer bauen, damit der Meteoritenschauer als Programm betrachtet werden kann. Vielleicht passiert ja etwas Magisches, wenn ein Programm von einem echten Computer gelesen wird. Tja, mit ausreichend Geduld findet sich sogar ein echter Computer versteckt in einem Meteoritenschauer.

Jetzt führen wir eine etwas andere Suche durch, die noch schwieriger ist als unser bisheriger Ansatz. Dieses Mal suchen wir nach einem Computer (nennen wir ihn Ralf), der, wenn wir auf unseren überstrapazierten Meteoritenschauer deuten, eine Emulation seiner selbst erstellt (die wir Fred nennen) und zusätzlich eine Emulation* aller Gehirne und ihrer Umgebung.

Damit hätten wir zwei Computer, die denselben Meteoritenschauer betrachten: den Computer, den wir gebaut haben (Ralf) und dessen Emulation (Fred). Aus empirischer Sicht sind beide gleich verdächtig, der »echte«, funktionale Computer zu sein, und sie sind über denselben Zeitraum beobachtbar.

Zeit ist nur *ein* Kriterium für die Subjektivität von Computern, dennoch sollten wir uns ein wenig genauer damit beschäftigen. Ein Macintosh funktioniert im Laufe seiner Nutzungsdauer mehr oder weniger vorhersehbar. Ralf und Fred halten womöglich nicht so lange. Der Macintosh erscheint uns daher eher als »richtiger« Computer, weil er besser zu unserem Zeitrahmen passt. Wir können uns bei Einstein ein paar Schnellzüge ausleihen, um diese Idee mit einem anderen Bild zu verdeutlichen. Stellen Sie sich vor, Sie würden ein Bahnbetriebswerk besuchen, wo Züge mit

---

* Eine Emulation ist ein Programm auf einem Computer, das die Existenz eines anderen Computers simuliert. So können beispielsweise Macintosh-Computer Emulatoren realisieren, die vom Typ her IBM-Computer zu sein scheinen, die im Macintosh »leben«. Natürlich könnte auf einem Macintosh auch ein Programm laufen, das eine Kopie seiner selbst simuliert. Hier besteht das potenzielle Problem einer endlosen Rekursion, aber das lässt sich in meinem Beispiel leicht vermeiden, wenn man die Emulation unvollständig gestaltet, sie wird also keine weitere interne Emulation ihrer selbst umfassen.

unterschiedlichen Geschwindigkeiten rangieren. Manche fahren so schnell, dass ihr Umriss als verschwommenes Bild dauerhaft weiterbesteht. Wenn Sie ganz flott losrennen, um mit den schnellen Zügen mitzuhalten, verschwimmen die stehenden Züge. Nur die Züge, die sich mit etwa derselben Geschwindigkeit bewegen wie Sie, sehen wie Züge aus. Und ebenso reagiert eine Macintosh-Bedienoberfläche langsam genug, damit wir die Bilder nachvollziehen können. Das Gerät an sich hält ein paar Jahre lang, was für einen menschlichen Zeitrahmen sehr vernünftig ist. Ralf und Fred sind möglicherweise nur für den Bruchteil einer Sekunde kohärent und wirken deshalb für uns weniger wie Computer, aber wenn wir uns »schnell genug bewegen« könnten, würde der Macintosh verschwinden und Ralf und Fred würden in unser Blickfeld rücken.

Zombies wenden manchmal ein, dass ein Computer, den jemand baut, etwas anderes ist als ein Computer, den man einfach findet. Ich denke, Sie würden mehr an Ralf anstatt an Fred glauben. Das ist ein gutes Zeichen, wenn Zombies so denken, denn dann sind sie auf dem Weg, geheilt zu werden. Ein schönes Beispiel für Vitalismus, das mir das Herz wärmt.

Nehmen wir einmal an, dass Sie Ralf tatsächlich gebaut haben, um die Gehirne ins Blickfeld zu rücken, die im Meteoritenschauer leben und ebenso den Ralf-Klon (Fred), der diese Gehirne betrachtet. Den Meteoritenschauer betrifft es nicht, wenn man Ralf abschaltet,* also ist Ralf ein Teil des Systems, das nicht funktional ist. Da ein Programm nicht sagen kann, ob es gelesen wird, sollte es genauso gut existieren können, wenn der Computer nur hypothetisch ist, stimmt's?

Ich weiß, dass ich die Intuitionspumpe hier vielleicht etwas heftig betätige – überlassen wir also Ralf und Fred sich selbst und

---

* Er könnte »betroffen« sein, wenn Sie die Messinstrumente abschalten würden, doch vom Status Ihres Computers, der die Daten als Programm abspielt, wird er sich nicht stören lassen. Selbst Schrödingers Katze wäre von *diesem* Computer nicht betroffen.

nähern uns dem letzten Punkt noch einmal aus einem anderen Blickwinkel.

Nehmen wir an, Sie lassen ein etwas normaleres Programm (also keinen Meteoritenschauer) laufen, das das funktionale Äquivalent Ihres Gehirns und der Gehirne anderer Leute sowie der Umgebung umsetzt, sodass Sie und die übrigen Gehirne viele gemeinsame Erfahrungen machen können. (Das ist der Zustand, von dem meine Test-Zombies dachten, es hätte sich nichts Grundlegendes verändert, sie würden immer noch sich und die anderen wahrnehmen, als ob sie aus Fleisch und Blut wären.) Sie speichern einen digitalen Datensatz auf derselben Disk, auf der sich auch das Programm befindet, ein Protokoll all dessen, was ihnen zusammen passiert ist. Jetzt »präexistieren« die Erfahrungen auf der Disk. Nehmen Sie die Disk aus dem Computer. Hat diese losgelöste Disk-Version Ihrer selbst nun immer noch Erfahrungen? Die Informationen sind schließlich alle vorhanden. Warum werden die Informationen in einen höheren Daseinszustand versetzt, nur weil ein Prozessor sie betrachtet? Die Erfahrungen wurden ja bereits aufgezeichnet, der Prozessor kann also keine neuen Berechnungen damit anstellen. Ein viel einfacherer Prozess, mit dem die Disk gerade kopiert wurde, hätte genau dieselbe Funktion wie ein zweiter Durchlauf in Ihrem Gehirn.[*]

Die Argumente mit dem Meteoritenschauer deuten darauf hin, dass Computer nicht so objektiv präsent sind, wie ein Zombie gerne annehmen würde, doch die Frage muss weiter untersucht werden.

Ich behaupte, dass für einen Marsmenschen ein Macintosh nichts anderes ist als ein Toaster oder ein Stein. Um Informationen wahrzunehmen, muss man sie in einen kulturellen Kontext bringen, und damit öffnet man wieder die Büchse der Pandora, die Zombies am liebsten luftdicht versiegeln würden. Könnte es sein, dass es sich bei »Informationen« nur um ein Hütchenspiel handelt, bei dem das Bewusstsein (das *alte* Bewusstsein) versteckt wird?

---

[*] Wenn Sie dieses Argument bei einem Zombie anwenden, ist nun der Zeitpunkt gekommen, an dem der Zombie dem Funktionalismus abschwört.

Ein Zombie könnte nun einwenden, dass es eine Methode geben muss, um objektiv zu ermitteln, ob es sich bei einem vermeintlichen Computer um einen tatsächlichen Computer handelt. Wenn man sich nicht auf die menschliche Intuition, die unserer grauen Masse entspringt, verlassen will, hat man keine andere Wahl, man muss einen nachweislichen, als Computer bestätigten Computer aus dem Hut zaubern, der den angeblichen Computer analysiert. (Falls Sie auf die graue Masse vertrauen, haben Sie sich zurück in den Vitalismus geflüchtet.) Aber selbst wenn Sie einen als Computer bestätigten Computer präsentieren könnten, bräuchten Sie eine rigoros objektive Antwort auf die Frage: Was macht ein Objekt zum Nicht-Computer?

Wenn der Test zum Aufspüren eines Computers richtig streng sein soll, sollten wir annehmen, dass wir den Computer von Außerirdischen finden – oder dass ein Außerirdischer versucht, unsere Computer zu finden. Unser erstes Problem besteht darin, dass wir, wenn uns ein außerirdischer Computer präsentiert wird, womöglich gar nicht wissen, wohin wir unsere Prüfgeräte stecken sollen, oder schlimmer noch: Womöglich hätten wir keinen Schimmer, dass wir es überhaupt versuchen sollten.

Jeder angebliche von uns untersuchte Computer kann komplett als komplexes Phänomen und Nicht-Computer verstanden werden. Um das Verhalten von Computern zu erklären, braucht man keine Informatik. Computer sind einfach Teile des physikalischen Universums, die physikalischen Gesetzen folgen. Alles, was wir sehen, was ein physikalischer Computer tun kann,* können wir verstehen, ohne dass wir ihn uns als Computer vorzustellen brauchen. Ein Computer wird erst durch unser Denken zum Computer, wir denken an sein Potenzial, nicht an die von uns beobachtete Wirklichkeit.

---

* Ich gehe davon aus, dass unsere Außerirdischen mit ihren Instrumenten den internen Zustand der Transistoren in den Computerchips erfassen können.

Diesen Punkt darf man nicht unterschätzen. Computer werden ontologisch mit Samthandschuhen angefasst. Die Relativität ist notwendig, um das beobachtbare Universum zu erklären, die Informatik dagegen nicht.*

Wenn wir einen Test entwickeln würden, mit dem man einen außerirdischen Computer erkennen könnte, dann könnte man mit dem Test überall Computer und Programme finden, egal, wo man sucht (sogar in einem Kometenschauer),** man müsste nur genau hinschauen. Das bezeichnet man nicht gerade als nützlichen Detektor.

Wenn Computer definitiv existieren sollen, sollte uns auch klar sein, dass wir eines Tages ein Instrument bauen können, um sie zu erkennen. Naturwissenschaftlichen Instrumenten mag es an

---

* Auch andere Bereiche der Naturwissenschaften wie Chemie und Biologie werden zur Erklärung des beobachtbaren Universums benötigt, doch diese Denkrahmen gelten nur innerhalb begrenzter Parameter als funktionsfähig. So würde zum Beispiel niemand behaupten, dass man allein mithilfe der Chemie die Energiequelle der Sonne erklären kann. Aufgrund ihrer begrenzten Reichweite ist die Chemie ontologisch keine Herausforderung, die Physik dagegen schon, denn sie ist notwendig. Meiner Meinung nach ist das der Grund, warum so viele Physiker als Zagneten enden.

** Das Geheimnis, funktionierende Computer (und nicht nur eigenständige Programme) überall dort zu finden, wo man sucht, besteht darin, Teile des Universums auszuwählen, die über einen bestimmten Zeitraum wechselseitigen Einfluss ausüben (das ist nicht schwer). In meinem großen Meteoritenschauer zum Beispiel üben alle Meteoriten eine gewisse Anziehungskraft aufeinander aus, sie sind also kausal verbunden. Wenn man fleißig genug sucht, kann man einen Computer finden, der die relativen Bewegungen der Meteoriten über eine bestimmte Zeit als Protokoll des sich verändernden Zustands vieler Gehirne und als Kommunikationsprozess auffasst. In diesem Fall könnte ein Außerirdischer in einem Meteoritenschauer nicht nur einen Computer finden, sondern sogar einen Computer, der konkret funktioniert.

Zombies wenden manchmal ein, dass ein »echter« Computer nicht im Vorfeld wissen muss, was er zu tun hat, meine konstruierten Computer dagegen schon. Das ist ein bemerkenswertes Argument, weil es bestätigt, dass sich deterministische Computer von Meteoritenschauern unterscheiden, weil sie eine besondere, praktische Beziehung zu ihrer Umgebung haben. Solche Argumente sind geradezu rührend, weil sie die sentimentalen alten Zagneten-Vorstellungen wiederaufwärmen, dass der Mensch etwas Besonderes sei.

Genauigkeit mangeln, doch sie können auf jeden Fall zwischen Phänomenen unterscheiden. Wenn es beispielsweise kein Gerät geben würde, das Hitze von anderen Phänomenen wie Schwerkraft unterscheiden kann, wäre Hitze kein sinnvolles Konzept, und die Naturwissenschaften würden einen Parameter nutzen, der sich nicht messen lässt. Bislang konnte man »Komplexität« nicht derart befriedigend definieren, dass wir hoffen können, eines Tages einen Detektor für Komplexität zu bauen. Selbst wenn wir so weit kämen, ein Computer-Detektor könnte (aus den oben genannten Gründen) nicht zwischen den vorgestellten Computern und anderen Beispielen einer »geordneten Komplexität« oder einer »kompliziert gebündelten Kausalität« unterscheiden.*

Erstaunlich finde ich, dass selbst Zombies nicht bereit sind, komplett auf die Idee von etwas derart Speziellem wie »Bewusstsein« zu verzichten. Allerdings fordern sie dafür eine Art Zombie-Denken. Diese Zombies verwenden das Wort »Emergenz«. Sie sagen, dass sich Computer voneinander unterscheiden, denn bei manchen finde man ein emergentes Bewusstsein. David Chalmers argumentiert, dass jedes Tun im Universum zumindest ein bisschen mit Informationsverarbeitung zu tun hat, und durch die richtige Informationsverarbeitung entsteht Bewusstsein, also gibt es überall Bewusstsein, aber eben in unterschiedlichen Abstufungen. Mir gefällt der hippiehafte Egalitarismus an dieser Vorstellung. Selbst ein Thermometer hat also ein »kleines« Bewusstsein.

Aber wo sind in Chalmers' Universum die Computer? Ein Computerdetektor würde an einem beliebigen Testort keinen einzigen Computer finden, weil es dort immer eine unendliche An-

---

* Ich möchte an dieser Stelle darauf hinweisen, dass viele Objekte, die für ein Verständnis des Universums gar nicht erforderlich sind, von Instrumenten erfasst werden. Ein Beispiel wären Chemikalien (da die Chemie eine theoretisch unnötige, aber unglaublich praktische Abstraktionsebene über der Physik ist). Damit hätten wir ein ontologisches Spektrum, das die Entbehrlichkeit der Dinge reflektiert. Man könnte sagen, dass Chemikalien mehr »existieren« als Computer, und Energie sogar noch mehr, weil sie sowohl messbar als auch weniger verzichtbar ist.

zahl davon geben würde. Sobald wir ein Stück dieses Universums abtrennen und es Computer nennen würden, hätten wir auch die unendliche* Obermenge aus Teilen des Universums identifiziert, das dieses Stück enthält, und auch die möglichen Teilmengen, die ihm funktional entsprechen würden (nach dem einen oder anderen Maßstab). Daraus folgt, dass es völlig egal ist, wo man etwas vom Universum abtrennt.

Wenn wir uns für Computer interessieren, die ähnlich, aber nicht identisch mit dem ersten abgetrennten sind, können wir immer einen noch größeren Schwarm Computer finden, die ebenfalls anwesend sind. Wenn Informationsverarbeitung laut Chalmers die Entstehung eines Bewusstseins fördert, dann trüge jedes emergente Bewusstsein einen unendlichen Schwarm an Bewusstseinszuständen in sich, der es enthält oder beinahe enthält. Das Gefühl der Eigenständigkeit und Lokalität ginge völlig verloren, wenn das Bewusstsein nur ein Nebenprodukt der Informationsverarbeitung wäre und die Informationsverarbeitung allgegenwärtig ist. Die Hypothese von einer unendlichen Wolke graduell verschiedener Bewusstseinszustände, die um jede Person wabert, wirkt wie ein massiver Verstoß gegen Ockhams Rasiermesser-Prinzip.

Andere Zombies könnten argumentieren, dass Computer mathematische Objekte sind und deshalb nicht empirisch bestätigt werden müssen. Ich dagegen sage, dass jeder konkrete Computer bestätigt werden muss. Ansonsten befinden wir uns in einer Situation, in der alle möglichen Computer immer existieren, und es wären sogar noch mehr als in Chalmers' Universum.

Es gibt vielleicht noch andere mögliche Argumente,** aber ich

---

* Ich verwende das Wort »unendlich« in Teilen dieses Essays im umgangssprachlichen Sinn, damit auch technisch nicht so versierte Leserinnen und Leser meinen Ausführungen folgen können. Die Bedeutung entspricht also eher dem Begriff »unbegrenzt«.

** Zombies könnten natürlich die Spielregeln ändern und vorschlagen, man könnte einen Computer objektiv erkennen, indem man ihn als »am besten geeignete« oder »effizienteste« Zustandsmaschine neu definiert, um das Verhalten eines ausgewählten Stücks des Universums zu erklären (in dem Fall das Stück, glaube, am Ende sollte ein ehrlicher Zombie doch eingestehen, dass jede spezielle Beobachtung von Informationsverarbeitung eine nicht belegbare menschliche Interpretation der Ereignisse ist, die auf andere Art objektiver beschrieben werden können.

Wenn Zombies sonderbar werden

Überzeugte Zombies und ihre Antagonisten werden die oben genannten Argumente bereits kennen. Mich interessiert vor allem die Position, die Zombies beziehen, wenn aus den Argumenten schließlich eine Schlussfolgerung gezogen wird. Nachdem Zombies die ontologischen Unterscheidungen auf Grundlage der erkenntnistheoretischen Schwierigkeiten verworfen haben, erfinden sie neue Ontologien zum Vorteil der Computer. In jedem Zombie steckt eine schräge neue Form des Dualismus.

Dieser neue sonderbare Dualismus kann verschiedene Formen annehmen, die sich anhand der sinnlosen Codewörter unterschei-

das wir Computer nennen). Entsprechend würden Außerirdische unsere Computer erkennen, weil unsere Interpretation tatsächlich die beste verfügbare Interpretation ist, und alle, die danach suchen, werden zu dieser (oder einer ähnlichen) Sichtweise kommen. Ich glaube aber, dass solche Entwürfe in Wirklichkeit einen Schritt verbergen, in dem menschliche Führung erforderlich ist (nicht weil Menschen die beste Sichtweise haben, sondern weil wir sie *nicht* haben). Offensichtlich gibt es ja auch noch die Frage, welches Stück des Universums man auswählt, das an sich schon Übermittler der »Semantik« sein könnte. Selbst wenn die Außerirdischen das richtige Stück ohne menschliche Hilfe auswählen könnten, unterscheidet sich das Problem von unserem Beispiel mit dem Meteoritenschauer. Bei diesem Problem suchten wir nach einem bestimmten Computer, doch beim jetzigen Problem müssen wir den bestmöglichen Computer finden, der so viel wie möglich vom Meteoritenschauer enthält. Anders ausgedrückt, müssten wir alle Computer untersuchen, die sich in der Natur verstecken, und nicht einfach nur einen finden. Damit stehen wir vor einem unbegrenzten Problem, wohingegen das vorige zwar groß, aber begrenzt war. Das ist ähnlich, wie auf einen Algorithmus zu hoffen, den man mit einer Datenmenge füttert und der dann die bestmögliche wissenschaftliche Theorie zur Erklärung der Daten ausspuckt.

den, etwa »Emergenz« oder »Semantik«. Doch das eindeutigste Kennzeichen des Zombie-Dualismus ist der Glaube an die unabhängige, objektive Existenz von Informationen und Computern.

Ich versuche erst gar nicht, Zombies davon zu überzeugen, dass sie auf eine spezielle Weise existieren, dass sie zu Erfahrungen in der Lage sind. Das habe ich aufgegeben. Ich möchte ihnen jedoch zu bedenken geben, dass sie der Informationsverarbeitung nicht nur eine eindeutige objektive Existenz zuschreiben, die sie wahrscheinlich gar nicht hat, sondern auch die magische Fähigkeit, ontologische Eigenschaften auf andere Objekte zu übertragen. Die Zombies sollten sich doch einmal überlegen, dass diese angebliche Fähigkeit noch bizarrer und haltloser ist als die phänomenologische Deutung einer Nicht-Zombie-Erfahrung.

Zombies glauben an Informationen und an die Erfahrung von bestimmten Objekten, also von Computern. Zombies sind schnell dabei, die altmodische Vorstellung von Bewusstsein als schlimmste Form eines schwammigen, sentimentalen Dualismus zu kritisieren, aber sie selbst »zagnetisieren« das Universum mit ihren neuen unsäglichen Konzepten.*

Wenn das Universum nur von Zombies bevölkert wäre, gäbe es keine Computer. Computer können sich nicht gegenseitig existieren lassen, weil sie einander nicht einmal erkennen.

Es gäbe auch keine Informationen. Informationen existieren ebenfalls nur dank der Erfahrung. (Mein alter Slogan: »Informationen sind entfremdete Erfahrungen.«) Zombies sind uns, den Zagneten, zu großem Dank verpflichtet, denn erst durch uns existieren ihre Informationen überhaupt.

---

* Bestärkt, aber auch enttäuscht (ich wollte die Idee zuerst veröffentlichen!) musste ich feststellen, dass John Searle in *The Rediscovery of the Mind (Die Wiederentdeckung des Geistes)* ebenfalls argumentiert, Informationsverarbeitung sei keine intrinsische Fähigkeit der Natur. Allerdings unterscheidet sich Searles Position etwas von meiner, denn er verwirft die Idee nicht komplett, dass ein Computer im richtigen Kontext objektiv existieren könnte, und er glaubt auch nicht, dass Computer mit anderen Phantomen wie der Sprache vergleichbar sind.

Teil zwei: Der Zombie-Effekt

Wenn ich kein Zombie bin, welche Wissenschaft gefällt mir dann?

Zombies halten mich wahrscheinlich für einen wie auch immer gearteten mystischen Dualisten. Das kann ich akzeptieren,* auch wenn ich mich nicht wie ein mystischer Dualist verhalte. Der Fortschritt in den Neurowissenschaften begeistert mich vielmehr. Ich sehe keine unüberwindlichen Hindernisse, die einer detaillierten wissenschaftlichen Untersuchung des Denkens und Verhaltens im Weg stehen würden. Tatsächlich faszinieren mich Gehirne. Einem Zombie muss ich wie ein monströser Anti-Zombie erscheinen, jemand, der behauptet, er besitze eine unbeschreibliche subjektive Erfahrung, und der sich doch genau wie ein Zombie verhält.

Stellen wir uns eine zukünftige Gesellschaft vor, in der die Neurowissenschaften so weit sind wie beispielsweise die Quantenelektrodynamik heute, das heißt, in ihrem eigenen Rahmen quasi abgeschlossen. Wäre dann jeder gebildete Mensch ein Zombie? Gäbe es die Bewusstseinsdebatte immer noch? Hätte das irgendwelche praktischen Konsequenzen?

Sich diese Zukunft auszumalen ist sehr unterhaltsam. Nehmen wir an, Sie könnten ein Set zur Untersuchung des eigenen Gehirns kaufen, mit dem Sie nach Belieben neuronale Erregungsmuster bei Ihren eigenen Neuronen stimulieren könnten. Ich vertrete die Arbeitshypothese, dass ich eine vollständige Übereinstimmung vorfinden würde zwischen dem objektiven Zustand meines Gehirns und dem Inhalt meiner Erfahrungen. (Behutsam eingesetzt, wäre dieses Gerät sicher ein großer Spaß. Ich glaube, ich muss so

---

* Außerdem würde ich behaupten, dass sie noch viel schlimmere Dualisten sind. Mein Dualismus ist klar durch die Existenz zweier unterschiedlicher erkenntnistheoretischer Kanäle definiert, den empirischen und den subjektiven Kanal. Ihr Dualismus verbirgt sich hinter seltsamen Fantasien von imaginären Objekten wie »Information« mit seinen nicht definierten Eigenschaften, etwa der »Semantik«.

ein Ding haben!)* Und das bedeutet natürlich auch, dass sich im Gehirn eines jeden Zagneten ein kleines Irgendwas befindet, das die Gedanken der Selbsterfahrung beinhaltet.

Selbst in dieser harten Zombie-Zukunft würde jeder, der sich als Nicht-Zombie erfährt, feststellen, dass die philosophischen Fragen unverändert weiterbestehen. Die Erforschung des Gehirns ergibt vielleicht eine perfekte Theorie dessen, was erfahren wird, aber nicht der Erfahrung selbst. Für einen Zombie existiert das philosophische Problem natürlich weder in der Zukunft noch in der Vergangenheit.

Wenn das Bewusstseinsproblem also kaum Auswirkungen hat und keine weiteren Untersuchungen nach sich ziehen wird, warum interessiert es dann Zagneten wie mich so brennend? Dieselbe Frage könnte ich auch einigen Zombies stellen.

Zombies haben eine diebische Freude daran, uns Zagneten zu ärgern, außerdem hegen sie anscheinend ein irrationales Bedürfnis, Rationalität als schlechten Scherz zu betrachten. Titel wie *Was die Seele wirklich ist* oder *So funktioniert unser Bewusstsein* geben nicht die valsifizierbaren Thesen ihrer Autoren wieder, sondern wollen vielmehr die Intuition des Lesers beeinflussen. Arroganz ist immer eine schlechte Strategie in der Wissenschaft. In der Philosophie ist sie wohl in Ordnung, wie ich annehme,** aber hier haben wir es mit einer Kombination beider Bereiche zu tun, deshalb sollte man sich an eine praktikable Etikette halten.

---

* Freunde, die mit psychedelischen Drogen experimentiert haben, sagten mir, sie hätten eine Form der Übereinstimmung erlebt, bei der jeder Erfahrungsaspekt durch physische Einwirkungen auf das Gehirn radikal verändert wird. Bemerkenswert finde ich daran, dass sich die Erfahrung an sich auch bei diesen radikalen »Trips« fortsetzt. Das ist wieder einmal ein Grund dafür, weshalb ich das Wort »Erfahrung« anstelle von »Bewusstsein« verwende. Das Bewusstsein ist etwas, das in veränderten Zuständen existiert, während die Erfahrung nach meinem Verständnis ein Ding ohne Zustand ist.

** Wie dieser Essay zeigt.

Man könnte meinen, dass Zombies und Zagneten oft nicht einmal die gleiche Sprache sprechen. Sie begegnen einander wie in einem anthropologischen Fallbeispiel für kulturelle Missverständnisse. Im Bereich Kunst- und Geisteswissenschaften können sich viele Zagneten die harten Zombie-Positionen, die von Autoren wie Dennett vertreten werden, nicht einmal vorstellen. Und in der Rhetorik der Zagneten können Zombies oft nicht einmal einen klaren Standpunkt erkennen. Marvin Minsky, ein Zombie, den ich sehr mag, sagte mir einmal, er möge keine Nicht-SF-Literatur, weil sie irgendwie nicht zur Sache kommt. Ein ganz ähnliches Gefühl beschleicht einen, wenn mal liest, wie Dennett sich lobend über Autoren wie John Searle oder Thomas Nagel äußert. Er scheint irgendwie nie zur Sache zu kommen.

Es gibt zwei wichtige Gedanken, die mir aus der Bewusstseinsdebatte zu folgen scheinen. Zum einen, dass es für Nicht-Zombies wünschenswert wäre, eine Philosophie zu haben, die nicht voraussetzt, dass wir unsere eigene Erfahrung der Existenz ignorieren. Zum anderen, dass Zombies eine Reihe von Metaphern erfunden haben, die in die Welt hinausstrahlen und sich auf Politik und Kultur auswirken.

Eine übermäßig trockene Metaphysik führt in der Praxis oft zu einem übertriebenen Reduktionismus, obwohl das theoretisch nicht sein müsste. Ein Beispiel findet sich in der Designphilosophie von Computersystemen. In der von Zombies propagierten Überzeugung, dass Mensch und Computer einander ontologisch entsprechen, verlangt eine ganze Generation von Software-Designern von den Anwendern, dass sie sich auf das Niveau von sogenannten »intelligenten Agenten« herabzulassen haben.[*] Ein anderes Beispiel ist die Zombie-eske Variante des älteren Sozialdarwinus, etwa in Robert Wrights *The Moral Animal (Diesseits von Gut und Böse: Die biologischen Grundlagen unserer Ethik)* und selbst in einem so frag-

---

[*] Siehe den Essay »Agenten der Entfremdung«. In diesem Buch, S. 227.

würdigen Werk wie *The Bell Curve: Intelligence and Class Structure in America* von Herrnstein und Murray. Nicht zu vergessen die propagierte Aufhebung des menschlichen Handelns zugunsten von Algorithmen, die man auch in der aktuellen politischen Argumentation findet. So glaubt etwa Newt Gingrich, es sei kontraproduktiv, *irgendetwas* gegen Probleme zu unternehmen, also beispielsweise Grundlagenforschung zu finanzieren oder arme Kinder mit Essen zu versorgen, weil nur der Algorithmus des wirtschaftlich-technologischen Fortschritts überhaupt etwas erreichen kann. Die einzige Ausnahme, die er bereit ist zu akzeptieren, ist die Verteilung von Computern an die Armen.

Wenn wir wirklich sicher sein könnten, dass die Zombies recht haben, könnten wir ja ihre schlechten Metaphern in Kauf nehmen, aber solange es auch nur einen Zagneten gibt (zum Beispiel mich!), bleibt die Unsicherheit bestehen. Sind Philosophen verantwortlich zu machen für die vereinfachten Versionen ihrer Ideen, die sich Leute zurechtzimmern, die praktische Entscheidungen treffen in der Welt? Auf jeden Fall. Wenn nicht – für was wären Philosophen denn überhaupt verantwortlich zu machen?

In einer Ära der erfolgreichen Neurowissenschaften wird der Philosophie eine größere Bedeutung zukommen denn je. Immer wieder wird eine Definition des Menschseins erforderlich sein, als Leitbild für die Medizin, für unsere Informationssysteme und unsere Gesetzgebung. Entscheidend ist dabei, dass diese Philosophie die Gesamtheit der menschlichen Erfahrung anerkennt, nicht nur die der Zombies.

Es stimmt schon: Während Zombies eine Schwäche für einen übertriebenen Reduktionismus haben, neigen Zagneten zum Aberglauben, der ebenso schädlich sein kann. Das fürchten die Zombies offenbar am meisten: dass die Zagneten auf ihrem Glauben an fantastische Geschöpfe wie den Homunculus beharren.* Einige Zagneten werden das wahrscheinlich auch, aber nicht alle. Ein Zagnet kann akzeptieren, dass der Zustand des Gehirns das-

---

*   Oder an Penrose' Quantennatur des Bewusstseins.

selbe ist wie der Inhalt des Geistes, und trotzdem über die Natur der Erfahrung an sich staunen.

Der Weg zwischen Reduktionismus und Aberglaube ist ein Drahtseilakt. Ich schlage vor, diesen Weg zu nehmen, um nützlichere und schönere Metaphern zu finden.

Teil drei: Wie könnte die Philosophie nach der Landung der Außerirdischen aussehen?

Es ist natürlich immer einfacher zu kritisieren und viel schwieriger, eine neue Denkweise zu entwickeln, die eine Verteidigung lohnt. Aber da wir ja allem Anschein nach erkenntnistheoretisch verarmte Kreaturen sind, die zu Illusionen neigen, ist Kritik unverzichtbar. Immerhin haben meine beständigen Diskussionen mit Zombies dazu geführt, dass ich eine kleine, skizzenhafte Theorie zum Bewusstsein entwickelt habe, die womöglich sowohl Zombies als auch Zagneten zufriedenstellt. Dabei handelt es sich um eine Kreuzung zwischen Plato und dem Skalenknopf am Radio, und das Ganze möchte ich Ihnen nun kurz vorstellen.

Trotz meiner demonstrativen Skepsis gegenüber der Existenz von Computern bin ich in der Lage, sie eindeutig zu erkennen und zu benutzen. Ich benutze sogar gerade einen Computer, um diesen Essay zu schreiben. Bei den Computern gibt es eine seltsame Entwicklung, die meiner Meinung nach so kurios ist wie die Existenz von Sprache.

Hier nun meine Überlegung: Bewusstsein heißt, die Entscheidung zu treffen, welche Abstraktionen wir erleben wollen, indem wir angesichts einer unendlichen Anzahl von Möglichkeiten, die Kontinuität des Universums in Scheibchen zerlegen. Das Empfinden der Existenz basiert auf der Auswahl.*

---

* Gemeint ist nicht die Entscheidung eines »freien Willens« und auch keine *bewusste* Entscheidung. Es geht vielmehr um eine unbewusste Entscheidung, die im Akt der Wahrnehmung erfolgt.

Ein Zombie könnte einwenden, dass die eigenen Neuronen entscheiden, beziehungsweise das, was die Neuronen gerade vorhaben. Mein Gegenargument habe ich bereits genannt: Gehirne existieren nicht eigenständig, ebenso wenig wie Computer das tun. Ebenen der Abstraktion, manchmal unter der Bezeichnung Konzepte, platonische Ideen, kultureller Kontext oder Worte bekannt, sorgen dafür, dass ein Gehirn existiert, oder auch die Denkprozesse darin.

Das Bewusstsein ist also wie ein Radio mit einem Skalenknopf, den man mit »Qualia« oder »Semantik« benennen könnte. Dieser Knopf wählt aus einer unendlichen Anzahl gleichermaßen verfügbarer »Ebenen der Abstraktion«. Ohne den kosmischen Qualia-Knopf wäre ein Gehirn oder ein Gedanke nur ein weiteres völlig willkürliches Stück der kontinuierlichen Kausalität des Universums.

Abstraktionsebenen werden wie Sprache und Informationsverarbeitung nur für die Existenz ausgewählt, weil wir sie erfahren. Oder vielmehr: Angesichts einer unendlichen Anzahl gleichermaßen gültiger Abstraktionsebenen, die potenziell nebeneinander existieren, erhellt die Erfahrung eine bestimmte Ebene. Unser Gehirn und seine Aktivität kann man auch nur mit den Vorstellungen der Physik begreifen (es sei denn, es geschieht etwas völlig Seltsames und Mystisches). Wir müssen Wörter oder Computer nicht als solche erkennen, um jede Kleinigkeit zu erklären, die Menschen und Maschinen verrichten. Ein Gehirn oder viele Gehirne kann man auch einfach als ein weiteres Vektorfeld verstehen.*

Das bedeutet jedoch nicht, dass jede mögliche Abstraktionsebene auf jedes Stück des Universums angewandt werden kann. Wenn das der Fall wäre, dann hätte das Universum an sich in dieser Philosophie keine Funktion. Das Universum in dieser Theorie ist ein Universum mit einer Besonderheit: der Neigung zu einer

---

*   Mit Vektorfeldern drückt man in der Mathematik die Kontinuität des Universums aus.

besonderen Unendlichkeit möglicher Unterteilungen. Ohne Bewusstsein würde das Universum nicht in Scheiben unterteilt, es gäbe dann nur die Kontinuität.

Selbst die neuronale Aktivität, die unseren Erfahrungen von Abstraktionen wie »Abstraktion« und »Informationsverarbeitung« entspricht, lässt sich komplett verstehen, ohne auf diese Konzepte Bezug zu nehmen.* Wir brauchen keine Chemie, Biologie oder Psychologie, um einen Gedanken wissenschaftlich und empirisch zu »verstehen«, aber wir brauchen sie, um einen Gedanken zu erkennen.

Die Natur hat keine Substantive, und je mehr Substantive wir in unseren Wissenschaften verwenden, desto unvollständiger und ungenauer werden sie. Aktuelle physikalische Theorien wie die Quantenelektrodynamik, die die Welt als Beinahe-Kontinuität betrachten, lassen sich durch Experimente erfolgreich überprüfen. Sie verfügen auch über eine große Universalität. Jedes Mal, wenn ein weiteres Substantiv hinzukommt, etwa »Atom«, »Molekül«,

---

* Verschwindet die Subjektivität, wenn man gründlich genug ist? Einige Zombies glauben das. Wenn genügend außerirdische Wissenschaftler mit den richtigen Instrumenten genügend Situationen auf der Erde untersuchen würden, würden sie dann – vielleicht im Vertrauen auf einen Evolutionsprozess – alle möglichen anderen, aber plumpen Interpretationen der Vorgänge hier obsolet machen? Ja, würden sie unsere Welt überhaupt so »zergliedern« wie wir – in Leute mit Gehirn, die Worte benutzen, um sich auf Objekte zu beziehen –, weil diese Interpretation die einfachste ist? Das ähnelt der Argumentation von weiter oben: siehe Fußnote zwei auf S. 261. Ich würde sagen, dass Außerirdische, die lernen, wie wir zu denken, gemogelt und den einen oder anderen Tipp bekommen haben müssen, um sich zurechtzufinden.

Aktuelle Untersuchungen zur »Komplexität« (von Stuart Kaufman, Brian Goodwin und anderen) schlagen vor, dass die Bandbreite an Formen im Universum viel stärker begrenzt ist, als wir bisher dachten, und den Konturen einer neuen Klasse mathematischer Objekte folgen, etwa den »Katastrophen«. Selbst wenn sich das als richtig erweisen sollte, bedeutet das meiner Meinung nach nicht, dass auch die Zahl der möglichen »Abstraktionsebenen« entsprechend begrenzt wäre. Eine beschränkte Anzahl an Territorien bedeutet nicht eine beschränkte Anzahl an Landkarten. Diese Denkweise könnte sehr gut zur hier vorgestellten Idee des objektiven Universums passen (»die Neigung zu einer besonderen Unendlichkeit möglicher Scheiben«).

»Zelle« oder »Organismus«, wird die Wissenschaft für uns praktischer, ist dann aber nicht mehr so allgemein auf das Universum
anzuwenden (und ist bei empirischer Überprüfung auch weniger
akkurat). Das liegt an den Substantiven, die zwar für die Wissenschaft notwendig, aber auch beliebig sind.

Worte und Gedanken: Sollten Zagneten Unterscheidungen treffen?

Kann ich glauben, dass Gedanken nicht mehr sind als ein Ak-
tivitätsmuster im Gehirn, und trotzdem noch ein Zagnet sein?
Die Idee mit dem »Qualia-Knopf«, die ich hier vorstellte, sieht
den Fortschritt in den Neurowissenschaften optimistisch und geht
nicht davon aus, dass die Mechanismen des Denkens dauerhaft
verborgen bleiben werden. Doch gerade diese Akzeptanz der ontologischen Entsprechung von Gedanken und gewöhnlichen Objekten zwingt uns zu der Frage, warum wir gerade diese speziellen
Gedanken und Objekte erfahren und nicht ein anderes Stück des
Universums.

Ich habe einmal eine Satire gelesen, in der Außerirdische auf die
Erde kamen und dachten, dass Autos intelligente Lebensformen
seien, die entbehrliche Leitsysteme namens »Menschen« nutzten.
Die Fabel ist beim jetzigen Stand der Entwicklung scheinbar überflüssig. Wie John Searles' »Chinesisches Zimmer« und viele andere
Gedankenexperimente der Zagneten behandelt sie den Kopf des
Menschen auf anachronistische Weise als Blackbox. Moderne
Zagneten benötigen neue Gedankenexperimente, die die Fortschritte in den Neurowissenschaften mit ihren Instrumenten miteinbeziehen, die die inneren Vorgänge im Gehirn sowohl sichtbar
als auch verständlich machen. Wenn wir den Denkrahmen richtig
erweitern, können wir die Entwicklung zu Gunsten der Zagneten
nutzen.

Schließen wir uns also außerirdischen Wissenschaftlern mit
ihren hervorragenden Messinstrumenten an, die das menschliche
Gehirn transparent erscheinen lassen und alle neuronalen Zustän-

de zeigen. Außerdem haben unsere Außerirdischen ultraschnelle Computer, die Korrelationsalgorithmen auf alles anwenden, was gemessen wird.

Können diese gutausgestatteten imaginären Wissenschaftler die menschliche Sprache erkennen? Wir glauben, Sprache sei die offensichtlichste Interpretation der Tätigkeit unseres Gehirns, weil sie die Interpretation ist, die wir erfahren. Ich behaupte, wenn wirklich völlig unvoreingenommene Außerirdische meine neuronalen Muster beobachten würden, während ich über Sprache schreibe, würde ihnen der Bezugspunkt meiner Erfahrung fehlen, um aus der unendlichen Anzahl verfügbarer Interpretationen die richtige auszuwählen. Selbst die Beobachtung meiner Neuronen beim Schreiben dieser Sätze würde ihnen keinen Hinweis darauf geben, welche der unendlich verfügbaren Abstraktionsebenen ich gerade erlebe. Deshalb würden sie beispielsweise die Welt nicht unbedingt so wie wir in Worte und Objekte unterteilen. Vielleicht würden sie eher vertikal denken und alle Phänomene, denen sie begegnen, nach fremden außerirdischen/platonischen Begriffen sortieren, etwa nach Verbindung und Form. In dem Fall könnten sie womöglich nicht zwischen dem Gegenstand unterscheiden, den wir als realen Stuhl bezeichnen und dem neuronalen Denken an einen Stuhl.

Der Gedanke an einen Stuhl und ein echter Stuhl sind eigentlich beide nur vorübergehende Störungen im Vektorfeld. Für einen Außerirdischen hätten sie vielleicht mehr Gemeinsamkeiten als die meisten Störungen. Jede würde (von einem Außerirdischen) vielleicht nur in Verbindung mit der anderen bemerkt. Die beiden reflektieren einander auf eine Art, durch die sie in dieselbe platonische Klasse gehören – falls Außerirdische so denken. Sie sind auf verschiedene Weise im Raum verteilt und für eine unterschiedliche Zeitdauer stabil, aber meine Außerirdischen sind nun einmal ziemlich seltsam, deswegen erscheinen ihnen diese Unterschiede nebensächlich. Es hängt vom Zufall ab, was sie zuerst »aussortieren« würden: ein ansonsten nicht miteinander verbundenes Set vergänglicher physischer Objekte, die wir »Stühle« nennen, oder die verteilte Korrelation bei vielen vergänglichen Gehirnobjekten, die das Wort »Stuhl« umfassen. Und womöglich entdecken die Außerirdischen weder das eine noch das andere, weil nichts davon besonders ist.

Allgemein kann man sagen, sobald bei der Definition einer Sache Abstraktion ins Spiel kommt, geht die Objektivität verloren. Die abstrakte Version dessen, was ein Stuhl ist, die übliche Definition von »Stuhl«, ist nicht objektiv. Und die Neuronen sind es auch nicht.

Zusammenfassung für Zagneten

Soweit meine Ausführungen, wie ich sie für einen Zombie formulieren würde, in Erwägung, dass Zombies sich nicht so leicht überzeugen lassen.* Einem Zagneten würde ich die Sache folgendermaßen erklären:

Die phänomenologische Erfahrung muss über eine gewisse Spezifität verfügen. Das bringt Zagneten meist in Schwierigkeiten, weil sie sich sofort eine dualistische alternative Erfahrungsebene vorstellen, die die Spezifität birgt. Der »Qualia-Knopf« vermeidet dieses Problem, weil er keinen Inhalt hinzufügt. Alle Besonderheiten einschließlich der Details, wie sich eine Qualia-Auswahl »anfühlt«, bleiben in der physischen Welt, vor allem in den neuronalen Zuständen. Mit dem Knopf wurde jedoch ein bestimmtes Stück des Universums ausgewählt, in dem wir die Neuronen in unseren Gehirnen erleben, anstatt ihren momentanen Zusammenhang mit beispielsweise einem Teller Nudeln.

Durch den Qualia-Knopf werden Zagneten bestätigt, und gleichzeitig kann das Universum unabhängig weiterexistieren.

---

* Zombies werden wahrscheinlich fragen, ob es einen Skalenknopf pro Person gibt oder einen Knopf für das ganze Universum. Ich würde antworten, dass Skalenknöpfe im »erkenntnistheoretischen Raum« existieren, nicht im physischen, weshalb dies keine vernünftige Frage ist.

Häufig müssen Zagneten die Existenz eines objektiven Universums leugnen, um selbst zu existieren. Um das Problem zu umgehen, behaupten manche Zagneten, das Bewusstsein sei Teil der natürlichen Welt, nur nicht desjenigen Teils, den Zombies für gewöhnlich im Blick haben. Mit diesem Ansatz können sich Zagneten einstweilen aus der Affäre ziehen, aber eine dauerhafte Lösung ist es nicht. Irgendwann wird ein Enkel von Dennett auf den Plan treten und Zagneten vom Schlage eines Penrose mit Quantenmessinstrumenten terrorisieren und Searle-Anhänger mit Kollektivbewusstseinsdetektoren, obwohl wir heute glauben, dass es solche Geräte nicht geben kann.

Der Qualia-Knopf berücksichtigt Subjektivität und Objektivität gleichermaßen.

Abschließendes zum Qualia-Knopf

Kurz zusammengefasst: Abstraktionen sind überflüssig, doch Zagneten erleben sie trotzdem (ich selbst kann das bestätigen). Erfahrung ist die Verankerung der fließenden, vergänglichen Welt der Worte, Gehirne und Computer.

Für mich ist dieser Denkrahmen hilfreich, weil er nicht nur die Erfahrung anerkennt, sondern ihr auch eine Funktion gibt. Gleichzeitig schlägt er nicht vor, dass es irgendetwas Schemenhaftes gibt, das uns an der wissenschaftlichen Erforschung des Gehirns und des Denkens hindern sollte. Und er bietet eine konstante Motivation, andere Denkrahmen in Erwägung zu ziehen. Er vermeidet die kartesische Falltür, aus der Homunculi hervorlugen, weil er Erfahrung als erkenntnistheoretische Notwendigkeit betrachtet, die zwar gewiss mysteriös ist, aber keine zusätzlichen Mechanismen benötigt. Ein sauberer Dualismus, der die empirische Welt nicht mystifiziert. Der Sprache wird kein übermäßiger Vorrang eingeräumt. Und der Denkrahmen entspricht der Erfahrung, lebendig zu sein.

(1995)

Wie man ein paar Milliarden Dollar verdient, Microsoft besiegt und der Zukunft unserer Kultur einen Gefallen tut, und das alles in nur wenigen Jahren und fast ohne Startkapital

Ein bescheidener Vorschlag

Die folgenden drei Punkte sollten zeitgleich erledigt werden:

Punkt 1 Man baue eine billige Set-Top-Box, die über den Fernseher ins Internet geht, ohne dass man dafür ein Betriebs- oder ein Fenstersystem benötigt.

Punkt 2 Man erweitere HTML (die Sprache des WWW) dahingehend, dass sie komplette Anwendungen als Seiten anzeigt.

Punkt 3 Man organisiere einen Direktvertrieb im Stil von Tupperware, über den Mikro-Unternehmer Glasfaser-Sets in ihrer Nachbarschaft verkaufen. Die Bewohner eines Viertels unterzeichnen einen Standardvertrag und gründen eine Glasfaser-Genossenschaft. Sie räumen sich gegenseitig Rechte ein, verpflichten sich aber auch, Kabel durch ihr Grundstück bis zum Nachbaranschluss zu verlegen. Gemeinsam kaufen sie die beste verfügbare Breitbandverbindung zum Internet für diesen Anschluss. Sie verpflichten sich vertraglich, die Verbindung jährlich zu verbessern, um den Wert ihrer Grundstücke zu steigern.

Zu Punkt 1 Die erste Verbindung an der Box geht zu einer Telefonbuchse auf der einen Seite und einem Fernseher auf der anderen. Ein paar Schriftarten sind schon mit dabei, sie sind danach ausgewählt, dass sie sich gut auf dem Fernsehbildschirm lesen lassen.

Mit der Fernbedienung kann man auf der großen Mosaic-Seite des Browsers scrollen. Die zweite Verbindung der Box geht direkt zum ISDN-Anschluss, die dritte zum Glasfaserkabel. Mit einer besseren Verbindung wird auch die Box schicker ausgestattet, mit großem Arbeitsspeicher, Videokamera und Mikrofonen, Unterstützung für hochauflösende Monitore, VR-Peripheriegeräte und so weiter. Die erste Verbindung braucht nicht viel Rechnerleistung, denn die Bandbreite ist ohnehin begrenzt, das kann also wirklich günstig sein, man könnte auch leicht veraltete Teile nutzen. Im ROM-Speicher sind nur der Mosaic-Browser und Eudora, es gibt kein Betriebssystem, kein Fenstersystem und kein Disk Operating System. Meiner Meinung nach kann eine solche Box in begrenzter Stückzahl für unter 50 Dollar gebaut werden. Da steckt weniger Technologie drin als in einer Nintendo-Konsole.

Zu Punkt 2 Zur Set-Top-Box gehört auch ein Display-Kit, eine Benutzerschnittstelle mit Kontrollprotokoll. Eine Anwendung wie etwa ein Textverarbeitungsprogramm oder eine Tabellenkalkulation kann also auf einem entfernten Server laufen, die Schnittstelle hat man dagegen zu Hause. Der nötige Speicher für das Programm wird zwischen dem Server und dem Speicher in der Set-Top-Box gespiegelt (mithilfe eines Verschlüsselungsprotokolls, das auch den Bandbreitenbedarf minimiert). Die Anforderungen an die Breitbandverbindung zwischen dem Front-End und dem Server dürften minimal sein, daher wird die Leistung mit frühen PCs mit einer Verbindung über die Telefonleitung vergleichbar sein. Bei einer besseren Breitbandverbindung sollte die Leistung einem normalen Einzelrechner entsprechen. Wer will, kann seine eigene Festplatte kaufen, die Anwender können ihre Daten (sicher verschlüsselt) aber auch auf dem Server speichern, der sich, wenn das gewünscht wird, im Besitz der Genossenschaft befindet. Dadurch haben auch diejenigen, die sich keinen Computer leisten können, Zugang zu einem Rechner.

Programme müssen nicht gekauft werden, sondern können für eine sehr niedrige Nutzungsgebühr stundenweise gemietet werden.

Auf Bestellung sind sie bereits mit nützlichen Daten ausgestattet. Im Verlauf der Nutzung verdient der Entwickler ebenso viel, wie wenn der Anwender eine fertige Software im Laden gekauft hätte. Raubkopien werden bei diesem System vermieden. Hier bietet sich eine ideale Möglichkeit, Software zu vertreiben und zu nutzen, außerdem wird dadurch die Idee eines Betriebssystems überflüssig. Dies ist die letzte große Gelegenheit (und mit groß meine ich in der Dimension von Microsoft) für einen Plattformstandard.

Zu Punkt 3 Weder Staat noch Wirtschaft waren bisher in der Lage, ausreichend Kapital und das entsprechende Durchsetzungsvermögen aufzubringen, um so viele Haushalte wie möglich schnell ans Glasfaser anzuschließen. Al Gore ist gescheitert. TCI/Bell Atlantic ist gescheitert. Aber was, wenn es eine Initiative an der Basis gäbe, wenn die Bevölkerung die Glasfaserverbindung selbst in die Hand nimmt? Dann wäre es möglich, Millionen Haushalte innerhalb weniger Jahre zu verkabeln. Anwälte würden sich sinnvoll betätigen, wenn sie umsetzbare Genossenschaftssatzungen formulieren würden, in denen der Zugang zu Informationen als Dienstbarkeit festgeschrieben wäre. Vielleicht müssten Prozesse gegen Kabelgesellschaften und ähnliche Unternehmen geführt werden, aber letztendlich sollte es doch möglich sein, dass Grundstückseigentümer legal ihr eigenes Glasfasernetz einrichten.

Die Anwohner ziehen aus der ans Telefonkabel angeschlossenen Box sofortige Vorteile, denn für wenig Geld bekommen sie einen hohen Gegenwert. Für den Preis einer Nintendo-Konsole erhalten sie ohne großen Aufwand Zugang zum Netz und dazu noch anständige Software. Die weite Verbreitung der günstigen Boxen wird Content-Provider motivieren, sich von Anfang an auf die Bedürfnisse der Mitglieder der Glasfaser-Genossenschaft einzustellen.

Wohlhabende Viertel können eine Firma mit der Verlegung der Glasfaserkabel beauftragen, doch in den meisten Vierteln werden »Glasfaser-Wochenenden« veranstaltet, an denen die Hauseigentümer selbst die Arbeit erledigen. Das wird durch ein durchdachtes Cyberspace-Startpaket ermöglicht, das von Klein-unternehmen vertrieben wird, die den Anwohnern auch beratend zur Seite stehen. Weil alles von den Anwohnern organisiert wird, kann die Verkabelung auch stufenweise erfolgen. Zum Beispiel könnte das Kabel anfangs auch von Dach zu Dach führen, um erst später im Boden verlegt zu werden. Die Kleinunternehmer würden die Anwohner aus den richtigen Gründen motivieren: Die Zukunftsaussichten der Kinder würden sich verbessern, der Wert der Grundstücke würde steigen, es würden sich neue Geschäfts-möglichkeiten ergeben, neue gesellschaftliche Partizipationsmög-lichkeiten würden entstehen, und natürlich hätten alle jede Menge Spaß.

Wenn das Glasfaserkabel verlegt ist, wird der Internet-Ein-wahlknoten für das Viertel wahrscheinlich von einem kommer-ziellen Anbieter eingerichtet. Dann werden auch die Set-Top-Bo-xen nachgerüstet. Im Viertel können Waren und Dienstleistungen gemeinsam eingekauft werden, wodurch die Kosten sinken. Die Beteiligten verpflichten sich vertraglich, den Einwahlknoten jährlich zu verbessern. Die Glasfaser-Genossenschaften werden sich schließlich zu einer politischen Kraft entwickeln, die das Internet für uns alle nach und nach verbessern wird. Schon nach wenigen Jahren können sich die Mitglieder Filme »on demand« ansehen, vielleicht in nicht ganz so guter Qualität, aber durchaus annehmbar. Auch hier wird sich die Qualität mit der Hardware und der zunehmenden Kapazität des Netzes kontinuierlich ver-bessern.

Hier haben wir ein Beispiel, wie sich genossenschaftliche Anar-chie auf dem freien Markt gegenüber der Wirtschaft mit ihrem Motto »business as usual« durchsetzt, und das aus dem einfachen Grund, dass die Genossenschaft deutlich geringere Kosten hat.

Wenn es nach der Regierung und der Wirtschaft gehen würde, wäre vermutlich eine konzertierte Aktion der Armee nötig, um überall in Amerika Glasfaserkabel zu verlegen. Man muss sich nur einmal überlegen, was eine Regierung oder ein Unternehmen ausgegeben hätten, um das World Wide Web auf den Stand zu bringen, den es heute hat, und das auch noch so schnell. Die Eigenleistung, die die Gemeinschaft, verteilt auf viele fleißige Helfer, für das WWW aufgebracht hat, kann auch auf die Hardware-Infrastruktur angewandt werden.

Stadtviertel mit niedrigen Einkommen würden am stärksten profitieren. Fernseher und Nintendo-Spielkonsolen hat fast jeder. Die Mitgliedschaft in einer Glasfaser-Genossenschaft wäre im Vergleich zu diesen eher fragwürdigen Ausgaben günstig. Mieter könnten sich einer Genossenschaft anschließen, weil man davon ausgeht, dass sie irgendwann einmal Eigentümer sein werden, allerdings würden die zunächst Boxen mit geringer Bandbreite erhalten. Zu einem günstigen Preis hätten sie und ihre Kinder Zugang zu Computern und zum Netz. Und ganz nebenbei würde eine gut vernetzte Organisation entstehen, die sich auch zu einer politischen Kraft entwickeln könnte.

Sollte es in der Politik zu einem Umdenken kommen und ein allgemeiner Anschluss ans Netz gefördert werden, wären die Genossenschaften eine große Hilfe. Bleibt dieses Umdenken in der Politik aus, hätten Viertel mit niedrigem Einkommen zumindest eine Chance, nicht völlig ausgeschlossen zu sein.

Wenn sich ein Startup-Unternehmen engagieren würde, könnte es mit dem Verkauf der Boxen, der Vermietung von Software und dem Aufbau eines Vertriebssystems durchaus Geld verdienen. Subunternehmer würden die Cyber-Startpakete in ihrem Viertel verkaufen. Die Kosten für das Startup wären niedrig, vielleicht 10 000 Dollar für die Entwicklung der Set-Top-Box, 5000 Dollar für das HTML-Protokoll und die Technologie des Software-Verleihs und 10 000 Dollar für den Aufbau des Vertriebssystems mit dem Starterpaket (überwiegend für Anwaltshonorare). Eine zweite Finanzierungsrunde wäre für das Marketing und die Produktion erforderlich, allerdings wäre der Kapitalbedarf gering. Ich habe den Eindruck, dass diese neue Branche die Zukunft der bestehenden Telefon-, Telekommunikations- und Rundfunkunternehmen, Kabelgesellschaften, Computer- und Softwarefirmen und (was natürlich ein erfreulicher Nebeneffekt wäre) auch die von Microsoft gewaltig durcheinanderbringen könnte. Und dabei würden den Kunden weder Stil noch Inhalte aufgezwungen. Stattdessen entstünde eine dezentrale, demokratische und schöne Informations-Infrastruktur, die von den Bürgern, die sie aufgebaut hätten und nutzen würden, genau verstanden und kontrolliert werden würde.

(1993)

Kein Maulkorb fürs Internet

Wenn Präsident Clinton die Communication Bill unterzeichnet, ein Gesetz, das die private wie öffentliche Meinungsäußerung im Internet drastisch einschränken wird, muss er damit rechnen, dass es zu einem langwierigen Katz-und-Maus-Spiel zwischen Gesetzgeber und Internetnutzern kommt.

Es entbehrt manchmal nicht einer gewissen Komik, wenn Politiker Dinge zu kontrollieren versuchen, von denen sie nichts verstehen. Das ist auch beim »Communications Decency Act« der Fall, der nicht nur die Übertragung von Inhalten über das Internet verbietet, die in den meisten Zeitungen gedruckt werden dürften, sondern auch die Besitzer von Computern in einem Netzwerk für die Äußerungen anderer verantwortlich macht. (Wie das Beispiel CompuServe zeigt, kann die Regulierung des Internets die wirtschaftliche und konstitutionelle Freiheit bedrohen: Letzte Woche blockierte der Provider den Zugang seiner amerikanischen Kunden zu sexuell freizügigem Material, um ein deutsches Gericht zufriedenzustellen.)

Vor kurzem hatte ich eine Idee, wie man die im Gesetz vorgeschlagenen Einschränkungen ganz leicht umgehen könnte. Man könnte ein Computerprogramm mit dem schönen Namen »Unmuzzle«* entwickeln, das die verbotenen Inhalte in unverständliche Fragmente zerlegen und diese auf verschiedenen Computern im Ausland (vielleicht eher nicht in Deutschland) deponieren würde. Die verbotenen Inhalte würden erst wieder zu Hause beim User in den USA zusammengesetzt werden, wo sie wie bei jedem

---

* »to muzzle«: einen Maulkorb anlegen (A. d. Ü.).

anderen Medium durch das Recht auf freie Meinungsäußerung geschützt wären.

Ich hatte nicht die Absicht, »Unmuzzle« tatsächlich zu programmieren, erwähnte die Idee aber in einer E-Mail an einen Freund, und schon nach wenigen Tagen bekam ich Mails von mir gänzlich unbekannten Leuten, die anboten, das Programm zu schreiben und gratis zu verteilen. Ich habe nichts dagegen. Mit einem solchen Programm kann man klar Stellung beziehen.

Als jemand, der sich schon fast sein ganzes Leben lang mit Computern beschäftigt (ich habe Anfang der achtziger Jahre den Begriff »virtuelle Realität« mit geprägt und den Großteil der Technologie dafür entwickelt), habe ich den Eindruck, dass viele Internetnutzer auf die Angriffe auf die Freiheit im Cyberspace sehr wütend reagieren und in eine separatistische Stimmung verfallen. Sie haben das Gefühl, dass ihnen Rechte verweigert werden, die andere sehr wohl genießen.

Im Internet zeigt sich Separatismus durch Verschlüsselung: Eine verschlüsselte Nachricht kann nur von denjenigen gelesen werden, für die sie gedacht ist. Im Geiste des Ersten Zusatzartikels unserer Verfassung schlage ich deshalb Unmuzzle als alternative Methode vor: Bilder oder Texte werden zwar in Hunderte Teile zerlegt, sind aber weiterhin für die Öffentlichkeit zugänglich.

Die Idee, das Internet zu zensieren, sollte von vornherein undenkbar sein, vor allem in den USA. Neben dem Erhalt der Meinungsfreiheit besteht auch noch eine ökonomische Notwendigkeit. Das Internet ist kein Spielzeug: Es ist die Infrastruktur unserer IT-Industrie.

Gerade junge Leute haben durch die neuen Einschränkungen am meisten zu verlieren, obwohl die Verbote eigentlich zu ihrem Schutz gedacht sind. Schulen und Bibliotheken werden enorme Schwierigkeiten haben, angesichts eines Minenfelds der strafrechtlichen Haftung überhaupt noch einen Internetzugang anzubieten.

Die Kongressabgeordneten und der Präsident müssen nun eine gewisse Reife zeigen und die Einschränkungen der Meinungsfreiheit im Gesetzentwurf ablehnen.

(1996)

Wie Musik die Seele der Technologie retten wird

Hin und wieder übernimmt die Technologie für uns eine besonders schöne Rolle und fungiert als Träger überraschend guter Nachrichten über die Natur des Menschen. Vor kurzem war das beim World Wide Web der Fall, dem ersten Beweis dafür, dass der Mensch zu glücklicher, produktiver und massiver Anarchie in der Lage ist. Das Web war nicht nötig, aber erwünscht. Wir erschufen es ohne Geld, Planung, Werbung, Autoritäten oder andere Formen des gesellschaftlichen Zwangs. Zum ersten Mal in der Geschichte (zumindest, soweit ich weiß) arbeiteten Millionen Menschen aus allen Teilen der Welt friedlich zusammen und bauten etwas Schönes auf. Zuvor wussten wir gar nicht, dass wir dazu in der Lage sind.

Doch es gibt noch ein anderes technologisches Phänomen, das schon lange vor dem World Wide Web unsere bessere Seite zum Vorschein brachte. In vielen historischen Epochen und in fast allen Kulturen hatten Musikinstrumente den höchsten technischen Entwicklungsstand, den eine Kultur hervorbringt, oft waren sie sogar technisch ausgefeilter als Waffen. Man muss sich das einmal überlegen: Die Entwicklung von Geräten, die neue Klänge erzeugen, genießt bei uns einen ebenso hohen Stellenwert wie die Suche nach neuen Möglichkeiten, uns gegenseitig umzubringen.

Vielleicht haben wir ja Glück und erleben zu unseren Lebzeiten noch einmal eine so positive Entwicklung. Oder unsere Kinder. Die Kunstform des nächsten Jahrhunderts entsteht jedenfalls jetzt, in diesem Moment. Sie ist eine Mischung der großen Kunstformen des 20. Jahrhunderts: Jazz, Film und Programmieren. Sie ist nicht genormt und wird sich auch nicht normieren lassen. Ein spontaner gemeinsamer Traum, den man über das Netz mitteilt und an dem man über das Netz teilhat. Wir werden uns dadurch gegenseitig befruchten und unsere Bestimmung finden.

Vielleicht haben wir Glück, und unsere neue Kunst wird nicht gleich niedergemacht, obwohl es natürlich heißen wird, die meisten Leute seien viel zu einfältig, um sich kreativ in ein interaktives Medium einzubringen. Oder es werden andere Vorurteile des 20. Jahrhunderts hervorgekramt, die wir mit uns herumschleppen. Doch noch viel wichtiger ist, dass wir uns nicht von der Technologie an sich verführen lassen. Wenn wir das vermeiden können, dürfen wir uns wirklich glücklich schätzen.

Die Informationstechnologie ist nicht nur ein Werkzeug, sie verführt uns auf eine besonders heimtückische Art, indem sie unseren Narzissmus anspricht. Ein Beispiel für ihre Wirkung sind Musiknoten, denn sie existierten vor dem Aufkommen der Computer eigentlich gar nicht, sie waren früher nur Interpretationen dessen, was Musiker machten. Musiker ohne Computer ähneln Wissenschaftlern. Ein Wissenschaftler kann nie die absolute Wahrheit über die Natur kennen, er kann nur Theorien dazu entwickeln, die sich eines Tages womöglich als falsch erweisen. Ein Wissenschaftler baut also eine provisorische Insel in einem Ozean der Geheimnisse. Ein Musiker mit einem akustischen Instrument verfährt genauso. Selbst wenn er ein Instrument seit vierzig Jahren spielt, lernt er immer noch dazu. Bei aller Meisterschaft bleibt das Mysterium gewahrt. Das Instrument ist ein Teil der unendlichen Natur, deren Grenzen fließend sind und die sich nie vollständig erobern lässt.

Die digitale Technologie kann nur Töne hervorbringen, wenn sie entsprechend programmiert ist, und Programme existieren nur, wenn die Theorie in Fakten gegossen wird. Eine Note in einem Computer, der zum Musikmachen benutzt wird, ist keine Interpretation mehr und auch keine Anweisung oder ein Modell. Sie ist real, eine zwangsläufige Konstruktion, entstanden aus der Vorstellung, was ein Musiker tun soll. Genau hier liegt die Erklärung, warum die Computerkunst oft so unoriginell ist, eine Kunst von

Nerds. Wir betrachten unsere eigenen, in Programmen fixierten Ideen, anstatt uns der mysteriösen Natur zu stellen. Und damit fördern Computer unseren Narzissmus. Es ist fast, als würde man sich über einen Schlauch ernähren, der vom Anus zum Mund führt.

Doch es gibt einen Ausweg: Wir müssen das Mysteriöse in unserem Gegenüber finden, in unseren Mitmenschen. Wenn wir Computer als Verbindung zwischen Vorstellungen und Ideen betrachten und nicht als Geräte, die aus eigener Kraft real sind, dann wird eine neue Kunstform entstehen.

Der Zweck der Technologie (mit der wunderbaren Ausnahme der Musikinstrumente) bestand in den meisten Fällen darin, uns Menschen vor der Natur zu schützen. Mittlerweile sind wir so weit, dass unser eigenes Verhalten uns mehr bedroht als die Natur. Unsere Ängste, unser Neid und unsere Paranoia wurden durch Massenvernichtungswaffen und den Hyperkonsum so weit verstärkt, dass wir Gefahr laufen, uns selbst komplett auszulöschen. Dennoch entwickeln wir die Technologie immer weiter, wollen immer mehr davon, weil wir uns in sie verliebt haben. Sie ist unser Talisman. Die Zukunft der Technologie und das Überleben der Menschheit hängen davon ab, ob wir in der Lage sind, die Gründungsmythen der Technologie zu ändern. An die Stelle des Strebens nach Macht muss das ultimative Abenteuer treten, die Kluft zwischen den Menschen zu überwinden. Die Musik darf sich von der Technologie nicht verführen lassen, sondern muss die Technologie verführen. Vielleicht wussten wir ja nie so genau, welche Aufgabe die Kunst im 20. Jahrhundert hatte, doch im 21. Jahrhundert wird es diese Zweifel nicht mehr geben: Die Kunst hat die Aufgabe, uns von der eigenen massenhaften Vernichtung abzulenken.

(1996)

Eine Zeitkapsel, die tausend Jahre
in Manhattan überleben wird

Zusammen mit David Sulzer
und Lisa Haney

Exposé

Ein Archiv des *New York Times Magazine* und andere Daten werden
in die DNA von Küchenschaben eingebaut. Die Schaben werden
in Manhattan freigelassen.

Methode

Die bekannte New Yorker Küchenschabe ist älter als die Stadt und
ihre Geografie. Die Schabe hat Eiszeiten, Erdbeben, Hungers-
nöte und Überschwemmungen überlebt. Sie hat die Dinosaurier
kommen und gehen sehen. Sie hat sogar den geballten Bemühungen des Menschen widerstanden, sie auch nur aus einzelnen
Gebäuden zu entfernen. Sie würde einen Atomkrieg überleben.
Sie wird wahrscheinlich die gesamte restliche Fauna Manhattans
einschließlich der Menschen überdauern.

Einige Gene der Küchenschabe sind extrem stabil. Sie haben
sich seit Millionen Jahren nicht wesentlich verändert und werden sich deshalb aller Wahrscheinlichkeit nach auch nicht in
den nächsten tausend Jahren ändern. In diesen Genen gibt es
Sequenzen, die sogenannten Introns, die keine Funktion haben.
Oder möglicherweise haben sie eine Funktion, die wir aber nicht
kennen. Ihr Inhalt ist jedenfalls Kauderwelsch. Mithilfe gentech-
nischer Methoden könnte man das Kauderwelsch mit Archivmaterial überschreiben. Das Gedächtnis eines Computers besteht

aus Bits, also den beiden Zuständen 0 und 1, die DNA aus vier Basenpaaren (A, T, C, G), sie hat also vier »Zustände«. Eine DNA-Sequenz kann demnach doppelt so viele Informationen speichern wie die gleiche numerische Sequenz im Computer. Die Introns einer einzelnen Küchenschabe können leicht sämtliche Artikel, Briefe und andere Texte einer ganzen Jahresausgabe des *New York Times Magazine* aufnehmen.

Bestimmte Informationen werden nicht in die Introns, sondern in die Sequenzen der mitochondrialen DNA eingeschrieben, die matrilinear vererbt werden und nicht der geschlechtlichen Fortpflanzung unterliegen. Diese DNA-Sequenzen sind nicht ganz so stabil, für den von uns angestrebten Zeitraum sollte es aber reichen. Die mitochondriale DNA eignet sich gut für Daten wie digitalisierte Fotos, Tonaufnahmen und Kreuzworträtsel. Die Aussage von Bild- und Tonmaterialien hat über Jahrhunderte Bestand, daher lässt sich das Material selbst dann noch verwenden, wenn sich die Daten leicht verändert haben. Selbst qualitativ hochwertige Fotos unterliegen aufgrund der Speicherung einem konstanten leichten Veränderungsprozess, der jedoch bei oberflächlicher Betrachtung nicht wahrgenommen wird. Kreuzworträtsel bestehen aus diskreten Informationen (Text), doch man kann davon ausgehen, dass die Zivilisation umso fortgeschrittener sein wird, je weiter in der Zukunft der Zeitpunkt der Entschlüsselung liegt. Fehler, die aufgrund der Zeitdauer entstehen, werden für spätere Generationen also einfach nur den Schwierigkeitsgrad des Rätsels erhöhen.

Wenn man ein Archiv ausgewählt hat, speichert man es als Computerdatei und codiert diese in Form von DNA-Basenpaaren. Die DNA-Sequenzen werden mithilfe konventioneller Protokolle synthetisiert und schließlich mit den DNA-Introns »verbunden«, indem man sie in die Eizellen von Küchenschaben injiziert.

Dann gibt man den Archiv-Schaben Zeit, sich zu vermehren, bis die Population die erwünschte Größe (mindestens 0,3 m^3) erreicht hat. Schließlich setzt man sie an ausgewählten Stellen in Manhattan aus. Es folgen weitere Vermehrungen und Auswilderungsaktionen, natürlich aufgrund sorgfältiger Berechnungen.

Damit wird sichergestellt, dass das Archiv eine ausreichende Verbreitung findet, um die angestrebte Zeitspanne zu überdauern beziehungsweise tatsächlich zu über*leben*.

Nach etwa vierzehn Jahren dürften die Archiv-Schaben so endemisch sein, dass sie Manhattan dauerhaft besiedelt haben.

Zur Dekodierung des Archivs würde ein zukünftiger Historiker die Fragmente mittels der Polymerase-Kettenreaktion (Polymerase Chain Reaction, PCR) vervielfältigen und dann sequenzieren, wodurch sich die DNA-Sequenzen wieder in gespeicherte Computerdaten verwandeln würden. Um die Dekodierung zu erleichtern, werden für das Archiv keine Technologien zur Datenkomprimierung oder Verschlüsselung verwendet.

Begründung

Dieser Vorschlag ist nicht als Witz oder politischer Kommentar gedacht. Er bietet die bestmögliche technologische Lösung in Anbetracht der vorgegebenen Bedingungen.

a Die »Zeitkapsel« muss in Manhattan platziert werden, soll aber tausend Jahre überdauern. Als Archivort ist Manhattan dafür einer der ungeeignetsten Orte der Erde. Vermutlich wird die Stadt im angegebenen Zeitraum irgendwann einmal Ziel eines terroristischen Anschlags oder militärischen Angriffs sein. Außerdem könnten zukünftige Bewohner irgendwann unter politischen Druck geraten und gezwungen sein, bisher ungenutzte Flächen und andere Ressourcen zu erschließen. Selbst »heilige Stätten«, die stets als unantastbar galten, wie beispielsweise der Central Park, könnten aufgrund unvorhersehbarer technologischer und gesellschaftlicher Veränderungen irgendwann einmal einer neuen Nutzung zugeführt werden. Vielleicht wird der Verkehr stark eingeschränkt, und die Parks von Manhattan werden für den Anbau von Lebensmitteln benötigt. Neue Transportmittel und die entsprechende Infrastruktur, beispielsweise Weltraumhäfen, benötigen viel Platz und werden in Bevölkerungszentren gebraucht, nicht in der Peripherie, wo sich heute die Flughäfen befinden. Neue Flächen werden womöglich auch für künstliche Phasen des menschlichen Lebens benötigt, etwa für kryokonservierte Körper oder Gehirne in Nährlösungen. Bestehende Wohngebiete werden vermutlich weiterhin ihrer konventionellen Nutzung vorbehalten sein, daher müssen eventuell Freiflächen wie der Central Park umstrukturiert werden, auch wenn das heute noch nicht vorhersehbar ist. Die Archiv-Schaben bieten einen robusten Aufbewahrungsort, denn sie können fast alle erdenklichen Szenarien überleben.

b Die Anforderung, dass die Zeitkapsel steigende Meeresspiegel und andere ökologische Katastrophen überdauern muss, stellt uns vor ein beträchtliches Problem. Angenommen, die Zeitkapsel befindet sich auf einem »heiligen Berg«, wie etwa das Museum für mittelalterliche Kunst The Cloisters. Mit dem steigenden Meeresspiegel werden aber gerade solche Flächen dringend als Wohnraum und für lebenswichtige Dienstleistungen gebraucht. Gerade in den Fällen, in denen ihre Unantastbarkeit am nötigsten wäre, werden sie also nicht länger unangetastet bleiben. Die Archiv-Schabe dagegen bewohnt die gesamte Insel und ist immun gegen sich verändernde Ideologien oder eine Neubewertung von Grundstücken und Ressourcen.

c Es wurde der Wunsch geäußert, mehrere Kopien der Zeitkapsel zu haben, darunter eventuell eine im Keller der *New York Times*. Die Archiv-Schabe erfüllt diese Anforderung problemlos.

d Die Archiv-Schabe übertrifft die Materialanforderungen bei weitem: Sie ist wasserdicht, unempfindlich gegenüber Witterungseinflüssen, leicht zu orten und unzerstörbar. Die Daten werden weit länger erhalten bleiben als das geforderte Jahrtausend.

e Weil die Archiv-Schabe in so vielen Kopien existieren wird, lassen sich die Daten leicht auslesen, ohne das Archiv zu verändern oder zu zerstören. Dies ist das überzeugendste Argument für die Archiv-Schabe. Zukünftige Geschichtsrevisionisten werden nicht in der Lage sein, alle Kopien ausfindig zu machen und zu zerstören.

Potenzielle Probleme, mögliche Lösungen

a Wird es ethische Einwände oder Bedenken bezüglich der öffentlichen Sicherheit geben? Die DNA, in die das Archivmaterial eingebettet wird, hat keine Funktion. Die biologische Funktion der Küchenschaben wird sich also nicht verändern. Auch den Schaben an sich wird kein Schaden zugefügt, und sie werden auch nicht gequält.

b Werden die Daten aufgrund der Gendrift gelöscht? Um das zu vermeiden, werden sieben Kopien jedes Artikels in die Introns eingebettet. Die Anzahl basiert auf Berechnungen, die garantieren sollen, dass die Daten auch nach gravierenden Änderungen der Gensequenz, die in einem Zeitraum von tausend Jahren auftreten können, noch ausgelesen werden können.

c Jeder einzelne Genotyp, auch unser Archivträger, ist anfällig für Veränderungen der Umwelt. Deshalb ist für wilde Populationen die biologische Vielfalt so wichtig. Die Ursprungspopulation der Archiv-Schabe wird aus einem umfassenden Querschnitt aus in New York heimischen Schaben (Periplaneta americana) erstellt. Dadurch soll die Biodiversität der Ausgangtiere auch in der Archiv-Schabenpopulation gewährleistet werden.

d Falls andere Städte die Archivierungsstrategie übernehmen, besteht die Gefahr, dass sich Schaben mit einem anderen Archiv, beispielsweise der *Washington Post*, mit den *New York*

Times-Schaben kreuzen. In dem Fall würden die Schaben in Philadelphia irgendwann ein gemischtes Archiv in sich tragen. Doch das ist kein so großes Problem, wie man vielleicht meint. Da für eine Rekombination eine hohe Sequenzverwandtschaft erforderlich ist, wäre eine genetische Kreuzung zwischen den Artikeln der *Washington Post* und der *New York Times* höchst unwahrscheinlich. Wenn es tatsächlich zu einer Kreuzung käme, würde man eher an einen früheren Plagiatsfall oder ein simples Nachdrucken des Artikels denken. Solange jedoch jeder Artikel mit den entsprechenden Referenzdaten gespeichert würde, könnten zukünftige Historiker beide Archive aus mehreren verschiedenen Schaben rekonstruieren.

е Woher sollen Historiker wissen, dass es das Material gibt? Zu Beginn jeder Archivsequenz steht eine digitale Sequenz, die als »Titelkopf« dient. Die Sequenz lautet »Zeitkapsel des *New York Times Magazine* aus dem Jahr 2000«. Außerdem wird eine Art »Stein von Rosette« produziert. Er trägt eine Grafik der DNA-Paare des Titelkopfs, außerdem die Buchstaben, für die die Basenpaare stehen, Bilder der Mundpositionen für die Aussprache der Buchstaben und grafische Darstellungen der Küchenschabe. Die Grafik wird natürlich im Magazin der *New York Times* veröffentlicht, aber auch in alle zukünftigen Monumente der Stadt eingemeißelt. Zudem wird sie in Diamantscheiben graviert, die die Größe herkömmlicher CDs haben. Tausend Scheiben werden an verschiedenen Stellen in Manhattan versteckt.

Das Team

Chefdesigner Jaron Lanier wird unterstützt von Dr. David Sulzer, Professor für Neurologie und Psychiatrie an der Columbia University. Dr. Sulzer wird die Gestaltung, Sequenzierung und Einbindung des Archivs betreuen. Lisa Hanley ist als technische

Zeichnerin für die Grafiken sowie für die Gestaltung des »Steins von Rosette« auf der Diamantscheibe verantwortlich.

Das Budget

Das Projekt kann im Rahmen des festgelegten Budgets in Höhe von 75 000 Dollar in absehbarer Zukunft verwirklicht werden, da die Kosten in der Biotechnologie immer weiter sinken. Sollte jedoch eine Fertigstellung vor dem Jahr 2000 gewünscht werden, müsste das Budget deutlich erhöht werden, zudem müsste man auf die verfügbaren Mittel und Methoden zurückgreifen.

Die Gebühren zur Sequenzierung von DNA betragen bei der Firma Operon Technologies 60 Cent pro DNA-Basenpaar, doch wir sind zuversichtlich, dass wir aufgrund der benötigten Menge einen deutlichen Preisnachlass aushandeln können.

Da man für ein Byte an Informationen vier DNA-Paare benötigt, und da ein Byte einen Buchstaben im üblichen ASCII-Format repräsentiert, wird die Sequenzierung 2,40 Dollar pro Buchstaben kosten, es sei denn, wir können einen Rabatt erwirken.

Ein ausgewähltes Archiv sollte bequem in ein tausend Seiten starkes Buch passen. Wenn wir nach einer erfolgreichen Verhandlung über einen Preisnachlass von einer Gebühr von etwa einem Dollar pro Buchstaben ausgehen, ließe sich eine Seite Text für etwa 1000 Dollar sequenzieren. Mit den bestehenden Methoden könnte man das Archiv also für weniger als eine Million Dollar einrichten. Eine einmalige Sequenzierung würde genügen, obwohl jeweils sieben Kopien angefertigt und ins Erbgut der Küchenschabe injiziert werden würden, um eine Redundanz zu gewährleisten.

Für die Küchenschabe muss eine Genkarte erstellt werden. Das klingt vielleicht entmutigend, man darf jedoch nicht vergessen, dass die Kosten für Genkarten kontinuierlich sinken. Das Erbgut der Küchenschabe lässt sich vom Umfang her vermutlich mit dem des Grashüpfers vergleichen: etwa 10 000 Millionen Basenpaare oder etwa dreimal so viele Basenpaare wie das Humangenom.

Wahrscheinlich gibt es etwa 15 000 Küchenschabengene mit etwa 5 Introns pro Gen. Die Küchenschabe hat also weit über eine Milliarde Basenpaare in ihren Introns, die 250 Millionen Buchstaben darstellen können. Das ist deutlich mehr, als für das Archiv benötigt wird, selbst wenn man die Redundanz miteinbezieht.

Außerdem werden Plasmide, Enzyme, Überträger und Utensilien für die Mikroinjektion benötigt – wofür insgesamt etwa 126 500 Dollar aufgewandt werden müssen. Die Unterbringung und Pflege der Küchenschaben und ihrer Eier muss natürlich erstklassig sein, würde aber dennoch nur ein paar tausend Dollar kosten. Zwar wurde bislang noch keine DNA in Küchenschaben injiziert, doch für Drosophila-Fliegen und einige Moskitoarten ist die Methode bereits etabliert. In Manhattan wird ein Forschungsstab eingerichtet, der die Technik auf die Küchenschaben anwendet. Die ersten DNA-Mikroinjektionen werden noch sehr teuer sein, doch die Kosten werden sinken, sobald die Methode besser verstanden wird. Bis zur Auswilderung des lebenden Archivs wird sich das Gesamtbudget für Personal und das Labor vermutlich auf 1 132 000 Dollar belaufen.

Der »Stein von Rosette« auf einer Diamantscheibe kostet etwa 193 Dollar pro Disk. Auch in diesem Fall wird die Technologie zunehmend günstiger, deshalb wäre es sinnvoll, mit der Herstellung und Verteilung der Disks noch ein paar Jahre zu warten.

Zum Schluss soll noch einmal betont werden, dass dieser Vorschlag angesichts der aktuellen Preise nur als »Konzept« gelten kann, allerdings sinken die Preise so rapide, dass der vorgegebene Budgetrahmen in absehbarer Zukunft eingehalten werden kann. Daher wäre dringend anzuraten, die Küchenschaben jetzt zu fangen und auszuwählen, sie einige Jahre lang der Öffentlichkeit zu präsentieren und das Archiv in ihre Eizellen zu injizieren, sobald die Preise auf das gewünschte Niveau gesunken sind.

(1999)

Die Piraterie ist dein Freund

Anmerkung der New York Times-*Redaktion: Seit Januar bemühen sich die großen Musikfirmen um ein gemeinsames System zum Verkauf von Musik über das Internet, um so das Raubkopieren von Musiktiteln zu unterbinden, das in ihren Augen Piraterie ist. Jaron Lanier, Musiker und Pionier der virtuellen Realität, sieht die Dinge etwas anders. Er entwickelt derzeit einen seiner Meinung nach vernünftigeren Plan für die entstehende digitale Wirtschaft. Hier ist ein Auszug aus seiner Streitschrift »Die Piraterie ist dein Freund«.*

Die Piraterie ist nur ein Vorwand, hinter dem sich die Plattenfirmen verstecken, um Künstler abzuzocken. Raubkopien hat es schon immer gegeben. Deshalb verkaufen Elektronikläden haufenweise Leerkassetten.

Dass sich jemand entschließt, Musik zu kaufen, anstatt sie zu kopieren, kann ganz unterschiedliche Gründe haben. Vielleicht stehen ethische Motive dahinter. Vielleicht ist jemand einfach nur bequem und hat keine Lust, sich mit den Ungewissheiten des Kopierens herumzuplagen: Ist die Qualität auch in Ordnung? Ist die Kopie endlich fertig? Vielleicht will derjenige dem Musiker aber auch seinen guten Willen beweisen.

Trotzdem: Wenn es die Musik nicht in *irgendeiner* kostenlosen Form gäbe, hätte niemand die Möglichkeit, sie zu hören – also käme er auch nicht auf die Idee, sie zu kaufen. Früher gab es Musik »kostenlos« im Radio (wo Lieder oft mitgeschnitten wurden) und auf MTV, aber bald wird das Internet alles übernehmen. Fernsehen und Radio wird es zwar weiterhin geben, aber in digitaler Form. Das wird schon in den nächsten zehn Jahren so kommen.

Wenn man dann Musik nicht kostenlos anbietet, verzichtet man auf jede Form der Promotion.

Die eigentliche Frage sollte nicht lauten: »Wie kann ich meine Fans davon abhalten, kostenlos meine Musik zu hören?«, sondern: »Wie kann ich mit meinen Fans am besten Geld verdienen?« Das sind zwei ganz verschiedene Fragen. Sicher, man »verliert« Geld an Raubkopierer. Aber man verliert als Künstler auch Geld an ein Label, das überhaupt nichts für einen tut.

Früher brauchte man ein Label für die Finanzierung, die Produktion, Lagerung, Auslieferung und Vermarktung von Musik. So verdiente die Musikindustrie ihr Geld. Ein sinnvolles Arrangement. Wenn die Musikindustrie nicht gerade direkt vor unseren Augen schrumpfen würde, wäre es immer noch sinnvoll.

Aber im digitalen Zeitalter kostet es nichts, Musik über das Internet an einen Fan zu liefern. Die wichtigste Daseinsbegründung für Labels ist dahin.

Und was die Finanzierung betrifft: Wenn man die Vereinbarungen mit den Verträgen in anderen Branchen vergleicht, erinnern sie an Wucher – mit dem großen Unterschied, dass es sich gar nicht um richtige Kredite handelt: Wenn das Geld zurückbezahlt ist, gehören dem Label weiterhin die Aufnahmen. Es gibt schlicht und ergreifend keine üblere Finanzierungsmethode. Da kommt jeder Musiker besser weg, wenn er seine Karriere in die eigene Hand nimmt.

Aber was ist mit dem Marketing? Das können die Labels doch weiterhin übernehmen, oder? Klar können sie das, für ein paar große Acts. Aber wenn ein Künstler erst einmal etabliert ist, hält er über seine eigene Website Kontakt zu den Fans, und das weit besser als das Label.

Selbst als bekannter Künstler oder bekannte Band sollte man genau prüfen, ob man im Verlauf seiner gesamten Karriere, also nicht nur in den nächsten Jahren, wirklich mehr Geld an Raubkopierer verliert oder an Labels, die den Großteil des Geldes in die eigene Tasche stecken, obwohl es dazu gar keinen Grund gibt.

Wenn sich jemand im Studentenwohnheim Hard- und Software

für Tausende von Dollar kauft und die ganze Nacht wach bleibt, um MP3s zu hacken, nur damit er »kostenlose« Musik hat, dann ist das kein Problem, sondern eine Chance. Da wächst eine ganz neue Generation von Fans heran. Das Problem ist nur, dass derzeit die Computerhersteller das Geld verdienen, nicht die Musiker.

Labels können Piraterie nicht verhindern. Das kann niemand. Ich kenne mich mit Computern ziemlich gut aus und kann Ihnen versprechen, dass die Raubkopierer jeden Kopierschutz knacken werden, den sich die Labels ausdenken. Und das weiß auch die Musikindustrie.

Dabei ist es doch so: Je einfacher die Musik zu kopieren ist, desto geringer ist die Bedrohung durch Piraterie. Wenn die Piraterie einfacher wird, haben professionelle Raubkopierer kaum noch eine Chance. Die einzigen Piraten, die übrig bleiben, sind die Fans. Und es gibt viele Möglichkeiten, mit Fans Geld zu verdienen.

Der Grund, warum die Recording Industry Association of America (RIAA) und die Labels auf Gesetze zur Bestrafung von Raubkopierern drängen und sich für mehr Kopierschutz starkmachen, hat nichts mit der Verhinderung von Piraterie zu tun. Ihr eigentliches Motiv ist, dass sie die neuen digitalen Musikkanäle kontrollieren wollen. Um alle anderen, auch Sie, liebe Leser, davon abzuhalten, etwas vom Kuchen abzubekommen. Sie wollen ihre Macht nicht teilen. Sie machen das, um uns abzuzocken. Punkt.

Musiker können in der neuen Ära der »kostenlosen« digitalen Musik mehr Geld verdienen. Aber nur, wenn wir uns nicht mehr länger von den Labels manipulieren lassen.

(1999)

Was Jaron Lanier nachts wach hält: Künstliche Intelligenz, kybernetischer Totalitarismus und der Verlust des gesunden Menschenverstandes

Ein Gespräch mit Alex Steffen

Alex Steffen Als wir uns im Juni trafen, sagten Sie, dass es »erschütternde Fragen« in Hinblick darauf gebe, wie sich Informatik, Biotechnologie und Materialwissenschaft im neuen Jahrtausend entwickeln. Sie sagten auch, der »kybernetische Totalitarismus« sei »eine typische Täuschung unserer Zeit« und eine Gefahr. Warum?

Jaron Lanier Der kybernetische Totalitarismus vermischt lineare und nicht-lineare Systeme. Ein typisches Beispiel dafür sind die enormen Geldsummen, mit denen man die künstliche Intelligenz unterstützt, und auch die Aufmerksamkeit, die ihr zuteil wird, obwohl es sich ganz eindeutig um eine irrationale Vorstellung davon handelt, was Intelligenz sein kann und was nicht.

Wir glauben, dass alle analytischen Probleme lösbar sind – und das nur, weil eine Turing-Maschine, ein gewöhnlicher Computer, hypothetisch enorm viel leisten kann. Das ist eine neue Form des Reduktionismus. Dabei sagt man zwar nicht, dass eine kleine Abstraktion alles beweist, aber man behauptet, weil wir eine hypothetische Äquivalenz zahlreicher Probleme in der Informatik bewiesen haben, gibt es keinen funktionalen Unterschied bei der Zeit oder beim Aufwand, die man zur Lösung dieser Probleme braucht. Alle Probleme sind lösbar.

Es gibt jedoch noch eine andere Ebene, die ästhetische oder spirituelle Ebene. Da ist eine ganz neue Klasse aus Wissenschaftlern und Ingenieuren entstanden, die quasi eine neue Religion angenommen haben. Von ihr versprechen sie sich Trost angesichts der Ungewissheiten des Lebens, vor allem, was unsere Sterblichkeit betrifft. Sie wollen sich in Maschinen verwandeln, oder sie hoffen, Unsterblichkeit zu erlangen, indem sie sich in ihre Computer hochladen.

AS Und welche Fragen könnten mit dieser Haltung verschleiert werden?

JL Grundlegende Fragen dazu, wie weit wir mit der Technologie gehen können und wie schnell wir diese Entwicklung vollziehen. Manche Probleme, die wir kennen, sind schwierig zu lösen, aber sie lassen sich mit der Brute-Force-Methode bewältigen. Wir wissen, dass dazu harte Arbeit erforderlich ist. Das beste Beispiel dafür ist die Wettervorhersage. Wir haben eine ziemlich klare Vorstellung von den Problemen bei der Vorhersage, und wir wissen, wenn wir es besser machen wollen, müssen wir deutlich bessere Software für viel weitreichendere Berechnungen schreiben, außerdem müssen wir viel größere Datenmengen sammeln und so weiter. Die Vorgehensweise bei der Wettervorhersage ist relativ linear: Wir wissen, wenn wir viel Mühe, Geld und intellektuellen Aufwand investieren, erreichen wir eine angemessene Verbesserung. Das natürliche System an sich ist komplex, aber der IT-Aufwand, dieses System nachzubilden, ist einigermaßen linear.

Wenn man sich aber damit beschäftigt, wie das menschliche Denken funktioniert, dann ist das etwas ganz anderes. Wir haben keine Ahnung, welche Ziele leicht zu erreichen sind, und ebenso wenig wissen wir, für welche Aspekte des menschlichen Denkens es extrem schwer wäre, ein brauchbares Modell zu entwickeln. Und das gilt für sehr viele Fragen in der Biologie.

Man findet allerdings nur selten einen computerorientierten Wissenschaftler oder Ingenieur, der den Unterschied zwischen diesen beiden Problemen erkennt. Alle vier Wochen wird in einem Artikel groß verkündet, dass Forscher nun sagen könnten, wie ein bestimmtes Gen mit einem bestimmten Verhaltensaspekt zusammenhängt – dass es zum Beispiel zu Depressionen beiträgt –, aber eigentlich sind das sehr magere Resultate, basierend auf Begriffen, die wir gar nicht richtig definieren können, deshalb wissen wir auch nicht, wie wichtig diese Resultate sind oder ob sie überhaupt hilfreich sind für das Begreifen der größeren Zusammenhänge. Ein klassisches Beispiel für die Verwechslung linearer und nicht-linearer Resultate.

AS Könnte man sagen, dass eine typische Ansicht des kyberneti-schen Totalitarismus lautet, wenn man nur lange genug herum-probiert, sind alle Probleme linear?

JL Ja genau. Und da wir dank Moore'schem Gesetz immer mehr Rechenleistung haben, können wir die Brute-Force-Methode ex-ponentiell anwenden, und daraus entsteht die Idee, dass alle Pro-bleme lösbar sind, und zwar schon bald. Und von dort ist es nur ein kleiner Schritt zu sagen, es gibt keine Probleme. Auf dieser Idee gründet die religionsähnliche Vorstellung einer bevorstehenden Transzendenz. Eine völlig irrationale Denkrichtung. In gewisser Weise der Weg des Nerds zu religiöser Ekstase.

AS Sie sprachen über die Fehler, die auftreten können, wenn wir das Moore'sche Gesetz nicht mehr als akkurate Vorhersage zur Geschwindigkeit betrachten, mit der sich Hardware verbessert, sondern als Metapher für die Geschwindigkeit, mit der unsere Macht wächst, die Welt zu verstehen und zu manipulieren. War-um ist dieser Unterschied so wichtig? Was geschieht, wenn wir ihn nicht erkennen?

JL Der Unterschied ist wichtig, weil eine ehrliche Selbsteinschät-zung der erste Schritt jeder Form des effektiven Handelns ist. Des-halb ist die Naturwissenschaft ja so angelegt, sie soll verhindern, dass wir uns selbst etwas vormachen.

Ein Beispiel für diesen Trugschluss ist die künstliche Intelli-genz. Gehen wir zurück zu den Ursprüngen des kybernetischen Totalitarismus und schauen uns Alan Turing an. Er stellte sich einen Computer vor und entwarf einen Test – den Turing-Test –, bei dem ein Schiedsrichter einen Computer von einem Menschen unterscheiden soll, und das nur aufgrund der schriftlichen Interaktion mit jedem Einzelnen. Wenn der Schiedsrichter nicht zwischen den beiden unterscheiden kann, ist der Computer so intelligent wie ein Mensch.

Turings Idee ist in mehrerer Hinsicht problematisch. Zum einen steht dem Schiedsrichter nur ein sehr begrenztes Mittel der menschlichen Kommunikation für den Vergleich zur Verfügung. Zum anderen könnte der Mensch im Test ja auch dumm werden, weil er sich den künstlichen Einschränkungen der Situation anpasst. Das ist mindestens genauso wahrscheinlich, wie dass die Maschine klüger wird. Künstliche Intelligenzen sind keine Menschen. Sie sind nicht einmal wirklich intelligent. Sie sind Programme. Wir vergessen das, aber das ist gefährlich.

AS Sherry Turkle hat gesagt, dass es ihrer Ansicht nach ein großer Fortschritt ist, wenn kleine Kinder scheinbar intelligentes Spielzeug ganz unvoreingenommen als bloße Benutzerschnittstelle ansehen. Sie sagen, die Gefahr besteht nicht darin, dass unkontrollierbare AI superintelligent wird, die Weltherrschaft übernimmt und uns nicht mehr braucht, sondern dass falsche AI als intelligent, ja sogar weise akzeptiert wird, obwohl sie es nicht ist, und dadurch die Tatsache verschleiert wird, dass sie von jemandem programmiert wurde, der zu Fehlern neigt und seine eigene Agenda verfolgt.

JL Das denke ich immer noch, aber ich möchte eigentlich auf etwas viel Weitreichenderes hinaus. Die Behauptung, dass Maschinen ein Empfindungsvermögen haben, ist grundlegend falsch. Die Idee empfindungsfähiger Technologie sorgt für Aufmerksamkeit und hilft, die Technologie zu verkaufen. Aber wir begreifen gar nicht richtig, was Bewusstsein bedeutet, deshalb ist die Idee, dass wir das Bewusstsein in Maschinen komplett nachbilden können und dann darauf vertrauen, dass diese Maschinen das Denken für uns übernehmen, im Grunde völlig absurd. Je mehr wir uns vorstellen, dass wir selbst zu Maschinen werden, desto mehr laufen wir Gefahr, unsere Menschlichkeit zu verlieren. Wir formen uns selbst nach unseren eigenen Technologien – werden zu einer Art Anti-Pinocchio –, und das ist Wahnsinn.

AS Sie klingen besorgt. Worauf steuern wir da zu?

JL Ich weiß nicht, welche Form der Zukunft wir gerade einläuten, aber es ist gut möglich, dass das 21. Jahrhundert eine sehr unglückliche Epoche werden wird, ein Jahrhundert, in dem es keine große technologische Entwicklung geben wird, weil eine Klimakatastrophe über uns hereinbricht oder weil wir in eine Serie furchtbarer Kriege hineingeraten oder was auch immer.

Aber nehmen wir einmal an, dass das nicht so sein wird und dass in einem Großteil der Welt alles so weiterlaufen wird. Nehmen wir außerdem an, dass das Moore'sche Gesetz weiterhin Bestand haben wird. Wenn uns diese Zukunft bevorsteht, dann werden wir alle in einer Welt leben, in der jede Facette unseres Lebens von der Technologie durchdrungen sein wird.

In dieser Welt wird die neue Religion – der kybernetische Totalitarismus – viele Menschen ansprechen. Aus dem Kult einer relativ kleinen Gruppe von Wissenschaftlern und Technologen könnte eine Massenbewegung werden.

Ich würde das mit dem Marxismus im 19. Jahrhundert vergleichen: Die Saat einer Ideologie ist gelegt, aber es ist noch ungewiss, wie groß die Bewegung sein wird, die daraus entsteht, oder wie weit sie sich von ihren Ursprüngen entfernen wird. Möglicherweise verflüchtigt sich die ganze Sache wieder und wird gar nicht mehr so wichtig sein, als dass es sich lohnen würde, sie zu kritisieren. Allerdings erscheint es mir wichtig, jetzt kritisch darauf zu reagieren, denn ich denke, dass daraus tatsächlich eine dysfunktionale Massenbewegung werden könnte.

Alle Formen des Fundamentalismus entmenschlichen diejenigen, die ihre Ideen nicht teilen. Doch der kybernetische Totalitarismus entmenschlicht in gewissem Sinne die gesamte Menschheit, indem er sagt, der Mensch sei nur die Ausgangsbasis für ein anderes evolutionäres Maschinenwesen oder einen Zustand. Der Mensch zählt nichts mehr. Das ist unglaublich gefährlich. Wenn wir wüssten, dass wir uns auf dem Weg befinden, ein höheres Wesen zu erschaffen, wären wir womöglich alle bereit, Selbstmord zu begehen, damit das zustande kommt. Aber da der Turing-Test ja an sich paradox ist, können wir das nicht wissen. Die Postulierung eines posthumanen Wesens ist derzeit reine Fantasie.

AS Dennoch gibt es kaum intelligente Kritik an der Idee der technologischen Singularität. Diejenigen, die Kritik üben, wirken meist wie typische Technologiefeinde.

JL Von denjenigen, die in ihren Texten vor der Ideologie der Singularität warnen, haben leider nur wenige einen technologischen Hintergrund. Das liegt daran, dass viele Computerwissenschaftler zumindest damit sympathisieren. Ein weiterer Grund ist der, dass viele Ingenieure relativ wenig Gespür für ästhetische oder moralische Fragen haben, weil sie sich vor allem mit der wertfreien Lösung von Problemen beschäftigen. Das hat ja auch einen gewissen Reiz. Aber das führt dazu, dass nur sehr wenige Kritiker eine Vorstellung davon haben, wovon sie reden. Es besteht eine Kluft zwischen denen, die die Technologien verstehen, und der, jetzt hätte ich fast gesagt, säkularen Welt.

AS Sie schreiben von der Gefahr, dass »die Kluft zwischen den Reichsten und dem Rest der Bevölkerung geradezu metaphysisch schwerwiegend wird ... Die Möglichkeit, dass sich zwei grundlegend verschiedene Spezies ausbilden könnten, ist so offensichtlich und so schrecklich, dass es beinahe banal ist, sie auszusprechen. Die Reichen könnten ihre Kinder genetisch manipulieren, um sie intelligenter, schöner und glücklicher zu machen. Vielleicht könnten sie ihnen sogar größere Empathiefähigkeit verschaffen, aber natürlich nur für andere Individuen, die eine Reihe ganz bestimmter Kriterien erfüllen. Ich wage kaum, so etwas aufzuschreiben, denn schließlich verfasse ich keinen SF-Roman auf Groschenheft-Niveau. Aber die Logik dieser Möglichkeiten lässt sich nun mal nicht verleugnen.«* Sie sagten, Sie machen sich Sorgen, dass die medizinische und biologische Forschung dazu tendieren könnte, echte Fortschritte nur einem winzigen Bruchteil der Weltbevölkerung zugänglich zu machen. Warum ist das ein Problem, und was kann man dagegen unternehmen?

JL Das ist wirklich eine meiner größten Sorgen. In weiten Teilen der Welt braut sich ein Aufstand wegen genau dieser wilden Behauptungen zu den technologischen Möglichkeiten zusammen, die man immer häufiger in der Presse sieht, etwa in den Mitteilungen des MIT oder der UC Berkeley. Schon seit langem besteht das Gefühl der wirtschaftlichen Benachteiligung, doch jetzt wächst auch das Gefühl einer spirituellen Ungerechtigkeit. Denn es ist *eine* Sache, wenn reiche Leute in Amerika tolle Autos fahren und die Säuglingssterblichkeit niedriger ist, aber eine ganz andere, wenn man denkt, dass irgendeine Elite den Begriff Seele definiert oder die Seele überflüssig macht. Wenn neu definiert wird, was es heißt, ein Mensch zu sein, oder wenn Menschen an ihrer eigenen Unsterblichkeit arbeiten – diese Gedanken gehen so tief, dass sie ein Gefühl von Panik hervorrufen. Meiner Meinung nach ist das auch die Erklärung für eine seltsame Erscheinung unserer Zeit, nämlich dass jede große Religion einen furchtbar gewalttätigen fundamentalistischen Flügel hat.

Wenn das so weitergeht, droht uns von beiden Seiten das Schlimmste: von den Menschen, die fürchten, auf der Strecke zu bleiben und glauben, dass die anderen alles bekommen – nicht nur Reichtum, sondern auch Unsterblichkeit, Superintelligenz und so weiter –, und von denen, die ganz oben stehen, aber nicht im entferntesten das bekommen, was sie sich erträumen, weil sie sich selbst etwas vormachen, weil sie gar nicht wissen, was sie tun. Vielleicht werden sie reich. Vielleicht werden sie länger leben,

---

* Aus: »Ein halbes Manifest«. Siehe in diesem Buch S. 315.

vielleicht werden sie Designerkinder haben. Aber sie werden ganz gewiss nicht die Transzendenz erreichen, von der sie träumen. Stattdessen bekommen sie eine Welt mit all den Konflikten und wenig Fortschritt.

AS Was halten Sie davon, das Open-Source-Modell als Vorbild für dezentrale, gemeinschaftliche politische Bewegungen zu verwenden, die unseren Umgang mit der Technologie bewerten und lenken? Ich denke etwa an die »Biological Innovation for Open Society« …

JL Derzeit haben wir zwei Paradigmen, nach denen wir vorgehen können. Wir können ein offenes, kostenloses, gemeinschaftliches und an Gleichberechtigung orientiertes System verwenden, etwa nach dem Vorbild von Napster – unabhängig davon, ob es um Programmierung, Musik oder medizinische Informationen geht. Oder wir halten uns an das geschützte System nach dem Eigentumsprinzip, bei dem alles abgeschottet ist und jemandem gehört. Wer da das Sagen hat, wird unbegründet reich, wie zum Beispiel Bill Gates.

Ich denke, da gibt es eine Trennung in unserer Kultur: Die eine Hälfte hängt an der Vergangenheit und der Idee, dass man für die Verwendung von Micky Maus immer noch bezahlt, obwohl Walt Disney seit Jahrzehnten tot ist, und die andere Hälfte fordert aus ideologischen Gründen »Freibier«, verlangt also ein Modell, bei dem jeder alles kostenlos nutzen kann.

Die mit dem Konzept des geistigen Eigentums verbundenen Probleme sind von den Gegnern sehr gut dokumentiert. Auf die Musik angewandt heißt das zum Beispiel, dass man eine korrupte Musikindustrie hat, die furchtbare Musik herausbringt, weil die Bosse immer noch ihren pubertären Fantasien von einst nachhängen. Auf Software angewandt, erhält man Monokulturen mit minderwertigen Programmen zu hohen Preisen. Auf die Medizin angewandt, hat man Pharmaunternehmen, die den Diagnoseprozess beeinflussen, außerdem ein Zwei-Klassen-System bei der medizinischen Versorgung und Millionen Menschen, die an leicht heilbaren Krankheiten sterben. Und so weiter.

Allerdings haben auch die offenen und kostenlosen Lösungen echte Defizite. Eins besteht darin, dass eine relativ kleine Anzahl Personen die gesamte Gemeinschaft durcheinanderbringen kann – das Spam-Problem. Und es gibt noch zwei weitere Probleme der offenen Systeme. Zum einen das »Hausmeisterproblem«, das andere schon ausführlich dargelegt haben: Es ist schwer, gute Leute für die langweiligen Wartungsarbeiten zu finden, die für ein funktionierendes System erforderlich sind. Aber noch gravierender sind die Schwierigkeiten, die offene Systeme damit haben, Strategien zu entwerfen und für Innovationen größere Risiken einzugehen.

Und zwischen den beiden Systemen erstreckt sich eine ausgedehnte Wildnis.

AS Sie sagten, Kreativität sei heute die Quelle der Innovation, Innovation sei die Quelle des Reichtums, aber es gebe eine »ungerechte Kreativitätsverteilung« zwischen den Klassen, die viel beunruhigender sei als die ungerechte Verteilung des Wohlstands. Eine breitere Verteilung der Kreativität sei überlebensnotwendig. Die Alternative zu einem Planet der Künstler sei ein Planet der Leichen.

JL Damit meine ich, dass wir vor sehr komplexen Problemen stehen, die sich nur mithilfe vieler kreativer Leute lösen lassen.

Wir müssen nach Verteilungsmodellen der Kreativität suchen, etwa bei den Gaming-Communitys. In einer gemeinsamen virtuellen Welt, wo sich jeder kreativ betätigen kann, trifft man nicht auf eine allgemeine Kreativität, sondern eine Pareto-Verteilung mit einer relativ kleinen Anzahl von sehr Kreativen, die ganz Erstaunliches vollbringen, und einer etwas größeren Zahl, die gelegentlich einen interessanten Beitrag leisten. Aber die große Mehrheit ist entweder nicht sonderlich kreativ, oder ihre Kreativität bringt nicht viel. Eine breit verteilte Kreativität hat also auf den ersten Blick keinen großen Wert, allerdings gibt es die paradoxe Situation, dass man die einzigartigen Kreativen, die unglaublich wertvolle Beiträge leisten, meistens nur dann findet, wenn man alle einlädt, und wenn man alle einlädt, können sich die Resultate dieser Kreativität auch bemerkenswert schnell verbreiten.

Die Anfänge des World Wide Web wurden von dieser Kreativität vorangetrieben. In der Frühphase gab es eine kurze Zeit, etwa ein Jahr, in dem absolut kein kommerzielles Interesse am Web bestand, und in der Zeit stieg die Zahl der Nutzer von null auf Millionen und Abermillionen. Die einzige Grundlage war der Wunsch, kreativ zu sein und mit anderen in Verbindung zu treten. Es gab keine Werbung, keine charismatischen Gestalten und auch kein Geld, keine Struktur und keine Hierarchie. Das ist eins der optimistischsten Signale, die wir je erhalten haben, ein Signal für eine bessere Zukunft.

Nehmen wir die Grameen-Bank, die bekannte experimentelle Bank, die die Idee der Mikrofinanzierung vorantrieb. Grameen vergibt kleine Kredite an Gruppen, die füreinander bürgen, etwa Dorfbewohner in Bangladesch. Das sind ganz kleine Kredite, mit denen Kleinstunternehmen gegründet werden, aber die Kreditnehmer sind füreinander verantwortlich, deshalb werden die Kredite fast immer zurückgezahlt. Das hat sich als großartiges Kreditsystem erwiesen, außerdem hat es einen unglaublichen sozialen Effekt, denn dadurch wird das Wachstum kleiner, lokaler Unternehmen gefördert. Die Idee findet jetzt zunehmend Verbreitung, und ich frage mich, ob wir diesen Ansatz nicht auch auf die Förderung von Kreativität übertragen könnten – dass vielleicht Leute in kleinen Gruppen füreinander verantwortlich wären, Ressourcen gemeinsam nutzen würden und ein Problem kreativ lösen müssten.

Jedenfalls müssen wir neue Methoden finden, mit denen wir das Wachstum kreativer Systeme fördern. Wir müssen einen Weg finden, bei dem fast jeder die Möglichkeit hat, einen wichtigen und konstruktiven Beitrag zu leisten, die Möglichkeit, sich selbst zu finden und sich zu bewähren, ohne dass dafür Konflikte, Gewalt oder Terror nötig wären.

AS Ich habe gelesen, dass die Gesamtzahl der Kinder und Jugendlichen weltweit (über zwei Milliarden) höher ist als die Zahl aller Menschen, die vom Beginn der Menschheit bis 1930 auf diesem Planeten lebten. Das ist der größte Babyboom in der Geschichte der Menschheit. Doch für die meisten gibt es kaum Chancen auf Bildung, eine sinnvolle Betätigung oder eine demokratische Mitbestimmung.

JL Dieses globale Jugendlichen-Problem ist sehr beunruhigend. Wenn sich in einer Gesellschaft zum ersten Mal ein Massenmedium entwickelt, dreht die Propaganda durch. Europa, Japan und Amerika haben diese Entwicklung in der ersten Hälfte des 20. Jahrhunderts vollzogen und dabei zwei Weltkriege ausgetragen. China machte diesen Prozess während der Kulturrevolution durch. Die muslimische und die afrikanische Welt sind gerade mittendrin. Sie erleben derzeit die volle Wucht moderner Propaganda. Die Leute drehen einfach durch, und es dauert eine Generation, bis sie sich daran gewöhnt haben, bis sie desensibilisiert sind. Dass nun diese Welle an Heranwachsenden mit der dritten Welle des McLuhan'schen Schocks zusammenfällt, ist unglaublich beunruhigend.

Darauf kann man nur mit Technologie reagieren. Das ist die einzig erdenkliche Möglichkeit, mehrere Millionen Menschen rasch einzubeziehen und ihnen Bildung zu vermitteln. Wir haben nicht die Zeit, so viele Schulen zu bauen oder Lehrer auszubilden. Wir müssen überlegen, die Jugendlichen irgendwie online einzubinden, müssen günstige, drahtlose Geräte entwickeln, die überall in den Entwicklungsländern den Zugang zu Informationen und zur Zusammenarbeit ermöglichen, wir müssen den Prozess beschleunigen, durch den Jugendliche in der Dritten Welt immun gegen Propaganda werden und sich neuen Herausforderungen in ihrem eigenen Leben stellen können: mehr Bildung, die Fähigkeit, richtige Arbeit für sich zu schaffen, und die Probleme ihrer Gemeinschaft auf kluge Art gemeinsam zu lösen. Ich wüsste nicht, dass es Pläne in diese Richtung gibt, aber jedes glückliche Szenario, das ich mir vorstellen kann, umfasst diese Elemente. Wenn ich das Sagen hätte, hätte das oberste Priorität.

AS Was hält Jaron Lanier nachts wach?

JL Dass wir eine extrem einfache, vernünftige Idee aus den Augen verlieren. Wir vergessen, dass es einen Fundus an Ideen gibt – Demokratie, technologischer Optimismus, Unternehmensgeist, eine auf Wissenschaft und Forschung ruhende gemeinsame Basis, die uns fast alles Gute auf dieser Welt beschert haben. Dass diese Ideen die Grundlage für all unsere Hoffnungen sind.

Die Globalisierungsgegner sind viel zu zynisch geworden. Sie stellen alle, die Unternehmensgeist und Technologie optimistisch sehen, unter Generalverdacht. Dadurch diskreditieren sie die sehr realen, geradezu fantastischen Möglichkeiten, die sich bieten, wenn wir alle nach besseren Wegen der Zusammenarbeit suchen. Und dann gibt es noch die religiösen Fundamentalisten, die anscheinend am liebsten zurück ins 12. Jahrhundert wollen. Niemand bricht eine Lanze für den Fortschritt und die Lösung unserer Probleme und die wirklich positiven Aspekte der Moderne.

AS Es gibt also nur sehr wenige, die bereit sind, sich für eine rationale Überprüfung der Dinge und für den Humanismus als etwas einzusetzen, von dem die gesamte Menschheit profitiert?

JL Genau. Das ist schon sehr seltsam. Ich bin Humanist, aber es ist sehr schwer, heutzutage Verbündete zu finden. Die Akademiker sind komplett postmodern geworden, und die Wissenschaft wird anscheinend von den Extremen des Kommerzialismus und des radikalen kybernetischen Totalitarismus dominiert. Kaum jemand spricht sich für das Grundlegendste, Einfachste und Offensichtlichste aus – das bringt mich um meinen Schlaf.

Ich sehe mich gern als jemand, der die Dinge auf unkonventionelle Weise betrachtet und die Weiten des Denkens erkundet, aber am Ende verbringe ich viel Zeit damit, über diese einfache Idee zu reden. Das ist sehr entmutigend, wenn ich mit Technologen oder Wissenschaftlern darüber spreche. Ich fühle mich dann so überraschend allein.

Ständig wird über Singularität geredet. Und wenn man daran glaubt, dass man Schicksal mit rationalen Mitteln beeinflussen kann, ist Singularität etwas Schreckliches, denn sie ist ja per Definition etwas, das wir nicht verstehen.

AS Sie sagten: »Wir sollten alles tun, um Singularitäten zu vermeiden. Eine Singularität ist ein Zeichen dafür, dass wir gescheitert sind.« Meinten Sie das?

JL Ja. Wir leben in einer bemerkenswerten Zeit mit unglaublichen Möglichkeiten. Aber wir müssen bei all unseren Fortschritten darauf achten, dass wir genug Zeit haben, die Folgen abzuschätzen, denn nur dann können wir die richtigen Entscheidungen treffen. Wir müssen schnell genug vorankommen, um in einem einigermaßen sinnvollen Zeitrahmen Lösungen für die Probleme dieser Welt zu finden, aber auch so langsam, dass wir die Kontrolle behalten. Das ist nicht einfach.

(2003)

Teil 3

Jenseits der Ideologie

KAPITEL 5

Essays, die zu *Gadget* führten

Die Jahrtausendwende spornte mich zu einer gewissen Vehemenz an. Ich hatte das Gefühl, deutlicher werden zu müssen. Vor allem zwei Essays, »Ein halbes Manifest« und »Digitaler Maoismus« veränderten mein Verhältnis zur digitalen Welt, aber wie sich herausstellte, zum Positiven. Ich hatte gefürchtet, man werde mich für meine Worte ächten, aber das geschah nicht. Bei aller gerechtfertigten Kritik, die ich und andere an der großen digitalen Welle üben, darf nicht vergessen werden, dass die meisten einflussreichen Personen der digitalen Elite – ob nun in Silicon Valley oder weltweit –, aufgeschlossen sind und die besten Absichten hegen.

Ich habe die Erfahrung gemacht, dass meine schärfsten Kritiker meist Akademiker sind, die ihr eigenes Territorium im Raum der Ideen verteidigen wollen. Der größte Teil der durch die digitale Supernova reich Gewordenen ist sich durchaus bewusst, dass nur Wohlstand, der auf der Zustimmung und der Gesundheit der Gesellschaft basiert, in der er definiert ist, wirklicher Wohlstand ist. Wohlstand, der eine Gesellschaft degradiert, ist kein Wohlstand. Deshalb argumentiere ich eigentlich gar nicht gegen die Interessen meiner Freunde, die es »geschafft« haben.

Ich weiß noch, wie ich vor Angst schlotternd an meinem Schreibtisch in meinem Loft in Tribeca saß und darüber nachgrübelte, ob ich das »halbe Manifest« nun veröffentlichen sollte oder nicht. Würde ich dadurch alle meine Freunde aus der digitalen Welt verlieren? War dies ein schicksalhafter Wendepunkt für mich? Aus heutiger Sicht kann man sich das kaum vorstellen, aber damals war es wahrhaft beängstigend für mich, für diesen kleinen Essay auf »Senden« zu klicken.

»Ein halbes Manifest« hatte seinen Ursprung in den Debatten der Wissenschaftler auf Edge.org, ist aber seitdem in vielen Büchern und Zeitschriften erschienen. Er war die Grundlage für ein Buch, das zehn Jahre später erscheinen sollte: *Gadget. Warum die Zukunft uns noch braucht.* Ein Buch, das als das komplette Manifest betrachtet werden kann.

Mein Leben wurde durch die Anschläge auf New York City im Jahr 2001 ziemlich durcheinandergebracht. Andere Dinge wurden mir in meinem Leben wichtiger, zum Beispiel, eine Familie zu gründen. Deshalb schrieb ich ein paar Jahre lang nicht sehr viel.

»Die Komplexitätsgrenze« dokumentiert meine veränderte Sichtweise zum »menschlichen Faktor« in der Computerwissenschaft.

2006 begann ich, mir wieder einmal Sorgen darüber zu machen, in welche Richtung sich die digitale Welt entwickelte. Ich schrieb eine weitere Streitschrift, den Essay »Digitaler Maoismus«. Auch dieser wurde vielfach veröffentlicht, und auch aus ihm entstanden einige Abschnitte von *Gadget*.

Ein halbes Manifest

Oder: Warum dumme Software die Zukunft vor neodarwinistischen Maschinen retten wird

Seit zwanzig Jahren befinde ich mich im Inneren einer Revolution, aber außerhalb ihres glorreichen Dogmas. Jetzt, da die Revolution nicht nur im Mainstream angekommen ist, sondern ihn durch die Übernahme der Wirtschaft gefügig gemacht hat, ist es an der Zeit für mich, meinen Widerspruch lauter zu äußern, als ich es bisher getan habe.

Deshalb teilte ich die folgenden Gedanken mit den Mitgliedern von Edge.org, von denen viele für diese Revolution mitverantwortlich sind, die den Aufstieg der Cyber-Technologie als Kultur vertritt. Dieses erste »halbe Manifest« verbreitete sich – wie häufig bei technologischen Manifesten – schnell auch auf anderen Websites und darüber hinaus.

Das Dogma, dem ich widerspreche, besteht aus mehreren ineinandergreifenden Credos und hat bisher noch keinen allgemein akzeptierten Namen. Ich bezeichne es manchmal als »kybernetischen Totalitarismus«. Dieser hat das Potenzial, die menschliche Existenz tiefgreifender zu verändern, als alle ihm vorausgegangenen Ideologien, Religionen oder politischen Systeme das jemals getan haben. Teilweise liegt das daran, dass er – zumindest anfänglich –, so angenehm zu denken ist. Der Hauptgrund jedoch ist, dass er auf dem Rücken der überwältigend mächtigen Technologien reitet, die zufällig von Personen erschaffen wurden, die zum größten Teil orthodoxe Gläubige sind.

Möglicherweise überrascht es meine Leser, dass ich das Wort »kybernetisch« verwende. Ich finde das Wort problematisch, daher würde ich gerne erklären, warum ich es gewählt habe. Ich suchte nach einem Sammelbegriff für die unterschiedlichen Ideen, mit denen ich mich beschäftigt habe. Einem Begriff, der außerdem zeitgenössisches Denken und Kultur mit früheren Generationen von Denkern verband, die sich mit ähnlichen Themen beschäftigt hatten. Ursprünglich wurde das Wort »kybernetisch«, wie Norbert Wiener es benutzte, keinesfalls nur auf Computer angewandt. Ursprünglich ist der Ausdruck eine Metapher aus der maritimen Navigation, gedacht zur Beschreibung von mechanischen Steuerungssystemen (zum Beispiel von Thermostaten). Wiener erkannte und erforschte die außerordentliche Reichweite dieser Metapher, einer der mächtigsten, die jemals geprägt wurden.

Die Angst: Cyber-Armageddon zu unseren Lebzeiten – Eine Katastrophe, die eintritt, wenn Computer die ultra-intelligenten Herrscher über Materie und Leben werden

Ich hoffe, dass niemand auf die Idee kommt, dass ich Kybernetik mit dem gleichsetze, was ich den kybernetischen Totalitarismus nenne. Im Gegenteil: Wenn man eine großartige Metapher behandelt, als sei sie die einzig mögliche, begeht man denselben Fehler, wie wenn man aus der bescheidenen Wissenschaft eine alleinseligmachende Religion macht.

Hier folgt eine unvollständige Auflistung der Glaubensgrundsätze des kybernetischen Totalitarismus:

1 Kybernetische Informationsmuster sind der beste und ultimative Weg, die Realität zu verstehen.

2 Menschen sind nichts weiter als kybernetische Muster.

3 Subjektive Erfahrung existiert entweder nicht, oder sie ist unwichtig, da sie nur eine Art Neben- oder Umgebungseffekt ist.

4 Was Darwin in der Biologie beschrieben hat, oder zumindest etwas Ähnliches, ist im Grunde die ultimative Beschreibung aller Kreativität und Kultur.

5 Sowohl qualitative als auch quantitative Aspekte von Informationssystemen werden nach dem Moore'schen Gesetz unaufhaltsam beschleunigt.

Und zum Schluss die Eschatologie:

6 Biologie und Physik werden mit der Computerwissenschaft verschmelzen (und zu Biotechnologie und Nanotechnologie werden), was dazu führen wird, dass das Leben und das physische Universum zu Computersoftware werden. Und vor allem wird das schon sehr bald passieren! Weil Computer so schnell immer besser werden, überwältigen sie schon bald alle anderen kybernetischen Systeme, wie zum Beispiel Menschen, und werden all das, was auf der uns vertrauten Erde so vor sich geht, auf fundamentale Weise verändern. Und zwar ab dem Moment, in dem eine neue »Kritikalität« erreicht ist – vielleicht schon im Jahr 2020. Ab diesem Moment ein Mensch zu sein, wird entweder unmöglich sein oder etwas völlig anderes bedeuten, als wir uns jetzt vorstellen können.

Im Laufe der vergangenen zwanzig Jahre hat ein Strom von Büchern die breite Öffentlichkeit nach und nach über die Glaubensstrukturen des inneren Kreises der Digerati informiert. Es begann vergleichsweise harmlos mit Büchern wie *Gödel, Escher, Bach* (1979) und nahm bald drastischere Formen an, wie zum Beispiel in dem 1999 erschienenen Buch *The Age of Spiritual Machines (Homo S@piens)* von Ray Kurzweil.

Seit kurzem liegt die Aufmerksamkeit der Öffentlichkeit nun endlich auch auf Nummer sechs, dem erstaunlichen Glauben an eine endzeitliche Katastrophe zu unseren Lebzeiten, die eintritt, wenn Computer die ultra-intelligenten Herrscher über die physikalische Materie und das Leben werden. Soweit ich das beurteilen kann, glaubt eine große Anzahl meiner Freunde und Kollegen an eine Version dieses kurz bevorstehenden Untergangs.

Es würde mich interessieren, welche der bedeutenden Denker, die die ersten fünf Punkte im Großen und Ganzen akzeptieren, auch mit dem sechsten Punkt übereinstimmen. Meiner Erfahrung nach sprechen eigentlich nicht Naturwissenschaftler, sondern eher Technologen über die Möglichkeit, dass eine solche Kritikalität in naher Zukunft stattfinden könnte. Aber ich habe keine Ahnung, was zum Beispiel Richard Dawkins oder Daniel Dennett von der Sache halten. Irgendwie kann ich mir nicht vorstellen, wie diese eleganten Theoretiker darüber spekulieren, ob in zwanzig Jahren möglicherweise Nanobots den Planeten übernehmen werden. Sie müssten schon sehr tief sinken, um sich auf dieses Niveau zu begeben. Und dennoch sind die Eschatologien von Kurzweil, Moravec und Drexler eine direkte und wie es scheint unvermeidbare Weiterführung eines Weltverständnisses, das niemand anderes als Dawkins und Dennett konkret zur Sprache gebracht haben. Sehen Dawkins, Dennett und die anderen in ihrem Lager den logischen Fehler, der ihr Denken vor eschatologischen Implikationen bewahren müsste? Meiner Meinung nach besteht der logische Fehler darin, dass die Cyber-Armageddonisten ideale Computer mit realen Computern verwechselt haben, die sich nun mal anders verhalten. Meine Haltung zu diesem letzten Punkt lässt sich getrennt von meiner zugegebenermaßen provokanten Position zu den ersten fünf Punkten betrachten. Ich bitte sogar darum, es getrennt zu betrachten.

Dies ist nur ein »halbes« Manifest. Ich hoffe daher, dass meine Leser nicht denken, dass ich in eine verbitterte Ablehnungshaltung digitaler Technologie gegenüber verfallen bin. Tatsächlich gefällt es mir besser als je zuvor, als Informatiker zu arbeiten, und ich finde es eigentlich ziemlich leicht, mich beim Entwickeln digitaler Tools in einem humanistischen Rahmen zu bewegen. Auf der ganzen Welt erblüht eine wundervolle Computerkultur – zum größten Teil abseits der technologischen Eliten –, die die Ideen, die ich hier kritisiere, entschieden ablehnt. Ein vollständiges Manifest würde versuchen, diese positive Kultur zu beschreiben und zu fördern.

Als Erstes möchte ich die fünf Glaubensgrundsätze untersuchen, die nötig sind, um die neue Eschatologie zu akzeptieren. Danach wende ich mich der Eschatologie selbst zu.

Los geht's.

Glaubensgrundsatz Nr. 1 des kybernetischen Totalitarismus: Kybernetische Informationsmuster sind der ultimative und beste Weg, die Realität zu verstehen

Es ist unbestreitbar, dass es ungeheuer aufregend ist, zum ersten Mal ein Phänomen kybernetisch wahrzunehmen. Zum Beispiel kann ich mir ungefähr vorstellen, wie aufregend es gewesen sein muss, im 19. Jahrhundert frühe fotografische Ausrüstung zu benutzen. Ich kann mir aber nicht vorstellen, dass ein Außenstehender das Gefühl begreifen kann, das in den siebziger Jahren des 20. Jahrhunderts beim Benutzen früher Computergrafik-Technonologie entstand. Denn dies war nicht nur eine Möglichkeit, Bilder zu kreieren und darzustellen, sondern ein Meta-Framework, das alle möglichen Bilder zusammenfasste. Wenn man eine Sache auf eine Weise begreift und durchdringt, dass man sie in einen Computer einspeisen kann, dann hat man ihren Code geknackt, und zwar jenseits aller Besonderheiten, die sie zu irgendeinem Zeitpunkt haben könnte. Es war, als seien wir die Götter der Bilder geworden, als hätten wir bereits alle nur möglichen Bilder geschaffen, denn dafür mussten nur noch die Bits im Computer umsortiert werden. Und wir hatten die Kontrolle darüber.

Der kybernetische Impuls ist anfänglich vom Ego getrieben (obwohl er, wie wir noch sehen werden, am Ende, beim großen Showdown, der Feind des Ego werden wird). Wenn kybernetische Totalitaristen beispielsweise Kultur betrachten, sehen sie in erster Linie »Meme«, oder autonome geistige Tropen, die im Menschen um Gehirnraum kämpfen, ähnlich wie Viren. Für sie ist es zugleich eine Form des »Campus-Imperialismus«. Die kybernetischen Totalitaristen bringen sich selbst in eine imaginäre Position der Überlegenheit gegenüber der gesamten Geisteswissenschaft. Gleichzeitig ersparen sie es sich, den Besonderheiten der Kultur, ihrer Zeit- und Ortsbezogenheit, viel Aufmerksamkeit widmen zu müssen. Hat man etwas unter dem Schirm seiner kybernetischen Reduktion zusammengefasst, erscheinen alle einzelnen Zusammenstellungen seiner Bits nicht mehr wichtig.

Glaubensgrundsatz Nummer eins erschien beinahe zeitgleich mit den ersten Computern auf der Bildfläche. Es wurde von der ersten Generation Informatiker artikuliert: Wiener, Shannon und Turing. Es ist so fundamental, dass es im inneren Kreis nicht einmal mehr angesprochen wird. Es ist so tief verwurzelt, dass es auf den ersten Blick unmöglich scheint, eine Alternative zu formulieren.

Aber eine mögliche Alternative könnte zum Beispiel folgende sein: Das kybernetische Modell eines Phänomens kann niemals das einzig erstrebenswerte Modell sein, weil wir nicht einmal Computer bauen können, die solchen Modellen entsprechen.

Reale Computer sind völlig anders als die idealen Computer der Theorie. Sie gehen aus nicht immer analysierbaren Gründen kaputt, und es scheint zu ihrem Wesen zu gehören, oft unseren Bemühungen zu widerstehen, sie zu verbessern. Das liegt zu einem großen Teil an Altsystem-Problemen und Lock-in-Effekten und einigen anderen Problemen. Wir stellen uns »reine« kybernetische Systeme vor, aber wir können nur beweisen, dass wir welche bauen können, die eher schlecht funktionieren. Wir machen uns etwas vor, wenn wir glauben, etwas (und sei es einen Computer), zu verstehen, nur weil wir es modellieren oder digitalisieren können.

Dann wäre da auch noch ein erkenntnistheoretisches Problem, das mir zu schaffen macht, obwohl die meisten meiner Kollegen bereit sind, es zu ignorieren. Ich glaube nicht, dass sich die Funktion oder sogar auch nur die Existenz eines Computers ohne einen dazugehörigen kulturellen Kontext erfassen lässt. Ich glaube nicht, dass Marsmenschen ohne weiteres fähig wären, einen Macintosh von einem Heizlüfter zu unterscheiden.

Die oben angeführten Fragen werden stets mit einer Kombination aus technischen Argumenten über Informationstheorie und philosophischen Positionen, die sich größtenteils auf Geschmack und Glauben gründen, geführt. Also werde ich im Folgenden versuchen, meine Position mit pragmatischen Überlegungen zu untermauern.

Glaubensgrundsatz Nr. 2: Menschen sind nichts weiter als kybernetische Muster

Alle kybernetisch totalitären Fantasien stützen sich auf das Konzept der »künstlichen Intelligenz«. Warum das so ist, wird vielleicht nicht auf den ersten Blick klar. Wenn Computer intelligent genug werden sollen, um ihre eigenen Nachfolger zu designen und damit einen Prozess in Gang zu setzen, der nach einer Reihe sich immer schneller ablösender Computergenerationen zu gottgleicher Allwissenheit führt, muss irgendjemand die Software schreiben, die diesen Prozess beginnt. Und Menschen haben bisher keinen Beweis dafür erbracht, dass sie in der Lage sind, eine solche Software zu schreiben. Die Idee ist also, dass die Computer irgendwie von allein intelligent werden und dann ihre eigene Software schreiben.

Mein wichtigster Einwand gegen diese Art zu denken ist pragmatisch: Sie führt dazu, dass in der Gegenwart viel zu viel Software von mieser Qualität geschrieben wird. Kybernetische Totalitaristen leben mit einem Fuß in der Zukunft und sind bereit dazu, eklatante Fehler in der Software der Gegenwart zu akzeptieren, um ihre Vorstellung von einer Fantasiewelt nicht zu gefährden, die es möglicherweise niemals geben wird.

Das gesamte Unternehmen KI basiert auf einem intellektuellen Fehler und bringt ständig schlecht designte Software hervor, die für jede neue Generation von Programmierern unter einem neuen Namen angepriesen wird. Jetzt preist man uns »Intelligent Agents« an. Vor kurzem noch hieß das Zauberwort »Expert Systems«.

Fangen wir ganz am Anfang an, als die Idee zum ersten Mal auftauchte. In Turings berühmtem Gedankenexperiment soll ein menschlicher Fragesteller herausfinden, welcher seiner zwei Gesprächspartner ein Mensch, welcher eine Maschine ist. Ist das dem Fragesteller unmöglich, hat der Computer gemäß Turing den moralischen und intellektuellen Status einer Person erreicht und muss auch so behandelt werden.

Turings Fehler war, dass er von der Annahme ausging, ein Computer könne den Test nur dann erfolgreich bestehen, wenn er seine Leistung steigerte, klüger und menschlicher werde. Es gibt aber noch eine weitere, genauso stichhaltige Erklärung dafür, dass ein Computer den Test gewinnt, und zwar, dass der Mensch an Intelligenz verliert und weniger menschlich geworden ist.

Einmal jährlich wird ein offizieller Turing-Test abgehalten, und obwohl es bisher noch kein Programm geschafft hat, das beträchtliche Preisgeld zu gewinnen, wird das in den nächsten Jahren bestimmt irgendwann passieren. Aber meiner Ansicht nach lenkt dieses Ereignis uns nur von den wahren Turing-Test ab, die bereits ständig gewonnen werden. Wir Menschen verlieren ständig reale, wenn auch kleine, unscheinbare Turing-Tests, und zwar immer dann, wenn wir uns dummer Computersoftware unterordnen.

In den USA organisieren wir beispielsweise unsere finanziellen Angelegenheiten gemäß erbärmlich simpler Computerprogramme, die unsere Kreditwürdigkeit bestimmen. Damit machen wir uns dümmer, als wir sind, um die Software intelligenter erscheinen zu lassen. Wir vertrauen der Kreditrating-Software sogar noch nach der Epidemie an Privatbankrotten, die in den USA trotz niedriger Arbeitslosigkeit und großem allgemeinen Wohlstand ausgebrochen ist.

Wir haben dafür gesorgt, dass der Turing-Test bestanden wurde. Es gibt keinen wesentlichen Unterschied zwischen künstlicher

Intelligenz und dem Akzeptieren von schlecht designter Computersoftware.

Mein Argument kann als Angriff auf den Glauben daran gesehen werden, dass Computer irgendwann Vernunft entwickeln werden. Eine differenziertere Lesart wäre aber, dass es für den pragmatischen Vorteil wirbt, den eine Anti-KI-Haltung mit sich bringt. (Wer an künstliche Intelligenz glaubt, wird sich bereitwilliger mit schlechter Software abfinden.) Vor allem hoffe ich, dass ich dem Leser vermitteln konnte, dass künstliche Intelligenz eher eine Glaubensfrage als eine Technologie ist.

Das KI-Glaubenssystem ist eine direkte Begründung dafür, dass es eine Menge mieser Software in der Welt gibt, beispielsweise die nervigen »Autovervollständigen«-Features in Microsoft Word und PowerPoint, die zu erraten versuchen, was der Nutzer gerade eingeben möchte. Fast alle Leute, die ich danach gefragt habe, hassen diese Features, und ich kenne keinen einzigen Entwickler-Kollegen bei Microsoft, der es geschafft hätte, diese Features auf meinem Rechner (auf dem die Mac-Version von Office 98 läuft), komplett abzustellen. Es *soll* aber möglich sein.

Damit Computer ihre eigenen Nachfolger designen können, muss irgendjemand die Software schreiben, die den ersten Schritt dazu möglich macht. Und bisher haben Menschen noch nicht den Beweis dafür geliefert, dass sie dazu fähig sind.

Glaubensgrundsatz Nr. 3: Subjektive Erfahrung existiert entweder nicht oder ist unwichtig, da sie nur eine Art Neben- oder Umgebungseffekt ist

Allmählich entwickelt sich ein neues moralisches Dilemma, das sich an der Frage entzündet, ab wann wahrgenommene Muster in der Welt eine »Seele« zugesprochen bekommen sollen.

Computer, Gene und die Wirtschaft gehören zu den Instanzen, die für die kybernetischen Totalitaristen heutzutage neben den Menschen die Realität bevölkern. Es stimmt sicherlich, dass wir in unserem Leben ständig mit nicht-menschlichen und meta-menschlichen Akteuren konfrontiert werden, und diese Akteure erscheinen manchmal mächtiger als wir selbst.

Die neue moralische Frage lautet daher: Sollen wir Entscheidungen nur auf der Basis der Bedürfnisse und Wünsche »traditioneller«, biologischer Menschen treffen, oder verdienen auch diese anderen Akteure, von uns »für voll« genommen zu werden?

Ich möchte ein schlichtes Bild verwenden, um die beiden alternativen Standpunkte in dieser Frage darzustellen. Es ist ein imaginärer Kreis, den jede Person um sich zieht. Nennen wir ihn den »Kreis der Empathie«.

Im Inneren dieses Kreises liegen die Dinge, die als empathiewürdig gelten, und damit auch Respekt verdienen, Rechte besitzen und als mehr oder weniger gleichwertig behandelt werden müssen. Außerhalb des Kreises liegen die Dinge, die als weniger wichtig und weniger lebendig gelten, und daher auch weniger Rechte verdienen. (Dieses Bild ist nur eine Denkhilfe und soll keineswegs mein allgemeingültiges Modell für menschliche Psychologie oder moralische Dilemmas darstellen.) Grob vereinfacht wollen Liberale den Kreis erweitern und Konservative ihn verkleinern.

Sollten Computer an irgendeinem Punkt in der Zukunft im Inneren dieses Kreises der Empathie platziert werden? Die kybernetischen Totalitaristen, die die technologischen Elite-Akademien und die Führungsetagen der »New Economy« bevölkern, werden diese Frage enthusiastisch bejahen.

In den argumentativen Schriften der Befürworter zukünftiger künstlicher Intelligenz findet sich oft ein schöner, wenn auch unbeabsichtigter Humor. Der Versuch, die Möglichkeit vernunftbegabter Computer (oder eines vernunftbegabten Internets) mit rationalen Mitteln zu beweisen, ist die moderne Version des Gottesbeweises. Genau wie in der Geschichte Gottes haben auch hier viele große Denker viel zu viel Energie auf diese Aufgabe verwendet, und irgendwann im 21. Jahrhundert wird eine kybernetisch denkende Version von Kant auftauchen und einen langatmigen »Beweis« dafür präsentieren, dass all ihre Mühen vergeblich sind. Mir fehlt leider die Geduld dafür, diese Aufgabe zu übernehmen.

Tatsächlich sind die Diskussionen über Computervernunft in den vergangenen fünf Jahren leiser geworden. Die meisten meiner Kollegen haben die Vorstellung als Tatsache akzeptiert, für sie ist die Diskussion damit beendet. Nicht aber für mich.

Ich muss dazusagen, dass es in der hitzigsten Phase dieser Debatte ein sehr merkwürdiges Gefühl war, mit jemandem wie dem kybernetisch-totalitaristischen Philosophen Daniel Dennett zu diskutieren. Er vertrat die Überzeugung, Menschen seien nur spezialisierte Computer, und einen fundamentalen ontologischen Unterschied zwischen Menschen und Computern zu postulieren, sei sentimentale Zeitverschwendung.

»Aber erfahren Sie Ihr Leben denn nicht? Ist Erfahrung nicht etwas, das in einem Computer nicht erfasst werden kann?«, pflegte ich ihn zu fragen. Dennett erwiderte dann meist etwas wie: »Erfahrung ist nur eine Illusion, die geschaffen wurde, weil ein Teil der Maschine (der Mensch) ein Modell der Funktion der restlichen Maschine braucht. Und das ist dann dein Erfahrungszentrum.«

Ich entgegnete dann, dass Erfahrung das Einzige ist, was durch Illusion nicht entwertet wird. Dass auch eine Illusion eine Erfahrung darstellt. Damit korreliert leider, dass Erfahrung das Einzige ist, was nur erfahren werden kann. Dieser Umstand brachte mich in die merkwürdige Position, mich öffentlich fragen zu müssen, ob es meinen Gesprächsgegnern vielleicht einfach an inneren Erfahrungen fehlte. (Einmal behauptete ich sogar, dass man diesen Erfahrungsmangel bei gewissen Berufsphilosophen auch eindeutig beweisen könne.)[*]

Ehrlich gesagt, glaube ich schon, dass meine beständigsten Gegner persönliche Erfahrungen besitzen, dies aber öffentlich aus den unterschiedlichsten Gründen nicht zugeben wollen. Meist, weil es ihnen einfach Spaß macht, die Gegenseite zu ärgern.

---

[*] In »Mit einem Zombie kann man nicht diskutieren«. Siehe in diesem Buch S. 248.

Eine weitere Motivation könnte auch der »Campus-Imperialismus« sein, von dem ich weiter oben gesprochen habe. Repräsentanten aller akademischen Disziplinen behaupten gelegentlich, einen besonders privilegierten Standpunkt innezuhaben, der irgendwie den Standpunkt ihrer Rivalen enthält oder zusammenfasst. Physiker waren im 20. Jahrhundert über einen langen Zeitraum hinweg die Alpha-Akademiker. In den letzten Jahrzehnten haben dann Denker der »postmodernen« Geisteswissenschaften eine Art Comeback geschafft – zumindest sehen sie das so. Aber die endgültigen Gewinner dieses Wettkampfs sind natürlich die Technologen, denn sie sind diejenigen, die grundlegende Komponenten unseres täglichen Lebens verändern. Für viele von ihnen ist es offenbar sehr verführerisch, diese Macht dazu einzusetzen, zu behaupten, sie verfügten über das ultimative Verständnis der Realität – was etwas völlig anderes ist als einen, und sei es noch so großen, Einfluss auf sie auszuüben.

Ein anderer Erklärungsansatz könnte aus dem neo-freudianischen Lager kommen, wenn man bedenkt, dass Alan Turing, der Erfinder der Idee vernunftbegabter Computer, eine schrecklich gequälte Seele war. Turing starb offenbar durch eigene Hand, nachdem er durch eine ihm aufgezwungene Hormonbehandlung, die seine Homosexualität »heilen« sollte, weibliche Brüste entwickelt hatte. Vor allem in dieser tragischen letzten Periode seines Lebens argumentierte er leidenschaftlich für vernunftbegabte Maschinen, und ich habe mich schon oft gefragt, ob dies für ihn seine ganz eigene, neue Form der psychologischen Flucht war: die Vorstellung, Sexualität und Sterblichkeit dadurch entrinnen zu können, dass man zum Computer wird.

Jedenfalls ist es merkwürdig und aufschlussreich, dass meine kybernetisch totalitaristischen Freunde nicht sehen, dass die Brauchbarkeit eines Standpunktes nicht gleichzeitig bedeutet, dass er der einzig wahre ist. Es stimmt natürlich, dass man eine Person mit Dawkins als die Methode eines Gens betrachten kann, sich zu vermehren, oder als Sexualorgan, das Maschinen benutzen, um neue Maschinen zu erschaffen, wie McLuhan es darstellt. Und es kann auch sehr erhellend sein, gelegentlich eine solche Perspektive einzunehmen. Wie der Anthropologe Steve Barnett aber sehr richtig betonte, kann man dann genauso gut behaupten: »Eine Person ist nur die Methode von Kot, mehr Kot herzustellen.«

Stellen wir uns also vor, der neue Immanuel Kant sei bereits aufgetaucht und habe sein unvermeidliches Werk geschrieben. Danach können wir feststellen: Die Größe des individuellen Kreises der Empathie ist letztendlich eine Frage des Glaubens. Wir müssen akzeptieren, dass wir dazu gezwungen sind, den Kreis irgendwo zu ziehen. Aber wir können extra-rationale Glaubensfaktoren aus unserem Auwahlprozess, wo genau das geschehen soll, nicht ausschließen.

Ich persönlich habe mich dafür entschieden, Computer nicht in meinen Kreis aufzunehmen. In diesem Artikel führe ich einige meiner pragmatischen, ästhetischen und politischen Gründe dafür an, aber letztendlich gründet meine Entscheidung auf meinem individuellen Glauben. Meine Position ist in meinem professionellen und gesellschaftlichen Umfeld sehr unpopulär und wird mir sogar verübelt.

Glaubensgrundsatz Nr. 4: Was Darwin in der Biologie beschrieben hat, oder etwas Ähnliches, ist im Grunde die ultimative Beschreibung aller Kreativität und Kultur

Anhänger des kybernetischen Totalitarismus sind von Darwin besessen, denn er hat als Einziger etwas beschrieben, das einem Algorithmus für Kreativität nahekommt. Darwin liefert die Antwort, mit der sich ein riesiges Loch im Dogma stopfen lässt: Wie sollen kybernetische Systeme intelligent und kreativ genug werden, um eine posthumane Welt zu erfinden? Um eine Eschatologie zu feiern, in der die Computer schneller und gleichzeitig intelligenter werden, muss ein Deus ex Machina bemüht werden. Und der hat einen Bart.

Leider gebietet es mir das momentane Geistesklima, zu betonen, dass ich kein Kreationist bin. In diesem Essay kritisiere ich intellektuelle Faulheit – die darin besteht, sich von dem Versuch, Probleme zu verstehen, abzuwenden und stattdessen auf Software zu hoffen, die sich selbstständig weiterentwickelt. Ich will damit nicht behaupten, dass die Natur ein externes Element neben der Evolution benötigt hat, um Menschen zu erschaffen.

Ich will auch nicht behaupten, dass ich einem Block von Gegnern gegenüberstehe, die sich alle absolut einig sind und genau dasselbe denken. Es gibt zahlreiche Varianten darwinistischer Eschatologie. Einige der wildesten Interpretationen stammen nicht von Wissenschaftlern oder Ingenieuren, sondern von Schriftstellern wie Kevin Kelly oder Robert Wright, die von erweiterten Darwin-Interpretationen ganz geblendet wurden. In ihren Werken ist die Realität ein riesiges Computerprogramm, das mit dem Darwin-Algorithmus läuft und vielleicht auf eine Art besonderes Schicksal zusteuert.

Viele meiner Technologen-Kollegen sehen auch zumindest eine Art kausalen Pfeil in der Evolution, der in Richtung eines schwer zu definierenden »Etwas« deutet, das immer größer wird.

Die Worte, mit denen dieses Etwas beschrieben wird, sind ebenfalls schwer zu definieren: Angeblich enthält dieses Etwas gesteigerte Komplexität, Organisation und Repräsentation. Für den Informatiker Danny Hillis scheinen Menschen mehr von diesem Etwas zu besitzen als zum Beispiel Einzeller, und er findet es ganz natürlich, sich zu fragen, ob es irgendwann einmal neue Wesen geben wird, die noch mehr von diesem Etwas besitzen als Menschen. (Und natürlich hat die zukünftige Entstehung dieser »Noch Mehr«-Spezies meist etwas mit Computern zu tun.) Dieser Perspektive möchte ich diejenige von Stephen Jay Gould gegenüberstellen, der in *Full House: The Spread of Excellence From Plato to Darwin** folgendermaßen argumentiert: Wenn es einen Richtungspfeil in der Evolution gibt, dann führt dieser zu immer größerer Diversität, und wir unwahrscheinliche Kreaturen, die als Menschen bekannt sind, sind nur

* Auf Deutsch: *Illusion Fortschritt: Die vielfältigen Wege der Evolution (1996).*

eine einzelne, winzige Manifestation einer gewaltigen, blinden Erforschung möglicher Kreaturen und glauben nur fälschlicherweise, dass der ganze Prozess darauf ausgerichtet war, zu uns zu führen.

Eine anthropomorphe Idee oder ihre Widerlegung zu überprüfen ist extrem schwierig. Ich gebe zu, dass ich hier dazu tendiere, mich auf Goulds Seite zu schlagen, aber es ist wichtiger, an dieser Stelle auf ein erkenntnistheoretisches Dilemma hinzuweisen, das darwinistische Eschatologen bedenken sollten. Wenn die Menschheit der Maßstab der bisherigen Evolution ist, dann müssen wir auch der Maßstab für die Nachfolgerspezies sein, die als »höherentwickelt« betrachtet werden als wir selbst. Wir müssen diese »übermenschliche« Lebensform zwangsläufig vermenschlichen, wenn wir von ihr sprechen, besonders, wenn sie innerhalb eines Informationsraums wie dem Internet existiert.

Oder anders gesagt: Wir werden den Status der neuen Superwesen ungefähr genauso verlässlich einschätzen können wie in der Gegenwart die Eigenschaften von Haushunden. Wir sind dieser Aufgabe nicht gewachsen. Bevor Sie nun einwenden, dass es überwältigend offensichtlich sein wird, wenn die superintelligente neue Cyber-Spezies erst eintrifft, möchte ich Sie bitten, eine Hundeschau zu besuchen. Oder eine Versammlung von Menschen, die behaupten, sie seien von Außerirdischen in UFOs entführt worden. Menschen sind definitiv wahnsinnig, wenn es darum geht, nicht-menschliche Vernunft zu beurteilen.

Es steht allerdings außer Frage, dass die Idee, Darwin breiter zu interpretieren und ihn vor allem auch für die Psychologie und die Geisteswissenschaften nutzbar zu machen, zu glänzenden Ergebnissen geführt hat, die eines Tages Teil eines besseren Naturverständnisses sein werden. Auch des Verständnisses der menschlichen Natur. Mich fasziniert diese Forschungsrichtung in vielerlei Hinsicht. Außerdem muss ich zugeben, dass es für einen Informatiker naheliegend ist, sich von Arbeiten gebauchpinselt zu fühlen, die eine Form algorithmischer Rechenleistung ins Zentrum der Realität stellen. Die Denker dieser Richtung treten meist sehr selbstbewusst auf und haben oft erfrischende Ideen.

Und doch bin ich der Meinung, dass kybernetisch totalitäre Darwinisten auf dem Gebiet des öffentlichen Diskurses mindestens ebenso oft erschreckend inkompetent sind. Ich gehe sogar so weit, zu behaupten, dass sie – wenn auch unwillentlich – zum Teil für das erneute Aufflammen fundamentalistisch-religiöser Reaktionen gegen die rationale Biologie verantwortlich sind.

Sie interpretieren Darwin immer wieder auf eine Weise, die diejenigen, die ihre Ansichten nicht teilen, nicht nur provozieren, sondern verprellen sollen. Besonders ärgerlich sind dabei die Theorien der ausgewiesenen »Nerds« unter den Evolutionspsychologen.

Als Beispiel möchte ich das kürzlich erschienene Buch *The Natural History of Rape: Biological Bases of Sexual Coercion* von Randy Thornhill und Craig T. Palmer anführen, in dem behauptet wird, Vergewaltigung sei eine »natürliche« Methode, um Gene weiterzugeben. Es gibt alle möglichen Thesen, die unter dem Schleier der Rationalität an Darwin festgemacht werden. Tatsächlich kann man mit einer darwinistischen Strategie beinahe alle Positionen argumentativ untermauern.

Thornhill und Palmer gehen dabei so weit, dass sie behaupten, wer nicht mit ihnen übereinstimme sei Opfer einer gewissen evolutionären Programmierung, nämlich dem Bedürfnis an einen fiktionalen Altruismus in der menschlichen Natur zu glauben. Altruistisch ist es, laut den Autoren, nicht an ihre Evolutionspsychologie zu glauben, denn wer eine solche Skepsis zeige, gebe damit seinem Glauben an selbstloser Menschenliebe öffentlich Ausdruck – um damit seine Chancen zu verbessern, einen Partner anzulocken. Folgt man dieser Logik, werden Evolutionspsychologen schon bald ausgestorben sein. Es sei denn, sie werden per Vergewaltigung gezeugt.

Darwins Idee der Evolution war auf jeden Fall völlig anders als alle ihr vorausgegangenen wissenschaftlichen Theorien, und zwar aus mindestens zwei Gründen. Der wichtigste war, dass das Thema alle anging. Für die Menschen des 19. Jahrhunderts war es schockierend, Tiere als ihre Blutsverwandten zu betrachten, und diesen Schock haben wir bis heute noch nicht überwunden.

Der zweite Grund ist weniger offensichtlich. Darwin erschuf einen Stil der Reduktion, der auf entstehenden Prinzipien statt auf darunterliegenden Gesetzen basierte (wobei einige der neueren Theorien der spekulativen Physik durchaus einen darwinistischen Beigeschmack haben). Es gibt keine evolutionäre »Kraft«, die beispielsweise analog zum Elektromagnetismus wäre. Evolution ist ein Prinzip, das man an den Ereignissen erkennen kann, in denen es sich zeigt. Aber sie kann nicht eindeutig als Kraft beschrieben werden, die diese Ereignisse steuert. Dies ist ein feiner, aber wichtiger Unterschied. Alle Photonen haben dieselbe Geschichte, aber die Geschichte jedes Tieres und jeder Pflanze ist unterschiedlich. (Natürlich gibt es auch in der darwinistischen Theorie und den damit korrespondierenden Experimenten wundervolle Beispiele für präzise, quantitative Aussagen, aber diese finden keinesfalls auf der Ebene der menschlichen Erfahrung statt, wo Gesamtorganismen in ihrer Umgebung komplexe Verhaltensweisen an den Tag legen.) Das entscheidende Wort hier ist »Geschichte«. Evolutionäre Gedanken wurden beinahe immer durch Geschichten auf spezifische Situationen angewandt.

Im Gegensatz zu einer Theorie lädt eine Geschichte dazu ein, sie auszuschmücken und zu variieren, und tatsächlich erhalten Geschichten ihre kommunikative Kraft dadurch, dass ältere Geschichten in ihnen mitschwingen. Es ist möglich, Physik zu studieren, ohne sich eine Geschichte auszudenken, die Photonen und schwarzen Löchern Bedeutung verleiht. Aber es scheint unmöglich zu sein, darwinistische Evolution zu studieren, ohne eine interne Geschichte zu entwickeln, die in Beziehung zu anderen Geschichten steht, die man kennt. Zumindest hat kein Denker, der sich öffentlich zu dem Thema äußert, sich mit Darwin auseinandergesetzt, ohne dabei eine Brücke zu persönlichen Wertesystemen zu schlagen.

Aber jenseits der Frage nach der subjektiven Färbung besteht weiterhin das Problem, dass Darwin vielleicht nicht genug erklärt hat. Ist es nicht möglich, dass es eine bisher noch nicht artikulierte Idee gibt, die Aspekte von Leistung und Kreativität erklärt, die bei Darwin nicht erwähnt werden?

Ist zum Beispiel eine Erklärung nach darwinistischem Vorbild ausreichend, um den Prozess des rationalen Denkens zu erklären? Zahlreiche neue Theorien postulieren, das Gehirn schütte ständig zufällige, unterbewusste Ideen aus, die so lange miteinander wetteifern, bis nur noch die beste übrig ist. Aber passen diese Theorien wirklich dazu, wie sich Menschen verhalten?

In der Natur scheint die Evolution gut darin zu sein, zu optimieren, aber schlecht darin, Strategien zu entwerfen. (Das mathematische Bild, das diese Idee ausdrückt, ist, dass die »blinde« Evolution in einer Energielandschaft an einem lokalen Minimum festhängt und davon einfach nicht loskommt.) Die klassische Frage ist doch: Wie konnte die Evolution so wunderbare Dinge wie Füße, Klauen, Flossen und Pfoten kreieren, und dabei das Rad vergessen? Es gibt eine Menge Umgebungen, in denen Lebewesen von Rädern profitieren würden, warum also sind sie nicht aufgetaucht? Nicht ein einziges Mal? (Ein tolles Langzeit-Kunstprojekt für rebellische Studenten: Versuche, durch Genmanipulation ein Tier mit Rädern zu erschaffen! Ist DNA dazu fähig?)

Menschen haben das Rad und zahlreiche andere nützliche Dinge erfunden, die der Evolution durch die Lappen gegangen zu sein scheinen. Es ist möglich, dass die Erklärung dafür ganz simpel ist: Hände haben einfach Zugang zu anderen Formen der Erfindung als DNA, obwohl beide durch ähnliche Prozesse gesteuert werden. Aber es scheint mir voreilig, eine solche Interpretation als Gewissheit zu betrachten. Ist es nicht möglich, dass das Gehirn beim Prozess des rationalen Denkens eine bisher noch unbenannte Sache tut, die aus einem darwinistischen Prozess entstanden ist, aber nicht von ihm erklärt werden kann?

Die ersten Generationen von KI-Forschern sahen es als gegeben an, dass die blinde Evolution nicht die einzige Erklärung sein konnte, und gingen davon aus, dass es Elemente geben müsse, die das menschliche Denken von anderen irdischen Prozessen unterscheiden. Beispielsweise nahmen einige an, dass der Mensch in seinem Verstand abstrakte Repräsentationen der Welt konstruiere, was der Prozess der Evolution nicht tun muss.

Außerdem sollen diese Repräsentationen außerordentliche Eigenschaften besitzen, zum Beispiel den furchterregenden und schwer fassbaren »gesunden Menschenverstand«. Nachdem die künstliche Intelligenz jahrzehntelang vergeblich versucht hatte, ähnliche Abstraktionen in Computern zu erschaffen, gab die Wissenschaft auf, aber ohne es zuzugeben. Die Kapitulation wurde zum taktischen Rückzug erklärt. Heutzutage wird KI oft nicht mehr als Zweig der Wissenschaft oder des Ingenieurswesens betrachtet, sondern eher als Handwerk. Eine Menge KI-ler, mit denen ich in letzter Zeit gesprochen habe, hoffen darauf, dass Software sich weiterentwickelt, legen aber eine beinahe zynische oder postmoderne Gleichgültigkeit an den Tag, wenn es darum geht zu sagen, wie diese Wunderprogramme eigentlich funktionieren sollen.

Man darf nicht vergessen, dass auf Handwerk basierende Kulturen eine Menge nützlicher Technologie erfinden können, und dass unsere Vorväter die Aufklärung und den Aufstieg des rationalen Denkens nicht nur deshalb begeistert begrüßten, um möglichst schnell möglichst viel neue Technologie zu erfinden. Es gab da auch noch die Idee des Humanismus und den Glauben an den Wert von rationalem Denken und Verständnis. Sind wir wirklich bereit dazu, darauf zu verzichten?

Und schließlich möchte ich auch noch einen empirischen Punkt ansprechen: Seit mehr als einem Jahrzehnt wird die Entwicklung von Software auf der ganzen Welt nach darwinistischen Gesichtspunkten vorangetrieben. Es gab zwar einige faszinierende und beeindruckende Einzelergebnisse, und ich nehme gerne an solchen Forschungen teil, aber bisher hat diese Arbeit nicht dazu geführt, dass Software im Allgemeinen besser geworden wäre – wie ich im folgenden Abschnitt erläutern möchte.

Denn, obwohl ich Darwin sehr verehre, würde ich nicht darauf zählen, dass er programmieren kann.

Glaubensgrundsatz Nr. 5: Sowohl qualitative als auch
quantitative Aspekte von Informationssystemen werden nach
dem Moore'schen Gesetz unaufhaltsam beschleunigt

Computerhardware wird mit einer exponentiellen Rate schneller und billiger – ein Befund, der unter dem Namen »Moore'sches Gesetz« bekannt ist. Ungefähr alle anderthalb Jahre wird die Rechenleistung ungefähr doppelt so schnell für den gleichen Preis. Die Implikationen dieses Gesetzes sind schwindelerregend und so grundlegend, dass sie auf den ersten Blick Höhenangst auslösen. Was könnte ein Computer, der eine Million Mal schneller ist als der, auf dem ich diesen Text schreibe, alles tun? Wäre ein solcher Computer nicht schließlich zu den Leistungen fähig, die mein menschliches Gehirn erbringt? Die Menge »eine Million Mal« ist nicht nur zu groß, um sie intuitiv zu erfassen, sie ist im Moment nicht einmal experimentell zugänglich, also ist es an dieser Stelle durchaus geboten, Spekulationen anzustellen. Zu realisieren, dass viele von uns die Antwort noch zu Lebzeiten herausfinden werden, weil ein solcher Computer in dreißig Jahren ein billiges Konsumgut sein könnte, ist besonders überwältigend.

Diese atemberaubenden Aussichten stehen in scharfem Kontrast zum ewigen Makel der Informatik, nämlich, dass wir nicht fähig zu sein scheinen, die immer schnelleren Computer mit besserer Software zu füttern. Computersoftware bleibt weiterhin enttäuschend.

Wie habe ich Unix in den Siebzigern gehasst – diesen Erzfeind des Users, der Datenmüll anhäuft und Funktionen verschleiert! Wenn mir damals irgendjemand gesagt hätte, dass die Rückkehr zum peinlich primitiven Unix die große Hoffnung und Investitions-Obsession des Jahres 2000 sein würde, und das nur, weil sein Name in Linux geändert und der Sourcecode wieder geöffnet wurde, hätte ich die Informatik wohl sofort an den Nagel gehängt.

Bei Software scheint das Moore'sche Gesetz umgekehrt zu funktionieren: Je schneller die Prozessoren und je billiger der Speicher wird, desto langsamer und aufgeblähter wird die Software und frisst alle zur Verfügung stehenden Ressourcen. Ja, ich weiß: Das ist ein etwas ungerechtes Urteil. Wir haben inzwischen viel bessere Spracherkennungs- und Übersetzungssoftware als früher, und wir lernen, größere Datenmengen und Netzwerke besser zu verwalten. Aber unsere grundsätzlichen Techniken und Technologien für das Schreiben von Software haben mit der Entwicklung der Hardware schlichtweg nicht Schritt gehalten. (In dem Moment, in dem irgendeine neugeborene Rasse superintelligenter Roboter sich anschickt, die Menschheit zu versklaven, wird unsere gute alte Spezies wahrscheinlich von einem Windows-Crash gerettet. Die armen Roboter werden hilflos vor uns stehen und uns anflehen, sie neu zu starten, obwohl sie wissen, dass das auch nichts bringen wird.)

Es gibt verschiedene Gründe für aufgeblähte Software, aber ein Hauptgrund ist ihre »Sprödigkeit«. Software bricht, bevor sie nachgibt, also verlangt sie in einem Universum, das Statistiken bevorzugt, nach Perfektion. Dieser Umstand führt zu dem Ärger mit Altsystem-Code, dem Lock-in-Effekt und anderen Absurditäten. Es ist wirklich bitter, wie groß die Kluft ist zwischen den idealen Computern, die wir uns in unseren Gedankenexperimenten vorstellen können, und den realen Computern, die wir auf die Welt loslassen.

Die Fetischisierung des Moore'schen Gesetzes verführt die Forscher zur Bequemlichkeit. Hat man eine exponentielle Kraft auf seiner Seite, wird diese doch sicher alle Herausforderungen mit Bravour meistern. Wer braucht schon rationales Verständnis, wenn man sich stattdessen auf einen exponentiellen, außermenschlichen Fetisch verlassen kann? Aber Prozessorgeschwindigkeit ist nicht das Einzige, was mit beeindruckender Geschwindigkeit wächst. Das tun auch die Probleme, die Prozessoren lösen müssen.

Hier ein Beispiel, das diesen Punkt für technisch nicht versierte Leser verdeutlicht: Vor zehn Jahren hatte ich einen Laptop mit einem Desktop-Suchprogramm, mit dem ich meine Dateien inhaltsbezogen durchsuchen konnte. Wenn ich einen Suchbegriff eintippte, wurde alle Dateien nach diesem Begriff durchsucht, genauso wie Suchmaschinen wie Google heute das Internet durchsuchen und indexieren. Der Vorgang dauerte bei meinem damaligen Rechner ungefähr eine Stunde.

Heute habe ich einen Laptop, der in jeder Hinsicht leistungsfähiger und schneller ist, genau wie es das Moore'sche Gesetz vorhergesagt hat. Trotzdem muss ich mein Suchprogramm jetzt über Nacht laufen lassen, damit es seinen Job erledigt. Es gibt noch viele andere Beispiele dafür, dass Computer langsamer zu werden scheinen, obwohl Prozessoren immer schneller werden. Benutzeroberflächen tendieren beispielsweise dazu, langsamer auf Benutzerschnittstellen-Aktionen – wie einen Tastendruck – zu reagieren als noch vor fünfzehn Jahren. Was ist da schiefgelaufen?

Die Antwort ist kompliziert.

Es gibt zunächst ein grundsätzliches Problem. Sobald Programme und Datensätze größer werden (und Speicherkapazität und Übertragungsgeschwindigkeit werden von den gleichen Prozessen regiert, die hinter Moores exponentieller Beschleunigung stehen), steigt der interne Rechen-Mehraufwand, der »Overhead«, oft steiler als linear an. Das liegt an ein paar unangenehmen mathematischen Tatsachen. Ein Problem doppelt so »lang« zu machen bedeutet meistens, dass es sehr viel länger als doppelt so lang dauert, es zu lösen. Manche Algorithmen sind in dieser Hinsicht besonders anfällig, und ein wichtiger Aspekt eines soliden und umfassenden Informatikstudiums ist es, zu lernen, welche das sind. Eine Menge Probleme verursachen einen Overhead, der sogar noch steiler ansteigt als das Moore'sche Gesetz. Nur ein überraschend kleiner Teil der meisten essenziellen Algorithmen verursachen Overhead, der einfach nur linear ansteigt.

Aber das ist nur der Anfang. Wenn einzelne Komponenten eines Systems sich unterschiedlich schnell verbessern – und das ist meistens der Fall –, kann eine Komponente durch die andere überwältigt werden. Im Fall meines Suchprogramms wuchs die Größe der Festplatten schneller als die Geschwindigkeit der Verbindung zu ihnen. Eine solche »unordentliche« Vergrößerung verstärkt die Overhead-Kosten, wenn ein Teil des Systems mit dem anderen nicht mithalten kann. Es entsteht ein Engpass mit Rückstau, wie auf einer schlecht geplanten Straße. Und dieser Rückstau ist genauso schlimm wie auf einer dieser furchtbar inadäquaten Autobahnen zur Arbeit fahren zu müssen. Und es ist genauso schwierig und teuer, ihn einzuplanen und zu verhindern. (In Manhattan kam man vor hundert Jahren auf der Straße wesentlich schneller voran als heute. In diesem Fall waren also Pferde schneller als Autos.)

Und dann kommen wir zu unserem alten Gegenspieler, der »Sprödigkeit«. Je größer ein Stück Computersoftware wird, desto wahrscheinlicher wird es von einer Form von Altsystem-Code dominiert, und desto brutaler wird der Overhead, mit dem die endlosen Beispiele von Inkompatibilität angegangen werden müssen, die unvermeidbar sind, wenn Softwareteile aufeinandertreffen, die in unterschiedlichen Kontexten geschaffen wurden.

Und sogar über diese Effekte hinaus verschlechtern menschliche Charakterfehler den Zustand von Software, und viele von ihnen sind systemisch und würden wahrscheinlich auch dann auftauchen, wenn nicht-menschliche Software-Agenten das Programm schreiben. Es ist beispielsweise sehr zeitaufwendig und teuer, vorauszuplanen, um zukünftigen Programmierern die Arbeit zu erleichtern, also tendieren Programmierer dazu, Strategien zu wählen, die den Sprödigkeitseffekt verschlimmern. Der Zeitdruck, unter dem Programmierer stehen, wird durch nichts anderes als das Moore'sche Gesetz verursacht, das auch die Frequenz von Software-Revisionen kürzer werden lässt, damit die steigende Prozessorgeschwindigkeit wenigstens ansatzweise genutzt werden kann. Das Ergebnis ist oft Software, die in mancher Hinsicht trotz schnellerer Prozessoren weniger leistungsfähig ist.

Ich sehe keinen Beweis dafür, dass das Moore'sche Gesetz schnell genug ist, um diesen Problemen davonzulaufen, wenn nicht zusätzlich noch intellektuelle Leistungen erbracht werden, die heute noch nicht abzusehen sind.

Ein fundamentaler Bestandteil der Frage, die ich hier gerade untersuche, lautet: Wird Software durch menschliche Fehler aufgebläht, oder ist dieses Problem in der Natur der Software selbst angelegt? Wenn die eschatologischen Szenarien von Kurzweil,

Drexler, Moravec und so weiter auch nur ansatzweise glaubwürdig sein sollen, dann ist dies die wichtigste Frage, die im Zusammenhang mit der Zukunft der Menschheit gestellt werden muss.

Die Möglichkeit, dass Software von Natur aus sperrig ist, lässt sich zumindest metaphorisch untermauern. Dazu muss ich aber über meinen Schatten springen und mich einen Moment lang in einen kybernetischen Totalitaristen verwandeln.

Die Natur scheint weniger »spröde« zu sein (um bei diesem Begriff aus der Werkstofflehre zu bleiben) als digitale Software. Aber wenn Spezies als »Programme« betrachtet werden, dann sieht es so aus, als erlebe die Natur gerade ebenfalls eine Software-Krise. Die Evolution selbst hat sich weiterentwickelt und zum Beispiel den Sex eingeführt, aber sie hat es noch nie geschafft, dabei schneller als sehr, sehr langsam zu werden. Das könnte zum Teil daran liegen, dass es nun mal sehr lange dauert, alle möglichen Varianten eines immer gigantischer und komplexer werdenden kausalen Systems durchzuspielen, bis neue, brauchbare Konfigurationen gefunden werden. Die Langsamkeit der natürlichen Evolution als Transformationsmedium ist also offenbar systemisch und nicht das Resultat der Trägheit ihrer einzelnen Komponenten. Im Gegensatz dazu kann die Anpassung unter bestimmten Umständen rasende Geschwindigkeiten erreichen. Ein Beispiel für eine solch rasante Veränderung ist, wie sich Bakterien unseren Versuchen anpassen, sie auszurotten. Resistenz gegen Antibiotika ist ein berüchtigtes zeitgenössisches Beispiel für biologische Geschwindigkeit.

Sowohl von Menschen geschaffene Software als auch natürliche Auslese sammeln offenbar hierarchisch geordnete Schichten an, je nach dem unterschiedlichen Potenzial, sich langsamer oder schneller zu verändern. Sich langsam verändernde Schichten schützen lokale Schauplätze, in denen das Potenzial für schnelle Veränderung größer ist. In Computern ist dies die Kluft zwischen Betriebssystemen und Anwendungen, oder zwischen Browsern und Websites. In der Biologie kann man dies beispielsweise in der Trennlinie zwischen Anlage- und Umwelt-dominierten Dynamiken im menschlichen Gehirn beobachten. Der Gesamtcharakter und das Potenzial eines Systems wird eher von den verborgenen, düsteren Schichten bestimmt.

Einige meiner Kollegen sind der Überzeugung, man müsse in einem kybernetischen System nur eine Schicht ausfindig machen, die sich schnell verändern kann, und dann darauf warten, dass das Moore'sche Gesetz seine Zauberkräfte spielen lässt. Selbst wenn man nur Linux hat, könne man darin ein neuronales Netzwerkprogramm implementieren, das irgendwann – infolge des Moore'schen Gesetzes – riesig und schnell genug wird, um in einem Moment der Einsicht sein eigenes Betriebssystem neu zu schreiben. Das Problem ist, dass alle uns bekannten Beispiele zeigen, dass eine Schicht, die sich schnell verändert, sich nicht sehr stark verändern kann. Bakterien können sich schnell an neue Medikamente anpassen, aber es würde sehr lange dauern, bis sie sich zu Eulen weiterentwickelt haben. Und es ist möglich, dass beides sich gegenseitig bedingt. Ein Beispiel aus der digitalen Welt: Man kann sehr schnell ein neues Java-Applet schreiben, aber es wird sich nicht sehr von allen anderen schnell geschriebenen Mini-Anwendungen unterscheiden. Ein Blick auf alles, was bisher im Bereich Applets passiert ist, wird Ihnen sagen, dass ich recht habe.

Und jetzt kommen wir endlich zu …

Glaubensgrundsatz Nr. 6: Die bevorstehende kybernetische Katastrophe

Wenn eine nachdenkliche Person das Moore'sche Gesetz bestaunt, empfindet sie sicherlich eine gewisse Ehrfurcht, vielleicht befällt sie auch Schrecken. Eine Version dieses Schrecks beschrieb vor kurzem Bill Joy in seinem Essay: »Why the Future Doesn't Need Us« (*Wired*, April 2000). Joy akzeptiert die Prognosen von Ray Kurzweil und anderen, die glauben, dass das Moore'sche Gesetz zu autonomen Maschinen führen wird, möglicherweise schon ab dem Jahr 2020. Einigen Einschätzungen zufolge werden Computer ab diesem Zeitpunkt ungefähr so leistungsfähig sein wie menschliche Gehirne. (Nicht, dass irgendjemand bis jetzt genug Wissen besäße, um Gehirne wirklich mit Computern zu vergleichen. Aber nehmen wir einmal an, dass ein solcher Vergleich irgendeinen Sinn ergibt.) Diesem Schreckensszenario zufolge, werden Computer dann nicht länger in Kisten gefangen sein, sondern sich eher wie Roboter verhalten, die über das Netz miteinander verbunden sind und eine Menge Tricks auf Lager haben.

Sie werden beispielsweise dazu fähig sein, Nano-Manufaktur durchzuführen. Sie werden schnell lernen, sich zu vervielfältigen und selbst zu verbessern. Und eines schönen Tages werden diese neuen Supermaschinen ohne Vorwarnung die Menschheit so lässig beiseitefegen, wie Menschen, die einen Wald roden, um dort eine Wohnsiedlung zu errichten. Vielleicht werden die Maschinen die Menschen auch behalten und sie den Torturen unterwerfen, die im Film *Matrix* dargestellt werden.

Aber selbst wenn die Maschinen sich dazu entschließen sollten, ihre menschlichen Ahnen am Leben zu lassen, werden böse Menschen es schaffen, die Maschinen dazu zu manipulieren, dem Rest von uns immensen Schaden zuzufügen. Auch dieses Szenario wird von Joy durchgespielt. Die Biotechnologie wird sich so weit entwickelt haben, dass Computerprogramme DNA so leicht manipulieren können wie JavaScript. Wenn Computer die Effekte von Medikamenten, genetischen Veränderungen und anderer biologischer Tricktechnik berechnen können, dann benötigt man nur einen einzigen Irren, um beispielsweise eine Epidemie in die Welt zu setzen, die nur auf eine bestimmte Ethnie abzielt. Biotechnologie braucht eine starke, billige Informationstechnik-Komponente, um so mächtig zu werden, dass dieses Szenario wahrscheinlich wird. Die Wurzel dieser Variante des Schreckens ist also die Angst davor, dass Software, die auf unglaublich schnellen Rechnern läuft, die Fähigkeit entwickelt, kostengünstig die Manipulation biologischer Materie zu modellieren und zu leiten. In dieser kurzen Zusammenfassung konnte ich nicht alle Zukunftssorgen erläutern, die Joy in seinem Artikel zum Ausdruck bringt, aber ich glaube, der Grundtenor ist eindeutig.

Meine Version des Schreckens ist eine andere. Wir können bereits jetzt sehen, wie die Biotechnologie-Industrie auf einen jahrzehntelangen, teuren Kampf gegen Software-Probleme zusteuert. Biotech-Firmen und Labore entwickeln zwar bereits jetzt eine Menge nützlicher Datenbanken und Modellierungssoftware-Pakete, aber sie alle existieren in isolierten Entwicklungsblasen. Jedes einzelne dieser Tools erwartet, dass sich die Welt nach seinen Anforderungen richtet. Und weil diese Tools so wertvoll sind, wird die Welt genau das auch tun. Aber uns muss klar sein, dass massive Ressourcen darauf verwendet werden müssen, Daten von einer Blase in eine andere zu transportieren. Wir sind nicht dabei, ein gigantisches, monolithisches Elektronengehirn mit biologischem Wissen zu erschaffen. Stattdessen existiert ein Durcheinander unterschiedlicher Daten- und Modellierungs-Lehensgüter. Das Medium für biologischen Datentransfer wird auch weiterhin der einzelne, gestresste und übernächtigte menschliche Forscher sein, bis irgendwann das mythische goldene Zeitalter anbricht, in dem wir es schaffen, Software zu entwickeln, die gut darin ist, diese Blasen miteinander zu verbinden.

Wie sieht ein langfristiges Zukunftsszenario aus, in dem Hardware immer besser wird und Software mittelmäßig bleibt? Das Gute an mieser Software ist, wie viele Arbeitsplätze sie schafft. Wenn das Moore'sche Gesetz noch zwanzig oder dreißig Jahre lang gilt, dann wird es zu diesem Zeitpunkt auf der Erde nicht nur gigantische Mengen an Rechenleistung geben, sondern für die Wartung werden auch beinahe alle lebenden Menschen benötigt werden. Wir reden von einem Planeten voller Helpdesks.

An anderer Stelle habe ich mal beschrieben, dass diese Zukunft großartig wäre. Der sozialistische Traum von der Vollbeschäftigung, realisiert durch kapitalistische Mittel. Aber lassen Sie uns einen Blick auf die dunkle Seite werfen.

Zu den vielen Prozessen, die durch Informationssysteme effizienter werden, gehört auch der Prozess des Kapitalismus selbst. Eine beinahe reibungsfreie Wirtschaftsumgebung erlaubt es, innerhalb weniger Monate statt wie früher in Jahrzehnten ein Vermögen anzuhäufen. Aber die Individuen, denen das gelingt, leben genauso lange wie früher, ja sogar länger. Also haben Menschen mit einem Talent dafür, reich zu werden, die Chance, vor ihrem Tod noch viel reicher zu werden als ihre genauso talentierten Urahnen.

Werden die Ultrareichen Mitte des nächsten Jahrhunderts noch als dieselbe Spezies erkennbar sein wie wir? Werden sie dem Rest der Menschheit beinahe wie Götter erscheinen?

Hier lauern zwei Gefahren. Die kleinere, unmittelbare Gefahr ist, dass junge Menschen, die an ein euphorisches wirtschaftliches Umfeld gewöhnt sind, es emotional nicht verkraften, wenn sie für kurze Zeit in den Zustand zurückkehren müssen, der für unsereins Normalität ist. Ich frage mich manchmal, ob diejenigen meiner Studenten, die inzwischen Dotcom-Millionäre sind, dazu fähig wären, finanzielle Nöte und Sorgen, die länger als ein paar Tage dauern, überhaupt zu ertragen, ohne in destruktive Depression oder Raserei zu verfallen.

Die größere Gefahr ist, dass die Kluft zwischen den Reichsten und dem Rest der Bevölkerung geradezu metaphysisch schwerwiegend wird.

Selbst, wenn wir uns darin einig sind, dass eine steigende Flut *alle* Schiffe anhebt, werden die höchsten Schiffe sich immer weiter von den niedrigsten trennen, wenn sie schneller ansteigen als diese. (Und tatsächlich haben sich sowohl Reichtum als auch Armut in Amerika während des Internet-Booms stärker konzentriert als zuvor.) Mein persönliches Schreckensszenario ist das Resultat dieses immer tiefer werdenden Grabens zwischen den Ultrareichen und den bloß Wohlhabenden.

Vor den Technologien, die heute existieren, unterscheiden sich die Reichen nicht sehr vom Rest von uns: Beide bluten, wenn man sie sticht, um das klassische Beispiel zu bemühen. Aber durch die Technologie der nächsten zwanzig oder dreißig Jahre könnten sie sehr unterschiedlich werden.

Die Möglichkeit, dass sich zwei grundlegend verschiedene Spezies ausbilden könnten, ist so offensichtlich und so schrecklich, dass es beinahe banal ist, sie auszusprechen. Die Reichen könnten ihre Kinder genetisch manipulieren, um sie intelligenter, schöner und glücklicher zu machen. Vielleicht könnten sie ihnen sogar größere Empathiefähigkeit verschaffen, aber natürlich nur für andere Individuen, die eine Reihe ganz bestimmter Kriterien erfüllen. Ich wage kaum, so etwas aufzuschreiben, schließlich verfasse ich ja keinen SF-Roman auf Groschenheft-Niveau. Aber die Logik dieser Möglichkeiten lässt sich nun mal nicht verleugnen.

Spielen wir den Gedanken weiter durch: Eines Tages könnten die Reichsten unter uns quasi unsterblich werden, und dem Rest der Menschheit tatsächlich fast wie Götter erscheinen. (Im Labor wurde bereits demonstriert, dass sowohl bei Zellkulturen als auch bei Gesamtorganismen der Alterungsprozess aufgehalten werden kann.)

Ich möchte mich an dieser Stelle nicht auf die fundamentalen Implikationen von Quasi-Unsterblichkeit einlassen – ob sie moralisch vertretbar oder sogar wünschenswert ist, oder wo wir genügend Lebensraum finden könnten, wenn die Unsterblichen sich dafür entscheiden, weiterhin Kinder zu bekommen. Stattdessen möchte ich mich auf die Frage konzentrieren, wie teuer Unsterblichkeit sein wird.

Meiner Einschätzung nach wird Unsterblichkeit billig sein, wenn die Informationstechnologie sehr viel besser wird, und teuer, wenn Software so mies bleibt, wie sie ist.

Ich vermute, dass die Dichotomie zwischen Hardware und Software sich in der Biotechnologie und anderen Technologien des 21. Jahrhunderts wiederholen wird. Man kann Biotechnologie als den Versuch betrachten, Fleisch in einen Computer zu verwandeln. Die Biotechnologie will alle Details biologischer Prozesse managen und in ferner Zukunft die perfekte Kontrolle über sie erlangen. Die Nanotechnologie möchte dasselbe auf dem Gebiet unbelebter Materie erreichen. Wenn der Körper und die materielle Welt in etwa so manipulierbar werden wie der Arbeitsspeicher eines Computers, dann wird der begrenzende Faktor dafür die Qualität der Software sein, welche die Manipulation steuert.

Es ist zwar möglich, einen Computer darauf zu programmieren, so gut wie alles zu tun, aber wir wissen gleichzeitig, dass die Realität anders aussieht. Wie ich weiter oben bereits angeführt habe, ist es quasi unmöglich, Computer dazu zu bringen, spezielle, enorm komplexe Aufgaben verlässlich, aber veränderbar durchzuführen, ohne dabei abzustürzen oder eklatante Sicherheitsmängel aufzuweisen. Wir können dieses Ziel nicht erreichen, sondern nur als Ideal anstreben, und das nur mit enormem finanziellem Aufwand.

Man kann hypothetisch betrachtet auch DNA dazu programmieren, beinahe jede mögliche Modifikation in einem lebenden Organismus herbeizuführen, aber eine bestimmte Modifikation zu entwerfen und auf Herz und Nieren zu überprüfen wird wahrscheinlich auch weiterhin extrem schwierig bleiben. (Wie ich bereits weiter oben angeführt habe, könnte das durchaus ein Grund dafür sein, warum die biologische Evolution es einfach nicht schafft, an Tempo zuzulegen.) Man kann hypothetisch betrachtet auch Nanotechnologie dazu verwenden, um Materie auf jede nur denkbare Weise zu manipulieren, aber es wird wahrscheinlich viel schwieriger werden, als wir uns das jetzt vorstellen können, sie dazu zu bringen, etwas Bestimmtes zu tun, ohne dass dabei verstörende Begleiterscheinungen auftreten. Szenarien, die prophezeien, dass Bio- und Nanotechnologie dazu fähig sein werden, schnell und kostengünstig aufregende neue Dinge zu erschaffen, müssen auch davon ausgehen, dass Computer quasi-autonome, superintelligente, virtuose Ingenieure werden. Aber das wird nicht eintreten, wenn die Fortschritte, die unsere Software im vergangenen halben Jahrhundert gemacht hat, als Maßstab für das nächste halbe Jahrhundert gelten können.

In anderen Worten: Schlechte Software wird dafür sorgen, dass biologische Spielereien wie Quasi-Unsterblichkeit in der Zukunft nicht billig, sondern teuer werden. Selbst wenn alles andere billiger werden sollte, wird sich der Informatik-Aspekt verteuern.

Billige Quasi-Unsterblichkeit für alle ist ein selbstlimitierendes Projekt. Wir haben einfach nicht genug Platz für ein solches Abenteuer. Und wenn Unsterblichkeit billig würde, dann auch die schrecklichen biologischen Waffen aus Bill Joys Horrorszenario. Teure Quasi-Unsterblichkeit würde der Welt hingegen kaum schaden, zumindest eine gewisse Zeit lang, denn davon wären weit weniger Menschen betroffen. Vielleicht sollten die wenigen Unsterblichkeits-Aspiranten einfach nicht groß darüber reden.

Hier liegt also die Ironie: Genau die Eigenschaften von Computern, die uns heute wahnsinnig machen und gleichzeitig so vielen von uns eine Möglichkeit verschaffen, ihr Brot zu verdienen, ist die beste Möglichkeit, das langfristige Überleben unserer Spezies zu sichern, während wir immer tiefer in die Weiten technologischer Möglichkeiten vordringen. Aber genau diese Eigenschaften könnten auch dazu führen, dass das 21. Jahrhundert zu einer Groteske wird, für die die Fantasien und die verzweifelten Hoffnungen der Superreichen das Drehbuch schreiben.

Ich teile den Glauben meiner kybernetisch totalitären Kollegen, dass die Technologie in naher Zukunft gigantische, abrupt stattfindende Veränderungen in Gang setzen wird. Der Unterschied zwischen ihnen und mir ist, dass ich daran glaube, dass für diese Veränderungen individuelle Personen verantwortlich sein werden, die ganz bestimmte Dinge tun. Ich glaube, Technologie als autonom zu behandeln ist die ultimative selbsterfüllende Prophezeiung. Maschinelle Autonomie zu propagieren bedeutet nämlich nichts anderes als den freiwilligen Verzicht auf menschliche Verantwortung.

Nehmen wir zum Beispiel das Szenario »Nanobots übernehmen die Kontrolle«. Womit wir zu rechnen haben, wenn wir nur ein wenig realistisch bleiben, wären:

- allgegenwärtige Super-Nanobots, die mit alter Software laufen – zum Beispiel Linux. (Das könnte interessant werden. Auf jeden Fall werden wir gute Videospiele bekommen.)

- Super-Nanobots, die sich genauso schnell entwickeln wie natürliche »Nanobots« – das heißt, ein paar Millionen Jahre lang wird erst mal nicht viel passieren.

- Super-Nanobots, die bald ganz neue Dinge machen werden, aber von Menschen abhängig sind.

In allen drei Fällen behalten die Menschen die Kontrolle, ob das nun gut ist oder nicht.

Ich mache mir also mehr Sorgen über die Zukunft menschlicher Kultur, als darum, ob bald Maschinen die Herrschaft übernehmen werden. Und was mich an dem »umstürzlerischen« Gehabe vieler kybernetischer Totalitaristen stört, ist, dass sie offenbar nichts über die Tradition des wissenschaftlichen Skeptizismus zu wissen scheinen. Ich verstehe, warum sie so euphorisch sind. Ihre Logik ist so schön simpel und elegant, und Eleganz im Denken ist ansteckend.

Es besteht eine reelle Chance, dass Evolutionspsychologie, künstliche Intelligenz, die Fetischisierung des Moore'schen Gesetzes und der Rest dieser Ideologie ähnlich weitreichende Auswirkungen auf die Gesellschaft des 21. Jahrhunderts haben werden wie Freud und Marx es auf ihre Zeit hatten. Vielleicht sogar noch größere, denn diese Ideen könnten letztendlich in die Software eingebaut werden, die unsere Gesellschaft und unser Leben regelt. Wenn das passiert, dann wird die Ideologie des kybernetischen Totalitarismus nicht mehr nur eine interessante Neuheit sein, sondern eine Macht, die Millionen von Menschen Leid zufügen kann.

Das größte Verbrechen des Marxismus war nicht, dass fast alles, was er behauptete, falsch war, sondern dass er als alleinseligmachende Lehre auftrat, das Leben und die Realität zu begreifen.

Kybernetische Eschatologie teilt mit einigen der schlimmsten Ideologien der Geschichte eine Doktrin der historischen Vorherbestimmung. Nichts ist so grau, lähmend und öde wie ein Leben, das im Käfig einer Ideologie gelebt wird. Hoffen wir, dass die Verfechter des kybernetischen Totalitarismus noch Demut lernen, bevor ihr großer Tag kommt.

(2000)

Digitaler Maoismus:
Die Gefahren des neuen Online-Kollektivismus

Bei Wikipedia werde ich (zumindest in dieser Woche) unter anderem als Regisseur bezeichnet. Es stimmt, dass ich vor anderthalb Jahrzehnten mal einen experimentellen Kurzfilm gedreht habe. Die Idee des Films war schrecklich: Ich versuchte, mir vorzustellen, was Maya Deren mit Morphing angestellt hätte. Der Film lief einmal auf einem Festival, fand nie einen Verleih, und das war auch gut so.

In der realen Welt ist es einfach, kein Regisseur zu sein. Ich habe schon mehrmals versucht, in dem alternativen Universum, das Wikipedia darstellt, meinen Beruf als Filmemacher an den Nagel zu hängen, aber irgendjemand setzt sich immer wieder darüber hinweg. Jedes Mal, wenn mein Wikipedia-Eintrag korrigiert wird, werde ich innerhalb eines Tages wieder zum Regisseur gemacht. Ich kann mir keine passendere Strafe für diese entschlossenen Wikipedia-Trolle vorstellen, als sie dazu zu zwingen, sich meinen kleinen, alten Film tatsächlich ansehen zu müssen.

In den vergangenen Wochen bin ich von Journalisten zweimal auf meine Karriere als Filmemacher angesprochen worden. Die Fantasien der Trolle haben den Teil der Welt erreicht, der versucht, weiterhin real zu bleiben. Dabei bin ich noch glimpflich davongekommen. Die Fehler in meiner Wikipedia-Biografie waren bisher (zumindest vor der Veröffentlichung dieses Artikels) charmant oder eher schmeichelhaft.

Einen Wikipedia-Eintrag zu lesen gleicht einem Bibelstudium. Man spürt schwache Echos der Stimmen diverser anonymer Autoren und Redakteure, aber es ist unmöglich, sicher zu wissen, wer was geschrieben hat. In meinem speziellen Fall sind die Trolle offenbar Mitglieder oder Nachfolger der eigentlich ganz sympathischen Mondo-2000-Kultur, die psychedelische Experimente mit Computern verbunden hat. Es scheint ihnen sehr wichtig zu sein, eine Verbindung zwischen meinen Ideen und den Gedanken psychedelischer Geistesgrößen vergangener Zeiten herzustellen (was sie allerdings ziemlich schlampig und unkorrekt tun). Änderungen, die von diesem merkwürdigen Ideenkomplex abweichen, dem diese spezielle kleine Subkultur anhängt, werden sofort entfernt. Und das ist auch naheliegend. Wer sonst würde sich schon freiwillig die Mühe machen, diese Arbeit zu erledigen?

Das Problem, mit dem ich mich hier beschäftige, ist nicht Wikipedia selbst. Die Seite musste, vor allem im vergangenen Jahr, eine Menge Kritik einstecken, aber im Grunde genommen ist Wikipedia nur ein Experiment, das immer noch wachsen und sich entwickeln kann. Ein Erfolg ist es zumindest in einer Hinsicht: Wikipedia enthüllt, was die Online-Autoren denken, die eine Menge Zeit zu haben scheinen und wild entschlossen sind, ihre Meinung kundzutun. Und das ist tatsächlich eine interessante Information.

Nein, das eigentliche Problem ist, welchen Status Wikipedia hat, wie es benutzt wird und wie schnell es an Wichtigkeit gewonnen hat. Es wiederholt sich hier ein bekanntes Muster: Es geht um die Anziehungskraft eines neuen Online-Kollektivismus, um die bekannte Vorstellung, dass das Kollektiv über eine höhere Weisheit verfügt als der Einzelne, und dass es sinnvoll ist, Macht und Einfluss zu bündeln und zu kanalisieren, um der Wahrheit umso kraftvoller Geltung zu verschaffen.

Das ist etwas völlig anderes als die Idee einer repräsentativen Demokratie oder einer Meritokratie. Der Kollektivismus hatte immer fürchterliche Konsequenzen, wenn er uns zu unterschiedlichen Zeiten von der extremen Linken oder der extremen Rechten aufgezwungen wurde. Dass die zeitgenössische Variante heute durch prominente Technologen und Futuristen wieder eingeführt wird – Leute, von denen ich viele kenne und die ich mag –, macht sie nicht weniger gefährlich.

Letztes Jahr wurde in der Zeitschrift *Nature* eine vielbeachtete Studie veröffentlicht, in der Wikipedia und die Encyclopaedia Britannica miteinander verglichen wurden. Das Ergebnis blieb unentschieden. Es wird allerdings noch darüber diskutiert, wie aussagekräftig die Studie eigentlich war. Die für den Vergleich ausgewählten Einträge gehörten zu denjenigen Themen, in denen Wikipedia sehr gut ist: wissenschaftliche Themen, die dem Kollektiv zum größten Teil gleichgültig sind. »Kinetischer Isotopeneffekt« oder »Andreas Vesalius« sind Beispiele für Themen, mit denen sich die Encyclopaedia Britannica schwertut, weil es eine Menge Arbeit kostet, die richtigen Autoren dafür zu finden, eine unüberschaubare Menge an Themengebieten zu studieren und über sie zu schreiben. Für Wikipedia sind solche Themen hingegen perfekt. Es herrscht kaum Uneinigkeit in diesem Forschungsbereich, und außerdem findet man im Netz leicht Zugang zu einer überschaubaren Menge kompetenter Akademiker, meist Studenten, die über den nötigen jugendlichen Enthusiasmus verfügen, um sich hier zu produzieren.

Eine Grundüberzeugung der Wiki-Welt ist es, dass alle erdenklichen Probleme, die im »Wiki« auftauchen, im Verlauf des kreativen Prozesses schrittweise korrigiert werden. Dies entspricht dem unumstößlichen Vertrauen, das Ultraliberale in die Selbstregulation des freien Marktes und Ultralinke in die Gerechtigkeit von Konsensprozessen haben. In all diesen Fällen waren meiner Meinung nach die Ergebnisse bisher nicht eindeutig positiv. Manchmal erzielen locker strukturierte kollektive Aktivitäten kontinuierliche Verbesserungen, und manchmal eben nicht. Oft leben wir einfach nicht lange genug, um es herauszufinden. Weiter unten werde ich aufzeigen, welche Beschränkungen ein Kollektiv intelligent machen. Aber zunächst ist es wichtig, das eigentlich Wichtige nicht aus den Augen zu verlieren, nur weil uns die Frage fasziniert, ob ein Kollektiv intelligent sein kann oder nicht. Der Wert eines Textes basiert eben nicht nur darauf, wie »fehlerfrei« er ist. Ein guter Text ist nicht nur eine Anhäufung korrekter Fakten, sondern auch ein Ausdruck von Persönlichkeit.

Die meisten der technischen oder wissenschaftlichen Informationen, die bei Wikipedia abrufbar sind, gab es auch schon im Netz, bevor Wikipedia existierte. Mit Google oder anderen Suchmaschinen ließen sich auch früher schon Informationen zu den Themen finden, die inzwischen wikifiziert sind. In manchen Fällen wurden spezifische Texte von Universitäts- oder Laborseiten geklont und auf Wikipedia-Seiten gestellt. Seit Suchmaschinen meist nicht mehr zuerst zur Originalquelle, sondern gleich zur wikifizierten Version führen, hat das Web für den gelegentlichen Nutzer einiges an Farbenreichtum verloren.

Wenn man den Kontext sieht, in dem etwas geschrieben wurde, und wenn man vom Autor nicht nur den Namen erfährt, lernt man viel mehr als vom gleichen Text im anonymen, pseudo-autoritären, kontextfeindlichen Milieu von Wikipedia. Es geht dabei nicht allein um Quellennachweise und Verantwortlichkeit – obwohl diese Punkte sehr wichtig sind –, sondern um etwas Subtileres. Eine Stimme sollte als Ganzes wahrgenommen werden. Damit Sprache ihre volle Bedeutung entfalten kann, muss der Leser die Persönlichkeit des Verfassers spüren können. Persönliche Websites bieten diese Möglichkeit, genau wie Artikel und Bücher. Sogar die Britannica hat einen bestimmten redaktionellen Tonfall, auch wenn er einigen Leuten zu sehr von »Toten weißen Männern« bestimmt wird.

Wenn eine satirische Website, die es sich zur Aufgabe gemacht hat, dem Kino dem Gnadenstoß zu verpassen, behaupten würde, ich sei Regisseur, wäre das natürlich sehr einleuchtend. Das wäre ein authentisches Stück Text. Aber aus dem Kontext gerissen und in Wikipedia platziert wird derselbe Text bedeutungsloses Gewäsch.

MySpace ist ein weiteres neues Experiment, das sogar noch einflussreicher geworden ist als Wikipedia. Genau wie Wikipedia ist es nur ein eher unbedeutender Zusatz zu den bereits im Internet präsenten Kräften, hat aber die Art, wie wir das Web benutzen, entscheidend verändert. Aber bei MySpace geht es allein um Autorschaft, es tut nicht so, als sei es allwissend. Man erfährt immer auch etwas über den Charakter der Person, die eine bestimmte MySpace-Seite gemacht hat. Trotzdem passiert es nur sehr selten, dass eine MySpace-Seite es schafft, den Autor als vertrauenswürdige Autorität darzustellen. In dieser Hinsicht also ein Hoch auf MySpace!

MySpace ist eine reichhaltigere, komplexere Informationsquelle als Wikipedia, obwohl sich die Themen der beiden Dienstleister kaum überschneiden. Will man erfahren, wie eine Fernsehsendung beim Publikum ankommt, verrät MySpace einem darüber viel mehr als die gigantischen Wortgebilde, aus denen der entsprechende Wikipedia-Artikel besteht.

Wikipedia ist bei weitem nicht die einzige Online-Fetisch-Seite für verblendeten Kollektivismus. Online findet ein panisches Wetteifern um die Position der wichtigsten »Meta«-Seite statt, um den Titel des Aggregators der höchsten Stufe, der die Identität aller anderen Seiten in sich aufnimmt.

Dieser Wettkampf begann ganz harmlos mit dem Aufbau von Online-Verzeichnissen wie dem frühen Yahoo. Dann kam AltaVista, das die Suchmöglichkeiten auf den Inhalt des gesamten Web erweiterte. Google fügte dem noch Algorithmen für die Seitenrangfolge hinzu. Es folgten die Blogs, deren Inhalt von unterschiedlicher Qualität und Wichtigkeit war, was zu Meta-Blogs wie Boing Boing führte – von identifizierbaren Personen betrieben –, die den Inhalt anderer Blogs sammelten und bündelten. Dahinter standen echte Menschen. Eine oder mehrere Personen präsentierten eine Persönlichkeit und übernahmen Verantwortung für ihre Entscheidungen.

Diese webbasierten Designs gingen davon aus, dass Menschen sie mit Wert füllen würden. Dabei war klar, dass das Web aus Menschen bestand und Werte letztendlich nur dadurch entstehen konnten, dass man Verbindungen zwischen realen Menschen herstellte.

Sogar Google ist (zumindest in seinem aktuellen Zustand) nicht Meta genug, um ein Problem darzustellen. Eine Schicht »Seitenrangfolge« ist keine Bedrohung für Urheberschaft an sich. Wenn es sich allerdings um mehrere Schichten handelt, entsteht oft bedeutungsloser Murks, und das ist ebenfalls ein Problem.

Seit ungefähr zwei Jahren geht der Trend immer mehr dahin, die Spuren des Urhebers zu verwischen und damit den Anschein zu erwecken, als entspringe der Inhalt dem Web selbst. Als spräche es als übernatürliches Orakel zu uns. Und an diesem Punkt wird die Nutzung des Internets zu einer Wahnvorstellung.

Kevin Kelly, der frühere Herausgeber der *Whole Earth Review* und Gründer der Zeitschrift *Wired*, hat viel über das von ihm und anderen so genannte »Hive Mind« oder die »Schwarmintelligenz« nachgedacht. Er betreibt eine Website namens Cool Tools, die eine Mischung zwischen einem Blog und dem alten *Whole Earth Catalog* darstellt. Wer für Cool Tools schreibt, ist nicht Teil eines Schwarms, denn wir werden namentlich identifiziert.

Im März besprach Kelly einige »Konsenswebfilter« wie zum Beispiel »Digg« oder »Reddit«, die jeden Tag Material von den unzähligen anderen Aggregatorseiten sammeln. Solche Seiten möchten noch mehr Meta sein als die Seiten, die sie unter sich versammeln. Bei ihnen übernimmt keine Person die Verantwortung dafür, was auf ihnen erscheint, sondern nur noch ein Algorithmus.

Diese neue Meta-Größenordnung hatte nur einen Monat Bestand. Im April berichtete Kelly über eine Seite namens »PopUrls«, die wiederum den Inhalt von Konsenswebfilter-Seiten sammelt … und schon war die Meta-Krone neu vergeben. Wir lesen jetzt Material, das ein Algorithmus aus dem filtert, was andere Algorithmen aus dem gefiltert haben, was Kollektive aus der Masse von Blog-Einträgen ausgewählt haben, die größtenteils von Amateuren geschrieben wurden.

Was taugt nun aber »PopUrls«? Ich schreibe diesen Text am 27. Mai 2006. In den vergangenen Tagen wurde eine neue Behandlungsmethode angekündigt, die Nervenschäden bei Diabetes verhindern soll. Das sind wichtige Neuigkeiten für Millionen Amerikaner. Auf PopUrls taucht diese Meldung nicht auf, dafür die Nachricht, dass ein Student einen neuen Rekord im Eiskrem-Wettessen aufgestellt und sich dabei den schlimmsten Eiskopfschmerz aller Zeiten zugezogen hat.

Mainstream-Nachrichtenmedien bringen heute als wichtigste Neuigkeit ein schweres Erdbeben in Java. Auch auf PopUrls taucht diese Meldung ein paar Mal auf, aber tief vergraben im Inneren anderer Aggregator-Websites wie Google News. Der Grund dafür, dass das Erdbeben überhaupt auf PopUrls auftaucht kann nur gefunden werden, wenn man sich durch alle Aggregatsschichten gräbt, um die Originalquellen zu finden, die seltenen Einträge, die tatsächlich von professionellen Verfassern und Redakteuren geschrieben wurden, die mit ihrem Namen unterzeichnen. Aber auf der Informationsebene von PopUrls sind die Eiskremgeschichte und das Erdbeben in Java gleichwertig, und zwar ohne Kontext und Urheberschaft.

Kevin Kelly sagt über die PopUrls-Seite: »Es gibt keine bessere Möglichkeit, Schwarmintelligenz bei der Arbeit zu beobachten.« Aber diese Schwarmintelligenz ist größtenteils dumm und langweilig. Warum sollte man ihr Aufmerksamkeit schenken?

Die Leser meiner früheren Streitschriften werden Parallelen feststellen zwischen meinem Unbehagen gegenüber der sogenannten »künstlichen Intelligenz« und den hier geschilderten Bemühungen darum, Persönlichkeit auszulöschen und besonders meta zu werden. In beiden Fällen wird angenommen, dass bald ein naher Verwandter der individuellen menschlichen Intelligenz auf der Bildfläche erscheinen wird oder bereits erschienen ist. Das Problem mit dieser Annahme ist, dass die Leute nur zu gern bereit dazu sind, ihre Standards zu senken, sich zu verbiegen und für dumm verkaufen zu lassen, um eine KI-Schnittstelle intelligent erscheinen zu lassen (wie es passiert, wenn jemand mit der berüchtigten Büroklammer von Microsoft interagiert). Und sie sind genauso bereit, unkritisch und dumm zu werden, um den Meta-Aggregatorseiten den Anschein von Kohärenz zu geben.

Es gibt eine pädagogische Verbindung zwischen der Kultur der künstlichen Intelligenz und dem seltsamen Reiz des anonymen Online-Kollektivismus. Googles gigantische Server und Wikipedia werden oft als Startup-Gedächtnis für die kommende künstliche Intelligenz bezeichnet. In einem Zitat von Larry Page, das PopUrls mir heute Morgen präsentiert hat (keine Ahnung, ob es stimmt), spekuliert dieser, dass in Google innerhalb der nächsten paar Jahre eine künstliche Intelligenz auftauchen wird. George Dyson hat sich gefragt, ob eine solche Instanz bereits im Netz existiert, vielleicht irgendwo in Google. Ich will hier nicht die Existenz metaphysischer Wesensformen diskutieren, sondern nur betonen, wie voreilig und gefährlich es ist, die Erwartungen, die wir an den individuellen menschlichen Intellekt stellen, zu senken.

Das Schöne am Internet ist, dass es Menschen verbindet, und nur darin liegt sein Wert. In den Menschen. Wenn wir anfangen zu glauben, das Internet selbst sei eine Instanz, die uns etwas zu sagen hat, entwerten wir diese Menschen und machen uns selbst zu Idioten.

Das Problem wird dadurch verstärkt, dass es bisher noch nicht die erhofften neuen Geschäftsmodelle für professionelle Denker und Autoren gibt. Zeitungen befinden sich in einer Periode des Niedergangs, seit das Internet die Aufgabe übernommen hat, die neugierigen Augen hinter der morgendlichen Kaffeetasse mit Informationen und – schlimmer noch – zielgerichteter Werbung zu füttern. In dieser neuen Umwelt steht Google News finanziell besser und zukunftssicherer da als die meisten der relativ wenigen großartigen Reporter auf aller Welt, die letztendlich die Inhalte erschaffen. Der Aggregator ist reicher als die Aggregierten.

Der Bedarf an neuen Geschäftsmodellen für Urheber im Internet ist ein wichtiges und schwieriges Thema für sich, aber ich möchte wenigstens darauf hinweisen, dass es Zeit braucht, gut und professionell zu schreiben, und dass die meisten Autoren für diese Zeit bezahlt werden müssen. In dieser Hinsicht ist Bloggen nicht Schreiben. Es ist einfach, als Blogger geliebt zu werden. Man muss der Masse nur nach dem Mund reden. Oder sie provozieren, um Aufmerksamkeit zu erregen. Daran ist nichts Verwerfliches. Aber für mich ist wahres Schreiben – Schreiben, das überdauern soll – etwas anderes. Es geht unter anderem darum, eine Sichtweise zu artikulieren, die nicht nur eine Reaktion auf das ist, was gestern in aller Munde war.

Die künstliche Überhöhung von allem, was meta ist, beschränkt sich nicht nur auf die Online-Kultur, sondern hat auch einen tiefgreifenden Einfluss darauf, wie in Amerika Entscheidungen getroffen werden.

Wir erleben heute den alarmierenden Aufstieg des Irrglaubens, das Kollektiv sei unfehlbar, und zahlreiche Elite-Organisationen haben sich von dieser Idee mitreißen lassen. Sie sind inspiriert von dem Aufstieg von Wikipedia, dem Reichtum von Google und vom Wettkampf der Existenzgründer um den Meta-Thron. Behörden, Planungsabteilungen von Top-Konzernen und bedeutende Universitäten haben sich von diesem Virus anstecken lassen.

Früher wurde ich als Berater angestellt, um eine Idee zu prüfen oder Ideen vorzuschlagen, um ein Problem zu lösen. Aber seit ein paar Jahren gestaltet sich meine Arbeit ganz anders. Gemeinsam mit den anderen Beratern fülle ich Fragebögen aus oder redigiere einen kollektiv verfassten Aufsatz. Ich sage und tue viel weniger als früher, obwohl ich immer noch dasselbe Honorar erhalte. Wahrscheinlich sollte ich mich darüber nicht beschweren, aber das Vorgehen großer Institutionen hat Auswirkungen, und meiner Meinung nach ist es an der Zeit, sich gegen diesen Kollektiv-Trend auszusprechen, der uns am Wickel hat.

Es ist leicht zu begreifen, warum der Kollektivismus-Wahn bei großen Organisationen so beliebt geworden ist: Wenn das System funktionieren würde, dann müssten Individuen weder Risiken eingehen noch Verantwortung übernehmen. Wir leben in einer Zeit großer Unsicherheit, in der niemand Verantwortung übernehmen will. Wir müssen innerhalb von Institutionen funktionieren, die nicht einmal Mitgliedern der Führungsebene gegenüber loyal sind, geschweige denn gegenüber einfachen Mitarbeitern. Jede Einzelperson, die Angst hat, innerhalb seiner oder ihrer Organisation einen Fehler zu machen, ist sicherer, wenn sie sich hinter einem Wiki oder einem anderen Meta-Aggregatsritual verbergen kann.

Ich habe an einer Reihe exklusiver Wikis und Meta-Gutachten mitgewirkt, die gut bezahlt wurden, und so hatte ich die Chance, die Ergebnisse zu beobachten. Ich habe sogar an einem Wiki über Wikis mitgewirkt. Auf der Strecke bleiben dabei tieferes Verständnis und das Interesse für Feinheiten und Subtilitäten. Dafür steigt die Tendenz, die offiziellen und normativen Credos von Organisationen für sakrosankt zu erklären. Warum schimpft niemand über den grassierenden Kollektivismus-Wahn? Meiner Meinung nach liegt der Grund darin, dass schlechte, alte Ideen im neuen Gewand der Technologie plötzlich wieder trügerisch frisch wirken.

Die Renaissance des Kollektivismus findet auf vielerlei Weise um uns herum statt. Es leiden nicht nur große Institutionen darunter, sondern auch die Popkultur. Beispielsweise ist es extrem schwierig geworden, im Musikgeschäft einen neuen Musiker einzuführen. Sogar die erfolgreichsten Neuentdeckungen sind in den vergangenen Jahrzehnten nur selten über ihr Debütalbum hinaus erfolgreich geblieben. Die einzige Ausnahme ist *American Idol.** Genau wie bei Wikipedia ist daran nichts Verwerfliches. Das Problem ist allein die zentrale Stellung, die dieses Phänomen einnimmt. Offenbar geben bei dieser Casting-Show mehr Menschen ihre Stimme ab als bei der Präsidentschaftswahl, und ein Grund dafür ist, wie bequem dies durch die Informationstechnologie geworden ist. Das Kollektiv kann per Handy oder per SMS abstimmen, und viele wählen mehr als einmal. Das Kollektiv fühlt sich geschmeichelt und reagiert dementsprechend, und die Gewinner sind auf jeden Fall sympathisch.

John Lennon hätte bei einer Casting-Show sicherlich nicht gewonnen. Wahrscheinlich hätte er es nicht einmal bis in die Endrunde geschafft, und falls doch, wäre er eine andere Person und eine andere Art Künstler geworden. Dasselbe ließe sich über Jimi Hendrix, Elvis, Joni Mitchell, Duke Ellington, David Byrne, Grandmaster Flash, Bob Dylan (allein die Vorstellung ist lächerlich)

---

* Die US-amerikanische Version der britischen Casting-Show *Pop Idol*, die in der Bundesrepublik als *Deutschland sucht den Superstar* adaptiert wurde (A. d. Ü).

und beinahe alle anderen Künstler sagen, die Popmusik zu dem gemacht haben, was sie heute ist.

Sogar die *New York Times* hat vor kurzem Kommentare veröffentlicht, deren Verfasser sich für die Pseudo-Wissenschaftslehre des »Intelligent Design« stark machen. Das ist erstaunlich. Die New York Times ist die Zeitung der Mitte geworden. Wir haben etwas verloren, wenn *American Idol* ein Wegbereiter statt eine Randerscheinung der Popmusik ist. Aber wenn sich »Intelligent Design« in der besten Zeitung der Welt die Bühne mit echter Wissenschaft teilen darf, dann sind wir verloren.

Wie konnte die *Times* so tief sinken? Ich weiß es nicht, aber ich kann mir vorstellen, dass es ähnlich ablief, wie ich es in der Berater-Welt erlebt habe. Es ist sicherer, der Aggregator des Kollektivs zu sein. Man kann alle möglichen Materialien aufnehmen, ohne sich dazu bekennen zu müssen. Man kann oberflächlich interessant sein, ohne sich darüber Sorgen machen zu müssen, ob man womöglich falschliegt.

Außer auf Gebieten, in denen kluges Denken wirklich etwas bedeutet. In diesem Fall kann die durchschnittliche Idee ordentlich danebenliegen, und nur die besten Ideen sind von bleibendem Wert. Zum Beispiel in der Wissenschaft.

Aber das Kollektiv muss nicht immer dumm sein. In manchen Fällen ist es sogar brillant. Es gibt da dieses Aufnahmeritual für Erstsemester der Betriebswirtschaftslehre. Man präsentiert ihnen zum Beispiel ein großes Glas voller Bonbons auf einem Pult, und alle Studenten müssen raten, wie viele Bonbons sich im Glas befinden. Die einzelnen Schätzungen variieren stark, aber der Durchschnitt ist normalerweise erstaunlich akkurat.

Dies ist ein Beispiel für die besondere Art der Intelligenz, die ein Kollektiv zu bieten hat. Diese Eigenschaft wird oft als »die Weisheit der Vielen« gefeiert, wobei ich persönlich den Begriff »Weisheit« irreführend finde. Das Phänomen funktioniert in gewisser Weise so, wie Adam Smiths »Unsichtbare Hand« funktioniert oder wie etwa die Google-Rangfolge-Algorithmen funktionieren. Es wurde bereits in den fünfziger Jahren erforscht und als Befragungssystem unter dem Namen Delphi-Methode bekannt. Es ist ein reales und extrem nützliches Phänomen.

Aber seiner Nützlichkeit sind Grenzen gesetzt, denn das Kollektiv kann auch sehr dumm sein. Man denke nur an die Tulpenmanie in den Niederlanden des 17. Jahrhunderts oder entsprechende Spekulationsblasen in unseren Tagen, oder an Phänomene wie die Hysterie um fiktive Kindesentführungen durch Satanskulte oder die Weltuntergangsängste anlässlich des Jahrtausendwechsels.

Was das Kollektiv wertvoll macht, ist genau dies: dass seine Intelligenz- und Dummheitsgipfel sich von denjenigen unterscheiden, die Individuen normalerweise zeigen. Beide Arten von Intelligenz sind essenziell wichtig. Ein Markt zum Beispiel funktioniert durch die Verbindung von kollektiver und individueller Intelligenz. Ein Marktplatz kann nicht nur auf der Basis von durch Wettbewerb bestimmten Preisen existieren. Er benötigt auch Unternehmer, die die am Wettbewerb beteiligten Produkte überhaupt erst herstellen.

Anders gesagt: Intelligente, kluge Einzelpersonen, die Helden des freien Marktes, stellen die Fragen, die vom kollektiven Verhalten beantwortet werden. Sie sind diejenigen, die die Bonbons in das Glas legen.

Manche Arten von Antworten sollten keinesfalls von Individuen geliefert werden. Wenn ein Regierungsbürokrat beispielsweise einen Preis festlegt, liefert das meist schlechtere Resultate als die Antwort, die ein ausreichend informiertes Kollektiv, das ausreichend unmanipuliert und leidenschaftslos vorgeht, geliefert hätte. Aber wenn ein Kollektiv ein Produkt entwirft, ist das Resultat meist ein ziemlich verdorbener Brei.

An dieser Stelle muss ich ein paar Worte über Linux und ähnliche Projekte verlieren. Die verschiedenen Inkarnationen von »Open-Source-Software« unterscheiden sich auf entscheidende Weise von Wikipedia und dem Wettkampf um die Meta-Krone. Linux-Programmierer sind nicht anonym, denn oft ist persönlicher Ruhm ein wichtiger Teil des Motivationsmotors, der solche Projekte antreibt. Aber es gibt auch Ähnlichkeiten, und das Fehlen eines einheitlichen Tons und ästhetischen Designanspruchs ist eine negative Eigenschaft, die sowohl Open-Source-Software und Wikipedia verbindet.

Diese Bewegungen sind am effektivsten, wenn sie verborgene »Informationsleitungen« legen, wie zum Beispiel Webserver. Sie sind hoffnungslos schlecht, wenn es darum geht, den Nutzern eine gute Schnittstelle oder angenehme Arbeitsumgebung zu bieten. Wenn der Code, der für die Benutzeroberfläche von Wikipedia verantwortlich ist, genauso offen wäre wie die Inhalte der Einträge, würde er sich wohl augenblicklich in einen undurchdringlichen Datenmorast verwandeln. Wenn es darum geht, Resultate zu erzielen, die nach allgemein akzeptierten Parametern evaluiert werden können, ist das Kollektiv sehr effektiv.

Unfähig ist es dann, wenn Geschmack und Urteilsvermögen zählen.

Kollektive können genauso dumm sein wie Einzelpersonen – und in entscheidenden Aspekten sogar dümmer. Die interessante Frage lautet: Ist es möglich, die genauen Gebiete festzulegen, auf denen der Einzelne schlauer ist als die Masse?

Diese Frage hat eine lange Geschichte, und viele Disziplinen haben einiges darüber zu sagen. Hier ist mein Versuch, die Grenze zwischen effektivem kollektivem Denken und kollektivem Wahn festzulegen.

Das Kollektiv ist mit größerer Wahrscheinlichkeit klug, wenn: es nicht selbst seine eigenen Fragen definiert; die Antwort durch ein simples Resultat evaluiert werden kann (zum Beispiel einen Zahlenwert); das System, aus dem das Kollektiv seine Informationen bezieht, durch einen Qualitätskontrollmechanismus gefiltert wird, der in hohem Maß von Einzelpersonen abhängt.

Unter diesen Umständen kann ein Kollektiv klüger sein als ein Einzelner. Wird nur eine dieser Konditionen nicht erfüllt, wird das Kollektiv im besten Fall unzuverlässig.

Ein Individuum hingegen erreicht bevorzugt in jenen seltenen Fällen optimale Dummheit, in denen es eine Menge Macht erhält und gleichzeitig von den Konsequenzen seiner Handlungen verschont bleibt.

Wenn die oben erwähnten Kriterien zutreffen, kommt es dabei allerdings zu einer unangenehmen Konvergenz. Die Bedingungen, unter denen ein Kollektiv besonders dumm ist, sind dieselben, unter denen sich auch das Individuum besonders dumm verhält.

Jedes Beispiel von authentischer, kollektiver Intelligenz, das mir bekannt ist, zeigt, dass dieses Kollektiv von wohlwollenden Individuen geleitet oder inspiriert wurde. Diese Menschen bündelten die Kräfte des Kollektivs und korrigierten in einigen Fällen auch die üblichen Fehler, die die »Schwarmintelligenz« unweigerlich begeht. Das Gleichgewicht zwischen Individuum und Kollektiv ist die Basis von Demokratien, Wissenschaftszweigen und vielen anderen langlebigen Projekten. Es stehen also eine Menge Erfahrungen zur Verfügung, mit denen sich arbeiten lässt. Ein paar dieser alten Ideen liefern uns interessante neue Antworten auf die Frage, wie sich Schwarmintelligenz am besten nutzen lässt.

Die Prä-Internet-Welt bietet uns einige exzellente Beispiele dafür, wie auf Individuen basierende Qualitätskontrolle kollektive Intelligenz steigern kann. Eine unabhängige Presse zum Beispiel liefert interessante Nachrichten über Politiker, und zwar von gewissenhaften Journalisten mit einem ausgeprägten Schreibstil und von gutem Ruf. Man denke nur an die »Watergate«-Reportage von Woodward und Bernstein. Andere Autoren informieren uns mit ihrer Kritik von Trends und Neuerscheinungen, wie zum Beispiel Walt Mossberg im *Wall Street Journal* und David Pogue in der *New York Times*. Solche Journalisten beeinflussen uns, wie das Kollektiv Wahlergebnisse und Preise beeinflusst. Ohne eine freie Presse, die aus individuellen Stimmen besteht, wird das Kollektiv dumm und unzuverlässig, und das hat es im Lauf der Geschichte schon allzu häufig bewiesen. (Und was seit einiger Zeit in Amerika geschieht, zeigt meiner Meinung nach, wie schwach die Presse geworden ist.)

Wissenschaftskreise erzielen Qualität ebenfalls durch einen Prozess der Zusammenarbeit, der gegenseitige Überprüfung mit einschließt und letztendlich auf einer Basis aus gutem Willen und »blindem Elitarismus« beruht. Blind in dem Sinne, dass jeder aufgenommen werden kann, allerdings nur, wenn er gut genug ist. Professuren und viele andere Aspekte des Universitätssystems wurden geschaffen, weil hier auch individuelle Wissenschaftler zählen, nicht nur der wissenschaftliche Prozess oder das Kollektiv.

Ein weiteres Beispiel: Unternehmer sind nicht die einzigen »Helden« des Marktes. Die Rolle der Zentralbank in einem kapitalistischen Wirtschaftssystem ist nicht dieselbe, die ein Parteibonze in einer Planwirtschaft spielt. Obwohl das Festsetzen eines Leitzinses wie die Antwort auf eine Frage klingt, ist es eigentlich eher die Frage selbst. Die Zentralbank fragt damit den Markt, wie sich die Inflation am besten senken lässt. Das ist zwar nicht unbedingt die Frage, die alle gern gestellt hätten, aber sie ist wenigstens kohärent.

Ja, es gibt immer wieder Skandale in der Regierung, an der Universität oder in der Presse. Kein Mechanismus ist perfekt, aber wir haben definitiv bisher von diesen Institutionen profitiert. Es gibt immer wieder unfähige Journalisten, verblendete Wissenschaftler, inkompetente Bürokraten und so weiter. Kann die Schwarmintelligenz dabei helfen, sie in Schach zu halten? Die Antwort, die Experimente aus der Prä-Internet-Welt nahelegen, lautet »Ja«, aber nur, wenn dabei noch eine Form von Signalbearbeitung in den Kreislauf geschaltet wird.

Einige der Regulationsmechanismen für Kollektive, die in der Prä-Internet-Welt besonders erfolgreich waren, können zum Teil als Justierung des Zeitaspekts verstanden werden. Was zum Beispiel geschieht, wenn ein Kollektiv sich zu schnell und abrupt bewegt, hin und her schwirrt, anstatt sich zu beruhigen und eine einzelne Antwort zu liefern? Das geschieht beispielsweise auf den aktivsten Wikipedia-Seiten und ist in der freien Marktwirtschaft bei Spekulationshypes zu beobachten.

Zu den Dienstleistungen der repräsentativen Demokratie gehört eine Art Tiefpass-Filterung. Nicht auszudenken, was passieren würde, wenn ein Wiki die Aufgabe hätte, Gesetze zu schreiben. Sie würden sich ständig ändern. Menschen mit zu viel Zeit und Energie würden den Wortlaut des Steuergesetzes nonstop überarbeiten. Das Internet würde daran ersticken.

Ein solches Chaos kann dort genauso vermieden werden, wie es bisher auch geschieht – wenn auch nicht immer fehlerlos: durch die langsamen Prozesse von Wahlen und Verhandlungen. Eine geordnete Demokratie hat einen beruhigenden Effekt, und zwar nicht nur, weil sie die Wogen der Uneinigkeit glättet. Sie reduziert auch die Wahrscheinlichkeit dafür, dass das Kollektiv abrupt in einen Zustand der Hysterie gerät, wenn zu viele sich rapide verändernde Antworten so zusammentreffen, dass sie sich nicht gegenseitig aufheben. (Technisch versierte Leser werden diese Prozesse aus der Signalverarbeitung kennen.)

Wikipedia hat vor kurzem die aktivsten Einträge, zum Beispiel »Präsident George W. Bush«, mit einem kruden Tiefpassfilter versehen. Es gibt jetzt ein Limit dafür, wie oft ein bestimmter Nutzer Text von anderen entfernen kann. Ich vermute, dass sich diese Filterung nach und nach so weiterentwickeln wird, dass sie die Demokratie der Prä-Internet-Zeiten widerspiegelt.

Aber auch das Gegenteil kann zum Problem werden. Die Schwarmintelligenz ist manchmal auf der richtigen Spur, bewegt sich aber viel zu langsam. Manchmal würden Kollektive brillante Ergebnisse liefern, wenn sie nur genug Zeit hätten. Ein Problem wie der Klimawandel würde irgendwann automatisch in Angriff genommen, wenn der Markt genug Zeit hätte, darauf zu reagieren. Versicherungsraten würden steigen und so weiter und so fort. Aber leider ist in diesem Fall nicht genug Zeit vorhanden, denn der Markt wird durch die Altlasten bereits existierender Investitionen verlangsamt. Also muss ein anderer Prozess eingreifen, zum Beispiel Politik, die von Individuen gemacht wird.

Ein weiteres Beispiel für das Problem der langsamen Schwarmintelligenz: Im Laufe der Jahrtausende wurde ganz allmählich eine Menge Technologie entwickelt, bevor jemand eine klare Vorstellung von empirischem Denken, von einem verbindlichen, von Koryphäen verantworteten Fachwissen und einer entsprechenden Ausbildung hatte. Und bevor es einen effizienten Markt gab, der den Wert dieser Erfindungen bestimmte. Das Entscheidende an der Moderne ist, dass der Prozess technologischer Entwicklung nicht nur durch reine Offenheit und Zugeständnisse an das Kollektiv beschleunigt wurde, sondern auch durch Strukturen und Einschränkungen.

Selbst wenn wir den orthodoxen Anhängern des Kollektivismus vertrauen und annehmen, dass Wikipedia im Laufe der Zeit besser werden wird, wird das für uns wahrscheinlich nicht früh genug sein.

Manche Wiki-Utopisten hoffen, dass jegliche Form von Ausbildung zukünftig über Wikis stattfinden wird. Möglicherweise wird in naher Zukunft eine derart große Menge unserer Kommunikation und Ausbildung über anonyme Internet-Aggregation stattfinden, dass tatsächlich die Gefahr besteht, dass die Schwarmintelligenz plötzlich nach der Macht greift. Die Geschichte hat uns immer wieder gezeigt, dass eine Schwarmintelligenz grausam und idiotisch ist, wenn sie auf Autopilot läuft. Diese Ausbrüche von Schwarmintelligenz gab es bisher in den Geschmacksrichtungen Maoismus, Faschismus und religiöser Fundamentalismus. Und das sind nur einige Beispiele. Ich halte es durchaus für möglich, dass soziale Katastrophen sich zukünftig auch unter dem Deckmantel des technologischen Utopismus abspielen könnten. Wenn Wikis noch mehr Einfluss erhalten sollen, dann müssen sie durch dieselben Mechanismen verbessert werden, die schon in der Prä-Internet-Welt ganz gut funktioniert haben.

Schwarmintelligenz sollte als Werkzeug betrachtet werden. Dem Kollektiv mehr Macht zu verleihen entmachtet Individuen. Zwischen dem Schwarm und Einzelpersonen können nützliche Rückkopplungseffekte entstehen, aber die Schwarmintelligenz ist zu chaotisch, um nur mit ihrem eigenen Output gespeist zu werden.

So weit ein paar Vorschläge, wie sich ein möglicherweise gefährliches Kollektiv bändigen und an die Kette legen lässt. Wenn es ein Problem gibt, soll es ruhig bellen, aber man will ja schließlich nicht gebissen werden.

Die Illusion zu glauben, dass das, was wir haben, schon die beste Variante sei, oder dass es gar ein lebendiges Wesen sei, das sich unaufhörlich selbst verbessert, ist die gefährlichste Illusion von allen. Wenn wir es vermeiden, diesen Unsinn zu glauben, sollte es möglich sein, einen humanistischen und praktikablen Weg zu finden, den Wert zu maximieren, den das Kollektiv im Web hat. Und das, ohne uns dabei zu Idioten zu machen. Das beste Leitprinzip ist immer, dem Individuum den Vorzug zu geben.

(2006)

Die Komplexitätsgrenze

Die ersten fünfzig Jahre der elektronischen Datenverarbeitung, die sich ungefähr mit der zweiten Hälfte des 20. Jahrhunderts deckten, zeichneten sich durch extremes Pendeln zwischen Schwindel erregender Übertreibung und peinlicher Lähmung aus. Die Übertreibungen gehen schon auf die Gründer der Computerwissenschaft zurück: So stellte Alan Turing Spekulationen darüber an, ob Maschinen, insbesondere seine abstrakten »Universalmaschinen«, eines Tages dem Menschen moralisch gleichwertig sein würden, und Claude Shannon definierte den Begriff »Information« so umfassend, dass er alle thermodynamischen Prozesse einschloss.

Ebenso gut könnte man behaupten, dass jeder chemische Apparat als eine in der Entstehung begriffene Person angesehen werden könne, da schließlich jede Form von Leben aus chemischen Wechselwirkungen besteht. Der Grund, warum niemand auf die Idee kommt, so etwas zu behaupten, liegt darin, dass der Komplexitätsunterschied zwischen den chemischen Abläufen in einem Lebewesen und dem, was in heutigen Chemielabors untersucht werden kann, offensichtlich ist. Wir erkennen den Unterschied intuitiv. Dagegen haben wir keine klare intuitive Vorstellung von den Komplexitätsunterschieden zwischen den verschiedenen Arten von Informationssystemen. Seriöse und intelligente Wissenschaftler, die von sich selbst sagen, dass sie »künstliche Intelligenz« erforschen, vertraten zum Teil schon Ende der fünfziger Jahre die Meinung, die Computer würden bald fließend natürliche Sprachen beherrschen. Dies ist natürlich nicht eingetreten, und wir haben bis heute weder eine genaue Vorstellung davon, wie groß das Problem eigentlich ist, noch wie lange wir zu seiner Lösung wohl brauchen werden.

Die Übertreibungen setzen sich bis heute fort. So gibt es durchaus nicht wenige Computerwissenschaftler an Eliteuniversitäten, die an eine unvermeidliche »Singularität« glauben. Diese Singularität soll irgendwann in der ersten Hälfte dieses Jahrhunderts eintreten, wenn die Computer so weise und mächtig geworden sind, dass sie nicht nur den Menschen als dominante Lebensform ablösen, sondern sie auch die Herrschaft über Materie und Energie erlangen, sodass sie eine Art mythischer oder gottähnlicher Existenz führen, die vollständig außerhalb des menschlichen Vorstellungsvermögens liegt. Während es mir schon seltsam vorkommt, den vorangegangenen Satz zu tippen, beschreibt er doch zutreffend die Meinung mancher meiner Kollegen.

Einige Leser werden dem entgegenhalten, dass mir ähnliche Übertreibungen in Bezug auf den Begriff der »virtuellen Realität« vorgeworfen werden. Dem liegt jedoch ein Missverständnis zugrunde. Das Ziel der virtuellen Realität besteht nicht darin, die physische Realität bis ins letzte Detail zu beschreiben und zu reproduzieren (ein Vorhaben, das wahrscheinlich unmöglich ist), sondern vielmehr darin, die menschliche Kognition so gut zu verstehen, dass das menschliche Nervensystem in ein Gaukelspiel der Sinnestäuschung hineingezogen wird. Die virtuelle Realität ist im Wesentlichen die wissenschaftliche Erforschung der Grenzen von Bühnenzauberei und nicht der Reduktion der physischen Realität.

Den grotesken Übertreibungen der theoretischen Leistungsfähigkeit von Computern steht eine demütigende und nicht abreißende Folge von Enttäuschungen hinsichtlich der Leistung realer Informationssysteme gegenüber. Computer sind die einzigen industriellen Produkte, von denen man erwartet, dass sie häufig und in unvorhersehbarer Weise im normalen Betrieb den Dienst versagen. Die Unterschätzung der Kosten für die Instandhaltung von Informationssystemen ist fast schon zu einer konstanten Größe geworden. Man könnte geradezu von einem Ritus in der heutigen Geschäftswelt sprechen.

Insbesondere ist es die Software – und zwar nur bestimmte Arten von Software –, deren Pflege zu vorhersagbaren Kosten unmöglich zu sein scheint. Die Hardware wird immer kleiner, schneller und billiger. Sie folgt der vom Moore'schen Gesetz vorhergesagten exponentiellen Entwicklung, und es ist genau dieser atemberaubende Erfolg, der die fanatischen Übertreibungen schürt. Auch die Software geschlossener Systeme mit Schnittstellen, die überschaubar und konstant genug sind, um spezifizierbar zu sein, kann so hergestellt werden, dass sie zuverlässig ist, allerdings zu einem hohen Preis. Ein Beispiel für diese Art der Software sind die Programme, die ein modernes Flugzeug wie den Airbus steuern. Die andere Art von Software, die offensichtlich nicht gut zu handhaben ist, besitzt eine komplizierte und veränderliche Schnittstelle zu ihrer Umgebung. Ein Beispiel dafür ist die PC-Software, die notorisch unzuverlässig ist. Es ist wichtig, diese beiden Arten von Software nicht zu verwechseln. Gegen Ende des 20. Jahrhunderts griff die merkwürdige Wahnvorstellung um sich, sogenannte Y2K-Bugs* könnten zu massiven Beeinträchtigungen des öffentlichen Lebens führen. Der Grund, warum diese Befürchtungen nicht eintraten, liegt darin, dass der überwiegende Teil der infrastrukturellen Software von der beherrschbaren Art ist, wenn auch zu gewaltigen Kosten.

Eine mögliche Zukunftsperspektive für die Entwicklung der Computerwissenschaft in den nächsten fünfzig Jahren könnte so aussehen, dass sich die beiden gegenwärtigen Trends – Überschätzung des Möglichen und Unterschätzung der Kosten – einfach fortsetzen. Bei diesem Szenario, das als »Planet der Help Desks« beschrieben werden könnte, wird die Menschheit weitgehend damit beschäftigt sein, sehr große Softwaresysteme instand zu halten. Eine Perspektive, die eines gewissen Reizes nicht entbehrt, da die Menschheit immerhin sinnvoll beschäftigt wäre. Diese langweilige Zukunft tritt nicht zwangsläufig ein, und es lohnt sich, über eine neue Phase der Computerwissenschaft nachzudenken, die grundlegend neue Möglichkeiten eröffnen wird.

* Auch »Millenium-Bug« genannt, in Deutschland oft »Jahr-2000-Problem« (A. d. Ü.).

Zunächst muss sich die Computerwissenschaft auf ihre Ursprünge besinnen und die Beziehung zwischen Information und physikalischen Prozessen neu überdenken. Claude Shannon hatte die brillante Eingebung, zählbare Bits mit der Entropie eines physikalischen Systems zu verbinden. Allerdings ist diese Formulierung für sich betrachtet irreführend. Nicht alle Bits können in der Praxis gezählt werden, und daher sind manche Bits wichtiger als andere. Tatsächlich sind sogar die meisten potenziell zählbaren Bits eines physikalischen Systems in einem Meer statistischer Verteilungen verloren. Eine beliebte Metapher des späten 20. Jahrhunderts lautete, dass der Flügelschlag eines Schmetterlings letztendlich die Ursache eines Sturms auf der anderen Seite der Erdkugel sein könne. Selbst wenn dies gelegentlich zutreffen sollte, stehen wir vor dem Problem, dass es nicht genügend Stürme für all die vielen Schmetterlinge gibt. Man könnte sagen, dass zählbare Bits ein anderes »kausales Potenzial« besitzen. Vielleicht sollte Shannons Informationsbegriff daher besser in »potenzielle Information« umbenannt werden. Damit ein Bit wichtig ist – das heißt, damit es ein hohes kausales Potenzial besitzt –, muss es gelesen werden, es muss ein kritischer Bestandteil eines Systems sein. Dies führt uns zur sogenannten Semantik oder auch dem Kontext, in dem Rechnungen sinnvoll sein können.

Es hat in der Computerwissenschaft stets ein Beobachterproblem gegeben (wenngleich man sich dies nur selten eingestanden hat). Eine Möglichkeit, dieses Problem zu veranschaulichen, besteht darin, sich eine außerirdische Rasse vorzustellen, die keinerlei Information über die menschliche Sprache, die menschliche Geschichte und die menschliche Kultur besitzt. Solche Außerirdischen wären ebenso wenig in der Lage, die Bedeutung und die Funktion eines isolierten PCs zuverlässig zu rekonstruieren, wie sie die Bedeutung einer im interstellaren Raum einsam schwebenden Shakespeare-Ausgabe erschließen könnten.

Dies ist durchaus kein abgehobener theoretischer Gedanke, sondern er ist von unmittelbarer praktischer Relevanz. Da die Komplexität der Software gegenwärtig von der Fähigkeit menschlicher Computeringenieure begrenzt wird, Software explizit zu analysieren und zu verwalten, kann man sagen, dass wir die Komplexitätsgrenze der Software, wie wir sie kennen, praktisch bereits erreicht haben. Wenn wir keinen anderen Weg finden, über Software nachzudenken und Software zu schreiben, werden wir vermutlich niemals Programme haben, die mehr als 10 Millionen Zeilen Quellcode umfassen, gleichgültig wie schnell und exotisch unsere Prozessoren werden und in welchem Überfluss sie uns zur Verfügung stehen.

Als die Computerwissenschaft um die Mitte des 20. Jahrhunderts geboren wurde, konnte man nur auf eine einzige die Intuition beflügelnde Erfahrung mit Information zurückgreifen, und die bestand darin, elektrische Impulse über Kabel weiterzuleiten. Die frühen Versionen der Informationstheorie, die noch immer die Lehrpläne beherrschen, beschäftigten sich mit der Punkt-für-Punkt-Abbildung der Welt am Ende eines Kabels. Aus diesem Grund beruht die Computerarchitektur, so wie wir sie kennen, auf simulierten Kabeln. Der Quellcode ist eine Simulation von Impulsen, die wie Variablen oder Botschaften sequenziell weitergeleitet werden können.

Damit Impulse Bedeutung übertragen können, muss man Protokolle haben, die ihnen gemäß ihrer Reihenfolge Bedeutung zuweisen. Im ersten halben Jahrhundert ihres Bestehens wurde die Computerwissenschaft maßgeblich von solchen Protokollen beeinflusst. Dabei hat es sicherlich Erfolge gegeben, wie etwa die Protokolle, die das Internet ermöglichen. Aber Protokolle entsprechen nicht der Funktionsweise natürlicher Systeme. Auch wenn es theoretisch möglich sein mag, algorithmische Protokolle nach der Art des 20. Jahrhunderts zu benutzen, um zu erklären, wie die Sehrinde die vom Sehnerv eintreffenden Signale verarbeitet, wäre dies doch mit einem praktisch nicht zu bewältigenden Maß an Komplexität verbunden. Offenkundig sind Protokolle kein effizientes Mittel zur Erklärung eines Systems, das eine große Anzahl paralleler Inputs empfängt, und wahrscheinlich sind sie ebenso wenig als Methode geeignet, sehr große Systeme zu organisieren. Wenn

wir die Vorstellung des Kabels durch die Vorstellung einer Oberfläche ersetzen, die an vielen Punkten abgetastet werden kann,
müssen wir uns von algorithmischen Protokollen lösen und einen
neuen Satz von Verfahren entwickeln, zu denen auch die Mustererkennung sowie die automatische Unterstützung von implizit
konfirmatorischen Modellen und Vorhersagemodellen gehört.

Um diesen Gedanken zu veranschaulichen, möchte ich ein
Problem aus der Praxis schildern: Seit vielen Jahren arbeite ich
mit Chirurgen an der Entwicklung von Simulationen, die es ihnen
erlauben, das Vorgehen für bestimmte Patienten genau zu planen.
Diese Simulationen sind gemessen am heutigen Standard komplex.
Jede einzelne von ihnen wird von einem Team hochqualifizierter
Fachleute über viele Jahre entwickelt und muss an Tausenden von
Patienten getestet werden, bis sie brauchbar ist.

Angenommen, eine Arbeitsgruppe an einer medizinischen
Fakultät hätte zehn Jahre darauf verwendet, ein hervorragendes
virtuelles Herz zu schaffen, das nachweislich sehr nützlich bei der
Vorhersage chirurgischer Ergebnisse ist. An einer anderen Universität hat unterdessen eine ähnliche Arbeitsgruppe zehn Jahre
in die Entwicklung einer virtuellen Lunge gesteckt. Nehmen wir
nun an, diese beiden Arbeitsgruppen möchten die Ergebnisse ihrer
Arbeiten zu einer virtuellen Brust verbinden. Mit großer Wahrscheinlichkeit werden die beiden Arbeitsgruppen inkompatible
Protokolle verwenden. Sie werden nicht nur verschiedene Computer, verschiedene Betriebssysteme und verschiedene Programmiersprachen gewählt haben, sie werden wahrscheinlich auch unterschiedliche konzeptionelle Ansätze verfolgen. Das eine Team hat
vielleicht einen globalen Top-down-Ansatz betont, während das
andere eher Bottom-up-Regeln den Vorzug gegeben hat. Die eine
Gruppe hebt vielleicht eine Objektsemantik hervor, während die
andere die Annäherung an ein kontinuierliches System anstrebt.
Nach dem neuesten Stand der Technik müssen sich die beiden
Arbeitsgruppen auf ein Übertragungsprotokoll verständigen, das
zum Datenaustausch zwischen ihnen benutzt werden kann. Solche
Protokolle sind problematisch. In diesem Fall könnte es sich er-

weisen, dass die Aufgabe einfach zu komplex ist. Nun, in wenigen Jahren werden wir die Antwort darauf wissen, da der Versuch derzeit unternommen wird. Wenn ein »interorganisches« Protokoll überhaupt möglich ist, wird es zwangsläufig auf einem Kompromiss beruhen, der sich auf die Qualität der Organsimulation nachteilig auswirkt. Ein funktionsfähiges Protokoll dürfte mit großer Sicherheit die Aussichten auf eine Verbesserung der einzelnen Bestandteile der durch das Protokoll verbundenen Organsimulationen verschlechtern.

Um zu verstehen, warum dies so ist, müssen wir das Problem der sogenannten »legacies«, der Altsystem-Hinterlassenschaften in Informationssystemen, näher betrachten. Das Adjektiv, das unsere heutige Software am treffendsten beschreibt, ist »spröde«: Bevor sie nachgibt, bricht sie eher. Dies liegt daran, dass das Festhalten an Protokollen als unverzichtbar betrachtet wird. Aufgrund ihrer Sprödigkeit ist die Software in Schichten aufgebaut. Dies bedeutet, dass es unglaublich kompliziert und teuer wäre, Protokolle auszugraben, von denen bereits unzählige Benutzer auf vielfältige Weise abhängen. Darauf beruht der sogenannte Lock-in-Effekt: Manche veraltete Software ist quasi obligatorisch, weil sich die Nutzer aus Angst vor hohen Kosten scheuen, auf neuere Technologien umzusteigen. Im ausgehenden 20. Jahrhundert machten sich Software-Hersteller dieses Phänomen zunutze und häuften die größten Vermögen aller Zeiten an.

Es gibt eine weitere, noch ärgerlichere Eigenschaft heutiger Software, die ich als »Sedimentierung« bezeichnet habe. Software-Sedimentierung ist ein Prozess, bei dem nicht nur die Protokolle, sondern auch die mit ihnen verbundenen Ideen obligatorisch werden. Ein Beispiel dafür ist der Begriff der Datei. Bis ungefähr 1984 gab es eine Kontroverse darüber, ob Dateien eine gute Idee seien. Manche Computerwissenschaftler waren der Ansicht, es wäre besser, eine feinkörnigere Struktur für »geteilte Information« zu haben – etwa eine einzige globale Datei, die aus winzigen elementaren Komponenten ähnlich Buchstaben besteht. So benutzte die erste interne Version des Macintosh-Computers keine Dateien. Als die Geräte später auf den Markt kamen, wurde das Datei-Konzept dagegen nicht nur von Macintosh, sondern auch von Windows, Unix und mehreren anderen weitverbreiteten Systemen verwendet. Heute wird den Studenten vermittelt, Dateien seien etwas ebenso Grundlegendes und Naturgegebenes wie ein Photon, obwohl es sich nur um eine menschliche Erfindung handelt.

Zurück zum virtuellen Herzen und der virtuellen Lunge. Sobald sich die Arbeitsgruppen auf ein Protokoll verständigt haben, müssen sie sich diesem unterordnen. Das Protokoll übernimmt praktisch die Leitung, denn um es zu revidieren, müssten es beide Arbeitsgruppen gleichzeitig ändern, und dies wäre aufgrund der damit verbundenen Kosten und Komplexität eine praktisch undurchführbare Aufgabe. Ganz gleich, welche Ideen zur Kommunikation zwischen den Organen zur Zeit der Erfindung des Protokolls in Mode sind, sie werden in dem Moment endgültig zementiert, und ein Weiterdenken findet nicht mehr statt.

Aus diesem Grund wäre es für die Computerwissenschaft der nächsten fünfzig Jahre ein lohnendes Ziel, eine Alternative zum Protokoll als Methode zur Verbindung der Komponenten großer Systeme aufzuzeigen. Im Fall des Herzens und der Lunge zeichnet sich eine Alternative bereits ab.

Angenommen, jedes virtuelle Organ würde so tun, als ob das andere ein reales, körperliches Organ wäre, das mithilfe realer Sensoren abgetastet würde. Jedes Organ könnte die wesentlichen Eigenschaften des anderen – wie Temperatur, Druck und chemische Bestandteile – punktuell in Raum und Zeit messen. Jedes Organ würde dem anderen als eine Oberfläche erscheinen, die mit variabler Genauigkeit abgetastet werden kann, ohne dass jedoch höhere Parameter zwischen ihnen ausgetauscht werden. Es gäbe kein Protokoll außer jenem grundlegenden, das von der Art der möglichen physikalischen Messungen vorgegeben wird.

Damit dieses Verfahren funktioniert, muss jede Arbeitsgruppe lernen, die Muster in der Simulation der anderen Gruppe zu erkennen. Das Herz könnte keine Information mehr über seinen Herzschlag versenden, sondern die Lunge müsste dies aus solchen

Informationen wie Blutstrom und Gewebeverdrängung ableiten. Jede Arbeitsgruppe würde auch lernen, ein Modell des anderen Organs zu entwerfen, was die Interpretation der Messungen erleichtern würde. Diese Modelle würden zwar vielleicht nicht als unabhängige, separate Strukturen existieren, aber sie könnten implizit in den gewählten signalverarbeitenden Methoden enthalten sein. Mit großer Wahrscheinlichkeit wären sie auch in der Lage, sich immer wieder neu an Veränderungen anzupassen.

Dieses Verfahren könnte man als »statistische Oberflächenbindung« bezeichnen. Wenn es sich in der Organsimulation bewährt, eignet es sich vielleicht auch für allgemeine Computerarchitekturen. Möglicherweise wird es künftig ein Betriebssystem geben, dessen Komponenten sich gegenseitig erkennen, interpretieren und sogar vorhersagen können. Ein solches System wäre sicherlich weniger fehleranfällig. Wir können zum jetzigen Zeitpunkt nicht wissen, wie gut diese Art von Verfahren funktionieren wird, aber wenn die Computerarchitekturen weiter wachsen sollen – über die Grenzen hinaus, die wir derzeit bewältigen können –, dann ist irgendeine Art der statistischen Bindung unvermeidlich.

So wie die Dinge zurzeit stehen, haben wir einerseits eine schrecklich mühselige Beschreibung eines Informationssystems auf niedrigem Niveau (Protokolle) und andererseits einige hochfliegende Vorstellungen von Komplexität aus einer rein theoretischen Perspektive. Was uns jedoch fehlt, ist eine Betrachtungsweise, die dazwischenliegt – eine Methode, die ein formales Verständnis komplexer Systeme im Sinne der Beziehungen zwischen großen Komponenten ermöglicht. Wenn wir den menschlichen Körper aus dem Blickwinkel des Chirurgen als grafische Darstellung von Informationsoberflächen modellieren können, stellt sich die Frage, ob sich diese Technik vielleicht auch auf andere Probleme, die ein Verständnis lebender Systeme betreffen, verallgemeinern lässt.

Da wir keine Intuition für die relativen Größenordnungen von Informationsstrukturen besitzen, haben wir uns in der Vergangenheit recht schwer damit getan, unsere Errungenschaften auf dem Gebiet der Informationsverarbeitung mit den Leistungen der

Natur zu vergleichen. Sowohl in Fachzeitschriften als auch in der allgemeinen Presse wird immer wieder behauptet, die menschlichen Fortschritte auf dem Gebiet der Computertechnik könnten sich allmählich mit der Komplexität der Natur messen. In diese Kategorie gehören zum Beispiel die häufigen Ankündigungen, dass Computer nun endgültig im Begriff stünden, menschliche Gefühle oder Sprache zu verstehen, oder dass sie es uns demnächst erlauben werden, die Kluft zwischen komplexen Organismen und den einfachen DNS-Sequenzen, über deren reine Katalogisierung wir noch nicht hinausgekommen sind, zu überbrücken.

Unsere Unwissenheit auf diesem Gebiet kann an folgender Frage ermessen werden: War die natürliche Evolution ein stümperhafter, langsamer, ineffizienter Prozess oder das Ergebnis eines sich auf natürliche Weise (in manchen Fällen vielleicht sogar auf Quantenebene) selbst programmierenden parallelen Supercomputers, der sich darauf optimierte, in kürzestmöglicher Zeit ein irreduzibel komplexes Ergebnis zu erzielen? Diese beiden Möglichkeiten stecken die Grenzen dessen ab, was wahr sein könnte. Die Antwort, die wir nicht kennen, liegt irgendwo dazwischen. Meiner Ansicht nach tendiert sie jedoch eher in Richtung des letzteren Extrems: Die Evolution bewältigte eine irreduzibel schwierige Aufgabe vermutlich ziemlich effizient. In unserem gegenwärtigen Dialog über die Zukunft der Wissenschaft und Technik scheint dagegen das andere Extrem vorzuherrschen – die Auffassung, wenn nur das Moore'sche Gesetz noch dreißig bis fünfzig Jahre weiterhin seine magische Wirkung beibehält, werden unsere Computer die Natur überholen.

Die in Kabeln und Protokollen befangene Computerwissenschaft des 20. Jahrhunderts beherrscht die kulturellen Metaphern sowohl der Informationsverarbeitung als auch lebender Systeme. So hat zum Beispiel Jorge Luis Borges eine unendliche Bibliothek beschrieben, die alle Bücher enthält, die jemals geschrieben wurden und möglicherweise noch geschrieben werden. Selbst wenn wir zufälligerweise das Glück hätten, in einem Universum zu leben, das groß genug wäre, sie aufzunehmen (was nicht der Fall ist), müssten endlose Generationen von Menschen geopfert werden, die sich mit Raumschiffen auf den Weg machen, das richtige Regal zu suchen. Viel weniger Arbeit wäre es, gute neue Bücher auf traditionelle Weise zu schreiben. Richard Dawkins wiederum schlug eine unendliche Bibliothek möglicher Lebewesen vor. Er stellte sich vor, dass die unsichtbare und blinde Hand der Evolution die Bibliothek durchstöbern und für jede ökologische Nische jeweils das optimale Lebewesen auswählen würde. In beiden Fällen haben sich die Autoren von unpassenden Informatik-Metaphern des 20. Jahrhunderts anstecken lassen. Auch wenn ein alternativer Ansatz in der Computerwissenschaft noch nicht existiert, können wir zumindest über einige der Eigenschaften spekulieren, die ihn auszeichnen sollten.

Eine neue Computer- und Informationswissenschaft sollte eine Altsystem-Theorie enthalten. Die Konfigurationsräume komplexer kausaler Systeme sind so riesig, dass sie nicht als unendliche Bibliotheken aufgefasst werden können, da niemals genügend Zeit und Energie zur Verfügung steht, um sie gründlich zu durchstöbern. So weist Stuart Kauffman sehr gerne darauf hin, dass die Zahl aller möglichen Proteine selbst von bescheidener Länge so groß ist, dass es das Alter des Universums weit überschreiten würde, sie zu erforschen. Komplexe Systeme häufen also Altwissen an, wodurch sich die Suche im Konfigurationsraum einschränken lässt. Wir müssen uns von der Illusion frei machen, diese könnten überwunden werden. Auf dieser Illusion beispielsweise beruhen die gar nicht so seltenen Vorschläge ansonsten gebildeter Technologen, den menschlichen Stoffwechsel oder gar die Struktur des menschlichen Gehirns radikal aufzurüsten.

Ein Gedanke, der näher untersucht werden sollte, ist die Frage, ob »Altsystem« dasselbe wie »Semantik« ist. »Semantik« ist ein Begriff, der zur Beschreibung all jener mysteriösen Dinge herangezogen wurde, die mit der Syntax Protokoll-basierter Systeme nicht erfasst werden können. So heißt es von natürlichen Sprachsystemen immer, sie machten Fortschritte, aber es mangele ihnen noch an einem Verständnis der Semantik.

»Altsysteme« erzeugen in einem Informationssystem einen unveränderlichen Kontext. Sie sind komplex und wirken wie Linsen, die das kausale Potenzial von Bits erhöhen, weil sie den Konfigurationsraum eines Systems verkleinern. Das »Ja« bei der Trauung ist von größerer Konsequenz als dieselbe Antwort auf die Frage, ob man Feuer habe – zumindest in der Regel. Die Trauungszeremonie ist eine Art »Altsystem«, ein Muster mit einer Geschichte, die nicht leicht rückgängig zu machen ist. Ebenso erlangt auch die DNS nur im Kontext der embryologischen Entwicklung Bedeutung. Ein isolierter DNS-Strang wäre für die intelligenten Außerirdischen in unserem bereits erwähnten Gedankenexperiment mit großer Wahrscheinlichkeit nicht informativ genug, um sie in die Lage zu versetzen, daraus ein Lebewesen zu rekonstruieren.

Es mag im Rahmen einer neuen Computerwissenschaft nützlich sein, natürliche Systeme nicht mehr auf dieselbe feinkörnige Weise als Informationssysteme zu begreifen, wie dies Claude Shannon vorschlug, sondern in einem grobkörnigeren Sinn. Es ist oft behauptet worden, unser Verständnis der Physik am Ende des 20. Jahrhunderts sei so weit fortgeschritten, dass wir alle in lebenden Systemen vorkommenden isolierten Vorgänge, wie zum Beispiel chemische Bindungen, erklären könnten und dass es nun an der Zeit sei, ein Verständnis komplexer Systeme in Angriff zu nehmen. Dies ist leichter gesagt als getan. Wir müssen lernen, natürliche Systeme nach ihrem kausalen Potenzial zu analysieren und zu segmentieren. Zu jedem beliebigen Zeitpunkt wirkt sich nur ein kleiner Teil der Materie oder der Energie eines Systems in signifikanter Weise auf die Zukunft dieses Systems aus – besonders, wenn es sich um ein lebendes System handelt. Und selbst dann gibt es graduelle Unterschiede: Eine winzige Veränderung in einer Synapse kann viel mehr bedeuten als zum Beispiel eine ähnliche Veränderung auf der Oberfläche einer Hautzelle oder fast jeder anderen Körperzelle.

Stuart Kauffman hat vorgeschlagen, Leben als einen Prozess zu definieren, der sich selbst reproduziert und in einem Carnot'schen Kreisprozess Arbeit leistet (das klassische Modell für die Umwandlung von Energie in Arbeit). Dies weist zumindest auf einen möglichen Weg hin, natürliche Systeme zu analysieren und zu segmentieren. Jeder Carnot'sche Kreisprozess ist mit einer Art von Regler verknüpft, der als Teil des Systems dafür verantwortlich ist, dass der Prozess von neuem beginnt. Diese Regler müssen notwendigerweise ein höheres kausales Potenzial besitzen als die übrige am Prozess beteiligte Materie. Das heißt, schon geringfügige Veränderungen am Regler können das System stören, während dies für Änderungen am übrigen System viel weniger gilt. Ob eine solche Methode der Analyse für ein »grobkörniges« Verständnis der natürlichen Welt als Informationssystem nützlich ist, bleibt abzuwarten, aber irgendeine Methode muss gefunden werden.

Wenn wir eine formale, grobkörnige Methode entwickeln, um physikalische Systeme in kausale Informationsstrukturen zu zerlegen, finden wir vielleicht auch einen Maßstab für Komplexität, der sowohl eine quantitative als auch eine energetische Komponente besitzt. So können wir vielleicht fragen, wie aufwendig es für ein System wäre, selbst seine innere kausale Struktur zu ergründen, da die Glieder der Kausalkette physikalisch beschrieben werden können. Die Erfahrung mit grobkörnigen Erklärungen einfacher natürlicher Systeme wird uns dann vielleicht in die Lage versetzen, das, was die Natur uns überliefert hat, zu modellieren. In fünfzig Jahren sind wir vielleicht mit etwas Glück nicht nur in der Lage, zu beschreiben wie DNS funktioniert und welche DNS vorhanden ist (womit wir gerade anfangen), sondern wir verfügen vielleicht sogar über eine Methode, die dazwischenliegenden Komplexitätsebenen zu beschreiben, die Änderungen der DNS einschränken. Möglicherweise lernen wir sogar, die Welt bis zu einem gewissen Grad aus der evolutionären Perspektive zu betrachten, anstatt wie bisher aus der Perspektive eines Moleküls oder Organismus.

In fünfzig Jahren werden die Biologie und die Medizin ein wenig der heutigen Geografie gleichen. Sie werden zum größten Teil vermessen und kartiert und weniger geheimnisvoll sein. Leider ermöglicht die Fähigkeit, die Erde zu kartieren, aber nur in begrenztem Maße, das Reisen zwischen zwei Punkten auf der Erde zu beschleunigen. Ebenso wird die Fähigkeit, bislang geheimnisvolle Aspekte der Biologie zu erklären, uns nicht automatisch in die Lage versetzen, sie auch zu beherrschen. Stattdessen werden wir wahrscheinlich entdecken, welche Aspekte der Biologie irreduzibel komplex sind. Es mag einen Grund dafür geben, dass die Evolution so lange gebraucht hat, um bestimmte Konfigurationen herbeizuführen, und so stellen wir vielleicht fest, dass wir den Prozess nicht abkürzen können. Diese Möglichkeit ist nur ein Beispiel dafür, was die Informationswissenschaft für uns bereithalten mag. Auf vielen Gebieten, von der Ökonomie bis zur Landwirtschaft, werden wir an Komplexitätsgrenzen stoßen – Grenzen, die nicht notwendigerweise durch den Bau größerer und schnellerer Computer überwunden werden können. Wir werden allmählich erkennen, dass sie die wahren Grenzen des Möglichen sind. Noch wissen wir zwar nicht, wo sie liegen, aber in fünfzig Jahren werden wir es wissen.

(1998)

KAPITEL 6

Essays nach dem Erscheinen von
Wem gehört die Zukunft?

Die falschen Ideale im Netz

Wir alle, die wir das Internet lieben, schätzen daran besonders, dass so viele Menschen dazu beitragen. Es ist kaum zu glauben, dass Skeptiker sich einst fragten, ob überhaupt jemand online etwas Interessantes zu sagen haben würde.

Es gibt jedoch eine gewisse überholte Sorte digitaler Orthodoxie, auf die wir getrost verzichten können. Nach dieser Weltanschauung ist das Internet ein immerwährender Kampf der die Freiheit liebenden Guten gegen die Bösen in Gestalt altmodischer Hollywood-Medienmogule. Die Bösen wollen das Urheberrecht verschärfen und damit verhindern, dass anonym kopierte Videos und andere Inhalte ins Netz gestellt werden.

Der im Repräsentantenhaus beratene »Stop Online Piracy Act« (SOPA) – im Senat läuft eine ähnliche Gesetzesinitiative – gilt dabei als die größte Katastrophe aller Zeiten. Beliebte Websites wie Wikipedia blieben aus Protest am Mittwoch abgeschaltet. Google setzte einen schwarzen Balken über sein Namenslogo. Etwas in dieser Art hat sich noch nie ereignet, und es ist so außergewöhnlich, weil der Widerstand gegen SOPA tatsächlich für wichtiger erachtet wird als die Neutralität dieser Websites.

In den verschiedenen Gesetzesentwürfen sind zugegebenermaßen drakonische Maßnahmen vorgesehen, die mich in die Kritik meiner Kollegen einstimmen lassen. Unser Widerstand hat allerdings so extreme Formen angenommen, dass wir unserer Sache eher schaden als nützen. Die wenigen Technologiefirmen, die SOPA offen unterstützen, werden nicht nur kritisiert, sondern auch von Branchentreffen ausgeschlossen oder boykottiert. Wir als erklärte Hüter der freien Meinungsäußerung erteilen anderen Menschen Redeverbot. In der Folge entsteht ein eisiges Klima, in dem sich keiner mehr zu sagen traut, was er denkt.

Dabei ist es unsere Vorstellung von einem offenen Internet, das im Grunde bereits verzerrt ist – wenn auch nicht von den alten Medienkonzernen mit ihrer panischen Angst vor Datendiebstahl. Bis vor einem Jahr hatte ich beispielsweise viel Freude an gewissen von Nutzern selbst erzeugten Inhalten: Ich habe mich also an Foren beteiligt, in denen sich Musiker über ihre Musikinstrumente austauschten.

Seit Jahren hatte man mich davor gewarnt, altmodische Kontrollfreaks wie Medienmogule könnten mir künftig den Zugang zu meinen geliebten Foren verwehren. So könnte ein Forum geschlossen werden, weil es auf einem Server mit raubkopiertem Material gehostet war.

Ein solches Szenario halte ich durchaus für möglich, aber im Grunde ist es etwas anderes, das meine Freiheit bei der Beteiligung an meinen Foren zumindest unter für mich akzeptablen Bedingungen beschneidet: firmeneigene soziale Netzwerke. Wie viele andere Kommunikationsformen wandern die Unterhaltungen über Musik immer mehr auf private Websites ab – besonders Facebook. Will ich mich weiter beteiligen, dann muss ich die Bedingungen von Facebook akzeptieren – heißt: Ich werde analysiert, und dann wird nach Möglichkeiten gesucht, wie man diese Analyse an Dritte verkaufen kann.

Im Augenblick kümmert mich das kaum, weil ich bei Facebook viele Leute kenne und weiß, dass sie anständig sind. Aber ich habe schon erlebt, was mit Firmen im Lauf der Zeit passieren kann. Wer weiß schon, wer in zwanzig Jahren über meine Daten verfügt?

Sie werden vielleicht einwenden, dass das jeder für sich selbst entscheiden kann. Aber man darf die Rolle von Netzwerken und ihre Auswirkungen nicht außer Acht lassen. Ab einem gewissen Punkt werden die Wahlmöglichkeiten stark eingeschränkt.

Und das ist nicht die Schuld von Facebook! Wir Idealisten haben selbst auf dem freien Fluss von Online-Information bestanden, und das bedeutet, dass Profite nicht mit Informationen, sondern mit Informationsdienstleistungen erzielt werden. Manche Firmen verkaufen tatsächlich Informationen, aber das hat nichts zu tun mit der Vermarktung der alltäglichen, vom Internetnutzer selbst erzeugten Inhalte.

Die Verherrlichung der »Gratis-Inhalte« brachte es mit sich, dass »Werbung« zum wichtigsten Faktor im offenen Teil der Informationswirtschaft wurde. Neue Wettbewerber haben es in diesem System übrigens gar nicht so leicht. Wenn die Netzwerke erst einmal etabliert sind, lässt sich ihre Macht kaum noch begrenzen. Die Werbekunden von Google beispielsweise wissen genau, was passiert, wenn sie sich zurückziehen. Nach Googles Auktionsmodell für den Verkauf von Werbefläche wird dann einfach der nächste Bieter nachrücken und den Platz des abgewanderten Höchstbietenden einnehmen. Angesichts solcher klaren Konsequenzen bleiben die Werbekunden Google meist treu, denn die Folgen einer Kündigung sind kaum zu überschauen.

Eine naheliegende Strategie im Kampf um ein möglichst großes Stück aus dem Werbekuchen besteht darin, einen beträchtlichen Teil des Internets so abzugrenzen, dass Google nicht mehr hineinsehen kann. So versucht Facebook, Geld zu verdienen, indem es eine riesige, von seinen Nutzern erzeugte Menge an Informationen in einer von Google abgetrennten Welt hortet. Netzwerke sperren ihre Nutzer ein – seien es die Mitglieder von Facebook oder Googles Werbekunden.

Dieser Glaube an »Gratis-Inhalte« blockiert die künftige Entwicklung des Internets. Wenn aber nun jeder gewöhnliche Nutzer für seine Beiträge Kleinstbeträge erhalten würde? Wenn jede Art von Inhalt honoriert würde, anstatt nur die Inhalte der Medienmogule, dann könnten alle von der Informationswirtschaft profitieren. Aber in der laufenden Debatte wagt man solche Ideen kaum laut auszusprechen.

An meine Freunde, die sich für ein »freies« Internet engagieren, habe ich folgende Frage: *Was habt ihr denn erwartet?* Wir im Silicon Valley haben das Urheberrecht untergraben, um das Geschäft von den Inhalten auf die Dienstleistungen zu verlagern – auf unseren Code statt ihre Daten. Das führte zwangsläufig dazu, dass wir die Kontrolle über unsere persönlichen Inhalte, unsere Daten verlieren. So haben wir nicht nur Hollywood und die althergebrachten Medienverlage geschwächt, sondern auch uns selbst.

(2012)

Es gibt kein Utopia im Netz –
Zeit für einen Neustart

Manchmal vermasselt man etwas. Ich gehöre zur ersten Generation der Cyberkultur. Wir haben seinerzeit voller Idealismus gefordert, dass Informationen frei verfügbar sein müssen, dass Dateien einfach weitergegeben werden und man freiwillig zum Online-Leben beiträgt. Heute, mit unseren Erfahrungen im realen Leben, wissen wir, dass wir davon Abstand nehmen und bessere Ideen entwickeln müssen.

Als Musiker habe ich mich früher bitter über Plattenfirmen beklagt und war überzeugt davon, dass dank der digitalen Neuerungen und Umbrüche eine bessere Welt entstehen würde. Aber als es schließlich so weit war, musste ich mitansehen, wie eine ganze Branche verschwand und Studiomusiker, Plattenverkäufer und andere Angehörige der Mittelklasse ihren Arbeitsplatz verloren. Beliebte und renommierte Musiker mittleren Alters standen beruflich plötzlich vor dem Aus, es sei denn, sie waren richtige Stars. Ich sah, wie sich ein fantastisches Vermögen auf einige wenige Firmen in Kalifornien konzentrierte, während die Industrieländer gleichzeitig eine schwere Rezession durchmachten. Wir schufen kein goldenes Zeitalter, sondern ein vergoldetes Zeitalter, in dem, wie schon Ende des 19. Jahrhunderts, der Kapitalismus ungehindert regiert.

Aber es kommt noch schlimmer, denn ich selbst habe weiterhin an Technologien gearbeitet, mit deren Hilfe dieser Wandel auch auf andere, noch größere Branchen übertragen werden konnte. Schon heute gibt es autonome Fahrzeuge, die ohne menschlichen Fahrer auskommen und eines Tages Taxi- und Lkw-Fahrer überflüssig machen werden. Automatisierte Systeme haben bewiesen, dass sie Ähnliches leisten können wie die Rechercheassistenten in Anwaltskanzleien, wie Pharmazeuten oder Laboranten in der biologischen Forschung. Eigentlich sollte die Technologie neue Arbeitsplätze schaffen, wenn sie alte Jobs überflüssig macht. Aber wenn wir dafür sorgen, dass Informationen kostenlos sind, welche Arbeitsplätze wird es dann in der neuen Wirtschaftsform, der Informationswirtschaft, noch geben?

Warum ist das Ideal des freien, kostenlosen Informationsaustauschs gescheitert?

Weil es die Natur der Datenverarbeitung ignoriert. Auch wenn ein paar Leute ohne ein Computernetzwerk alles offen teilen, kann es Probleme geben – das hat uns die Geschichte der sozialistischen Experimente gelehrt. Allerdings müssen diese Idealisten nicht zwangsläufig scheitern, zumindest nicht unter bestimmten Bedingungen. Doch wenn dieselben Leute ein Computernetzwerk haben, dann wird *garantiert* derjenige, der den größten Rechner mit den besten Verbindungen hat, die Informationshoheit erlangen. Das bedeutet für den glücklichen Besitzer des Rechners unbegrenzten Reichtum und Einfluss, allen anderen jedoch drohen unsichere Zeiten, Austerität und Arbeitslosigkeit.

Unternehmen wie Google und Facebook entstanden ursprünglich, um all die Informationen zu organisieren, die normale Menschen kostenlos austauschen. Doch dabei sind kaum neue Arbeitsplätze entstanden, geschweige denn eine breite allgemeine Beschäftigung. Stattdessen kam es zu einer neuen Form der Vermögenskonzentration. Normale Menschen können davon profitieren, doch sie profitieren innerhalb einer informellen Wirtschaft, nicht der Wirtschaft eines Industrielandes: Man kann sich hervortun und eine Show abziehen, und eine kleine Anzahl Personen wird dafür belohnt. Gelegentlich bringt ein Projekt bei Kickstarter oder ein YouTube-Video einen unerwarteten Gewinn, aber insgesamt profitiert nur eine kleine, verschwindend geringe Anzahl Personen von diesem System. Die übrigen leben von der Hoffnung.

Dasselbe Muster hat auch auf den Finanzsektor übergegriffen. Wer den leistungsstärksten Computer mit den besten Verbindungen hat, kann Vermögen einfach berechnen. Es ist schon bemerkenswert, dass der Aufstieg der digitalen Vernetzung mit den Finanzkrisen in den Industrieländern einherging. Hätte man nicht das genaue Gegenteil erwarten müssen? Wenn man genauer hinschaut, wird man feststellen, dass die automatisierten Finanzsysteme, die auf dem Grundsatz der »Systemrelevanz« (»too big to fail«) basieren, den Systemen ähneln, die für den Kahlschlag in der Musikindustrie verantwortlich sind.

Ich kann nur mit Mühe akzeptieren, dass die Ideen meiner Jugend nicht funktionieren, aber zum Glück gibt es andere Ideen, die wir jetzt ausprobieren müssen. Wir sollten also nicht verzweifeln. In der Frühzeit der digitalen Medien entstand eine Fülle an Ideen, die wir jetzt wiederentdecken sollten. Ted Nelson, der Erfinder von Hypertext (dem »HT« in »HTML«), stellte sich digitale Netzwerke als universale Mikrozahlungssysteme vor. Bei einem solchen System könnte der Betreiber eines beliebten Blogs mit seinen Einträgen ein paar Dollar verdienen. Entsprechend müsste ein Banker für die Informationen bezahlen, die notwendig sind, um die Hypothek auf ein Haus weiterzuverkaufen. Der Staat müsste für Informationen bezahlen, die er von Überwachungskameras an Straßen und öffentlichen Plätzen oder durch Ausspähungsaktionen erhält. Wir haben diesen Weg damals nicht eingeschlagen, aber vielleicht hätte er uns in eine ausgeglichenere Welt geführt, mit einer geringeren Einkommenskonzentration und einem überlegteren Umgang mit den Daten anderer Menschen. Auch die Mittelklasse wäre dann trotz der zunehmenden Automatisierung weniger gefährdet. Und wir brauchen eine starke Mittelklasse – ohne sie verkümmert die Demokratie.

Es ist also an der Zeit zu akzeptieren, dass das Ideal der Offenheit gescheitert ist und wir andere Wege erkunden müssen.

(2013)

Wie man die digitale Wirtschaft
in Ordnung bringt

Zwei große weltweite Trends scheinen sich zu widersprechen. Einerseits sollen Computernetzwerke alle Arten von zentralisierter Macht stören und sie an den Einzelnen übertragen. Kunden können Konzerne mit getwitterten Beschwerden in die Knie zwingen. Eine winzige Organisation wie WikiLeaks versetzt Weltmächte allein mit Verschlüsselung und Internetzugang in Aufruhr. Junge Ägypter stellen praktisch aus dem Stand nur mit Handys und Internet eine Revolution auf die Beine.

Aber es gibt auch diesen anderen Trend. Die Ungleichverteilung des Wohlstands nimmt in den reichen Ländern weltweit zu – nicht nur in den Vereinigten Staaten. Das oberste Prozent der Bevölkerung bestimmt mit seinem Geld politische Entscheidungen. Der US-amerikanische Arbeitsmarkt ist ausgehöhlt. Unbezahlte Praktika sind weit verbreitet, »Einstiegsjobs« dauern ein halbes Leben, während technische Tätigkeiten und Stellen im Management lukrativer denn je sind. Der Einzelne steht diesen trüben Aussichten offenbar machtlos gegenüber.

Beide Trends sind Realität, und sie stehen im Zusammenhang. Die Störung und Dezentralisierung der Macht fällt zeitlich zusammen mit einer ungeheueren und scheinbar grenzenlosen Machtkonzentration. Was auf den ersten Blick wie ein Widerspruch erscheint, ergibt einen Sinn, wenn man die modernen Gesetze der Macht versteht.

Es lässt sich nicht sagen, wann die Revolution in Ägypten eine bessere Regierung hervorbringt, aber schon jetzt wird deutlich, dass der arabische Frühling den Einfluss und Wohlstand der von den arabischen Aktivisten benutzten Netzwerkfirmen vermehrt hat.

Wie konnte es so weit kommen? Für die Wirtschaft wie für die Politik ist eine solide Mittelklasse Voraussetzung. Märkte können ohne Kunden nicht funktionieren, und der Staat bleibt nicht demokratisch, wenn der Wohlstand zu sehr konzentriert ist. Der technische Fortschritt wird manchmal automatisch als Bedrohung für die Mittelklasse angesehen. Ein Auto ist leichter zu bedienen als ein Pferd, und die Menschen fahren für ihr Leben gern. Aber warum bezahlt man dann Fern- oder Taxifahrer überhaupt? Weil man immer noch Leute braucht, die das Fahren übernehmen – auch wenn diese weniger Mühe damit haben als ihre Kollegen in prä-motorisierten Zeiten. Die Gewerkschaften haben für Löhne und Arbeitsbedingungen gekämpft, die aus den Fuhrleuten Angehörige der Mittelklasse gemacht haben. In diesem Jahrhundert ist uns diese Einsicht im Hinblick auf die digitalen Netzwerke abhandengekommen, denn immer mehr Menschen werden nicht für das bezahlt, was sie tun, obwohl das, was sie tun, gebraucht wird.

Plötzlich ist es viel schwieriger, in den Bereichen der Kommunikation und des kreativen Ausdrucks (Musik, Journalismus und so weiter) Arbeit zu finden, weil Informationen doch umsonst erhältlich sein sollen. Kein Wunder, dass Horatio Alger und seine Beschwörung des amerikanischen Traums aus dem 19. Jahrhundert Auferstehung feiert. Die jungen Journalisten und Musiker sollen nur hart genug arbeiten, dann findet sich schon die passende Erwerbsmöglichkeit. Leider gibt es aber nur wenige verbürgte Fälle, in denen das geklappt hat. Die Allermeisten hoffen ihr Leben lang vergeblich auf Erfolg, geben sich unterdessen mit den »Vorzügen« einer auf Reputation und Tauschhandel beruhenden informellen Wirtschaft zufrieden und verhelfen damit einer entrückten kleinen Elite zu wirklichem Reichtum. Die Verteilungskurve ist keine Glocke, sondern ein messerscharfer Wolkenkratzer, der einen ausgemergelten »Long Tail« hinter sich herzieht.

Wie dem Journalismus und der Musikindustrie so wird es bald auch allen anderen Branchen ergehen, wenn der Kreis nicht durchbrochen wird. Die technischen Möglichkeiten werden sich auch in diesem Jahrhundert weiterentwickeln. Immer mehr Tätigkeiten werden von Software übernommen werden. Selbstfahrende Lastwagen werden die Kraftfahrer ersetzen, und in Bergwerken werden Roboter anstelle von Bergleuten arbeiten. Statt großer Fabriken wird es in jedem Haus 3D-Drucker geben. Schon heute leisten Versuchsroboter als Rechtsgelehrte, Pharmazeuten und Wissenschaftler mehr als viele Menschen in ihren Bürojobs. Jede Art von Automation beruht letztlich aber auf von Menschen erzeugten Daten. Eine magische »künstliche Intelligenz« gibt es nicht. Wenn ein großer, weit entfernter Computer beispielsweise einen Text vom Englischen ins Spanische übersetzt, dann versteht er nicht, was er tut. Er vermengt nur bereits bestehende, von wirklichen Menschen erzeugte Übersetzungen, was aber im Getriebe des Internets schon vergessen ist.

Es stehen immer wirkliche Menschen hinter dem Vorhang. Die Ungleichheit verschärft sich nicht, weil Menschen nicht gebraucht werden, sondern wegen der Illusion, dass sie gar nicht da wären.

Im Kern fast eines jeden aufstrebenden heutigen Machtzentrums findet sich ein riesiger Computer. In der Vergangenheit gewann man Macht und Einfluss, indem man etwas kontrollierte, was die Menschen brauchen, wie Erdöl oder Transportwege. Heute kann man mächtig sein, weil man den wirkungsvollsten Computer in einem Netzwerk besitzt. In der Regel wird dieser Computer der größte und am besten vernetzte sein – in Einzelfällen kann auch einmal ein kundig betriebener, kleiner Computer mithalten, wie im Fall von WikiLeaks. Das geschieht aber so selten, dass wir uns nicht der Illusion hingeben sollten, durch Computer würden alle Unterschiede ausgeglichen, wie mit den Feuerwaffen im Wilden Westen.

Die neue Klasse ultra-einflussreicher Computer zeigt sich in vielerlei Gestalt. Manche werden im Finanzsektor beispielsweise im Hochfrequenzhandel eingesetzt, andere im Versicherungsunternehmen, bei politischen Wahlen oder im Online-Handel. Mache sind bei sozialen Netzwerken zu finden, andere bei den nationalen Geheimdiensten. Sie unterscheiden sich nur marginal voneinander. Ich bezeichne sie als »Sirenenserver«.

Sirenenserver sind in der Regel riesige Anlagen an abgelegenen Orten, mit einem eigenen Kraftwerk für die Stromversorgung und einem speziellen Anschluss an die Natur – einen Fluss beispielsweise, der die unfassbare Menge an Abwärme abführt. Für ihre Besitzer führen Sirenenserver Berechnungen durch, mit denen sich die Risiken vermindern, Wohlstand und Einfluss dagegen vermehren lassen. So war es in der Zeit vor den Großcomputern und den kostengünstigen Netzwerken nicht möglich, die nötigen Daten zu sammeln und zu analysieren, die Krankenversicherer in Versuchung brachten, eine »perfekte« Krankenversicherung zu schaffen, bei der nur noch die versichert werden, die eine Versicherung am wenigsten brauchen. Mit Großcomputern ist das nicht nur möglich, die Sache ist unwiderstehlich.

Bei großen Finanztransaktionen ist es ähnlich. Eigentlich macht man die Deregulation für die Zunahme gewagter Finanzgeschäfte verantwortlich – es lässt sich allerdings auch vertreten, dass die Moore'sche Regel, nach der Computer mit wachsender Geschwindigkeit besser und billiger werden, dafür sorgte, dass es früher oder später unwiderstehlich sein würde, Risiken mithilfe von Computern zu minimieren.

Der verführerische Duft der digitalen Optimierung stieg Investoren während der siebziger Jahre zum ersten Mal in die Nase. Der erste bedeutsame Börsencrash, der zumindest teilweise auf den automatisierten Handel zurückzuführen ist, ereignete sich im Jahr 1987. Große computergestützte Programme wie die von Long Term Capital Management und Enron ließen bereits erkennen, was dann in der Weltwirtschaftskrise von 2007 bis 2009 seinen vorläufigen Höhepunkt erreichte.

Seit Netzwerke billig und Computer riesig geworden sind, ist der Finanzsektor im Vergleich zur übrigen Wirtschaft aberwitzig angewachsen, obwohl er dabei die restliche Wirtschaft immer mehr in Gefahr gebracht hat. Dies geschieht ganz automatisch und ohne böswillige Absicht, wenn jemand in einem offenen Netzwerk einen besseren Computer als alle anderen hat. Mit der überlegenen Rechenkraft kann man dann für sich die weniger riskanten

Möglichkeiten wählen und den anderen die riskanteren Optionen überlassen. Wäre die Wirtschaft unendlich, dann könnte sie das davon ausgehende Risiko verkraften. Die unvermeidlichen gewaltigen Rettungsprogramme auf Kosten der Allgemeinheit waren nicht nötig, weil das System unsinnig war, sondern weil das System schließlich der übrigen Welt eine zu große Belastung aufbürdete. Einem gängigen Spruch zufolge gehört die Privatsphäre der Vergangenheit an. Wenn man aber seine Privatsphäre an einen Sirenenserver verliert, dann ist das schlimmer, als wenn ein kleiner Online-Krimineller die eigene Kreditkarte oder Sozialversicherungsnummer in die Hand bekommt. Die Vorlieben eines jeden gewöhnlichen Menschen was Musik, Freunde, Einkäufe, Lesestoff und Reisen im Verlauf eines Tages angeht, sind nur ein Teil des Datenstroms, der heutzutage von Algorithmen verglichen und analysiert wird.

Der Reiz, alles und jeden auszuspähen, liegt darin, dass sich Verhaltensmodelle von Menschen gewinnen lassen. Diese Modelle sind zwar alles andere als perfekt, genügen aber für grobe Vorhersagen – und dazu, die Menschen nach und nach zu beeinflussen. So werden Vorlieben und Konsum wirkungsvoller und heimtückischer gesteuert, als es noch die unterschwelligste Werbebotschaft könnte.

Manipulation zeigt sich etwa in Gestalt bezahlter Links in kostenlosen Online-Angeboten, als automatisch personalisierter Wahlaufruf für einen bestimmten Kandidaten bei einer Wahl oder genau zugeschnittene Kreditangebote. Kaum jemand ist gezwungen, in einem bestimmten Fall das Angebot des Sirenenservers anzunehmen, aber im breiten statistischen Mittel wird der Population nichts anderes übrig bleiben, als die gewünschte Richtung einzuschlagen. Genau deshalb sind Unternehmen wie Google so werthaltig. Es gibt zwar keine Garantie, dass ein bestimmtes Werbebanner auf Google die gewünschte Wirkung zeigt, aber Googles Werbekonzept insgesamt muss nach den Regeln der Statistik Erfolg haben. Die überlegene Rechenkapazität erlaubt es den Sirenenservern, die breite Masse wirkungsvoll und ohne jeden Zwang zu manipulieren und davon fast auf magische Weise zu profitieren. Selbst freundliche, konsumentenorientierte Sirenenserver müssen letztlich ihre Kosten auf die Gesamtgesellschaft abwälzen. Sie können nur profitabel arbeiten, wenn niemand für die Daten bezahlt wird, aus denen sie ihre statistischen Systeme ermitteln.

Sirenenserver entfremden unsere Identitäten als Konsumenten und Erwerbstätige voneinander. In einigen Fällen ist der Kausalzusammenhang offensichtlich: Kostenlose Musikdownloads sind wunderbar, aber sie kosten Musikern den Job. Kostenlose Lehrveranstaltungen am College sind prima, aber gleichzeitig verschwinden immer mehr feste Professorenstellen. Immer mehr Nachrichten sind umsonst zu haben, aber für investigativen Journalismus und Auslandsberichte ist immer weniger Geld da. Man kann sich leicht ausmalen, wie dieser Trend auch die Industriezweige der Zukunft wie das 3D-Drucken und die erneuerbaren Energien erfasst.

Wichtigstes Prinzip bei der Steigerung des Einflusses eines Sirenenservers ist Zurückhaltung. Das lässt sich fast mit dem Zen vergleichen. Ein großes computergestütztes Finanzierungsvorhaben ist am erfolgreichsten, wenn die Eigentümer keine Ahnung haben, was sie eigentlich finanzieren. Es geht darum, dafür zu sorgen, dass andere die Risiken tragen, und Wissen bedeutet Risiko. Der neue Trick ist, keine Ahnung davon zu haben, ob die gebotenen Sicherheiten nun in betrügerischer Absicht gebündelt wurden oder nicht.

YouTube übernimmt nicht die Verantwortung dafür, ob ein hochgeladenes Video vielleicht Urheberrechte verletzt. Facebook kann nicht dafür zur Rechenschaft gezogen werden, wenn ein Teenager in den Selbstmord getrieben wird.

Es geht darum, computergestützt zu agieren – je mehr meta, desto besser –, aber ohne als Agierender zu erscheinen oder sich so zu verhalten. Die digitale Beutejagd geschieht ganz automatisch und ohne Risiko auf Armeslänge. Unterlagen werden von »Robo-Signern« unterzeichnet und Preise von »Price Bots« festgesetzt.

Ist dieses Prinzip erst einmal verstanden, dann löst sich der scheinbare Widerspruch, dass die Macht gleichzeitig stärker und weniger stark konzentriert wird, auf. Altmodische Machtausübung – beispielsweise durch Zensur in sozialen Netzwerken – würde diese neuartige Macht mindern, die doch auf dem privaten Ausspionieren der Aktionen der Menschen in den sozialen Netzwerken beruht.

Tatsächlich werden die Sirenenvorhaben häufig mit Lockvogelangeboten schmackhaft gemacht: aberwitzig billige und unbürokratische Hypotheken, kostenlose Musik, Videos, Internet-Suche und soziale Netzwerke – all das sind Beispiele für »Plunder«, mit dem man die Leute dazu bringen will, dem Lockruf des Sirenenservers zu folgen.

Und trotzdem bin ich optimistisch.

Ted Nelson beschrieb in den sechziger Jahren als Erster, wie Menschen digitale Netzwerke für die Zusammenarbeit und den Austausch ihrer Ansichten nutzen könnten. Er sah mögliche Probleme voraus und nannte mögliche Lösungen. Eine Nelsonische Lösung könnte folgendermaßen aussehen: Führe ein allgemeingültiges System für die Übermittlung von Mikrohonoraren ein. Weise nach, woher die Informationen stammen. Bezahle Menschen, wenn Informationen, die es nur gibt, weil es diese Menschen gibt, plötzlich werthaltig sind – ganz egal, um welche Art von Informationen es sich handelt und ob ein Mensch sie zur Verfügung stellen wollte oder nicht. Lass die Märkte den Preis dafür festsetzen.

Ich habe mich daran gewöhnt, dass Leute an dieser Stelle die Augen verdrehen. Wie könnte sich so ein System jemals durchsetzen? Wäre das nicht viel zu kompliziert? Würde es für Arme und Behinderte neue Barrieren aufbauen? Könnte es wirklich funktionieren, oder wäre es doch nur eine neue Bühne für neue Ungerechtigkeiten?

Gelegenheiten zum Ausprobieren neuer ökonomischer Ideen bieten sich in rascher Folge. Das 3D-Drucken beispielsweise ist unter Bastlern schon jetzt der Hit. Sie drucken sich in diesen magischen Kabinetten alle Arten von Nippes, anstatt sich das Zeug im Laden zu kaufen. Die Entwürfe für die Gegenstände werden im Augenblick ebenso kostenlos weitergegeben wie Musikdateien. Wie häufig sind es Gemeinschaften einflussreicher Programmierer, die vorgeben, wie neue Informationsdienste für Verbraucher genutzt werden, und die kostenlose Verbreitung von Information ist in der Softwarekultur fest verankert.

Warum nicht einfach ausprobieren? Wir Technikfreaks könnten doch versuchsweise ein System starten, bei dem man etwas für die Druckvorlagen bezahlt. Falls es beim 3D-Drucken dafür schon zu spät ist, dann werden sich andere Gelegenheiten bieten. Wir müssen einfach experimentieren. Wir müssen lernen, wie man auch in einer hochgradig automatisierten Gesellschaft eine tragfähige Mittelklasse erhalten kann.

Wenn Informationen direkt von einer Person an die andere weitergegeben werden, wäre die Online-Welt vielleicht einfacher und durchschaubarer. Da unsere Informationssysteme aber so erdacht sind, dass sie von vornherein vergessen, wer eine Information geliefert hat, müssen Dienste wie Google und Bing das globale Netz ständig durchkämmen, um die Zusammenhänge zwischen den Daten wiederherzustellen. Sirenenserver wissen, wer mit ihren Daten verlinkt ist – der einfache User selbst weiß es nicht.

Aber selbst die gigantischen Sirenenserver der Gegenwart würden von einer honorargestützten Informationswirtschaft profitieren, weil diese auf gesündere Weise wachsen würde. Bislang ist ihr Wachstum ungesund, weil die Bilanz zwangsläufig verzerrt ist, wenn die von gewöhnlichen Menschen gelieferten Informationen in den Rechnungsbüchern einfach nicht auftauchen. (Dass ich in der Forschungsabteilung für Microsoft arbeite, bedeutet nicht, dass meine Texte dort autorisiert werden. Ich lege hier meine persönliche Meinung dar.)

Von Skeptikern sind bisweilen gewisse elitäre Vorurteile zu hören. Es heißt dann beispielsweise:»Die meisten Leute würden gar nicht viel beitragen.« Es gibt aber bereits empirische Hinweise, mit denen sich derartigem Pessimismus begegnen lässt.

In Netzwerken mit einer zentralen Kontrollstelle wie YouTube oder dem Apple Store ist das American-Dream-Prinzip nach Horatio Alger in der Verteilung der Ergebnisse erkennbar: Es gibt sehr wenige wirkliche Gewinner und zahllose Hoffende. In dichter und direkter vernetzten Systemen wie Facebook haben die Leute in der Regel eher Verbindungen zu einer großen Zahl anderer Menschen, als zu einigen wenigen Stars. Wenn sich also Facebook-Nutzer gegenseitig bezahlen würden, dann wären die wirtschaftlichen Erträge gleichmäßiger verteilt.

Vorteilhaft an bezahlten Informationen könnte außerdem eine bessere Balance der Macht im Staat sein. Solange Informationen umsonst sind, kostet es auch nichts, Daten über die eigenen Bürger zu sammeln. Ich würde es gutheißen, wenn die Behörden – ebenso wie jeder andere auch – einer Person jedes Mal etwas zahlen müsste, wenn die Person mit einer Kamera beobachtet wird. Zu Sicherheitszwecken soll der Staat Überwachungskameras natürlich einsetzen dürfen, aber nur in eingeschränktem Umfang. Es dürfte weiterhin nicht möglich sein, dass Kandidaten Wahlen gewinnen, weil sie über den besten Sirenenserver verfügen, aber das ist nur ein Problem, solange Informationen kostenlos sind. Den Bürgern darf die Kontrolle über die Finanzen nicht aus der Hand genommen werden.

Das Internet ist oft mit dem Wilden Westen verglichen worden, mit Träumern und Intriganten, mit seiner großen Verheißung von kostenlosem Land (das natürlich in der Praxis nur durch eine einzige monopolistische Eisenbahn zu erreichen war). Wir haben diese Gratis-Mentalität schon einmal hinter uns gelassen und können es auch diesmal schaffen.

(2013)

Wie sollen wir uns Privatsphäre vorstellen?

Eins: Unvollkommene Information

Bei komplexen und schwierigen Fragen trägt meist zur Klärung bei, sich zunächst einmal an die Fakten zu halten. Im Fall der Privatsphäre werden uns diese allerdings vorenthalten. Denjenigen, die unsere Privatsphäre eingeschränkt haben – seien es nun staatliche oder privatwirtschaftliche Stellen –, ist es allerdings am liebsten, wenn wir die ihre nicht einschränken. Die National Security Agency (NSA) beispielsweise hielt das volle Ausmaß ihrer ungeheuren elektronischen Überwachungsmaßnahmen lange im Verborgenen. Selbst nach den kürzlich bekannt gewordenen Enthüllungen des ehemaligen NSA-Auftragsnehmers Edward J. Snowden wissen wir höchstens annäherungsweise, was eigentlich geschieht.

Niemand hat ein vollständiges Bild davon, wer in unserer heutigen Welt welche Daten über wen gesammelt hat. Einige Organisationen wie beispielsweise die NSA wissen sehr viel mehr als andere, aber selbst sie kennen nicht alle bei Unternehmen und in der Verwaltung zur Bearbeitung persönlicher Daten eingesetzten Algorithmen oder ihren Zweck.

Aus diesem Grund ist die Privatsphäre ein sehr undurchsichtiges Thema, dem wir uns nur in vor-wissenschaftlicher Weise nähern können. Wir müssen uns dabei mehr auf Theorien, auf Philosophie, Selbstwahrnehmung und Anekdoten verlassen, als uns lieb ist.

Zwei: Was ist Privatsphäre?

Die Einstellung zur Privatsphäre ist sehr unterschiedlich in verschiedenen Kulturen. Ich bin in New Mexico aufgewachsen und habe einen Sommer mit Pueblo-Indianern gelebt. Diese haben sich immer wieder darüber beklagt, die Anthropologen hätten ihrer Kultur noch größeren Schaden als die Missionare zugefügt, weil sie ihre Geheimnisse öffentlich gemacht hätten. Dabei war ein Sohn des Ehepaars, das mir das erzählte, selbst Anthropologe. Im Gegensatz dazu platzten chinesische Studenten in Studentenheimen in den USA regelmäßig und ohne anzuklopfen in fremde Zimmer und konnten gar nicht begreifen, was daran falsch sein sollte. Das hat sich inzwischen geändert, wie sich ganz China verändert hat. Heutzutage heißt es von den Jungen und Hippen gelegentlich, sie scherten sich weniger um ihre Privatsphäre als die Älteren. Wer in einer Welt ohne tragbare Computer aufgewachsen ist, stört sich eher an einer Kamera, die sein gegenüber im Gesicht trägt. Unternehmen wie Facebook sind ebenso dafür kritisiert wie gelobt worden, dass sie junge Menschen an Aktivitäten der NSA und anderer Geheimdienste gewöhnt haben. Am vehementesten wird die Privatsphäre möglicherweise von den Waffenbesitzern verteidigt, die befürchten, dass ihre Waffen möglicherweise irgendwann eingezogen werden, wenn die Behörden sie erst einmal registriert haben.

Trotz der verschiedenen Ansichten in Sachen Privatsphäre kommen bei einer Unterhaltung darüber unweigerlich die einzugehenden Kompromisse zur Sprache. Wenn der Staat Terroristen fassen will, bevor sie zuschlagen, dann muss er in der Lage sein, die persönlichen Informationen der Menschen zu analysieren. Der Bürger kann also nicht gleichzeitig Anspruch auf Privatsphäre und auf Sicherheit erheben. So wird es jedenfalls in der Regel dargestellt.

Diese Denkweise beinhaltet aber einen Fehler. Unter dem Gesichtspunkt einzugehender Kompromisse wird die persönliche Privatsphäre als gesellschaftlich sanktionierter Fetisch dargestellt – als »Schmusedecke« für Erwachsene. Gefragt wird: Wie viel von ihrer Privatsphäre sind die Menschen bereit, für gewisse Gegenleistungen aufzugeben? Die Formulierung impliziert, dass der Wunsch nach Privatsphäre anachronistisch und überholt ist. Es ist, als würde man erörtern, wie bitter eine Medizin maximal sein darf, damit sie ein Patient noch schluckt, um eine schwere

Krankheit zu heilen. Dabei schwingt der Vorwurf mit: Der Patient solle sich gefälligst nicht so anstellen! Die große Beschwichtigung lautet: Die Leute müssen einfach mehr »teilen«, dann könnten sie die Vorzüge der Online-Netzwerke besser genießen und dort mehr Werte schaffen.

Die Versuchung ist groß, persönliche Gefühle über die Privatsphäre einfach abzutun, weil sie schwer zu fassen sind. Aber das wäre vermutlich ein Fehler. Wer weiß, wozu es gut ist, dass verschiedene Menschen oder Kulturen unterschiedliche Ansichten zur Privatsphäre haben? Die kulturelle Vielfalt sollte als Wert an sich anerkannt werden. Wer andrer Ansicht ist, geht davon aus, dass Kultur, Denken und Informationen bereits optimiert sind und dass es bezüglich der Privatsphäre – wie immer sie definiert sein mag – nur eine richtige Haltung geben kann. Kein Ökologe käme jemals auf die Idee zu behaupten, dass die Evolution ihren Endpunkt erreicht habe. Daher kann man auch nicht allen Menschen dieselbe Ansicht über Informationen verordnen. Jeder sollte unter verschiedenen Ausprägungen der Privatsphäre frei wählen können.

Drei: Privatsphäre als Machtfaktor

Im Informationszeitalter bedeutet Privatsphäre im Grunde nichts anderes als Informationen, zu denen manche Zugang haben, andere nicht. Die Privatsphäre entscheidet als Schiedsrichter, wer mehr Kontrolle bekommt.

Im Ringen um Wohlstand und Einfluss sind Informationen seit jeher ein entscheidendes Werkzeug, im Informationszeitalter sind sie aber zum wichtigsten Werkzeug geworden. Die Vorherrschaft bei den Informationen lässt sich immer weniger von Geld, politischem Einfluss oder anderen Merkmalen der Macht unterscheiden. Die größten finanziellen Vorhaben sind heute die mit der größten Rechenleistung, wie sich am Boom des Hochfrequenzhandels ablesen lässt. Vom Rechnen im großen Stil haben nicht nur einzelne Firmen profitiert – es hat sich auch makroökonomisch ausgewirkt, da es den Finanzsektor so maßlos aufgebläht hat. Unternehmen wie Google und Facebook verkaufen nichts anderes als Rechenleistung für die Steigerung der Effizienz dessen, was wir immer noch »Werbung« nennen, obwohl es immer weniger darum geht, jemanden mit Worten und Bildern dazu zu bringen, etwas zu kaufen. Werbung besteht heute eher darin, zu kontrollieren, welche Informationen für den Kunden bequem verfügbar sind. In ähnlicher Weise geht es bei Wahlen darum, durch Rechenleistung überzeugbare Wähler zu ermitteln und sie zum Wahlgang zu motivieren. Die Privatsphäre ist das Herzstück des Gleichgewichts zwischen dem Einzelnen und dem Staat sowie zwischen wirtschaftlichen und politischen Interessen.

Dies bedeutet, dass der Einzelne an Einfluss verliert, wenn er seine Privatsphäre nicht schützen kann. Die Privatsphäre ist zu einer wichtigen Pflicht geworden, deren Ausübung die meisten von uns nicht erlernt haben. Wer Bescheid weiß, kann seine Sicherheit im Informationszeitalter besser schützen (beispielsweise gegen Identitätsdiebstahl). Technisch versierte Menschen sind daher heutzutage im Vorteil – auf dem Arbeitsmarkt ebenso wie im täglichen Leben. Manche Netz-Aktivisten sind der Ansicht, wir sollten Geheimnisse völlig abschaffen. Aber dieselben jungen Technikfreaks, die dafür eintreten, alles zu teilen, treten vehement dafür ein, Spybot-Programme zu blockieren, die vielen Websites zu schaffen machen, und propagieren die Verschlüsselung der elektronischen Kommunikation. Hier kommen sich die Ansichten der jungen Technikfreaks und der großen Technologiekonzerne sehr nahe. Facebook und seine Konkurrenten werben bei ihren Nutzern für Offenheit und Transparenz, aber verbergen ihre Rechenmodelle zur Vorhersage des Verhaltens ebendieser Nutzer tief im dunklen Keller.

Vier: Die Zombie-Bedrohung

Wir sind mit einer außergewöhnlich gutmütigen technischen Elite geschlagen. Die meisten jungen Betreiber der riesigen Cloud-

Computing-Unternehmen, denen wir moderne Annehmlichkeiten wie soziale Netzwerke und Suchmaschinen verdanken, handeln genau wie ihre Kollegen in der Welt der Geheimdienste zum überwiegenden Teil in bester Absicht. Doch stellen wir uns nur einmal vor, was passiert, wenn die netten jungen Technikfreaks zu verbitterten Alten werden sollten oder ihre Imperien an viel zu mächtige und viel zu ahnungslose Erben abtreten. Sich dies auszumalen fällt nicht schwer, da ein derartiger Vorgang in der Geschichte eher die Regel darstellt. Das mag herzlos erscheinen, besonders wenn man einige der sympathischen Computerleute, die unser digitales Zeitalter bestimmen, persönlich kennt. Wenn wir aber ernsthaft überlegen wollen, wohin all unsere Technologie führt, bleibt uns nichts anderes übrig, als unsere dunkelsten Befürchtungen heraufzubeschwören.

Wenn jemand nur über einen ausreichend großen Computer verfügt und sich damit genügend persönliche Informationen über einen anderen Menschen verschafft, dann könnte er theoretisch dessen Gedanken und Handlungen vorhersagen und beeinflussen. Vielleicht sind die vernetzten Geräte der Gegenwart dazu noch nicht in der Lage, die künftigen werden es aber ohne Zweifel sein. Angenommen, eine künftige Generation superpraktischer Anwendergeräte, die wir als Aufkleber im Genick tragen, loggt sich direkt in unser Gehirn ein und erkennt schon vor unserem Bewusstsein, dass wir uns gleich entscheiden werden, ein bestimmtes Café in der Nähe aufzusuchen. Die meisten Bestandteile für eine derartige Dienstleistung gibt es bereits. Im Labor des Neurowissenschaftlers Jack Gallant an der University of California in Berkeley ließ sich bereits ermitteln, was jemand sieht, sich vorstellt oder gleich sagen wird anhand eines Vergleichs der aktuellen Gehirnaktivität im Magnetresonanzbild mit den Daten von früheren Messungen. Damit ist auf rein statistischem Weg eine Art von Gedankenlesen möglich geworden.

Stellen wir uns also vor, wir haben dieses superpraktische Gerät an uns und werden uns gleich entschließen, ins Café zu gehen – nur wir selbst wissen es noch nicht. Angenommen, eine bestimmte

Einrichtung – ein Facebook oder eine NSA der Zukunft – kann auf dieses Gerät zugreifen und hat ein Interesse daran, dass wir nicht Café A ansteuern, sondern Café B. Genau in dem Augenblick, als uns Café A in den Sinn kommt, erscheint eine lästige Nachricht von unserem Chef auf unserem Head-up-Display. Wir ärgern uns, sind abgelenkt, der Gedanke, Café A zu besuchen, schafft es gar nicht erst in unser Bewusstsein. Ein Gedanke an Café B löst inzwischen einen Tweet einer attraktiven Kandidatin einer Partnerschaftsbörse aus. Unsere Stimmung hellt sich auf. Café B hört sich mit einem Mal sehr gut an. Damit sind wir zum Objekt einer neo-Pawlow'schen Manipulation geworden, die sich komplett im Unterbewusstsein abspielt.

Dieses Gedankenexperiment, das eine lange Geschichte in der SF-Literatur hat, soll verdeutlichen, dass sich unsere Gedanken möglicherweise durch Computer und Statistik beeinflussen lassen. Wie weit Cloud-basierte Empfehlungsdienste im Zusammenspiel mit immer komfortableren Kommunikationsgeräten in diese Richtung weiterentwickelt werden, ist zu diesem Zeitpunkt noch nicht abzusehen.

Fünf: Die Inkompetenz-Plage

Zu einer traditionellen SF-Story gehörte üblicherweise der machtversessene Bösewicht, der die Weltherrschaft an sich reißen will. Ich glaube nicht, dass ein derartiges Ereignis sehr wahrscheinlich ist. Wenn ich mir die Zukunft vorstelle, denke ich eher an eine Situation, die zum Teil schon eingetreten ist. Ich denke, wir werden in absehbarer Zukunft nicht unter einzelnen machtversessenen Bösewichten leiden, sondern vielmehr unter der diffusen Plage der Inkompetenz.

Stellen wir uns einmal vor, eine Branche würde ungeheure Ressourcen einsetzen, um die Bevölkerungsmassen mit Algorithmen zu manipulieren und dadurch Profite zu erzielen. Und tatsächlich wäre das Unterfangen zunächst profitabel, doch schließlich würde es absurde Züge annehmen. Genau dies ist bereits geschehen! Wir brauchen uns dazu nur die ungeheueren statistischen Berechnungen anzusehen, die es den amerikanischen Krankenversicherern erlaubt haben, Kunden mit erhöhtem Krankheitsrisiko den Versicherungsschutz zu verweigern. Die Strategie war kurzfristig profitabel – bis die Zahl nicht mehr krankenversicherter Menschen auf ein nicht mehr tragbares Maß anschwoll. Die Gesellschaft konnte den Erfolg des Plans nicht verkraften. Die Zerstörung der Privatsphäre durch Algorithmen zur Erlangung von Macht und Reichtum scheint immer wieder in einem großen Durcheinander zu enden.

Betrachten wir den gegenwärtigen Zustand der Finanzwelt. Auf massive statistische Berechnungen gestützte Vorhaben sind zunächst meist sehr erfolgreich. Mit genügend Daten und Rechenleistungen ist es möglich, die Zukunft einer Gesellschaft, das Verhalten eines Menschen, ja im Grunde jede sich stetig verändernde Größe in der Welt vorauszuberechnen – zumindest für einen gewissen Zeitraum. Letztendlich aber scheitern solche Programme aus dem einfachen Grund, dass die Statistik für sich immer nur einen winzigen Teil der Wirklichkeit widerspiegeln kann.

Bis zum Beginn des 21. Jahrhunderts waren die Big-Data-Programme der Finanzwelt nicht darauf ausgerichtet, die Privatsphäre des Einzelnen ins Visier zu nehmen – etwa mit individuell modellierten Hypotheken- und Kreditangeboten. Bis dahin war die Modellierung der Kurse eher abstrakter Natur, und Investitionen wurden automatisch abgewickelt, ohne im Grunde zu wissen, wie sie sich in der wirklichen Welt auswirkten. Der in Greenwich, im US-Bundesstaat Connecticut, angesiedelte Hedgefonds »Long-Term Capital Management« (LTCM) ist hierfür ein frühes Beispiel. Er feierte spektakuläre Erfolge, bis er 1998 einbrach und unter massivem Einsatz von Steuergeldern gerettet werden musste. (Der Hochfrequenzhandel nimmt inzwischen dieses Verhaltensmuster wieder auf – mit noch mehr Daten und höherer Rechenleistung.) Heute hingegen basiert ein großer Teil der hochgradig automatisierten Finanzbranche auf derselben Verletzung der persönlichen

Privatsphäre, die auch das Spionagewesen und das Internet der Normalverbraucher charakterisiert. Die faulen Hypothekenpapiere, die die große Wirtschaftskrise auslösten, standen nun in einer Reihe mit der Verletzung der Privatsphäre und dem automatisierten Aktienhandel. Der Steuerzahler wurde für die nötige Rettungsaktion massiv zur Kasse gebeten, und das zweifellos nicht zum letzten Mal.

Dies ist also nicht die Geschichte einer machtversessenen Elite, die die Weltherrschaft an sich reißen will, sondern eine Geschichte, die davon handelt, dass niemand – auch nicht die erfolgreichsten Betreiber von Cloud-Diensten – weiß, was hier eigentlich gespielt wird. Zunächst einmal lässt sich mit der Verletzung der Privatsphäre des Einzelnen mithilfe von Rechenleistung ein Vermögen verdienen, aber dann scheitert das System. Mehrfach sind dadurch Finanzkrisen ausgelöst worden. In Zukunft wird, wer immer über die leistungsfähigsten Computer und die größte Menge an persönlichen Daten verfügt, mit seinen Vorhersagen und damit mit der Beeinflussung der Gesamtbevölkerung jeden anderen in der Gesellschaft übertreffen – und dies mit noch sehr viel schlimmeren Folgen als bisher.

Sechs: Das tatsächliche Ausmaß von Big Data

Wenn jemand die Fähigkeiten von Rechnern lobt, verfällt er oft in dümmliche Prahlerei. Wie oft hört man Dinge wie: »Eines Tages, wenn nicht schon jetzt, werden Computer das Verhalten von Konsumenten so gut kennen und sie so gezielt ansprechen, dass sich Gewinne so leicht erzielen lassen, als würde man einfach einen Schalter umlegen. Unser Computer wird das Geld anziehen wie ein Magnet Eisenspäne.«

Ich war beispielsweise dabei, als eine Startup-Firma im Silikon Valley verkündete, den Menstruationszyklus einer Frau anhand ihrer Klicks im Internet ermitteln zu können. Die Firma wollte diese Informationen benutzen, um Mode- und Kosmetikartikel während des spezifischen Zeitfensters zu verkaufen, wenn die Frau für Werbung am empfänglichsten ist. Der Ansatz mag seine Berechtigung haben, aber da er nur auf Statistik beruht und darüber hinaus nicht wissenschaftlich untermauert ist, lässt sich rein gar nichts über mögliche Erfolge aussagen.

Eine Behörde – oder wahrscheinlicher, der Subunternehmer einer Behörde – der ein System anpreisen möchte, das Informationen über Bürger sammelt, könnte versprechen, dass man Verbrecher oder Terroristen fangen kann, bevor sie überhaupt zuschlagen, wenn man nur die ganze Welt beobachtet und analysiert. Schon die Namensgebung solcher Programme (wie zum Beispiel »Total Information Awareness«) verrät eine Sehnsucht nach gottähnlichem Überblick über die Dinge. In der Science-Fiction wird seit Jahrzehnten über solche Dinge nachgedacht. Man denke etwa an den Film *Minority Report*, nach einer Kurzgeschichte von Philip K. Dick aus dem Jahr 1956, an dem ich mit meinen Ideen mitwirken durfte. Dort gibt es ein Behörde namens »Precrime«, die Verbrecher schon vor der möglichen Tat festnimmt. Aber wir müssen eines klarstellen: Das ist nicht, was große Systeme zum Sammeln und Analysieren von Daten heute tun.

Die Schöpfer solcher Systeme hoffen aber, dass Metadaten eines Tages eine Megaversion der »Autovervollständigen«-Algorithmen (die schon heute erraten, was wir auf unseren Smartphones als Nächstes tippen wollen) ermöglichen werden. Statistische Algorithmen werden die Datenlücken auffüllen. Die Metadaten einer kriminellen Vereinigung könnten uns dann zu weiteren noch unbekannten Schlüsselfiguren der Gruppe führen.

Bislang scheint es jedoch noch keine stichhaltigen Beweise dafür zu geben, dass das Sammeln von Metadaten einen Terrorangriff verhindert hätte. In allen bekannten Fällen stand hinter den Untersuchungen, die zu den Verdächtigen führten, menschliche Intelligenz. Vernünftige Vertreter der verschiedenen Cloud-Computing-Projekte, ob privat oder staatlich, äußern sich dagegen sehr nüchtern über die Möglichkeiten ihrer Programme, besonders wenn man genau hinhört. Wenn es erste Hinweise über einen möglichen Anschlag gibt, dann lassen sich mithilfe großer Datenbanken die Zusammenhänge in der Tat sehr viel schneller herstellen. Aber die Datenbank kann die Hinweise nicht selbst finden. Folgender Taschenspielertrick wird gern vorgeführt: Man untersucht Ereignisse aus der Geschichte mit dem Ergebnis, dass man mit Big Data die Schlüsselfiguren schon vor dem Ereignis hätte ausfindig machen können. Eine Analyse des historischen Paul Revere* und seiner Zeitgenossen hat etwa ergeben, dass Revere im Mittelpunkt eines ausgedehnten Netzwerks stand. Dies lässt sich aus seiner Mitgliedschaft in verschiedenen Organisationen vor dem amerikanischen Unabhängigkeitskrieg schließen. Der Soziologe Shin-Kap Han von der Seoul National University zeigt, dass eine Analyse einer relativ kleinen Zahl von Mitgliedschaften in verschiedenen vorrevolutionären Organisationen Revere als Dreh- und Angelpunkt klar identifiziert. Erst kürzlich kam der Soziologe Kieran Healy von der Duke University mit etwas anderen Daten zu ganz ähnlichen Ergebnissen.

Und dann steht Paul Revere tatsächlich in der Mitte des Netzes, das seine Zeitgenossen verbindet. Mit solchen Ergebnissen lässt sich die Verwendung von Metadaten für die Staatssicherheit schmackhaft machen. Bevor man sich jedoch davon überzeugen lässt, dass sich mit derartigen Untersuchungen Ereignisse *vorhersagen* lassen, sind noch einige Gesichtspunkte zu bedenken.

Revere war offensichtlich in einer ganz besonders geeigneten Position, um *irgendetwas* in Gang zu setzen. Ohne die historischen Zusammenhänge zu kennen, wüssten wir aber nicht, was das sein könnte. In eine ähnlich zentrale Position könnte auch derjenige geraten, der das beste Bier braute. Metadaten erhalten nur im Zusammenhang mit anderen Informationsquellen eine Bedeutung. Statistiken und Diagramme sind kein Ersatz für den Verstand, obwohl das manchmal für eine kleine Weile so erscheint.

Die Gefahr ist, dass die Statistik mit großen Datenmengen die

---

* Freiheitskämpfer in der amerikanischen Revolution (A. d. Ü.).

Illusion erzeugt, es gäbe so etwas wie eine automatische »Schutz-maschine«, ganz ähnlich man an der Wall Street glaubt, es gäbe eine »Maschine« für garantierten Reichtum. Ungeheure Mengen von Daten über unser Privatleben werden gespeichert, analysiert und in Taten umgemünzt, ohne dass der Nutzen wissenschaftlich erwiesen wäre.

Sieben: Software ist Gesetz

Häufig hört man Aussagen wie diese: »Durch das Internet und die vielen neuen Geräte, die über das Internet kommunizieren, wird die Privatsphäre an Bedeutung verlieren.« Das kann, muss aber nicht so sein. Informationstechnologie ist nicht »entdeckt«, sondern gezielt entwickelt worden.

Eines ist unbestritten: Wenn ein Netzwerk mit vielen Nutzern und zahllosen verbundenen Computern erst einmal eingerichtet ist, dann lassen sich Veränderungen nur noch sehr schwer vornehmen. Die Netzwerkarchitektur ist festgelegt. Nicht völlig festgelegt ist dagegen der Grad unserer Privatsphäre in digitalen Netzwerken. Wir können noch immer selbst wählen, was wir wollen. Und wenn wir über die nötigen Kompromisse zwischen Privatsphäre und Sicherheit oder Privatsphäre und Bequemlichkeit sprechen, dann hat es den Anschein, als wären diese unvermeidlich. Fast scheint es, als hätten wir das Grundlegendste über Computer vergessen: dass man sie programmieren kann.

Die Software ist es, die es erlaubt, dass Menschen zueinander in Verbindung treten und Dinge tun können. Erlaubt ist, was die Software erlaubt, und was die Software nicht kann, das kann nicht getan werden. Das gilt ganz besonders für den Staat. So werden gemäß des »Affordable Care Act« (oder »Obamacare«) Raucher in manchen US-Bundesstaaten theoretisch mehr für ihre Krankenver-sicherung bezahlen müssen als Nichtraucher. Dass das nur »theo-retisch« so ist, liegt daran, dass im Computerprogramm für den neuen juristischen Rahmen der Finanzierung der US-Krankenversicherung eine Strafprämie für das Rauchen nicht vorgesehen war. Das Gesetz wird also ohne eine solche Strafprämie in Kraft treten, bis die Software umgeschrieben wird. Ganz egal, wie man über das Gesetz denkt, bestimmt die Software, was tatsächlich geschieht.

Hinter dem Beispiel mit der Strafprämie für Raucher scheint noch ein bedeutenderer Sachverhalt auf: Die Schwächen der Computerprogramme für die Umsetzung von Obamacare und anderen derartigen Vorhaben, die die ganze Gesellschaft betreffen, könnten durchaus größere Auswirkungen auf das Leben des einzelnen Bürgers haben als der Wille der Politiker.

Acht: Wie sollen wir die Zukunft planen, wenn wir keine Ahnung haben, was wir tun?

Es gibt prinzipiell zwei Denkschulen in der Frage, wie man mit Big Data Geld verdienen kann, ohne bei der Privatsphäre allzu viel Kollateralschäden zu verursachen. Die eine ruft nach neuen Gesetzen. Die andere fordert umfassende Transparenz, sodass jeder zu allen Daten Zugang hat und sich keiner ungerechtfertigt einen Vorteil verschaffen kann. Beide Kampagnen arbeiten mehr oder weniger in entgegengesetzte Richtungen.

Das Problem mit Gesetzen zum Schutz der Privatsphäre ist, dass sie höchstwahrscheinlich nicht befolgt werden. Die Statistik mit großen Datenmengen ist wie eine Sucht, und Vorschriften zum Schutz der Privatsphäre sind so wirkungsvoll wie Alkohol- oder Drogenverbote. Als besonders ernüchternder Aspekt der periodischen Enthüllungen über die NSA erweist sich, dass auch von der Organisation selbst aufgestellte geheime Regeln und Vorschriften offenbar völlig nutzlos sind. So haben NSA-Angestellte ihre Position beispielsweise dazu benutzt, potenzielle Partner auszuspionieren. Trotzdem könnten einige neue Vorschriften und ein bisschen Überwachung von Nutzen sein.

Aber was ist mit der anderen Idee, die Daten jedem zugänglich zu machen? Das Problem ist, dass es nicht nur auf den Zugang zu den Daten ankommt. Wichtiger ist die Rechenleistung, die zum Analysieren der Daten nötig ist. Es wird immer jemanden mit einem besonders leistungsfähigen Computer geben, und das werden höchstwahrscheinlich nicht Sie oder ich sein. Der freie Datenzugang an und für sich verschärft das Problem eher, weil er den Anreiz verstärkt, den größten Computer zu besitzen.

Führen wir das Ideal der umfassenden Transparenz einmal zu seinem logischen Endpunkt. Angenommen, die NSA würde morgen die Passwörter zu allen NSA-internen Servern und Nutzerkonten bekannt geben. Dann könnte jeder selbst nachsehen. Google und seine Konkurrenten würden die gesamten Daten der NSA aber sofort und sehr viel schneller herunterladen, ordnen und analysieren und sich dann von seinen Kunden fürstlich dafür bezahlen lassen, dass sie die Welt anhand dieser Daten zu ihren eigenen Gunsten, nicht denen der Bürger, verändern. Wir erinnern uns: Große Datenmengen allein bringen keine Macht. Dazu braucht man zusätzlich die leistungsfähigsten Computer, und das sind für gewöhnlich die Supercomputer, die nicht jeder besitzt.

Gibt es nicht noch eine dritte Möglichkeit? Es hat sich allgemein die Ansicht durchgesetzt, dass Informationen im kommerziellen Sinn kostenlos sein sollten. Man sollte nicht dafür bezahlen müssen. Nur auf diese Weise konnten die Online-Unternehmen aus dem Silicon Valley so rasch auf Riesengröße wachsen.

Wir sollten diese Ansicht vielleicht noch einmal überdenken. Wenn wir der Information wieder einen Handelswert zukommen lassen, sollte das unsere Situation klären und Begriffe wie Individualität und Vielfalt wieder in die Diskussion um die Privatsphäre einführen.

Wenn der Einzelne für die Nutzung von Daten über sein Leben bezahlt werden müsste, dann verlören viele ohnehin zum Scheitern verdammte Big-Data-Projekte ihren Reiz. Ein solches Projekt müsste einen echten Mehrwert schaffen, um Profite zu erzielen, anstatt die Daten, die den Bürgern gehören, zu ihrem Nachteil zu verwenden.

Dies ist ein Ansatz, den ich mit dem Wirtschaftswissenschaftler

W. Brian Arthur am Palo Alto Research Center und am Santa Fe Institute sowie mit Eric Huang, einem Doktoranden von der Stanford University, sehr detailliert durchgespielt habe. Huang hat die bekanntesten Modelle der Versicherungswirtschaft modifiziert, um zu zeigen, was passiert, wenn Informationen ihren Preis haben. Die Ergebnisse sind komplex, aber es läuft darauf hinaus, dass sich die Versicherungskonzerne nicht mehr so leicht die Rosinen herauspicken können, wenn sie für ihre Informationen bezahlen müssen. Sie würden also auch Menschen versichern, die sie andernfalls zurückweisen würden.

Ich möchte betonen, dass es nicht darum geht, Profite von oben nach unten zu verteilen. Wir haben hier eine Win-Win-Situation, in der jeder durch wirtschaftliche Stabilität und Wachstum profitiert. Darüber hinaus werden wir kaum jemals genügend Staatsbeamte zur Verfügung haben, um die Vorschriften zur Einhaltung der Privatsphäre wirkungsvoll zu überwachen. Der Armee privatwirtschaftlicher Buchhalter, die schon heute die Märkte am Laufen halten, wäre das eher zuzutrauen.

Wenn Informationen ein wirtschaftlicher Wert beigemessen wird, dann sollten die Prinzipien der wirtschaftlichen Chancengleichheit auch zur Lösung des Zwiespalts um unsere Privatsphäre beitragen können. In der modernen Welt ist es ohne ausreichende technische Kenntnisse sehr schwierig, für sich das passende Maß an Privatsphäre einzurichten. Wer nicht technisch versiert ist, kann einem sozialen Netzwerk beitreten – oder auch nicht – und sich mit den dort möglichen »Einstellungen« zum Schutz der Privatsphäre auseinandersetzen. In einer Welt, in der für Informationen bezahlt wird, müsste man den Preis für seine persönlichen Informationen nur herauf- oder herabsetzen, bis das gewünschte Maß an Schutz erreicht ist. Dazu müsste nur eine einzige Zahl verändert werden: der Preis.

Jemand möchte mit einer im Gesicht getragenen Kamera ein Foto von uns aufnehmen? Theoretisch mag er das tun, das Bild aber anzusehen und etwas damit zu *machen*, könnte eine Unsumme kosten. Vielleicht verpasst man etwas, wenn man den Preis für seine Informationen zu hoch ansetzt, aber auf diese Weise könnte auch in einer Welt voller Sensoren, die mit Großrechnern verbunden sind, so etwas wie kulturelle Vielfalt erhalten bleiben.

Das Ganze ist auch in politischer Hinsicht interessant: Wenn Informationen kostenlos sind, verdient der Staat maßlos am Ausspionieren seiner eigenen Bürger, weil diese Bürger nicht mehr über die finanzielle Kontrolle verfügen, um die Richtung des Staates zu bestimmen. Hat Information aber ihren Preis, dann können die Bürger bestimmen, wie viel Spionage sich die Regierung leisten kann – nur indem sie den Preis entsprechend festsetzen.

Dieser kurze Abriss kann das Prinzip der bezahlten Informationen nur andeuten. Ich könnte noch viele Beispiele anführen, und dennoch würden viele Fragen offenbleiben, aber das gilt ebenso für die Alternativen. Kein Ansatz zur Lösung des Dilemmas der Privatsphäre im Zeitalter von Big Data – sei es »Transparenz« oder »Reglementierung« – ist bislang ausgereift.

Es lohnt aber auf jeden Fall, nach Möglichkeiten zu suchen, um die vorliegenden Ideen zu testen. Die Netzwerkingenieure sollten die nötigen Ansatzpunkte in ihre Software einbauen, ob diese nun genutzt werden oder nicht, sodass die Systeme in Zukunft auf das Prinzip der bezahlten Information, auf verstärkte Regulierung oder radikale Datenfreiheit vorbereitet sind. Wir sollten nach Möglichkeit nichts ausschließen.

Wir als die Architekten großer Datensysteme und der Geräte, die damit verbunden sind, befinden uns in einer schwierigen Situation, die mit fortschreitender Technik nur noch schwieriger wird. Was wir tun, tun wir aus gutem Grund. Big Data kann unsere Welt gesünder, effizienter und unser Wirken darin nachhaltiger machen. Das ist nach wie vor unser Ziel. Aber gleichzeitig muss uns bewusst sein, dass wir nicht genug wissen, um es gleich beim ersten Mal richtig hinzubekommen.

Wir müssen lernen, stets so zu handeln, als wäre unsere Arbeit ein vorläufiger Entwurf. Damit bilden wir die bestmögliche Grundlage für die Überarbeitung – falls nötig auch einen radikalen Umbruch.

(2013)

Digitale Passivität

Ich fürchte, das Jahr 2013 wird als tragisches und dunkles Jahr in die Geschichte des digitalen Universums eingehen, trotz einer Menge wunderbarer Fortschritte. Es war das Jahr, in dem sich Tablets durchsetzten und fortschrittliche Apparaturen wie 3D-Drucker und tragbare Geräte modern wurden. Das hat alles großen Spaß gemacht. Gadgets aller Art haben uns den Zugang zur Welt erleichtert. Wir stehen heute regelmäßig mit Leuten in Verbindung, von denen wir vor dem Netzwerkzeitalter nicht einmal etwas gewusst haben. Über fast alles können wir Informationen finden, und das jederzeit.

2013 war aber auch das Jahr, in dem wir bemerkten, in welche Ecke wir uns zugleich manövriert haben. Durch die Enthüllungen von Edward J. Snowden und die Arbeit einiger Enthüllungsjournalisten haben wir erfahren, in welchem Ausmaß unsere praktischen Geräte und unsere digitalen Netzwerke von mächtigen, geheimen Organisationen dazu benutzt werden, uns auszuspionieren. Wir sind nicht diejenigen, die Informationen auswerten, sondern die Informationen liefern.

Ich wünschte, ich könnte die beiden großen Trends des Computerjahres – coole Geräte einerseits und die Enthüllungen über die digitale Spionage andererseits – klar voneinander trennen.

Zu Beginn des Computerzeitalters wurden die meisten von uns angetrieben von der idealistischen Überzeugung, Computer wären Werkzeuge zur Förderung der menschlichen Intelligenz, Leistung und Zufriedenheit. Pioniere wie Alan Kay, der vor einem halben Jahrhundert schon Skizzen entwarf von Kindern, die Tablet-Computer benutzten, waren von dieser Idee jedenfalls beseelt.

Tablets tun aber etwas Unvorhergesehenes: Sie setzen neue Machtstrukturen durch. Anders als bei einem Personal Computer laufen auf einem Tablet nur Programme und Apps, die von einer zentralen Stelle in der Wirtschaft genehmigt wurden. Über die Daten, die Sie in einen PC eingeben, verfügen Sie selbst. Die Daten auf einem Tablet hingegen werden sehr oft von jemand anderem verwaltet.

Steve Jobs, der bei Apple für die Einführung des erfolgreichen iPads verantwortlich war, erklärte, PCs seien nun »Trucks«, also etwas für die einfache, etwas grobgestrickte Arbeiterschicht, nichts für coole aufstrebende Menschen. Damit deutete er an, der gehobenen Kundschaft sei eher an Status und Freizeit gelegen als an Einfluss und Selbstbestimmung.

Mir ist selbst nicht klar, wer an unserer digitalen Passivität schuld ist. Haben wir uns irgendwann selbst aufgegeben?

Dies wäre schon traurig genug ohne den gegenwärtigen Boom der Überwachungswirtschaft. Nicht nur ist für uns Konsumenten Angeberei und Faulheit wichtiger als unsere eigene Beteiligung am Geschehen, wir haben uns auch damit abgefunden, jederzeit überwacht zu werden.

Die beiden Trends sind in Wirklichkeit nur ein einziger. Zum freiwilligen Verlust ihrer Freiheit kann man Menschen nur überreden, wenn das Ganze für sie nach einem guten Geschäft aussieht.

Für ihr Einverständnis, überwacht zu werden, bot man den Konsumenten Gratisleistungen wie Suchmaschinen und soziale Netzwerke an. Wer die überlassenen persönlichen Daten am besten nutzt, kann ein Vermögen verdienen. Das 2010 gegründete Instagram hatte nur dreizehn Angestellte und keinen Businessplan, wurde aber nicht einmal zwei Jahre später für eine Milliarde US-Dollar von Facebook übernommen.

Frei zu sein bedeutet, einen privaten Ort zu haben, an dem man mit seinen Gedanken und Versuchen allein sein kann. Einen Ort, an dem man sich entwickeln und vor allem inneren Reichtum entwickeln kann. Trägt man aber ein Smartphone mit GPS und Kamera mit sich herum und schickt ständig Daten an den Computer eines Unternehmens, das von seinen Werbekunden dafür bezahlt wird, uns zu manipulieren, dann sind wir alles andere als frei. Den Nutzen haben das Unternehmen und die Werbekunden, und wir erlauben ihnen noch diesen Angriff auf unsere Freiheit, Bit für Bit.

Der Aufstieg dieser auf dem Ausspähen von Konsumenten beruhenden Branche bildet den unangenehmen und ironischen Hintergrund für unsere Aufregung über die Schnüffeleien der NSA. Wir fühlen uns missbraucht. Wir wissen nicht, wer unsere intimsten E-Mails gelesen hat. Aber warum füttern wir die fernen Unternehmen dann überhaupt mit all unseren persönlichen Informationen?

Solange wir unsere Informationen anderen für ein paar Gratisangebote überlassen, können wir auch dem Staat den Zugriff auf diese Daten kaum verwehren. 2013 war das Jahr, als wir mit der Nase auf unsere eigene Passivität gestoßen wurden. Die Bürger des Informationszeitalters müssen lernen, mehr als nur Konsumenten zu sein. Sie müssen lernen, ihren eigenen Erfindungen gewachsen zu sein.

(2013)

Das Recht auf Vergessenwerden

Kürzlich erhielt ich einen Anruf von der reizenden Maureen Dowd von der *New York Times*, die mich um einige Gedanken zum »Recht auf Vergessenwerden« bat. Ich bin ein Anhänger dieses Rechts. Warum sollte ein Technologieunternehmen das Recht haben, sich darüber hinwegzusetzen, wie ein Mensch der Welt präsentiert oder nicht präsentiert werden möchte? Ja, es gibt besondere Fälle wie Pädophile und so weiter, aber wie steht es um normale Menschen? Warum sollte man ihnen nicht den Raum, den Respekt und das Vertrauen einräumen, eine gewisse Kontrolle über die eigene Geschichte zu behalten? Geht es in der Demokratie nicht darum, andere Menschen zu respektieren? Möchten wir nicht, dass die Menschen einen gewissen Raum für die Erfindung ihrer selbst und für ein wenig Geheimnis haben?

Ein Bekannter von mir, James Gleick, erhielt gleichfalls einen Anruf von Dowd mit derselben Bitte, und er übernahm den Gegenpart. Er befürchtete, das Recht auf Vergessenwerden werde das Internet letztlich »lobotomieren«.

Ich teile mit James Gleick und den meisten Menschen den Wunsch nach leistungsfähigen Suchmaschinen und, mehr noch, nach leistungsfähigen Informationssystemen, die es der Menschheit durch immer bessere Technologie ermöglichen, ihrer Verantwortung für sich selbst gerecht zu werden. Ohne Big Data wüssten wir gar nichts vom Klimawandel. Deshalb ist es sehr wichtig, dass wir uns im Blick auf Big Data nicht selbst lobotomieren.

Geht es hier nur um konkurrierende Interessen? Die entscheidende Frage lautet, ob wir es uns leisten können, das Recht auf Vergessenwerden zu unterstützen, ohne dadurch eine Lobotomie zu riskieren. Hier ein paar Argumente, warum das Recht auf Vergessenwerden weniger einer Lobotomie gleicht, sondern eher einem Glas Rotwein. Wir können damit umgehen.

Argument eins

Wer auf das Internet angewiesen ist, um Aufmerksamkeit auf sich zu lenken, muss schwachsinnige Verrenkungen anstellen, um die Google-Algorithmen anzulocken. Journalisten sind gezwungen, ihre Artikel mit Sätzen zu spicken, die nicht ihren Lesern, sondern einem von Technikern in Kalifornien kontrollierten Algorithmus gefallen. Es mag absurd erscheinen, aber sonst bleibt ihr Text möglicherweise vollkommen unsichtbar.

Offensichtlich ist dieser Prozess entwürdigend und lächerlich. Aber es gibt noch eine weitere Ebene, die berücksichtigt werden sollte, sie betrifft die Leistungsstärke der Technologien, und ich hoffe, meine Technikerkollegen werden sie zur Kenntnis nehmen.

Die großen Datenmengen, wie sie zum Beispiel Google sammelt, werden auch für die Entwicklung von Algorithmen»maschinellen Lernens« verwendet, die zur Lösung großer Probleme beitragen sollen. So könnte etwa die Sammlung von Daten zur Energienutzung aller Mitglieder der Gesellschaft zum Aufbau eines sehr viel effizienteren Energiesystems beitragen, das von größtem Nutzen für die Gesellschaft und das Klima wäre.

Aber aufgrund des aktuellen Umgangs mit der Gesellschaft sind heute alle motiviert, bei jenen Daten zu lügen, die überhaupt der Cloud zugänglich gemacht werden.

Als ich von dem Spanier hörte, der nicht länger im Zusammenhang mit einer weit zurückliegenden Immobilienpfändung genannt werden wollte, kam mir sogleich ein Erlebnis aus der Zeit in den Sinn, als Google noch winzig klein, niedlich und nagelneu war.

Eine der ersten Google-Ingenieurinnen, eine Freundin von mir, rief mich an und erzählte mir von einem Fall, der ihr Sorgen bereitete. Das war noch vor der Zeit, als Google sich in eine geheime

Festung verwandelte. Es war noch ganz üblich, dort über allerlei Internes zu reden.

Eine junge Frau hatte Google völlig aufgelöst angerufen. Sie war Studentin, etwa so alt wie die Ingenieurin, und hatte in irgendeinem Online-Chat über einen Urin-Fetisch geredet. Dieses kurze Gespräch, eines von Tausenden, bestimmte nun ihr Leben, obwohl sie gar nicht mehr daran gedacht hatte, bis Google es zeigte. Wer auch immer nun nach ihr suchte, fand dieses Urin-Thema ganz oben in der Ergebnisliste. Es war in ihrer Familie, ihrem Job und ihren sozialen Beziehungen zu einer zerstörerischen Kraft geworden.

Die Ingenieurin und ich unterhielten uns darüber in unserem Freundeskreis. Das Problem erschien damals noch anders als heute. Die junge Frau gehörte zu den ersten Menschen, die von einem Problem dieser Art betroffen waren. Es traf sie wie ein Blitz aus heiterem Himmel. Und so lautete denn damals die Frage: »Möchten wir, dass die Menschen sich online ehrlich äußern, oder möchten wir, dass sie aus diesem Beispiel lernen und lieber vorsichtig und unehrlich sind?« Natürlich wollten wir, dass sie sich ehrlich äußern.

Es ist für uns alle von großem Nutzen, wenn es »in der Cloud« sehr viel aufrichtige Information gibt, aber wenn wir den Menschen beibringen, Informationen zurückzuhalten oder Scheinbilder zu erzeugen, leidet darunter die Qualität der Cloud als Messinstrument.

Aus ganz ähnlichen Gründen setzt man bei medizinischen Versuchen Doppelblindverfahren ein. Auch der Polizei oder den Gesundheitsbehörden können wir Informationen anonym zukommen lassen.

Es wäre naiv, wenn man meinte, möglichst viele Informationen zu sammeln führte dazu, dass auch die bestmögliche Information online verfügbar wäre. Bei Daten über Menschen kann dieser Ansatz das Gegenteil bewirken und zu einer gewaltigen Flut unzuverlässiger Informationen führen.

Zurück zum Urin-Dilemma. Die Google-Ingenieure diskutierten lange über Strategien zur Verbesserung der Informationsqualität, die den Menschen möglichst wenig Anreiz zum Lügen geben sollten. Eine der damals besprochenen Ideen war das Recht auf Vergessenwerden, auch wenn man es damals noch nicht so nannte. Dabei ging es nicht um Menschenrechte, sondern um das Ziel, bessere Daten zu erhalten. Man dachte, wenn der Einzelne die Möglichkeit hätte, das Bild zu korrigieren, das man der Gesellschaft von ihm präsentierte, dann gäbe es keinen Grund mehr, das Netz mit falschen Daten zu überfluten. Wie weit entfernt und wie naiv erscheint diese Zeit aus heutiger Sicht. Wir haben längst gelernt, in sozialen Netzwerken ein hochgradig frisiertes Bild von uns zu zeichnen und Gespräche über Dinge nach Art des Urin-Themas in öffentlichen Foren zu meiden. Ich fürchte, wir legen inzwischen uns selbst gewisse Beschränkungen auf und nicht nur dem Bild, das wir online abgeben.

Geschwindigkeit genießt in den Silicon-Valley-Firmen oberste Priorität. Die Ingenieure von damals hatten schon bald kaum noch Zeit für Diskussionen über die Frage, ob ein Algorithmus das Leben einer jungen Frau ruiniert hatte oder ob irgendwann in der Zukunft damit zu rechen sei, dass alle sich online nur noch mit größerer Vorsicht äußerten. Ins Zentrum rückte stattdessen die fröhliche Krise des raschen Wachstums.

Argument zwei

Es gibt für ein bestimmtes Problem immer mehrere technische Lösungen. Wir müssen uns nicht immer für die zerstörerischste Möglichkeit entscheiden.

Mechanismen für ein Recht auf Vergessenwerden lassen sich technisch realisieren, sofern wir einsehen, dass es hier eigentlich um das Recht geht, im Dunkeln zu bleiben.

Google gibt inzwischen viel Geld aus für den Kampf gegen den äußerst geschickten Cyber-Leech-Sektor, der versucht, mit falschen Angaben hohe Positionen auf den Ergebnislisten von

Suchmaschinen zu erschleichen. Wenn das Unternehmen lernen kann, gegen diese Gegner anzukommen, wird es sicher auch Möglichkeiten finden können, Informationen zu unterdrücken, die das Selbstgefühl gewöhnlicher Menschen verletzen.

Eine vollständige Garantie dafür, dass keine Information zu irgendeinem Thema jemals angezeigt wird, lässt sich nur schwer erreichen. Den Menschen die Möglichkeit zu geben, bestimmte Informationskategorien für unbedeutend zu erklären, wird ebenfalls nie eine vollkommene Lösung sein, aber näherungsweise wäre dies durchaus machbar.

Man könnte zum Beispiel in der entgegengesetzten Weise verfahren, wie es die Suchmaschinen gegenwärtig bei der Werbung tun. Gewisse Suchbegriffe in gewissen Kombinationen können entfernt werden.

Man könnte zum Beispiel die Möglichkeit haben, bestimmte Suchbegriffe mit dem eigenen Namen zu verbinden und sie mit einem Minuszeichen zu versehen. Wenn jemand nach dem Namen des Spaniers suchte, würde das inkriminierte Dokument nicht mehr angezeigt, wenn sein Name zum Beispiel mit dem Begriff »-Pfändung« versehen wäre, und bei der jungen Frau entsprechend mit dem Begriff »-Urin«. Google und andere Suchmaschinen müssten sich bereit erklären, die Liste der »Minusbegriffe« geheim zu halten.

Diese Lösung ließe sich sehr schnell realisieren. Sie wäre nicht perfekt. Es gäbe sicher Möglichkeiten, das Verfahren zu umgehen, und es bedürfte einer gewissen Entwicklung, bis das Design zuverlässig funktionierte, aber das ist bei Online-Diensten immer so.

Ich präsentiere diese Idee für ein simples Design hier nur, um deutlich zu machen, dass es bei diesem Vorschlag nicht um »alles oder nichts« geht. Wir brauchen keine gewaltigen Umbauarbeiten am Internet vorzunehmen, um es an das Recht auf Vergessenwerden anzupassen.

Ich hoffe, Regulierer und Technologieunternehmen werden flexibel genug und bereit sein, einige alternative Möglichkeiten zu erkunden, um ein neues Gleichgewicht herzustellen.

Es gibt keine vollkommen unparteiische Suchmaschine. Deshalb hat es keinen Sinn, an einem Ideal festzuhalten, das in Wirklichkeit eine falsche Darstellung ist.

Entscheidend ist nicht das millionste Suchergebnis, entscheidend sind die Ergebnisse, die oben auf der Liste erscheinen. Google justiert seine Algorithmen ständig neu und mit gewaltigen Folgen für kleinere Unternehmen, denn Google ist auf vielen Gebieten das wichtigste Drehkreuz für Informationen.

Diese Unbeständigkeit ist der Hauptgrund, weshalb kleinere Unternehmen Google für ein Link-Placement bezahlen (außerhalb des eigentlichen Raums für »Anzeigen«, aber letztlich ist es dasselbe). Mit anderen Worten: Es kommt nicht auf die Beschaffenheit des Algorithmus an, solange er sich nur von Zeit zu Zeit in zerstörerischer Weise ändert. Das zwingt die Leute zum Kauf von Anzeigen.

Das ganze Arrangement ist bizarr. Wenn es einen Algorithmus für ein perfektes Ranking der Suchergebnisse gäbe, könnten alle sich entspannt zurücklehnen, weil sie wüssten, dass ihr Geschäft bei den Kunden bekannt würde, die davon noch am meisten profitierten. Und niemand bräuchte sich Sorgen wegen alter Nachrichten zu machen, weil die Suchmaschine natürlich relevanten Nachrichten den Vorzug gäbe, die neueren Datums wären.

Aber gerade das kapriziöse Verhalten der Suchergebnisse macht es erforderlich, für zusätzliche Suchergebnisse, »Anzeigen«, zu zahlen. Google und andere Suchmaschinen werden dafür bezahlt, dass sie zwar leistungsstark genug sind, um zu verlocken, aber nicht leistungsstark genug, um auch zu liefern. Für mich roch das immer ein wenig nach Erpressung oder nach dem »Schutzgeld«, das im organisierten Verbrechen verlangt wird.

Also gibt es eigentlich gar keinen Hirnlappen, den man lobotomieren könnte. Wir müssten solch einen Lappen erst einmal wachsen lassen. Wenn wir unparteiische Suchergebnisse haben wollten, die nicht durch die Interessen eines einzelnen Spaniers oder eines Großunternehmens wie Google verfälscht würden, wäre es der einfache und nächstliegende Schritt, bezahltes Link-Placement zu verbieten. Die Gesellschaft sollte ein Interesse an der Förderung eines echten, unparteiischen Internet haben, aber im Augenblick geschieht fast genau das Gegenteil.

Argument vier

Wir können den Technologieunternehmen nicht zu viel Macht geben, ohne dem Staat zu viel Macht zu geben. Seltsam, dass man so etwas überhaupt sagen muss.

Wenn wir eine Überwachungswirtschaft aufbauen – und genau das tun Unternehmen wie Google und Amazon gegenwärtig –, dann sind wir nur noch um Haaresbreite von einem Überwachungsstaat entfernt. Zentralisierte Macht ist zentralisierte Macht.

Und wenn wir zulassen, dass gigantische Unternehmen zur Clearingstelle für unser aller Identität werden, dann ist das eine Form zentralisierter Macht.

Wer einen Beweis für dieses simple Prinzip haben möchte, der schaue sich das Hauptargument gegen ein Recht auf Vergessenwerden an: »Pädophile und Betrüger könnten Sie ungehindert erreichen, und die Suchmaschinen wären nicht in der Lage, Sie davor zu schützen.« Genau auf dieses Argument greift auch ein übermäßig zudringlicher Staat zurück, nur dass er in der Regel vor allem auf Terroristen verweist.

Pädophile, Betrüger und Terroristen gibt es, und es ist wichtig, dass wir vor ihnen geschützt werden, aber es gibt mehr als nur eine Möglichkeit, das zu tun. Wir sollten uns lieber auf Polizei, Justiz und militärische Einrichtungen verlassen, denn sie sind gut fokussiert und werden gut überwacht.

Information ist Macht. In einer hypothetischen absoluten Diktatur wüsste der Diktator alles über alle, aber niemand sonst wüsste irgendetwas, sofern der Diktator dies nicht will. In der realen Welt können Diktaturen niemals absolut sein, aber manche Diktaturen sind dieser fernen Grenze gefährlich nahe gekommen.

Doch wer soll in einer Demokratie was wissen? Diese Frage ist schwieriger zu beantworten. Es kann kein absolutes Ideal einer Demokratie geben, nicht einmal in der Theorie, denn in der Demokratie geht es ganz um ein Auskommen zwischen Menschen, und Menschen sind inkonsequent, manchmal sogar widersprüchlich und sehr veränderlich.

Deshalb ist Demokratie für manche idealistischen Nerds eine bittere Pille. Aber in der Demokratie geht es darum, dass Menschen mit anderen Menschen auskommen. Wenn wir nicht einmal die eher leichte Last tragen können, anderen Menschen Raum zur Selbstbestimmung zu geben, disqualifizieren wir uns für die Teilhabe an der Demokratie.

(2014)

Der Mythos von der künstlichen Intelligenz

Viele von uns waren vor einigen Jahren entsetzt über eine Entscheidung des Obersten Gerichtshofs der Vereinigten Staaten, um die er gar nicht gebeten worden war und in der er Unternehmen zu Personen erklärte. Dies ist nichts anderes als ein Vorwand, der es erleichtert, mit viel Geld Einfluss auf die Politik zu nehmen. Da ist aber noch ein weiterer Gesichtspunkt, der meiner Ansicht nach nicht genug Beachtung fand: Die Technologiekonzerne, die im Augenblick am schnellsten wachsen, die höchsten Profite erzielen und über die größten Barvermögen verfügen, sind aus einem anderen Grund als Personen anzusehen. Sie sind es natürlich auch, weil der Oberste Gerichtshof so entschieden hat, aber im Grunde sind sie nichts anderes als Algorithmen.

Konzerne wie Google oder Amazon stellen zwar auch in geringem Umfang Geräte her, aber nur, um eine Verbindung zwischen Menschen und Algorithmen zu schaffen. Und diese Algorithmen laufen auf den riesigen Cloud-Servern der Unternehmen.

Der Unterschied zwischen einem Unternehmen und einem Algorithmus verschwimmt allmählich. Aber macht dies einen Algorithmus zu einer Person? Wir sehen hier die Annäherung zweier völlig verschiedener Welten. Da ist einerseits die Welt von Geld und Politik mit dem sogenannten konservativen Obersten Gerichtshof – und andererseits die Welt der künstlichen Intelligenz (KI), eine Strömung in der Technikkultur, die auf der Suche ist nach einem Äquivalent zwischen Computern und Menschen. Auf beiden Seiten blickt man auf eine eigene geistige Tradition zurück, doch sie waren immer deutlich voneinander getrennt. Nun verflechten sie sich plötzlich ineinander.

Die Ansicht, Computer seien Personen, hat eine lange, facettenreiche Geschichte. Sie reicht zurück bis zu den Anfängen der Computer und darüber hinaus. Schon immer stand die Frage im Raum, ob ein Programm etwas Lebendiges ist oder nicht, da es doch über eine gewisse Autonomie verfügt – sonst wäre es ja kein Programm. Eine herrschende Subkultur – die reichste, produktivste und einflussreichste Subkultur der Welt der Technik – hat lange Zeit die Ansicht vertreten, Algorithmen und Leben sowie bestimmte Algorithmen und Menschen wären nicht nur gleichwertig, es wäre auch unausweichlich, dass wir irgendwann Computer bauen, die uns überlegen sind und uns abschaffen werden.

Dieser Mythos hat natürlich heftige, fast verzweifelte Gegenreaktionen ausgelöst. Wenn also der eine sagt: »Die Computer werden die Welt übernehmen, und das ist gut so, denn die Menschen hatten ihre Chance, aber jetzt sind die Maschinen an der Reihe«, dann erwidern die anderen: »Aber das ist schrecklich. Wir müssen diese Computer aufhalten.« Kürzlich haben mit Stephen Hawking und Elon Musk auch zwei besonders angesehene Vorreiter aus Wissenschaft und Technik Stellung bezogen im Sinne von: »O mein Gott, diese Dinge sind wirklich eine existenzielle Bedrohung. Man muss sie aufhalten.«

In der Vergangenheit ist schon von vielen – und unter Verwendung von vielerlei Begriffen – vorhergesagt worden, dass es so kommen wird. Manchen gefällt die Vorstellung, dass die Computer übernehmen werden, anderen nicht. Ich möchte hier und heute den Vorschlag machen, dass diese ganze Auseinandersetzung schon von der Grundlage her falsch und verwirrend ist und unserer Gesellschaft und unseren Fähigkeiten als Ingenieure und Wissenschaftler großen Schaden zufügt.

Die von Stephen Hawking und Elon Musk – die ich beide sehr schätze – angefeuerte Debatte bietet eine gute Möglichkeit, hier noch einmal anzuknüpfen. Denn es ist immer dasselbe: Sobald ein Experte die Befürchtung ausdrückt, dass die Maschinen immer schlauer werden, fühlen sich die Menschen bestätigt: Die Maschinen sind eine existenzielle Bedrohung für uns! Sie werden uns verdrängen, und etwas Schreckliches wird passieren!

Ich habe aber das Gefühl, dass man seine Besorgnis über die technische Entwicklung auch etwas differenzierter ausdrücken kann. Besonders unangebracht finde ich die Anspielung auf ein mögliches Ende der Vorherrschaft des Menschen. Die geäußerten Befürchtungen sind allerdings auch ein Aufruf an die Menschen, mehr Verantwortung zu übernehmen. Sie haben daher eine gewisse Berechtigung. Ich will sie aber noch ein bisschen tiefer ausloten und behaupten, die größte Gefahr der künstlichen Intelligenz ist möglicherweise, dass so etwas wie künstliche Intelligenz überhaupt nicht existiert, dass das Ganze ein Schwindel ist oder zumindest eine so schwache Hypothese, dass man sie verlogen nennen muss. Anders gesagt, wenn es künstliche Intelligenz wirklich gäbe, dann wäre sie möglicherweise eine geringere Bedrohung für uns als der Schwindel, der für sie ausgegeben wird.

Was meine ich damit, wenn ich die künstliche Intelligenz als Schwindel bezeichne? Ich meine damit, dass einem eigentlich rein technischen Gegenstand eine religiöse Bedeutung übergestülpt wird.

Wenn wir uns jetzt über spezifische technische Herausforderungen unterhalten, mit denen sich die Erforscher der künstlichen Intelligenz beschäftigen, dann mag das Ganze vielleicht etwas nüchtern klingen, aber wir halten uns dabei wenigstens an die Tatsachen.

Wir können uns beispielsweise über Mustererkennung unterhalten. Also über die Frage: Schaffen es Computerprogramme, Gesichter zu erkennen? In diesem Bereich war ich selbst aktiv. Ich war wissenschaftlicher Leiter in dem Unternehmen, das Google vor einiger Zeit übernommen hat. Seitdem ist Google hier aktiv. Mir gefallen diese Dinge. Es ist ein wunderbares Forschungsgebiet, auch weil es sehr nützlich ist.

Wenn dann aber dieser religiöse, immer ein wenig an Frankenstein erinnernde, Unterton dazukommt – »Aber dadurch wird doch eine Art von Leben erzeugt, die uns überlegen ist und uns in

Gefahr bringt« –, dann entsteht eine ganze Kette negativer Folgen, die die wissenschaftliche Forschung und Methodik und letztlich auch die wirtschaftliche Tragfähigkeit untergräbt.

Das Problem liegt meiner Ansicht nach nicht so sehr in den verschiedenen technischen Verfahren, die ich faszinierend und nützlich finde, grundsätzlich positiv bewerte und die noch weiterentwickelt werden sollten, sondern in der Mythologie, die sie umgibt. Ich will etwas näher darauf eingehen, auf welche Weise der Schaden entsteht.

Ein Beispiel, das jedem leicht einleuchtet, sind diese überbordenden Versprechungen, die künstliche Intelligenz wäre bald zu diesem oder jenem fähig, die alle paar Jahre wie Wellen über uns hinwegschwappen. Es heißt dann, Fahrzeuge könnten schon bald völlig autonom sein, nicht nur teilweise autonom, oder man würde sich mit einem elektronischen Gerät nicht nur teilweise in bestimmten Frage-Antwort-Situationen »unterhalten«, sondern ständig.

Derartige übertriebene Versprechungen müssen Enttäuschungen hervorrufen, da sie voreilig sind. In der Folge bricht die Förderung ein, Jungfirmen scheitern und Karrieren werden zerstört, und dies passiert bedauerlicherweise immer wieder. Es sind wirklich viele Karrieren betroffen gewesen. Manchen hat es beruflich auch geholfen, wenn sie zufällig zur rechten Zeit bereitstanden. Aber so ist es meiner Meinung nach ein unreifer, grotesker Kreislauf, den wir stoppen sollten. Und ich stehe mit meiner Kritik beileibe nicht alleine da. Betrachten wir ein anderes Beispiel für die Probleme mit dieser mythologischen Überhöhung. Eigentlich geht es nur um die Funktionalität der Benutzerschnittstelle, aber es kommen sofort ökonomische Aspekte hinzu. Menschen sind soziale Wesen. Wir wollen uns wohlfühlen und mit anderen gut auskommen. Als Kinder haben wir viele Jahre lang gelernt, uns anzupassen, damit wir in der Welt klarkommen. Wenn uns nun ein Programm sagt: »Pass auf, so liegen die Dinge: Das bist du, das magst du und dies und jenes solltest du tun«, dann neigen wir dazu, das hinzunehmen.

Da unsere Wirtschaft meiner Ansicht nach zu einer Überwachungswirtschaft geworden ist – man könnte auch sagen, zu einer Wirtschaft, in der die Menschen stark von Algorithmen gesteuert werden –, sind wir in der merkwürdigen Lage, dass uns diese auf riesigen Datenmengen basierenden Algorithmen diktieren wollen, mit wem wir ausgehen, mit wem wir schlafen, welche Musik wir hören und welche Bücher wir lesen und so weiter und so fort. Und häufig folgen wir mangels Vergleichsmöglichkeiten diesen Vorgaben, es fehlt einfach der Maßstab. Wir haben uns selbst nicht genügend erforscht und kennen uns nicht gut genug.

Ich will das mit ein paar Beispielen verdeutlichen. Beginnen wir vielleicht mit Netflix. Das Besondere an Netflix ist, dass nicht viel zu sehen ist. Es fehlt an Inhalten. Wenn Sie einen bestimmten Film ansehen möchten, ist die Wahrscheinlichkeit groß, dass er nicht fürs Streaming zur Verfügung steht. Was es stattdessen gibt, sind automatische Empfehlungen, die einen davon ablenken sollen, dass es so wenig zu sehen gibt. Trotzdem halten viele die abgegebenen Empfehlungen für sinnvoll, weil vieles im Angebot den Erwartungen vollauf genügt.

Ich will Netflix gar keine Vorwürfe machen, denn bei Netflix geht es schließlich nur darum, uns filmisches Theater zu präsentieren, und die Empfehlungen sind dabei nur eine weitere Ebene der Illusion, die Netflix zusätzliche Macht verleiht. Sie müssen sich schließlich gut verkaufen. Was ist schon gutes volkstümliches Theater ohne den Ausrufer draußen auf der Straße? Das ist völlig in Ordnung so. Aber im Gesamtbild trägt es eben zur Stimmung bei, die uns akzeptieren lässt, dass die Algorithmen sehr viel mehr tun, als es den Anschein hat. Im Fall von Netflix lenken uns die automatischen Empfehlungen von der Tatsache ab, dass wir wenig Auswahl haben.

Manchmal haben automatische Empfehlungen nicht diese Funktion, weil die Auswahl groß ist, aber trotzdem lässt sich nicht beweisen, dass die Empfehlungen besonders treffsicher sind. Da es nichts zum Vergleichen gibt, kann man auch nicht wissen, was sonst möglich gewesen wäre. Wer sich etwas Mühe gibt, kann auch mit dem System spielen. Man könnte den eigenen Suchverlauf löschen oder die Website mit verschiedenen Persönlichkeitsprofilen besuchen und dann vergleichen. Ich mache das manchmal, um ein Gefühl für die Sache zu bekommen. Ich habe auch selbst schon an Algorithmen gearbeitet, auf der anderen Seite der Front sozusagen. Sie sind interessant, werden aber völlig überbewertet.

Ich möchte ein noch grundlegenderes Problem ansprechen: In solchen Systemen lässt sich nicht sagen, wo genau die Grenze zwischen bloßer Berechnung und gezielter Manipulation verläuft. Wenn beispielsweise die Theorie besagt, dass man viele Daten erhält, wenn man viele Menschen bei ihren Entscheidungen beobachtet, und wenn man dann Folgerungen zieht, um anderen Menschen Empfehlungen zu geben – wenn die Mehrzahl dieser Menschen im System groß geworden sind und nur gelernt haben, zwischen den dort gebotenen Möglichkeiten zu wählen, dann hat auch der intelligenteste Empfehlungsautomat nicht genügend neue Daten zur Verfügung, um zu einem aussagekräftigen Ergebnis zu kommen.

Anders gesagt, ein solches System kann nur funktionieren, wenn es einen Beobachtungsraum gibt, der wirklich nur der Beobachtung dient und nicht durch seine eigenen Empfehlungen kompromittiert ist. Ansonsten bleibt nur ein System, das bestimmt, welche Manipulationen funktionieren und welche nicht, was sich grundlegend von einem unverfälschten und sorgfältig analysierenden System unterscheidet, das herauszufinden versucht, welche Empfehlungen ohne äußeren Eingriff sinnvoll gewesen wären. So weit ist die Sache klar. Unklar ist, wo die Grenze verläuft.

Ist ein Empfehlungsautomat wie Amazon nun ein seriöses Messinstrument oder doch eher manipulativ? Es ist nicht eindeutig zu bestimmen. Weil Amazon zu umfassend ist. Das gilt in gleicher Weise für jedes andere große Datensystem, das Empfehlungen ausspricht, sei es Googles Werbesystem, seien es soziale Netzwerke wie Facebook oder die unzähligen Partnerschafts-Apps, die entscheiden, was wir zu sehen bekommen. Die Partnersuche hat immer eine manipulative Komponente, beim

Einkaufen ist ebenfalls Manipulation im Spiel. Aber das hat es beim Verkaufen schon immer gegeben. Unfug gehört dazu. Das ist für sich gesehen keine Katastrophe und auch nicht das Ende der Welt.

Wenn dies aber zur Grundlage der gesamten Wirtschaft und Zivilisation wird, dann ist es schon wichtig, dass man die Zusammenhänge versteht. Wenn sich Leute aufgrund der Empfehlung eines Automaten für ein Buch entscheiden und die Daten für den Algorithmus nicht in einer unbeeinflussten Population gewonnen wurden, dann gerät das ganze System außer Kontrolle und besitzt keine Aussagekraft mehr. Doch es droht nicht das maßlos Böse auf Erden, sondern eher maßloser Unfug. Diese Art künstlicher Intelligenz bringt uns nicht das Skynet aus den *Terminator*-Filmen, sondern die Inkompetenz der Massen. Ich werde gleich noch darauf zurückkommen.

Zunächst möchte ich noch einmal meine vorherige Aussage über die wirtschaftlichen Folgen wieder aufgreifen. Mein Paradebeispiel in diesem Zusammenhang ist das Problem der maschinellen Übersetzungen. Ich habe es schön öfter angeführt, und man möge mir verzeihen, dass ich mich wiederhole, aber es ist einfach das deutlichste Beispiel.

Drei Jahrzehnte lang versuchte die Welt der künstlichen Intelligenz, einen perfekten, kleinen, kristallklaren Algorithmus zu finden, der nur anhand von Wörterbüchern zweier Sprachen Übersetzungen ausgespuckt. Die Forschungen begannen im Umfeld des MIT und der Stanford University. In den fünfziger Jahren glaubte man aufgrund der Arbeiten von Noam Chomsky an einen kompakten, leicht fasslichen Kern in jeder Sprache. Das war eine interessante Hypothese, die es verdiente, überprüft zu werden. Sie wurde jedoch schließlich wieder fallengelassen, weil es niemandem gelang, sie zu beweisen.

In den neunziger Jahren kamen Forscher bei IBM und anderswo zu dem Ergebnis, dass es nur mit der Methode gelingen konnte, die wir heute Big Data nennen, also mit einer sehr großen Sammlung von Beispielen, die man interessanterweise »Korpus« nennt (was im Englischen auch »Leichnam« bedeutet). Wenn man über genügend Beispiele verfügt, kann man existierende Übersetzungen Satz für Satz und Wendung für Wendung mit neuen Texten vergleichen, die übersetzt werden sollen. Wenn man alles zusammenmengt, erhält man einen verständlichen Text. Er ist weder korrekt noch richtig gut, aber er ist brauchbar. Und das ist natürlich fantastisch. Wenn man also irgendeinen fremdsprachigen Text hat, braucht man nicht mehr lange nach einem Übersetzer zu suchen und zu warten, bis der seine Arbeit getan hat, sondern man bekommt sofort eine gute Annäherung geliefert, und mehr braucht man in den meisten Fällen gar nicht. So etwas ist wirklich nützlich, und ich bin froh, dass es gelungen ist. Es ist großartig.

Doch jetzt kommt wieder die Mythologie der künstlichen Intelligenz ins Spiel und verleiht der maschinellen Übersetzung eine magische Aura. IBM beispielsweise gibt diesem System immer wieder neue Namen, Deep Blue und dergleichen. Die Hersteller von Elektrogeräten geben ihm dagegen gern ein Gesicht und nennen es Cortana oder Siri. Das Problem ist, dass es sich bei maschinellen Übersetzungen gerade nicht um eigenständige Dienste handelt.

Dies führt zurück zu gewissen Gedankenexperimenten aus der Zeit der philosophischen Debatten über KI nach dem Schema: Wenn man eine Blackbox hat, die Sprache versteht, müsste man sie dann nicht als menschlich bezeichnen? Es gibt derartige Gedankenexperimente in vielen Variationen, vom Turing-Test bis zur Farbenforscherin »Mary« in ihrem Zimmer.

Unser Beispiel gehört nicht dazu. Hinter dem Vorhang sitzen in Wahrheit tatsächlich Millionen von menschlichen Übersetzerinnen und Übersetzer, die die nötigen Beispiele produzieren müssen. Interessanterweise haben sie diesen Korpus nicht einmalig vor langer Zeit geliefert, sondern sie schaffen tagtäglich einen neuen, da die Welt der Zitate, Tagesereignisse, umgangssprachlichen Wendungen einem steten Wandel unterworfen ist. Um diesen Dienst am Laufen zu halten, muss man tatsächlich Tag für Tag Textbeispiele von Millionen von Übersetzern zusammenraffen, ohne dass sie davon wissen.

Das Problem liegt eigentlich klar auf der Hand, aber lassen Sie es mich deutlich aussprechen: Wir bezahlen den Leuten nichts für die Beispiele, die sie für die Korpora – der Plural von Korpus – liefern, und ohne die die Algorithmen nicht funktionieren würden. Die Illusion eines eigenständigen, künstlichen und intelligenten Wesens ist nur aufrechtzuerhalten, wenn wir den Beitrag der Menschen ignorieren, auf deren Daten wir zugreifen, um das Ganze zum Laufen zu bringen. Und dies hat negative ökonomische Auswirkungen.

An diesem Punkt wird die Sache für mich ernst. Bis jetzt konnte man immer noch sagen: »Na ja, heute wollen die Leute einen Algorithmus, der ihnen sagt, mit wem sie ausgehen sollen. Bevor es das Internet gab, haben wir aus irgendeinem anderen zweifelhaften Grund entschieden, mit wem wir ins Bett gestiegen sind. Was soll daran besser gewesen sein?« Zweifel sind angebracht, denn wir waren damals wirklich ziemlich dumm. Aber unsere persönliche Dummheit hatte kaum negative Folgen.

Plötzlich hat das alles ganz andere Dimensionen. Wegen der besonderen Art und Weise, wie wir Dinge digitalisieren, kommen Übersetzer und andere Kreative in handfeste Schwierigkeiten. Studiomusikern und Journalisten ist es ähnlich ergangen – was mir persönlich die größten Sorgen macht – und auch Fotografen. Sie sehen sich mit ernsten Verdiensteinbußen, schwindenden Arbeitsmöglichkeiten und schlechten Zukunftsaussichten konfrontiert. Was bleibt, ist die maschinelle Übersetzung … Aber auch die wird bald verschwinden. Schon bald wird es auf Skype Übersetzung in Echtzeit geben.

Dabei werden Übersetzer weiterhin gebraucht werden. Wenn jemand beklagt, dass durch den technischen Fortschritt das gute alte Handwerk zerstört wird, ist immer Vorsicht geboten. In diesem Zusammenhang muss ich immer an Kutscherpeitschen denken. Die Kutscherpeitschenindustrie am Leben zu erhalten, war keine Option seinerzeit. Aber Übersetzer sind keine Kutscherpeitschen, weil sie, wie gesagt, immer noch gebraucht werden. Sie werden gebraucht, damit das Big-Data-Projekt funktioniert. Sie sind das

Gegenteil einer Kutscherpeitsche. Übersetzer sind nämlich gerade *nicht* überflüssig geworden mit der neuen Technologie. Geändert hat sich nur, dass die Struktur, über die wir durch den Einsatz wirklicher Menschen an Übersetzungen gelangen, optimiert wurde. Die *Menschen* werden noch immer gebraucht.

Dieses System – dass KI nur mit großen Datenmengen funktioniert, die Menschen, die diese Daten erzeugen aber nicht dafür bezahlt werden – ist in unserer alles andere als nachhaltig funktionierenden Gesellschaft immer häufiger anzutreffen. Big-Data-Systeme sind sehr nützlich. Wir sollten mehr davon haben. Aber wenn das bedeutet, dass immer mehr Menschen nicht für ihren Beitrag dazu bezahlt werden, dann haben wir ein Problem.

Das übliche Gegenargument ist, dass auch diese Menschen in gewisser Weise bezahlt werden, und zwar durch die kostenlose oder günstige Nutzung dessen, was das System ausspuckt. Ich bin der Meinung, dass ein zivilisiertes Miteinander nur mit informellen Vergünstigungen und ohne reguläre Bezahlung nicht möglich ist. Es macht den Unterschied zwischen einem Slum und einer Stadt aus, ob man von unregelmäßigen informellen Vergünstigungen leben muss oder reguläre Bezahlung erhält.

Der entscheidende Unterschied zwischen regulärer und informeller Bezahlung ist der Aspekt der »Echtzeit«. Wer als Musiker informell bezahlt wird, muss jeden Tag auftreten. Wenn man krank wird oder beispielsweise ein krankes Kind zu Hause hat und nicht auftreten kann, bekommt man an diesem Tag auch kein Geld. Arbeit und Bezahlung findet in »Echtzeit« statt. Wären wir alle perfekte unsterbliche Roboter, dann wäre das kein Problem. Als lebendige Menschen können wir so aber nicht zurechtkommen. Informelle Bezahlung genügt nicht. Genau aus diesem Grund wurden Dinge wie Festanstellung, Sparbücher, Immobilien- und Grundbesitz und all diese Dinge erfunden – in Anerkennung der Unsicherheit des menschlichen Daseins. Das ist, was wir Zivilisation nennen.

Wenn man die künstliche Intelligenz als Ansammlung technischer Möglichkeiten, als mathematisches oder ingenieurwissenschaftliches Versuchsfeld ansieht, dann hat sie durchaus ihren Nutzen. Wird KI aber zum Schöpfungsmythos einer posthumanen Spezies, dann ergeben sich all die Probleme, die ich hier angedeutet habe. Dazu gehört die Akzeptanz schlechter Benutzerschnittstellen, bei denen man nicht sagen kann, ob man nun manipuliert wird oder nicht, und alles zweideutig ist. Daraus entsteht Inkompetenz, wenn man nicht weiß, ob die Empfehlungen eine reale Basis haben oder ob es sich dabei nur um selbsterfüllende Prophezeiungen handelt, die ein manipulatives System selbstständig von sich gibt. Weiterhin ergeben sich wirtschaftliche Nachteile, weil den Menschen, deren Daten das System überhaupt erst zum Laufen bringen, der wirtschaftliche Ertrag nach und nach entzogen wird.

Aus all diesen Gründen liegt das Problem im Mythos, nicht im den Algorithmus. Noch einmal: Ich habe zwei Gründe dafür genannt, warum ich den Mythos, der um die künstliche Intelligenz gesponnen wird, für dumm halte, obwohl die Sache selbst großartig ist. Zum einen sind da die periodischen Enttäuschungen, die Karrieren behindern und Firmengründungen scheitern lassen. Zum anderen verursacht der Mythos enorme Nachteile für die Gesellschaft, weil er nützlichen Technologien Schaden zufügt. Der Mythos ist für die Probleme verantwortlich, nicht die Technik.

So weit, so gut. Oder nicht gut. Bleibt noch die Frage zu klären, ob die künstliche Intelligenz denn nun die Vorherrschaft über den Planeten erringen und die Menschheit und ihre Zivilisation zerstören wird oder nicht. Ich möchte dazu ein eigenes Gedankenexperiment anstellen. Eine Vielzahl von Technologien würde sich dazu eignen, aber gehen wir einfach einmal davon aus, jemand gelingt es, mit dem 3D-Drucker eine kleine Killerdrohne herzustellen, die summend herumfliegen und jemanden töten kann. Und nehmen wir an, sie würde nicht viel kosten.

Ich will zwei mögliche Szenarien schildern. Im ersten tauchen plötzlich mehrere dieser Dinger auf, nehmen wir an, ein paar unzufriedene Teenager oder Terroristen stellt einen Haufen davon her, und sie fliegen los und töten wahllos Menschen. Es sind so viele Drohnen, dass man gar nicht alle aufspüren und abschießen kann, und es werden immer mehr. Das ist das eine Szenario – ein ziemlich hässliches.

Im anderen Fall ist künstliche Intelligenz im Spiel – irgendein Big-Data-Programm, das aus eigenem Antrieb genau dasselbe tut, 3D-Drucker kapert und Drohnen ausschickt, um Menschen umzubringen. Die Frage ist nun: Gibt es einen Unterschied zwischen den beiden?

Das wirklich problematische an der Sache ist der Aktor – das heißt die Schnittstellte zur Körperlichkeit. Es ist die Tatsache, dass diese kleine Killerdrohne mit einem Mal zur Verfügung steht. Es spielt keine allzu große Rolle, ob nun ein paar Teenager oder Terroristen oder künstliche Intelligenz dahintersteckt. Wenn es nur genügend sind, würde sogar ein reiner Zufallsprozess ausreichen. Die künstliche Intelligenz würde nur eine untergeordnete Rolle spielen.

Die Vorstellung, das Problem von einem wie immer gearteten autonomen Algorithmus anzugehen anstatt von der Aktorenebene, ist irreführend. Traurige Tatsache ist, dass wir als Gesellschaft etwas gegen die Verbreitung von Killerdrohnen unternehmen müssen. Und vielleicht wird dieses Problem auch niemals auftreten. Um einen KI-Algorithmus, der sie steuert, brauchen wir uns jedenfalls nicht zu sorgen, denn das ist reine Spekulation. Es gibt bislang keinen KI-Algorithmus, der so etwas zu leisten vermag. Und ganz egal, ob es einen solchen KI-Algorithmus jemals geben wird, kann genauso gut ein anderes, gleichwertiges Problem auftreten.

Die Vorstellung, irgendwo in einem Labor würden diese selbstständigen Algorithmen zusammengekocht, die sich schließlich die Welt unterjochen, lenkt im Grunde nur von dem sehr unangenehmen politischen Problem ab, dass man beim Auftreten eines potenziell gefährlichen Aktors irgendwie dafür sorgen muss, dass er keinen Schaden anrichtet. Wir werden es in Zukunft mit immer neuen gefährlichen Aktoren zu tun bekommen. Um auf sie angemessen reagieren zu können, brauchen wir neue gesellschaftliche Strukturen, die nicht völlig anarchisch sind. Aber niemand in der Welt der Technik stellt sich diesem Problem, und wir verlieren uns stattdessen in Fantasien über künstliche Intelligenz. Selbst wenn man KI komplett verhindern könnte, würde es nichts an der wirklichen Bedrohung ändern, und das ist das Traurige und Schwierige an unserer Situation.

Ein ganz ähnliches Problem finden wir auf dem Gebiet der Neurowissenschaften. Wenn wir dort vorschnell so tun, als würden wir alles verstehen, werden wir der Wissenschaft schaden, und das nicht nur, weil wir Erwartungen schüren, die dann immer wieder nicht erfüllt werden können, sondern auch, weil wir damit Generationen junger Forscher verschleißen. Um eines klarzustellen: Von den meisten Sorten von Gedanken wissen wir nicht, in welcher Weise sie im Gehirn repräsentiert werden. Ein paar Einzelheiten begreifen wir tatsächlich allmählich etwas besser. Es ist nicht gesagt, dass wir das Gehirn niemals verstehen werden, aber über unseren derzeitigen Wissensstand sollten wir uns keine Illusionen machen.

Oft wird hier eingewandt, dass unser Verständnis exponentiell zunimmt, sodass sich voraussagen lässt, dass wir bald alles verstehen werden. Mir kommt das verrückt vor, weil wir nicht einmal das Ziel kennen. Wir wissen nicht einmal, an welchem Maß wir das Erreichen des Ziels messen sollten. Die Aussage: »Weil ich beschleunige, weiß ich, dass ich mein Ziel bald erreichen werde«, ist absurd, solange man die Geografie des Raums nicht kennt, den man durchqueren will. So beeindruckend die Beschleunigung auch sein mag, die Wirklichkeit kann uns jederzeit ebenso beeindruckende Hindernisse in den Weg legen. Wir könnten es einfach nicht im voraus wissen.

Ich habe so etwas an anderer Stelle die »vorzeitige Auflösung des Mysteriums« genannt,* und darin spiegelt sich ungenügende geistige Disziplin in der Wissenschaft wider. Um solide Wissenschaft zu betreiben, muss man sich seiner Unwissenheit stellen. Sie sich nicht einzugestehen ist töricht und macht einen zu einem

---

* In »Der Tod des Mysteriums«. Siehe in diesem Buch S. 157.

zweitrangigen Wissenschaftler. Auf dem Gebiet der Neurowissenschaften erlebe ich das nicht so oft, in der IT-Welt dafür umso häufiger, und diese ist mit all ihrem Geld und Einfluss so übermächtig, dass die Ignoranz auf viele andere Bereiche überzugreifen beginnt. Das europäische »Human Brain Project« ist dafür ein typisches Beispiel. Jede Menge Steuergelder werden in dieses Projekt gesteckt, das angetreten ist, innerhalb von zehn Jahren das Gehirn zu simulieren – was aus genau den eben genannten Gründen viele Forscher auf dem Gebiet der Neurowissenschaften sehr verärgert.

Ein sozialpsychologisches Muster lässt sich schon seit Jahrzehnten beobachten: Eine kleine Gruppe technisch versierter, dem Digitalen zugewandter Pioniere, die eigentlich nichts übrig haben für traditionelle Religion oder Aberglaube, verfolgen das Ziel, ein neues, verbessertes Wissenschaftsmodell zu entwickeln, und was sie uns anbieten, ist doch nur ein Abklatsch des alten, religiösen Aberglaubens! Anders kann ich den Mythos um die künstliche Intelligenz jedenfalls nicht deuten. Früher hat die Religion die Wissenschaft behindert, heute sind es Wissenschaftler selbst, die diese Rolle übernehmen.

Man erwartet, dass eine Schwelle überschritten, ein Ende der Zeit erreicht wird. Wir sprechen von künstlicher Intelligenz oder einer neuen Wesenheit. Wenn sie entsteht, wird sie die Macht an sich reißen, ungeheure Macht, und die Menschen unterjochen.

Die Vorstellung von einer solchen Schwelle – man hat sie Singularität oder Superintelligenz und zu verschiedenen Zeiten alles Mögliche genannt –, ist dem Göttlichen ähnlich. Nicht allen religiösen Vorstellungen vielleicht, aber sie ist zumindest einer ganz bestimmten Vorstellung über das Göttliche ähnlich: dass es diese Macht gibt, die den Lauf der Welt bestimmen wird, zu der man vielleicht beten kann, um sie zu beeinflussen, aber sie bestimmt den Lauf der Welt und man sollte in Ehrfurcht davor erstarren.

Diese Vorstellung hat in der Geschichte der Menschheit großen Schaden angerichtet, und auch jetzt verzerrt sie unsere Beziehung zum technischen Fortschritt. Schon in der Vergangenheit hat sie auf diese Weise Schaden angerichtet. Nur die Begrifflichkeiten haben sich geändert.

In der Geschichte der Staatsreligion wurden Menschen oft unter dem Vorwand unterdrückt, den Bedürfnissen dieser oder jener Gottheit zu dienen, obwohl sie in Wahrheit eine Elite von Priestern dieser Gottheit dienten.

Das erinnert frappierend an die neue digitale Wirtschaft, bei der – menschliche – Übersetzer und viele andere zu den Korpora beitragen, die große Datenprogramme zum Funktionieren brauchen und dabei den Wohlstand derjenigen vergrößern, die über die leistungsfähigsten Computer verfügen. Die neue Elite könnte sagen:»Nun, sie helfen doch nicht uns, sie helfen der künstlichen Intelligenz.« Für mich hört sich das an wie:»Oh, baut bitte Pyramiden. Es ist zum Wohl dieser oder jener Gottheit«, während es in Wirklichkeit doch nur dem Machterhalt einer Elite dient. So wirkt sich diese neue Vorstellung wirtschaftlich aus. Die Auswirkung der neuen religiösen Vorstellung von der künstlichen Intelligenz gleicht in vielem den wirtschaftlichen Auswirkungen der alten Vorstellung, der Religion.

Der Mythos der künstlichen Intelligenz bedeutet insofern einen gewaltigen Rückschritt. Ich weiß, dass ich das schon gesagt habe, aber ich muss noch einmal wiederholen, dass ich nicht die Algorithmen an sich kritisiere. Das wäre für mich ebenso absurd, wie wenn jemand sagt:»Oh, du brauchst dich nicht mit Deep-Learning-Netzwerken zu beschäftigen«, oder:»Vergiss Gleichheitsbeweise, sie sind nicht wichtig.« Tatsächlich sind diese Dinge unglaublich interessant und unglaublich nützlich. Aber über den mythischen Aspekt müssen wir uns besser bewusst werden.

Genauso kann man nicht leugnen, dass es in den traditionellen Religionen viele äußerst interessante Denkansätze gab und dass es religiöse Kunstwerke von höchstem Rang gibt. Aber man muss immer auch in der Lage sein, das aufzudröseln, um festzustellen: Dieser Teil ist großartig und dieser andere Teil kontraproduktiv. Und genauso müssen wir nun mit der künstlichen Intelligenz verfahren.

Es ist nicht leicht, über dieses Thema zu sprechen, weil einem das gängige Vokabular ständig in den Rücken fällt. Bei den traditionellen Religionen kämpft man genau mit demselben Problem. Wenn ich über künstliche Intelligenz spreche, meine ich dann bestimmte technische Verfahren, oder meine ich den Mythos, der beeinflusst, wie wir die KI in unsere Welt, unsere Gesellschaft integrieren? Nun, das gängige Vokabular macht es uns nicht eben leicht, hier präzise zu unterscheiden. Deshalb wird das Ganze sehr verwirrend.

Wenn mit KI der Mythos dieses neuen Wesens gemeint ist, das wir erschaffen, dann ist es nur ein unsinniges Durcheinander, das alle verwirrt und die Zukunft der Wirtschaft gefährdet. Meinen wir allerdings, über ein System von Algorithmen und Aktoren zu reden, das wir verbessern und auf sinnvolle Weise zur Anwendung bringen können, dann bin ich sehr daran interessiert und bringe mich in die Gemeinschaft ein, die diese Dinge verbessern will.

Bedauerlicherweise ist das Vokabular aber so unklar, wie es ist. Ich könnte versuchen, neue Begriffe zu prägen, aber fürs Erste möchte ich nur betonen, dass es sich um völlig verschiedene Dinge handelt, die eine präzise, charakteristische Terminologie verdienen. Das Problem mit der Terminologie deutete, wie schon erwähnt, auf einen bedeutenden Rückschritt hin, wie er auch für die traditionellen Religionen bezeichnend war. Vielleicht ist die heutige Situation sogar schlimmer. Früher gab es zumindest den Unterschied zwischen Moral und Ethik. Man konnte über zwei sehr ähnliche Dinge sprechen, von denen das eine etwas mehr mit dem Mythos der Religion zu tun hatte, das andere etwas weniger. Diese Differenzierung fehlt uns in unserer neuen Welt der Technik noch völlig.

Zum Schluss möchte ich noch auf eine andere Ähnlichkeit hinweisen: Auch wenn ein Mythos die absurde Eigenschaft hat, den Menschen in vielerlei Weise zu schaden – die Leute, die an ihn glauben, müssen nicht unbedingt unsympathisch oder gar böse sein. Viele von ihnen sind großartige Menschen. Es gibt in der Welt der Religion viele Menschen, die ich sehr schätze. Wir haben einen coolen neuen Papst, und die Welt ist voller cooler Rabbis. Viele Menschen in der Welt der Religion sind großartig. Ich respektiere sie und mag sie. Und doch bin ich gleichzeitig davon überzeugt, dass der Mythos uns vor Probleme stellt, die menschengemacht sind, und damit eigentlich überflüssig.

Wenn wir analog an die Menschen denken, die von der neuen Wirtschaft dieser digitalen Welt profitiert haben – und ich habe ja selbst davon profitiert –, dann sind das in der Regel großartige Menschen. Ich mag die Leute, die in der Welt des Cloud-Computing Erfolg haben. Sie sind cool. Das ändert aber nichts an dem, was ich zuvor gesagt habe.

Auf diese Weise entsteht eine weitere Ebene möglicher Verwirrung und Unterscheidung, und so lästig es auch erscheinen mag, man muss es immer wieder aussprechen.

(2014)

Seine Waffe ist die Aufklärung

Zum Friedenspreis des Deutschen Buchhandels an Jaron Lanier

Frank Schirrmacher

Man muss die letzten zwölf Monate auf einem anderen Planeten gelebt haben, wenn man nicht erkennt, dass der Friedenspreis für Jaron Lanier im Zeitalter nach Snowden ein eminent politischer Preis ist. Allerdings: Man lebte da ja wirklich. Man tut es noch. Ein beträchtlicher Teil des Landes glaubt immer noch, die Snowden-Affäre spielte sich in einer anderen Galaxie ab.

Deshalb muss man immer noch erklären, was Snowdens Enthüllungen »mit einem selbst« zu tun haben. Offenbar glauben viele immer noch, der Eintritt in die Risikozone digitaler Technologien wäre Lichtjahre von ihnen persönlich entfernt. Immerhin, der Börsenverein denkt es nicht mehr, denn er reiht Lanier jetzt in die Kette jener Preisträger ein, die an den Wendepunkten technologisch-gesellschaftlichen Wandels ausgezeichnet wurden: Carl-Friedrich von Weizsäcker 1963 im Zeichen der Atomangst und der Club of Rome zehn Jahre später angesichts von Öl-Schock und beginnender Umweltbewegung.

Schwer, den Informatiker, der das Internet mitentwickelte, mit dem Etikett »Kulturpessimist« zu belegen, den die neue Kaste der Industrie-Intellektuellen aus den soziologischen Friedhöfen des 20. Jahrhunderts ausgebuddelt hat. Nicht nur weiß Lanier, der als Dreizehnjähriger Informatik zu studieren begann, wovon er technisch redet. Er widerlegt auch die demagogische Grundfigur, die der wohlfeilen Opposition zugrunde liegt. Was könnte optimistischer sein als die Hoffnung, dass Menschen, Gesellschaft und

Politik imstande sind, die normative Kraft von Technologien zu regulieren?

Lanier sieht, wie vor ihm nur der Computer-Halbgott Joseph Weizenbaum, seit zehn Jahren voraus, womit wir heute zu tun haben. Er hat erkannt, dass die Kommerzialisierung des Internets in der ersten Jahrhundertdekade neue Machtzentren erschafft, die in dem Maße, in dem das Leben selbst digitalisiert wird, zu Chefs der Menschen werden.

Snowdens Enthüllungen deutet er wie ein Los Alamos der Digitalwelt. Hier wurde, wie einst bei den ersten Atombombentests in der Wüste von Nevada, bewiesen, dass tatsächlich angewendet wird, was theoretisch für möglich gehalten wurde: die Komplettüberwachung einer ganzen Gesellschaft, ihrer Kommunikation, ihrer Gemütsverfassung, ihrer Gesichter, ihres Konsums und der Geschwindigkeit, mit der sie Sätze ins Keyboard hämmern. Ihn wird am wenigsten gewundert haben, dass die amerikanische Regierung selbst dieses Unterfangen in die Nähe des technologischen Zentralereignisses des letzten Jahrhunderts stellte: Sie nannte ihr Überwachungsprogramm das »zweite Manhattan-Projekt«.

Lanier wird nicht müde, darauf hinzuweisen, dass man nicht von Geheimdiensten reden und von der Überwachungswirtschaft der Industrie-Giganten schweigen könne. Der überwachte Konsument wird in einer Welt, wo auch der Bürger nur noch als Konsument wahrgenommen wird, zur normativen Erscheinungsform des sozialen Lebens. Ein Drittes gibt es nicht, wird es nie geben: Auch das ist bei ihm nachzulesen. Wer glaubt, sich entziehen zu können, unterschätzt, dass der Nicht-Gebrauch der Technologie ihn schon bald vom gesellschaftlichen Leben ausschließen wird. Auch deshalb verwundert die Insistenz, mit der manche Politiker, aus Angst, für unmodern zu gelten, immer wieder darauf hinweisen, man dürfe das Digitale, Big Data an der Spitze, nicht »verteufeln«. Als ginge es darum! Als wüsste nicht jeder, dass Big Data große Wohlstandschancen eröffnet, dass es aber gleichzeitig ein großes Spiel mit der menschlichen Existenz sein kann, bei dem wir die Regeln nicht kennen. Als fände nicht längst die Debatte über die Risiken und Chancen des Digitalen auf allen Plattformen des Digitalen statt! Gegen solche Polemik ist Jaron Lanier ein gutes Gegengift. In der politischen Debatte muss es um das gehen, was Norbert Wiener einst mit Blick auf das Zeitalter intelligenter Maschinen die »menschliche Behandlung von Menschen« nannte. Jeder weiß, wie man ein Smartphone bedient. Die politische Frage lautet umgekehrt: wie man verhindert, dass man vom Smartphone bedient wird.

Lanier hat dazu vergangenes Jahr in der *New York Times* ein paar lesenswerte Gedanken formuliert und sich der Frage unserer aller digitalen »Passivität« gewidmet. Um zu zeigen, was »Daten« sind, verweist er gern auf das mittlerweile notorische Beispiel Instagram: Gegründet 2010 mit nur dreizehn Mitarbeitern und ohne Businessplan, wird das Unternehmen zwei Jahre später für eine Milliarde Dollar von Facebook gekauft.

Bundespräsident Joachim Gauck hat das schöne Wort vom »digitalen Zwilling« geprägt, jenem Doppelgänger, der uns unweigerlich ersetzt und der in einer Welt, in der bereits heute das Facebook-Login manchmal den Pass ersetzt, am Ende mehr Wirklichkeit hat als das Double aus Fleisch und Blut. Wo die Manipulation der Simulation identisch wird mit der Manipulation des Phänomens, wird sogar fragwürdig, wo das »Ich« eines Menschen überhaupt residiert: dort, wo wir es glauben, oder nicht doch eher dort, wo andere sagen, dass hier das »wahre« Ich entzifferbar wird – seine Wünsche, Pläne, Strategien oder Gefühle. »Wir kennen Sie besser als Sie sich selbst«, dieser Lieblingssatz von Überwachungsinstituten staatlicher und ziviler Art geht in den Augen von Lanier zudem mit einer Wiederkehr eines fast behavioristischen Menschenbilds einher. Einen Vorgeschmack lieferte vor ein paar Monaten die *New York Times*, als sie offenbarte, mit welchen über Facebook- und Pay-TV-gesteuerten Strategien Obama seine letzte Wahl gewann.

Zu behaupten, die Warnungen seien zu düster, müsste in der Post-Snowden-Welt eigentlich schwerer fallen. Politische und medial abwiegelnde Interventionen, selbst die von der nachdenklichen Katrin Göring-Eckardt, setzten voraus, dass das Selbstgefühl, das »Ich« des modernen Menschen immer intakt gegen solche Zumutungen Einspruch erheben kann. Aber das ist die Orwell-Variante der Zukunft, die auch in den Augen Laniers die unwahrscheinlichste ist. Viel wahrscheinlicher ist, dass nicht nur wir selbst, sondern auch die Institutionen, von denen wir abhängen – vom Arzt über den Richter bis zum Bankbeamten –, zwischen den beiden Zwillingen nicht mehr unterscheiden können und im Zweifelsfall dem berechenbareren den Vorzug geben.

Der Friedenspreis an Lanier kommt zu einem Zeitpunkt, wo auch die deutsche und europäische Industrie ahnt, was auf sie zukommen wird, wenn einige wenige Giganten mehr über ihre Kunden und einige Geheimdienste mehr über ihre Pläne wissen, als sie es je für möglich hielten. Eine unregulierte Informationswirtschaft, so viel ist klar, führt zu Autonomieverlusten, die vom Einzelnen bis zu ganzen Branchen reicht.

Es gibt Auswege, und Lanier ist einer von denen, die sie aufzeigen: gleichsam »ethische« Systeme, die ihre Algorithmen offenlegen, einem erklären, welche Daten sie wofür benutzen und wofür man sich verkauft, wenn man angeblich kostenlose Dienste benutzt, sind pragmatische Schritte. Das Bewusstsein dafür, dass Daten identisch mit dem menschlichen Leben werden können, erzwingt ein fundamentales Umdenken darüber, ob Algorithmen automatisch Geschäftsgeheimnisse sein können oder nicht offengelegt werden müssen.

Soeben hat die Internetplattform irights.info einen überaus lesenswerten Artikel des amerikanischen Rechtsprofessors Eben Moglen veröffentlicht, der zeigt, wie sehr sich auch in der amerikanischen Avantgarde das Denken zu verändern beginnt. »Um zu entscheiden, ob wir ihnen unsere Daten geben«, schreibt Moglen, »müssen wir wissen, was sie wirklich tun.« Das ist die Waffe: Aufklärung. Und das Echo gibt Jaron Lanier. Als Kind des Silicon Valley weiß er, was sie tun. Und er weiß, dass wir auf die dunkle Seite der Macht wechseln, wenn sie es weiterhin tun.

NACHWEISE

Vorwort – Deutsch von Heike Schlatterer.

Der »Hightech-Frieden« braucht eine neue Art von Humanismus. Dankesrede zur Verleihung des Friedenspreises des Deutschen Buchhandels am 12. Oktober 2014 in der Frankfurter Paulskirche. Copyright © Jaron Lanier – Deutsch von Sophie Zeitz Ventura.

TEIL 1

Kapitel 1

Virtuelle Realität – Ein Gespräch mit Adam Heilbrun. Eingeleitet von Kevin Kelly (»Virtual Reality. An Interview with Jaron Lanier«), *Whole Earth Review*, Herbst 1989. Copyright © Jaron Lanier – Deutsch von Heike Schlatterer.

Es war einmal ... (»Once upon a Time ...«), in: David Friend, *More Reflections on the Meaning of Life*, Little, Brown: 1992. Copyright © Jaron Lanier – Deutsch von Heike Schlatterer.

Virtuelle Instrumente (»Virtual Instrumentation«), *Whole Earth Review*, 1995 (Jubiläumsausgabe zum zehnjährigen Bestehen der Zeitschrift). Die erste Präsentation der virtuellen Realität »The Sound of One Hand« fand im Juli 1992 statt. Copyright © Jaron Lanier – Deutsch von Heike Schlatterer.

Virtuelle Realität als Tropus (»Virtual Reality Considered as a Trope«), *Whole Earth Review*, Herbst 1999. Copyright © Jaron Lanier – Deutsch von Heike Schlatterer.

An der Schwelle zur Avatar-Ära (»On the Threshold of the Avatar Era«), *Wall Street Journal*, 23. Oktober 2010. Copyright © Jaron Lanier – Deutsch von Heike Schlatterer.

Perspektiven (»Perspectives on Virtual Reality«), geschrieben 2013 für ein Virtual-Reality-Handbuch für Programmierer. Copyright © Jaron Lanier – Deutsch von Heike Schlatterer.

VR-Visionäre unter sich – Jaron Lanier im Gespräch mit Kevin Kelly. Moderiert von Casey Newton (»Digital Natives. A Conversation Between Virtual Reality Visionaires Jaron Lanier and Kevin Kelly. By Casey Newton«), TheVerge.com, 2014. Copyright © Voxmedia – Deutsch von Heike Schlatterer.

Kapitel 2

Programmers at Work (1986) – Gespräch mit **Susan Lammers**, in: Susan Lammers (Hg.), *Programmers at Work – Interviews with 19 Programmers Who Shaped the Computer Industry*, Tempus Books: 1986 (gekürzt). Copyright © Jaron Lanier – Deutsch von Sigrid Schmid.

Der Gesang der Evolution (»Sing a Song of Evolution«), *Discover Magazine*, August 2006. Copyright © Jaron Lanier – Deutsch von Sigrid Schmid.

Der Tod des Mysteriums (»Jaron's World: The Murder of Mystery«), *Discover Magazine*, September 2006. Copyright © Jaron Lanier – Deutsch von Sigrid Schmid.

Erstarrt in der Zeit (»Frozen in Time«), *Discover Magazine*, Dezember 2006. Copyright © Jaron Lanier – Deutsch von Sigrid Schmid.

Körper in anderen Dimensionen (»Jaron's World: Shapes in Other Dimensions«), *Discover Magazine*, April 2007. (Gewidmet Rich Newton, ehemaligen Dekan der UC Berkeley, der im Januar 2007 verstorben war; er war es, der mich an die Universität geholt hatte, was mir die fruchtbare Zusammenarbeit mit Carlo Séquin ermöglichte; JL) Copyright © Jaron Lanier – Deutsch von Sigrid Schmid.

Frieden durch Gott (»Jaron's World: Peace Through God«), *Discover Magazine*, August 2007. Copyright © Jaron Lanier – Deutsch von Sigrid Schmid.

Kommunikation mit Aliens durch eine Neuanordnung der Sterne (»Rearranging Stars to Communicate with Aliens«), *Discover Magazine*, Februar 2008. Copyright © Jaron Lanier – Deutsch von Sigrid Schmid.

TEIL 2

Kapitel 3

Das Grenzland zwischen uns (»The Frontier Between Us«), *Communications of the ACM*, Februar 1997. Copyright © Jaron Lanier – Deutsch von Sigrid Schmid.

Virtuelles Gemeingut (»Virtual Commons«), *Whole Earth Review*, Herbst 1998. Copyright © Jaron Lanier – Deutsch von Heike Schlatterer.

Bestandsaufnahme (»Taking Stock«), *Wired*, Januar 1998. Copyright © Jaron Lanier – Deutsch von Sigrid Schmid.

Kapitel 4

Karma Vertigo – Oder: Gedanken über die riesige Verantwortung, die die Anfänge der Informationsstruktur uns aufbürden (»Karma Vertigo: Or, Considering the Excessive Responsibilities Placed On Us By the Dawn of the Information Structure«), *Deeper News* (Global Business Network), 1994. Copyright © Jaron Lanier – Deutsch von Sigrid Schmid.

Agenten der Entfremdung (»Agents of Alienation«), *Journal of Consciousness Studies*, Nr. 2, 1995; außerdem in: *Association of Computing Machinery Interactions*, Nr. 3, Juli 1995. Copyright © Journal of Consciousness Studies – Deutsch von Sigrid Schmid.

Der Tod: Torwächter der Bewusstseinsforschung? (»Death: The Skeleton Key of Consciousness Studies?«), *Journal of Consciousness Studies*, Nr. 2, 1997. Copyright © Journal of Consciousness Studies – Deutsch von Sigrid Schmid.

Mit einem Zombie kann man nicht diskutieren (»You Can't Argue With a Zombie«), *Journal of Consciousness Studies*, Nr. 4, 1995. Copyright © Journal of Consciousness Studies – Deutsch von Heike Schlatterer.

Wie man ein paar Milliarden Dollar verdient, Microsoft besiegt und der Zukunft unserer Kultur einen Gefallen tut, und das alles in nur wenigen Jahren und fast ohne Startkapital – Ein bescheidener Vorschlag (»How to Make a Few Billion Dollars, Defeat Microsoft and Do a Favor For the Future of Culture, All In a Few Short Years, and With Almost No Starting Capital: A Modest Proposal«), zuerst 1993 auf der Website des Autors. Copyright © Jaron Lanier – Deutsch von Heike Schlatterer.

Kein Maulkorb fürs Internet (»Unmuzzling the Internet«), *The New York Times*, 2. Januar 1996. Copyright © The New York Times – Deutsch von Heike Schlatterer.

Wie Musik die Seele der Technologie retten wird (»How Music Will Save the Soul of Technology«), Vorwort zum Programmheft eines Musik- und Technologiefestivals 1996, zuerst erschienen als Beilage der *New York Times*. Copyright © The New York Times – Deutsch von Heike Schlatterer.

Eine Zeitkapsel, die tausend Jahre in Manhattan überleben wird (»A Time Capsule That Will Survive One Thousand Years in Manhattan«), zusammen mit David Sulzer und Lisa Haney, *The New York Times*, 3. Mai 1999. Zur Vorgeschichte des »Zeitkapsel«-Projekts siehe das Vorwort zu Kapitel 4. Copyright © The New York Times – Deutsch von Heike Schlatterer.

Die Piraterie ist dein Freund (»Piracy Is Your Friend«), *The New York Times*, 9. September 1999 (auch erschienen unter dem Titel »Making an ally of piracy«). Copyright © The New York Times – Deutsch von Heike Schlatterer.

Was Jaron Lanier nachts wach hält: Künstliche Intelligenz, kybernetischer Totalitarismus und der Verlust des gesunden Menschenverstandes – Ein Gespräch mit Alex Steffen (»What Keeps Jaron Lanier Awake At Night – Artificial Intelligence, Cybernetic Totalism, and the Loss of Common Sense«), *Whole Earth Review*, Frühling 2003 (letzte Ausgabe des Magazins). Copyright © Jaron Lanier – Deutsch von Heike Schlatterer.

TEIL 3

Kapitel 5

Ein halbes Manifest – Oder: Warum dumme Software die Zukunft vor neodarwinistischen Maschinen retten wird (»One-Half of a Manifesto: or, Why Stupid Software Will Save the Future from Neo-Darwinian Machines«), *Wired*, September 2000 (bereits vorher erschienen auf Edge.org, dann auch in der *FAZ*, im *CIO Magazine* sowie in Buchform als Beitrag in mehreren Anthologien). Copyright © Edge – Deutsch von Violeta Topalova.

Digitaler Maoismus: Die Gefahren des neuen Online-Kollektivismus (»Digital Maoism: The Hazards of the New Online Collectivism«, Edge.org, 29. Mai 2006 (außerdem in verschiedenen Versionen in Buchform in mehreren Anthologien; auf Deutsch erschien eine kürzere Fassung am 10. Mai 2010 in der *Süddeutschen Zeitung*). Copyright © Edge – Deutsch von Violeta Topalova.

Die Komplexitätsgrenze (»The Complexity Ceiling«), *Wired*, Januar 1998. Copyright © John Brockman – Deutsch von Doris Gerstner. Die Übersetzung erschien zuerst in: John Brockman (Hg.), *Die nächsten fünfzig Jahre: Wie die Wissenschaft die Welt verändern wird*, Ullstein: 2002.

Kapitel 6

Die falschen Ideale im Netz (»The False Ideals of the Web«), *The New York Times*, 19. Januar 2012. Copyright © The New York Times – Deutsch von Friedrich Pflüger.

Es gibt kein Utopia im Netz – Zeit für einen Neustart (»The Online Utopia Doesn't Exist. We Need to Reboot«), *Wired*, April 2013. Copyright © Jaron Lanier – Deutsch von Heike Schlatterer.

Statt eines Nachworts

Abbildungsnachweise